論點・西洋史學

一本掌握！
橫跨世界五大洲的
歷史學關鍵課題

金澤周作 —— 監修
Shusaku Kanazawa

藤井崇、青谷秀紀、古谷大輔、
坂本優一郎、小野澤透 等 —— 編著

鄭天恩 —— 譯

序言
——從《概說・西洋史》到《論點・西洋史學》——

本書不是要解說歐洲與美洲大陸歷史的西洋史主要潮流——也就是從羅馬共和的成長、中世紀皇帝與教宗的對立、近世宗教改革與反宗教改革的展開、近代歐美帝國主義統治的擴張、乃至現代史多采多姿的東西冷戰始末，歐盟的誕生與發展等，針對連續且一貫性的故事進行描述（《概說・西洋史》）。像這樣便利且優秀的書籍，已經有好幾本了。本書不是那種以如數家珍的方式，針對「過去是什麼」抑或「為什麼會發生」，將最大公約數的「正解」加以羅列的教科書，也不是那種針對某種特定過去事件及現象提出獨創「主張」的學術書。

本書專注於在我們居住的世界中跨越諸多分歧、產生極大影響的西洋過去，為追求真相＝「正解」而生的好幾種「主張」相互交戰的重點，也就是所謂「論點」的集結，這恐怕是迄今為止不曾有過的類型嘗試吧（《論點・西洋史學》）！那麼，關於為何要編纂這本書，在此稍作說明。

請試著稍微想像看看：某一年發生的某起事件，應該怎麼稱呼？某時期某國的總統是誰？某種技術變得普及，是從何時開始的？某場戰爭中民眾的犧牲規模到達怎樣的程度？——每當這些有關歷史的疑問萌生時，你會怎麼做？

大部分的人，答案都會是「查網路」吧！確實，要知道這種問題的答案，沒有比網路更方便的了。不用特意去翻教科書或到書店或圖書館找書，只要拿起身邊的手機，取得資訊就可以順利了事。儘管網路上的資訊龍蛇混雜，但大部分的人若已經知道怎樣取得上述問題的解答，那應該也能分辨得出適當的資訊來源吧！

既然如此，那麼學習歷史這件事，只靠網路檢索就能達成了，不是嗎？若真如此，那我們就不得不說，歷史學這門學問的壽命已經走到了盡頭。攜帶著隨時連接網路的終端設備的現代人，不需要辛苦默背歷史年號、事件與人名，只要一有疑問，立刻上網查詢就可以清楚得知。過去常把博聞強記的人稱為「會走路的活字典」，但現在每個人都能從「手機」取得比「字典」更多的資訊，因此在某種意義上，可說是處於比過去任何人都更博聞強記的狀態。

然而，我們真的可以稱得上是在「有效使用」電腦嗎？會不會，我們其實只是讓自己變成了一種「終端設備」而已？張開嘴巴等著網路餵答案，這樣稱得上是「調查」與「研究」嗎？表面上看起來是自由選擇，實際上或許只是受到誘導罷了；在主觀性資訊的驅使下去觀看，會不會淪落到思考停滯的狀態呢？

迄今為止，在社會一般人或對歷史不甚關心的人們眼中，歷史學經常被看成只是類似「挖掘過去發生過的事實」這樣的印象。儘管我們都認同過去一項又一項的事實非常「重要」，但緊緊糾纏著歷史、單調而無味沉悶的印象卻怎樣也揮之不去，有這樣感覺的人應該很多吧？明明在小說、漫畫、電影、電視劇裡，由充滿魅力的人物交織成的歷史那麼有意思，但正正經經的歷史「學」不管用讀的還是聽的，都只是一種被動接受、沒有自己思考餘地的無聊事物；會這樣想的人應該也很多吧！確實，這樣的想法自有一番道理。

可是，正正經經的歷史「學」，真的就這麼不有趣嗎？

在這裡，我想回到最開頭的問題，那就是為什麼我們要做一本集結「論點」的書籍——《論點·西洋史學》？最大的理由是，觸及「論點」、引發主張自我思考這點，在通俗的「歷史作品」中無法充分體會，在網路檢索中也無法輕易察覺，這是只有「歷史學」才能帶來的醍醐味所在（只是，這並不代表通俗的「歷史作品」就沒有意義；打開通往未知過往之門、挑起想像力、給人恍然大悟體驗的教科書、書籍與電視節目，仍然相當重要）。說穿了，歷史研究者並不是去滿足於高高在上、做為最大公約數的「正解」，而是靠著閱讀史料、反覆錘鍊邏輯與議論來提出一套新的「主張」，從而設法讓新的最大公約數「正解」能順利反映出自己說法的一群人。

更進一步說，在眾人各擁「主張」的領域裡，隨著情況不同，多半會出現同樣具有說服力的複數「定說」與「異論」。就以前面提及的例子來說，若要查詢「某年發生的某起事件」名稱，只要上網就能一瞬間得知（也就是答案只有一個、沒有任何異論，因此也不會形成「論點」）；但若要討論這起事件「為什麼」會發生、在歷史上的意義又是什麼，那就幾乎不可能獲得定於一尊的答案，要查詢也沒那麼容易。換句話說，在絕大多數情況下，歷史學要處理的過去，隨著對其理解的不同，會產生出彼此衝突的定說與異論，就像是一座競技場（不管當成體育還是文化競技來理解都行）；我們可以把一個個研究者，比喻成某種競技項目的出賽選手。

在這座競技場上，比賽即使有回合的間斷，但結束的笛聲卻永遠不會落下。名為歷史學家的出場選手，大多都是一些相當頑強、不會輕易投降的人；而且由於可以接受換人（由某人繼續議論下去），故這場戰鬥（論爭）始終不會停止。每一次勝負，都是由觀眾席上自己也兼任選手、且具備鑑識眼力的人，也就是歷史學界的成員來判定。就這樣，學術性質的歷史學儘管有著論爭的特質，但在最大公約數的教科書作品裡，幾乎沒有「異論」存在的空間；在具有獨創「主張」的歷史書或論文中，也必定要將「異論」駁倒與斥退才行。簡單說，在這座競技場上，聚焦的重點都是每一回合落幕時，看起來最具冠軍相的選手身影；但對身為觀眾的歷史學子而言，相較於定格快照中的優勢選手英姿（結果只是單方面壓倒的主張），由一流選手交織而成、相當美麗、你來我往的攻防過程（開放式論爭），才是讓觀戰者手心直冒冷汗、饒富興味的事情，不是嗎？不只如此，歷代出場者當中誰最優秀、鳥瞰團體戰的優勢與劣勢、比賽的走勢為何，這些都由觀戰者自己來判斷，也是極為有趣的事，不是嗎？如果沒經歷過這些事，就把歷史學輕易放掉，那未免太可惜了。更進一步說，若是累積這種經驗，那麼即使是門檻很高的歷史書與論文（快照）也能讀得津津有味，所以放掉就更可惜了。

在大學裡指定必修的歷史「學」，並不只是讓聽講者增進對過去事物的最新知識，而是讓他們具備對過去事物引發更深一層思考的各種方法；所謂的「論點」，正是這「各種方法」的寶庫。在「論點」裡，使勁默背並不是「正解」；它所呈現的，是可能通往「正解」的複數道路（選項），至於哪條道路最有希望通往正解，則未曾決定。然而，明顯行不通的錯誤道路，還是得辨別出來就是了。「論點」迎面而來，對你咄咄逼問：「如果是你會怎麼想」？想正面接受這挑戰、想和朋友與老師討論；透過這一連串的進程，你不只能夠體會到歷史「學」的醍醐味，也能夠養成貫串所有人文社會科學的歷史學式思考法。這就是大學想培育學生擁有的技巧。

＊　　　　　　＊　　　　　　＊

以下將沿襲五個正統的時代區分——以希臘羅馬為主的古代、歷時約千年的中古、近世（十六～

十八世紀）、近代（十八世紀中葉～二十世紀初）、現代（二十世紀初～），列舉出139個西洋史學的重要「論點」（＝有名的競技場）。它們的執筆者，全都是在西洋史學界第一線，對某個論點各自抱持獨特主張、勇於應戰的研究者。這些在專業研究者的銳眼下湊整起來的論點，不只包含在今日被視為古典的論點，也包括了現在正進行中的論點；不論哪一種，都同樣具備現今的我們應當知道的價值。大致上來說，論點出現激烈爭執的領域，就代表研究在持續「前進」；而研究持續「前進」的領域，從好的意義上來說，就能呈現出歷史的複雜性與多采多姿（也就是不會淪落為思考停滯的無意義枝微末節，而是一種讓理解當下的深刻印象不斷拓展的多元性）。光從目次來看，就可以理解到歷史學是多麼窮盡智識與想像力、不斷進行論爭的學問。想從哪裡開始或怎樣閱讀，都沒有關係；不管怎樣瀏覽，都能窺知極具說服力、彼此對立的主張所碰撞出的火花。若擁有高中世界史或世界通史的知識，當然可以有更深一層的理解，但就算欠缺這樣的前提知識也沒關係。想要多線並進學習也可以，一人閱讀也很好，想拿來當作與人議論的素材，也沒有問題。

如果你接下來要閱讀或撰寫歷史學相關論文，那麼當你把這本書放在手邊、不時接觸閱讀之際，從中獲得的見識與經驗，必定相當派得上用場。和單純的報告不同，論文得圍繞著某種「論點」，對先行研究者的各種說法提出批判，從而基於史料，提出自己的論述主張。翻閱本書，可以讓你對「論點」更加敏感，進而能做出更深一層、甚至兩層的批判與分析。除了本書介紹的論點以外，你也可以發覺到還有許多令人大感興奮的論點，進而對歷史產生更好的認識。若能達到這點，一定能對當代產生更好的認識；從而對現在活著的自己本身，也獲得更好的認識。

最後，還有一件事得先講清楚：本書絕對不是鼓吹「歷史解釋沒有對錯或好壞」這種犬儒主義、相對主義態度的作品（大抵來說，歷史研究者對於所謂的「後真相」（post-truth）——也就是對虛偽和真相無先後之別、也不加分辨的狀態——都是憂心忡忡）。毋寧說，若要對乍看之下無誤的現成「正解」做出合理質疑，那麼能在幾近毫無複數性與矛盾的「真相」上擺出一副好看關鍵架勢的，也只有歷史學了。本書登場的競技場參賽者，幾乎全都是誠心追求歷史真相的求道者，而介紹它們的各執筆者也是如此。儘管很難避開時代制約、個人偏見與政治立場對議論的作用，但至少，應該可以避免被膚淺的利己心及體制牽著鼻子走，從而影響思緒的情況發生。然而我們必須注意，明顯屈從或迎合政治壓力的歷史研究場域，包括日本在內的世界各地都仍存在著。然而，我們還是希望本書所收錄的各論點，能夠姑且讓人擱下這種紛擾塵囂，放心閱讀。我們由衷期盼所有讀者都能體會到，追求真善美的學問，是多麼美好的一件事。

準備體操1　歷史學的基本

為了將過去發生的大小事當成歷史並加以敘述，我們必須以盡可能可信的史料為依據、以盡可能不產生邏輯跳躍的方式，來進行立論。以下，當我們接觸大量「論點」的時候，希望大家能將這個原則常存於心。要判斷某種主張是否具有說服力，標準有兩個：**史料依據是否確實，以及立基其上的論證是否確實**。

在此試舉一例來說明。「自十五世紀末開始，歐洲邁入了大航海時代」——這是大多數高中世界史教科書記載的內容。做為支撐這種主張（解釋）的史實，我們會舉出迪亞士抵達好望角、哥倫布抵達新大陸、達伽馬繞過好望角直抵印度卡里卡特……等一連串發生在十五世紀末的事件，而這些史實

也都各自有史料佐證。比方說，1492年哥倫布抵達新大陸（正確來說是抵達聖薩爾瓦多島），這件事蹟的典故是出自哥倫布《第一次航海日誌》，1492年10月11日（星期四）的記載（歷史學研究會編《世界史史料5 歐洲世界的成立與膨脹 至十七世紀為止》岩波書店，2007年，287～288頁）：

> 「……午夜兩點，陸地出現了。……在星期五的破曉時分，（一行人）抵達了在印度語中稱為『圭亞那哈尼島』、位於路卡猶群島中的一座小島。……船長搭著武裝的小艇，朝著陸地前進。……」

　　儘管哥倫布的原始史料現已佚失，只剩下拉斯・卡薩斯（Bartolomé de las Casas）當作《西印度史》參考史料而簡略摘錄的部分（所以明明是哥倫布的日誌，使用的卻是「船長」這樣的第三人稱），但其中看不出刻意扭曲哥倫布日誌的痕跡。此外，圭亞那哈尼島後來被命名為聖薩爾瓦多島。

　　就像這樣，因為有航海當事人在抵達同一時期寫下、幾乎看不出虛偽陳述、可信度很高的日誌（再加上可信任的摘錄）做為史料依據，所以「1492年哥倫布抵達新大陸」可以確定是史實；若再和用同樣手續證實過的史實相互映證，就可以認定「自十五世紀末開始，歐洲邁入了大航海時代」這樣的主張（解釋），並沒有任何邏輯跳躍之處。

　　回頭來看，關於歷史主張的對錯，可以用以下兩個層次來加以檢驗：

① 史料依據的可信度
② 史實與主張（解釋）在邏輯上的妥當性

　　從上面的例子來思考，在①史料依據上，除非將來出現可信度更高的史料、提供迥異的資訊，或者出現了夠有說服力的證明，能證實《日誌》的摘錄是偽作，否則我們再也找不到比這更確切的依據了。像這樣，從各種角度對依據史料的可信性進行驗證，在解讀之際留意各個應注意的點，如果有相關複數史料，則排列出可信度的順位，這樣的做法就叫「**史料批判**」。接著來看看②，若史料可以信賴，那麼從史料中引出的史實與主張（解釋），是否也同樣妥當？至少在引用的其中一個資訊來源當中，確實指出了「哥倫布抵達聖薩爾瓦多島」。同樣地，若同時期也有相當程度的事例可被確認為史實，那我們就能把十五世紀末歐洲航海者陸續抵達遙遠之地的現象，視為「大航海時代」的開始。像這樣，確定有憑有據事件與現象存在，稱為「**實證**」。今日歷史學的基礎是於十九世紀的德國確立，在那以後，**歷史學的基礎就是「基於史料批判的實證」**（也就是上述①②的驗證作業）。本書介紹的所有論點，也都必須按照這種歷史學的基礎進行考察。

　　既然如此，那麼經過「基於史料批判的實證」的這項主張「自十五世紀末開始，歐洲邁入了大航海時代」，是否就成了不能被批判、毫無異議餘地的命題呢？答案是否定的。有些人引證航海家亨利對非洲西岸的探險航海計畫，主張在「十五世紀末」之前，「大航海時代」就已經開始了；在歐洲也有人提出反論認為，是不是也該把對東方內陸的探險，包含在「大航海時代」中？另外也有意見認為，並沒有所謂「大航海時代」的這種戲劇性發展；回歸到史實層面，哥倫布「抵達」新大陸（以往都稱為「發現」）是單方面的看法，從圭亞那哈尼島居民和南北美洲原住民的立場來看，這或許只是一段不時出現的異邦人「到來」的插曲罷了；又或者他們也會主張，因為日後導致毀滅性的人口驟減，所

以這可稱為是（伴隨著病菌的）異邦人「襲來」。就這樣，「論點」形成了。批判之所以可行，是因為這樣的主張確實有證據。連基礎都站不住腳的主張，在歷史學上是會被視為「無理批判」的。

準備體操 2　史料與史家的偏見，語言的力量與扭曲

嚴格來說，正確且客觀的史料是不存在的，也沒有完全不帶偏見的公平史家，這是我們首先必須確認的一點。留下史料的人也好、基於這些史料撰寫歷史的研究者也好，都是有缺點的人類；他們都是各不相同的個體，具有某種價值觀，受國籍、性別與教育、生活水平所侷限；同時，他們也會把自己生活世界的「常識」當成理所當然的事物來接受，是具體化（Embodiment）的時代化身。每個人都是出自某種關心與目的（或某種意圖），在被給定的條件下用有限的能力來書寫。史家煞費苦心，從史料中揣摩史料撰寫者的「真意」；但有時也會反過來，揪出和撰寫者「意圖相反（或與意圖無關）」的必要資訊。

比方說，在近世歐洲的（小）教區（約等於村）中，留存了許多稱為「教區簿冊」的史料。在這些簿冊中，記載了數百年間（小）教區居民出生（受洗）、結婚、死亡的紀錄。編纂這些紀錄的當事人，只是機械式地持續寫下每一位誕生的村民，受洗、結婚、死亡的事件。然而，二十世紀下半葉的史家著眼於這些史料，從中歸納出村鎮人口及其推移、家戶規模與婚姻年齡、嬰幼兒死亡率與平均壽命等資訊。釐清人口動向，在歷史學上是有意義且強烈可信之事（在此補充，在二十世紀上半葉，重視物價變遷的**經濟史**研究者，也對散落在各地的麵包與小麥價格史料付出了類似的關切；不久後這種關切，便與上述的人口史相互結合）。

想像一下，研究者即使不知道村鎮的人口規模（或麵包的價格），也能討論十七世紀英國掀起的「革命」，描繪十八世紀法國的宮廷政治，或是敘述與外國間的外交和戰事。事實上，直到二十世紀上半葉為止，歐洲史研究幾乎都是被**政治史、外交史**為中心所占據，除此以外的主題都被認為不重要；這也是展現史家偏見的一個好例子。然而自二十世紀下半葉（和高等教育機構入學者數量邊增同步發展），陸續有研究者留意到這個問題：「只談論少數王公貴族、將軍偉人事蹟的歷史，是不是也忽略了占人口大半的人群面貌呢？」他們開始發掘在史料中很難留下聲音的多數人民的歷史實態，這種新的方法被稱為**社會史**。社會史關注的對象，是窮人、外國人、女性、罪犯等等迄今不曾被攤在陽光下的人群。所謂「庶民」的生活與生存方式，開始被認為具有研究價值。這樣的反彈，也讓以往的政治外交史（還有經濟史）一時間被視為落伍的主題。這裡其實再次呈現出身為時代化身的史家偏見。

隨著社會史研究日益積累，我們也發現了其他的偏見。追蹤「庶民」日常生活的史家，發現了「猶太人」與「異端」、「孤兒」與「老人」、「狂人」與「罪犯」、「女性」與「黑人」、「資本主義」與「寬容」、「愛」與「羞恥」的痕跡，並強調其歷史意義；然而，他們會不會在不知不覺間，也把自己現在的「常識」投射到過去，創造出不存在的範疇，硬是套入當代價值並將之視為「發現」呢？這樣的批判聲浪開始湧現。確實，受過高等教育的當代西歐女性研究者，即使要研究「同樣」身為女性的過去，比方說 400 年前東歐邊境農村的貧窮女性，但她們和這群研究者所想像的「女性」形象，在各種意義上還是有著相當大的區隔。此外，在同一時期農村女性和農村男性間的差異，或許還比農村女性和城市大商人妻子間的差異來得更小。再者，英語中相當於「失業」的詞彙一直到十九世紀下半葉才開始被使用，既如此，研究者又該如何適當詮釋 17 世紀的「失業」現象呢？

正因為有這樣的疑問，從1980年代開始，史家便開始對史料中反覆出現的語言（概念）、以及用來分析的語言（概念）寄予深切的關注（這種關注對象的切換，被稱為**語言學轉向**）。史料中的這句話包含了怎樣的意圖與意義，又反映了怎樣的權力關係、當中排除了什麼、語言又是如何建構並化作實際行動……總而言之，就是仔細去分析語言和形象所具備的力量（伴隨著這點，對政治史的關注也再次興起）。這種方法雖然被稱為**文化史**，但在二十一世紀的今日，所有的歷史研究者，包括做政治外交史與經濟史的人在內，都不會忽視語言的力量。就這樣，**史料（以及寫下它的話語）不是用來看透過去的透明鏡片，它本身也必須加以解讀，是多所欠缺、色彩繽紛的毛玻璃**。這樣的看法逐漸普遍。對激進的史家來說，甚至有人主張不論怎樣深入閱讀史料、怎樣逼近史料做為文獻的內容（包括它的欠缺、多色與模糊本身之意義），都絕對無法等於已然底定、存在於過去的現實。此外也有一股強烈看法認為，文學研究與史學研究在性質上並無差異，史籍也是被寫下來的語言，所以無法透明澄澈。研究者能追尋的，就只有看透模糊的閱讀與書寫方式而已。

就如上述，隨著眾多史學的發展，無論是否情願，不得不受語言（概念）拘束的史料與史家，一定會產生視角的偏差（史料受物質制約，史家則受身體制約）。因此，解釋歧異的情況很多，論點也變得更容易發生。

本書的使用方法

　　本書的架構相當簡單：按照古代、中古、近世、近代、現代的順序，依各時代編者制定的統一方針，選定139項「論點」排列並陳。

　　各項目會以開本兩頁的篇幅加以彙整。首先是「史實」部分，針對構成該論點背景的歷史各事實或共同認識進行解說。雖說是「史實」，但隨著項目不同，當中記下的也有一些與其說是「毫無異論的歷史事實」，不如說是「當今學界認為確定無誤的事項」或是「關於此問題的大致共識」；這方面還是應該保持彈性。這部分呈現的，大致上都是高中世界史教科書或相關概論書籍刊載的東西；如果想更詳盡理解，可以透過這類書籍或網路資訊來補足。就像這樣，「史實」部分只要順順讀下去，並加以適當補充，便能掌握住「西洋史」的大致流向。

　　接下來進入「論點」部分。這裡大致上會用兩到三個小標題，來彙整針對「史實」的幾個主要爭論點。至於「哪個主張最具說服力」，我們會盡可能以讓讀者自行判斷的方式來書寫。若有剛好吻合讀者「常識」的說法，那就有對之加以否定、同樣具說服力的另一種說法；不管採用哪一個，對「史實」的理解都會產生重大變化。簡單說，如果有十個人，那就會有十種不同的接受方式。

　　最後，我們安排了「歷史學的考察重點」欄位。承襲「論點」部分，針對這個欄位提出的問題，讀者可以自己一人或與眾人談論，來進行相關思考。簡單說，這是個讓「論點」能有效活用、具備指南機能的欄位。當然，問題並不僅限於此，把它當成獨立的其他研究重點也行。

　　各項目都會以旁注的形式，視情況補充語句和事項說明。日文的參考文獻也會在這個地方予以介紹，請大家按需求自行閱讀。在這裡可以得知關於論爭更全面且詳細的內容，以及更進一步理解所必備的資訊。另外，重要的歐語文獻，則會彙整於書末，也請按需求自行參照。

　　在各項目標題底下附有「關連項目」一欄。正如其名，這裡會列舉出和該項目直接或間接有關的其他項目。在這當中也包含了跨越時代、或乍看毫無關係的項目；但若一起閱讀，就會發現意外的連結或相似性。如果讀者能發現獨特的關連項目，那也是一件相當不錯的事。

　　或許會讓人覺得有點不親切，但原則上我們不刊載年表、地圖、圖像、照片之類的資訊。這些只要用手機查詢就能馬上找到，請自行查找即可。

　　至於本書該怎麼有效使用，隨著前提知識的多寡、怎麼學怎麼教等讀者的差異，會有極大的不同。雖然沒辦法統一，不過我們還是列了幾個概念，請大家自由使用。如果發現其他有效的使用例子，也請務必回饋給我們，感謝之至！

《使用例子》

① 要對一個項目有更深的理解——補上參考文獻的同時，也請試著用自己的話重新敘述一次，即使用淺顯的表現方式也無所謂。如此，就能凝聚成「理解」，或是可以傳達給他人的概念。不只是這樣，在獨自調查的過程中，或許會出現著力點和項目敘述有所差異的情形。若是這樣，那麼您自己

和項目執筆者間，也會產生出「論點」。

② 將關連項目與指定的其他項目相互連結，探索它們的相同點與相異點——比較不同時代的類似現象（比方說同樣帶來大量死亡的中世紀黑死病，與近代的愛爾蘭大飢荒）之間是哪些主張在引發論戰，並記錄下自己在意的重點。這樣的做法很適合用於報告與簡報。

③ 以一個或複數項目為素材，進行小組討論——試著和人爭辯「哪種學說最具說服力」，會發現自己所想的未必與他人一致，並理解到說服、被認可的困難。

④ 將高中歷史教科書、大學的文本敘述，或是網路、電視、報章媒體傳播的歷史論述，和本書的觀點試著對照看看——從為數眾多的學說當中，確認何種說法會被當成常識性（最大公約數）見解，並加以採用。當我們去深入思考乍看之下平凡無奇、看似真實的歷史說明背後有著怎樣的異論、而它們又是因何種理由被排除時，對於這種常識性見解是否妥當，便能自己做出判斷。

⑤ 在閱讀書籍或論文前，先瀏覽一下本書刊載的論點——特別是在閱讀正式學術書或專門論文、以及聆聽西洋史演講之際，先行閱讀過相關論點，便會發現理解起來驚人地順暢，也容易找出批判點。

⑥ 試著自己創造出新的項目——本書並沒能網羅西洋史學的所有論點；因為大小無數的主題，都抱有各自的論點。所以，對於自己關注的主題，我們可以自行調查書籍和論文，然後採用和本書同樣的方式來彙整。事實上，若能這樣做的話，就可以寫出歷史系「畢業論文」必備的其中一部分——「研究回顧」了。反過來說，若一個主題找不到論點（不管覺得多有趣），是不可能成為論文的。

目　次

V 西洋現代史的論點 239

I 西洋古代史的論點

德拉克洛瓦,《阿提拉和他的野蠻人踐踏義大利與「藝術」》（1847年）

眾神守護普羅米修斯所創造的人類。附有敘利亞語銘文的馬賽克畫（三世紀左右），烏爾法（土耳其）。

「文明的崩壞」（上圖）與「多元文化主義：希臘神話的基督教解釋？」（下圖）（摘自「古典晚期」論爭）

· **簡介** ·

　　選擇古代史論點時，我把它設想成自己任職的大學三年級學生專題討論課。在討論課中，我們會把和西洋古代史重要論點相關的二手文獻和關鍵的一手史料結合起來，並加以討論。在這樣的課堂內，大致都能理解到該怎樣選出有效的論點吧！重點是，不能執著於專業取向的「最新研究」；那太過瑣碎，而且往往太過抽象。

　　雖然稍嫌正經八百了點，但首先我們會擷取高中世界史教科書重視的關鍵與歷史事件，再按照年代順序，陸續補強、排列，選出教科書沒說的重要主題。之所以這樣做，是要以多數人歷史知識前提、卻總被批評為死背科目的高中世界史教科書為基礎，告訴大家如何邁向正式的史學議論、同時呈現出多樣化的具體路徑。如果可能，我們也會從後世歷史事件現象及近現代歷史學當中選擇較能引發共鳴的論點，從而強調西洋古代史與現代世界的聯繫。

　　所有項目都會針對各自的論點，進行深入淺出的提示。期待讀者們都能從中發掘出西洋古代史有趣、複雜且貼近自己的那部分。（藤井崇）

荷馬社會

周藤芳幸

【關連項目：歷史敘述起源論、黑色雅典娜爭議、古代人的宗教2：神話與雕刻藝術】

▷1　荷馬（Homer）
古希臘最偉大的敘事詩人，被認為出生於伊士麥或希俄斯。活躍時代不明，但現在一般認為是在前八世紀上半葉。有關兩大史詩的作者身分之謎，也有所謂的「荷馬問題」存在。

＊　希羅多德、修昔底德
請參考 I-3 注1,3。

＊　波希戰爭、伯羅奔尼撒戰爭
請參考 I-3 注4,2。

▷2　施里曼
（Heinrich Schliemann）
1822-1890年。出生於德國的牧師家庭，長大後以企業家身分獲致成功，曾經造訪開國後的日本。他投入大筆資金進行挖掘工作，獲得了豐碩成果。但他對出土文物的恣意處置，以及文物出土脈絡報告的不確實，讓他遭受不少批評。

史　實

　　歐洲現存最古老的文學作品，是誕生於前八世紀的希臘、相傳由**荷馬**所創作的兩部英雄史詩——《伊利亞德》與《奧德賽》。這兩部作品都是以希臘聯軍長達10年的特洛伊戰爭為題材；以阿基里斯為主角、生動描寫戰場出生入死的《伊利亞德》，以及奧德修斯自特洛伊城攻陷後返鄉與妻子再會，期間經歷的壯闊冒險故事《奧德賽》，都被視為希臘民族的經典，是他們賴以為據的行事規範，並廣為後世所接受。荷馬史詩是現存最早以字母彙整寫成的文字史料，生動描繪了某種單一價值觀與制度下的社會樣貌。然而，以這些史詩故事為典範的社會，歷史上是否真實存在？隨之展開的，就是關於「荷馬社會」的論爭。

論　點

1. 特洛伊戰爭的史實性

　　荷馬的史詩澈澈底底是文學作品，不能當成歷史學史料照單全收。但確實，**希羅多德與修昔底德**的史書也帶有強烈的文學性格。這裡的議論焦點是：荷馬社會當中最大的一起事件——特洛伊戰爭，是否可以像**波希戰爭或伯羅奔尼撒戰爭**一樣視為歷史事實？關於這點，古希臘人對特洛伊戰爭的真實性完全深信不疑。他們經常將特洛伊戰爭視為重要的歷史基準點，並透過從戰爭起算的時間序列來重建過去。根據古代人的說法，特洛伊戰爭的年代大約等於西元前十三～十二世紀。另一方面，自相信史詩世界真實存在的**施里曼**於1870年開始挖掘特洛伊戰爭的主舞台特洛伊城以來，一般都相信，它就位在安那托利亞西北部的希撒里克遺跡，但直到今天，仍未在當地發現足以視作證據的文物。希臘半島的挖掘情形也是一樣；直到今天，仍然無法透過考古學來證明特洛伊戰爭為史實。

2. 邁錫尼文明與荷馬社會

　　如果特洛伊戰爭口述傳統的背後，代表希臘對安納托利亞發動大規模軍事遠征這件事確實存在，那麼將荷馬社會視為是青銅器時代晚期繁榮的希臘邁錫尼文明，會較為妥當。這個時代的希臘各地遍布著小型王國，而邁錫尼文明的分布地區與史詩中頻頻出現的英雄故鄉頗為一致；特別是伯羅奔尼撒半島東北部的邁錫尼，更以擁有規模堪稱希臘聯軍總帥**阿加曼農**居城的遺跡著稱。在挖掘特洛伊後，施里曼更在1876年於邁錫尼挖掘到青銅器時代晚期的豎穴墓與黃金陪葬品；他確信，這裡就是荷馬史詩所歌頌的「充滿黃金的邁錫尼」都

城。從武器等出土文物來推測，邁錫尼文明也確實如史詩所述，是一個好戰的文明。可是到了二十世紀中葉，陸續出現了**芬利**[*]等反對者。芬利認為，荷馬史詩裡頭包含了許多與邁錫尼文明不符的敘述，因此主張應該將史詩世界的時間軸定位為黑暗時代（鐵器時代初期）較為妥當。不只如此，當時皮洛斯、邁錫尼、底比斯等地宮殿遺跡陸續出土了刻在黏土板上的**線形文字**[◁4]B，經過文特里斯（Michael Ventris）解讀後發現，從上頭資訊重建出來的皮洛斯王國社會結構，和荷馬描寫的社會完全不同。因此，荷馬社會屬於青銅器時代後期的說法，一下子驟然居於下風。

3. 愛琴海文化傳統與荷馬社會

芬利從史詩中可見的青銅鼎與火葬等文化特徵，特別是描述腓尼基人的活動等為證據，認定荷馬社會反映了前十世紀或前九世紀的希臘社會。1970年代以降，由於安東尼‧斯諾德格拉斯（Anthony Snodgrass）與伊恩‧莫里斯（Ian Morris）等人的努力，對於鐵器時代初期社會結構的考古學研究有了飛躍性的深化，從而也讓這樣的見解更居上風。可是近年又反過來，認為推定荷馬史詩形成的背景，應該要回溯到史前時代的口述傳統。聖托里尼島阿克羅提里遺跡中出土、描繪有船隊的濕壁畫，以及邁錫尼豎穴墓中出土、諸如「破城鎚」之類的考古證據，都暗示了以遠征和攻城為題材的故事，是從遠古一直傳承下來的口述傳統。荷馬史詩是這類口述傳統的集大成，要將其中出現的社會與特定時代連結是相當困難的，因此將其視為一種口傳敘事，會比較妥當。

▷3　**阿加曼農**
（Agamemnon）
希臘神話中的邁錫尼國王，阿特柔斯之子，斯巴達國王墨涅拉奧斯的哥哥。在《伊利亞德》中，阿加曼農與英雄阿基里斯的爭吵，是一個重要的主題。

▷4　**線形文字B**
（Linear B）
邁錫尼時代後期，為了管理記錄各地宮殿物資所使用的文字。由米諾亞文明的線形文字A改良，用以標記希臘語，基本上是一種音節文字，也兼用表意文字與數字。1952年被文特里斯（Michael Ventris）成功解讀。

歷史學的考察重點

① 將文學作品當成歷史學史料來運用，是可能的嗎？
② 施里曼對荷馬社會的解釋，產生了怎樣的影響？
③ 將荷馬社會視為邁錫尼文明，是可能的嗎？

2 城邦形成論

竹尾美里

【關連項目：荷馬社會、雅典「帝國」與民主政治、希臘化時期的王權與城邦、古希臘的聯盟及其接受、羅馬帝國時期的希臘、古代人的宗教2：神話與雕刻藝術、中古城市形成論】

史　實

前八世紀左右，古希臘世界出現了城邦；之後很長一段時間，它都是希臘社會的基礎。在這段過程中，儘管經歷了僭主、寡頭、民主等各式各樣的國家政體，但各城邦始終維護彼此獨立，城邦之間也沒有整合成大一統國家。城邦（polis）這個詞常被譯為「城市國家」，但若以城邦是基於擁有土地與公民權的人來運作、且具備排他性這點來看，那麼城邦可以視為是希臘世界特有的市民共同體。

景觀方面，城邦規模雖大小不一，但大部分都在祭祀守護神的聖地山丘興建衛城，並在下方山麓設置議會與公民大會議場等行政設施；除此之外，還有包含劇場、體育館、公共設施與廣場等城邦中心市區，共同體成員居住的聚落，和他們所擁有、往外延伸的農地。另外，也有像斯巴達這樣的城邦，只有具公民權的人民能住在市區，次等人民則住在周邊鄉郊。除此之外，還存在著和城邦雖然相異，在外交上卻具備同等分量、由鬆散的複數村落集合成的「部落」。

像這種特殊的古希臘城邦世界，範圍不僅限希臘本土，也包含不斷擴大至地中海及黑海沿岸的希臘殖民市（古希臘人稱為apoikia，又稱殖民地）。殖民市在政治和經濟上都獨立於派遣殖民團的希臘本土母城邦（metropolis），即使到了後世依舊是重要的政治及貿易據點。

* **部落**
參照 I-10。

論　點

1. 城邦的形成

在城邦形成初期，政治單位與祭祀設施會移到中心市區，同時刻意合併（synoikismos）納入周邊的村落；一直以來都認為，這是城邦空間形成的重要契機。這也和**亞里斯多德**在《政治學》中所述、以古風時期雅典為標準的城邦觀相結合，支持著「其他城邦也是依循同樣脈絡而生」的見解。但另一方面有人指出，從1970到80年代各地墓穴的調查中顯示，前八世紀左右出現顯著的社會變化，在這個時期，雅典與阿哥斯的埋葬數明顯增加，斯諾德格拉斯以此主張，當時因為人口增加，人們需要一個統率眾人的全新架構，才會出現這樣的社會；至於莫里斯則從範圍更廣的下層市民也被允許建造墳墓這樣的結果來看，認為城邦形成的背景是橫向市民共同體的建立。另一方面，科德斯特里姆（John Nicolas Coldstream）則在克里特島克諾索斯的墓葬研究中發現，該地的情況和阿提卡地區迥異；因此，一直以來所謂「以雅典為標準」

* **亞里斯多德**
參照 I-29 注1。

▷1 《政治學》
前四世紀哲學家亞里斯多德撰寫的著作。從「人是政治的動物」出發，透過對古希臘的國家體制實際分析，談論其問題點及理想的國家形象。

的城邦模式，是否也同樣適用於其他地區，近年來被普遍要求重新審視。

2. 從邊境聖地出發的視角

位於市中心的聖地，被視為是形成城邦的重要指標。然而，波里尼亞克（François de Polignac）的研究著眼於那些位於城邦邊境的聖地；他指出，邊境聖地除了與中心聖地共同確定了城邦的範圍外，也很可能是與鄰近聚落連結的中繼站。另一方面，摩根（Catherine Morgan）則跨越單一城邦範圍，去研究許多個人與城邦造訪的泛希臘聖地——如**奧林匹亞**與**德爾菲**，一邊追溯其考古資料的演變，一邊論述這些聖地為希臘世界帶來的影響。舉例來說，僅限希臘人參加的奧林匹克競技大會，就讓以城邦為政治單位各自獨立的人群得以在「希臘人」這個共通的認同下團結起來，因此扮演了重要角色。

3. 從殖民市的城市化出發的視角

該怎樣看待殖民市和希臘本土母城邦之間的關係呢？各地殖民市的歷史，可以與出土考古史料與相關文獻史料相互對照討論。比方說在**修昔底德**記載**伯羅奔尼撒戰爭**的作品中提及的西西里殖民市建設歷史，就是考察古典時期以前殖民活動的珍貴資訊來源。按此來看殖民市的建設，一般推測得先經過希臘本土的城市化，然後才把城市化的概念傳播到殖民市。但相對於此，近年來**漢森**等人對城邦研究的全新看法認為，希臘本土和殖民市的城市化是並行的；從市景來看，部分殖民市甚至比母城邦更早具備城市化的條件。比方說，前八世紀展開殖民、位在義大利的**墨伽拉‧希布利亞**，在前七世紀時已可看見巨大神廟的公共設施。大致來說，殖民市比希臘本土更早建立巨大神廟，說明與外在世界接觸機會更多的殖民市居民更傾向重視做為自身認同根源的共同體空間與祭祀儀式；這是否代表殖民市更容易邁向城市化？也有人指出，派遣殖民團是解決本土母城邦內部各種問題（比方說農地不足、對立集團存在等）的一種手段。關於殖民市與希臘本土母城邦的關係，今後仍須持續考察。

▷2　**奧林匹亞**
位於伯羅奔尼撒半島西部，是祭祀主神宙斯的聖地。古希臘四大競技會之一的奧林匹克運動會，每四年會在這裡召開一次。

*　**德爾菲**
參照 I-15 注1。

*　**伯羅奔尼撒戰爭**
參照 I-3 注2。

*　**修昔底德**
參照 I-3 注3。

*　**漢森**
參照 I-5 注3。

▷3　**墨伽拉‧希布里亞**（Megara Hyblaea）
希臘的墨伽拉人接受西庫爾國王修普隆提供的土地，於前728年在西西里島東岸建設的殖民市。關於此事的來龍去脈，在修昔底德《歷史》第六卷第四章中有詳盡敘述。

歷史學的考察重點

① 雅典以外的城邦，是如何形成的呢？

② 在各城邦發展過程中，從各聖地與附帶的祭祀儀式來看，這個共同體中心具有怎樣的機能？

③ 城邦形成期的殖民活動與希臘本土母城邦的發展，具有怎樣的關係？

3 歷史敘述起源論

師尾晶子

【關連項目：荷馬社會、黑色雅典娜爭議、雅典「帝國」與民主政治、阿契美尼德波斯帝國的表象與真實、亞歷山大大帝與「希臘化論爭」、希臘化時期的王權與城邦、古希臘的聯盟及其接受、古代人的宗教2：神話與雕刻藝術、歷史與記憶】

▷1 希羅多德
（Herodotus）
前485～前424年左右，出身哈利卡納蘇斯（今土耳其博德魯姆）。前444年參與往南義大利圖里的殖民，並移居至此。著有以波希戰爭為主題的《歷史》。

▷2 伯羅奔尼撒戰爭
前431～前404年，以雅典為首的提洛同盟及以斯巴達為首的伯羅奔尼撒同盟之間爆發戰爭，將全希臘世界捲入其中。前404年，這場戰爭以雅典的全面投降告終。

▷3 修昔底德
（Thucydides）
前460年左右～前四世紀初的雅典史家，著有記載伯羅奔尼撒戰爭的《伯羅奔尼撒戰爭史》。這部史書斷筆於西元前411年夏季。

▷4 波希戰爭
以愛奧尼亞起義為發端，導致波斯帝國對希臘發動遠征的戰爭。狹義來說，是指前490年的馬拉松戰役、前480到479年間的薩拉米斯海戰、普拉提亞戰役等一連串戰爭。

▷5 愛奧尼亞（Ionia）
面向愛琴海的安那托利亞西岸地區。北連伊奧里亞地區，往南則與卡里亞地區接壤。該區的十座城市與愛琴海的希俄斯、薩摩斯兩島聯合組成「愛奧尼

史 實

歷史敘述的起源是否為古希臘，其實並無定論。但值得一提的是，荷馬史詩很早就開始關注過去的偉大事蹟及其原因。寫下目前已知最早的史書——《歷史》（Historia）的人，是「歷史之父」**希羅多德**[1]。希羅多德一邊以荷馬為參照，一邊以敘事散文體的形式彙整自己蒐集調查（historie）來的諸多事蹟。另外，由本人親臨現場採集證據並敘述**伯羅奔尼撒戰爭**[2]始末的，則有**修昔底德**[3]的《伯羅奔尼撒戰爭史》（Historia）。自十九世紀以降的近代實證史學，常常將希羅多德和修昔底德當成「敘事史家」和「實證史家」來加以對比，從而對希羅多德的史家資質多所批判；但近年來，隨著兩者間的共通性逐漸受到注目，希羅多德也獲得了重新評價。

論 點

1. 「歷史敘述」的誕生

希羅多德的《歷史》中，包含了許多堪稱荒唐的神話與口傳故事；正因如此，他才被稱為「敘事史家」，而這部以**波希戰爭**[4]周遭各種故事所構成的《歷史》與其稱為史書，不如說更像一部文學作品。強調這點的研究者認為希羅多德的記述充滿了虛偽不實，從而否定他史家的資質。但另一方面，從致力蒐集調查，並將結果以敘事體方式流傳下來這點來看，希羅多德確實是開拓歷史敘述範疇的重要人物。不只如此，近年研究認為培養出這種調查研究精神的，其實就是「**愛奧尼亞哲學**[5]」。事實上，早在希羅多德之前，敘述過去事件的作家大部分都是愛奧尼亞出身。希羅多德之前的作家記述的「族譜」、「建國故事」、「編年史」、「民族誌」等，都只有斷簡殘編流傳下來，全貌不清。但他們的基礎嘗試，確實開創出了前所未見的知識範疇。這些散佚的作品，有雅各比（Felix Jacoby）編纂的《史家片段集》（FGrH）為基礎史料；現在也有由多數研究者共同編纂的 Brill's New Jocoby Online（BNJ），以付費方式持續公開、更新。

2. 城邦史，亦即地方史的發展

十九世紀德國的古典語文學家維拉莫維茨（Ulrich von Wilamowitz-Moellendorff）認為，地方史（local history）起源自歷代祭司與公職者對競技優勝者的紀錄，是非常古老的歷史敘述範疇。相對於此，雅各比以降的研究者則表示，雖然「編年史」與「民族誌」的出現可回溯至前500年左右，但記述特定城邦的地域編年史作品，其執筆年代大多集中在前四～三世紀，因此這些作品是受希

羅多德等人的歷史敘事影響才發展起來的。根據他們的說法，兩者多有參照，而地方史是對普遍性歷史敘述的增補。近年來，羅莎琳‧湯瑪斯（Rosalind Thomas）將這種地方史命名為「城邦史」；她認為城邦史的敘事以各城邦的興起為背景，具有積極的政治意圖，藉此批判過往對於地方史增補性質的說法。而自希臘化時代以降，揭示城邦歷史的碑文、或彰顯對某城邦歷史知之甚詳的賢者（histoir）碑文陸續出現，其數量的增長相當值得注目。以城邦為首的各集團為了表明自我認同，會追尋甚至不時包含捏造成分的歷史敘述；在基於這樣的認識下，我們可以有效參照哈布瓦赫（Maurice Halbwachs）的「集體記憶」（collective memory）論，阿斯曼（Assmann）夫妻的「文化記憶」（cultural memory）論，乃至於持續發展、由格爾克（H.J. Gehrke）提倡的「意圖的歷史」（intentional history）等概念與方法。

3. 普遍史‧世界史的展開

自亞歷山大以降，希臘人所知的世界大幅擴張。雖然在希羅多德的作品中，我們已可看見他想在已知的空間時間範圍內對整個世界歷史進行敘述，但普遍史（universal history）‧世界史（world history）這樣的範疇，得要等到前四世紀、特別是希臘化時代以降才確立。一方面受地方史的興盛影響，另一方面則受西方羅馬的勢力擴大所致，讓希臘人產生了對至今不被視為研究對象的地區進行調查的必要性，以及敘述所有民族歷史的渴望。被認定為開創普遍史的**埃福羅斯**[6]，是第一位將著作依主題分卷的史家。除此之外，他並不是基於自身的體驗來進行敘述，而是透過文獻研究來敘史，這種方法與模式也被之後的史家承繼。給予埃福羅斯高度評價的**波利比烏斯**[7]認為為政者應從史書中汲取教訓，因此歷史敘述應當具備實用性質（pragmatike historia）。波利比烏斯提出的國家制度與混合政體論點，雖然在柏拉圖與亞里斯多德的著作中也可見到，但他將羅馬共和政治視為理想的混合政體、呼籲各機關平均分立的思想，成了近代政治思想的模範。其他普遍史的代表史家，我們還可以舉出**西西里的迪奧多羅斯**[8]、**哈利卡納蘇斯的戴奧尼修斯**[9]等人。

亞同盟」。

▷6 **埃福羅斯**（Ephorus）
前400～前330年左右，出身於伊奧里亞地區（現土耳其）的斯庫梅，一般認為是伊索克拉底的學生。著有從海克力斯後裔的回歸到亞歷山大大帝之父腓力二世時代為止，按主題別分成三十卷的《歷史》。

▷7 **波利比烏斯**（Polybius）
前199年以前～前120年左右，出身邁加洛波利斯。他的四十卷《歷史》從第一次布匿戰爭（前264年）開始到前146年為止，詳述了羅馬的興盛及其征服地中海的過程。

▷8 **西西里的迪奧多羅斯**（Diodorus Siculus）
前一世紀出身西西里的史家。著有四十卷的《歷史叢書》；這套書分成特洛伊戰爭前的時代、從特洛伊戰爭到亞歷山大大帝逝世的時代，以及之後的時代共三部。

▷9 **哈利卡納蘇斯的戴奧尼修斯**（Dionysius of Halicarnassus）
前60年左右～前7年以降，哈利卡納蘇斯出身，是位史家，也是修辭學教師。著有《羅馬古誌》，內容為從神話時代到波利比烏斯《歷史》的開端，也就是至第一次布匿戰爭為止的羅馬史。

歷史學的考察重點

① 荷馬史詩與希羅多德的《歷史》，有哪些共通性與相異處？
② 希臘人的殖民活動，對於歷史敘述的誕生與發展造成了怎樣的影響？
③ 愛奧尼亞哲學如何影響歷史敘述的誕生與發展？
④ 近年來對希羅多德的重新評價，是出自怎樣的觀點？

黑色雅典娜爭議

庄子大亮

【關連項目：荷馬社會、歷史敘述起源論、阿契美尼德波斯帝國的表象與現實、殖民地與現代／西方、東方主義與後殖民主義】

▷1　埃及
在前3000年左右形成統一王朝。做為地中海世界早期發展的文明，在宗教與建築等方面都影響了古希臘。關於古希臘人的埃及觀，可參照前五世紀史家希羅多德的《歷史》，特別是第2卷。

▷2　腓尼基
古代東地中海沿岸的地區名稱，也用來稱呼從該地出發從事海上貿易的人群。他們在各地建設殖民城市。之後和羅馬開戰的迦太基，即是著名的腓尼基人（拉丁語稱為「布匿」）城市。

▷3　雅典娜
希臘神話的智慧與戰爭女神，是雅典的守護神。伯納爾以這位古希臘重要的女神名稱，取了《黑色雅典娜》這個書名，正是要凸顯「希臘文明乃起源自非白人」這樣的主張。

▷4　雅利安人
歐洲各語言與印度梵語之間的共通性在近代被提出，從而推測有一個說著原始語言的人群集團，就是雅利安（「高貴」之意）人。雖然有看法認為是這群白人的祖先雅利安人創造了文明，但包含雅利安人的存在本身，都是缺乏證據的古老假說。

史　實

被視為歐洲起源的古希臘文明，是在各文明交會之下發展起來的。他們把埃及[▷1]當成先行文明，兩者有清楚的密切關係與相似性；至於希臘字母，則是參考腓尼基[▷2]文字設計出來的。如今的我們在理解希臘文明時，這些來自外來文明的成分被視為大前提，但自近代直至二十世紀下半葉前的歷史研究並沒有強調這點。之所以出現改變，跟美國的政治學者伯納爾（Martin Bernal）有很大關係。他在著作《黑色雅典娜[▷3]》（1987年）及後續文章中主張，「希臘文明的起源是埃及與腓尼基，這樣的事實卻被歐洲中心史觀所蒙蔽」，自此引發了一連串論爭。

論　點

1. 伯納爾的主張

伯納爾表示，希臘文明最初是由埃及與腓尼基的殖民行動所建立並發展的。除了史家希羅多德在著作中記載、對先進文明的各種解釋以外，悲劇《請願的女人們》（Hiketides）也隱含了英雄從希臘以外渡海前來的神話；就像這樣，希臘人自己也認為他們的文明是來自外部殖民。對此，伯納爾以「古代模式」來稱呼。但到了近代，歐洲人宣傳的史觀都是「身為白種人的雅利安人[▷4]從北方入侵希臘，獨自創造了文明」，也就是所謂「雅利安模式」；他批評，這種模式是歐洲中心主義和種族歧視下捏造出來的歷史。接著他說，現代考古學的研究成果也反映了，做為「修正版的古代模式」，希臘文明是自前兩千紀上半葉開始，隨著埃及與腓尼基人的殖民行動而建立的。然而伯納爾於2013年逝世，他原本構想為4冊的《黑色雅典娜》，只出版到第3冊便結束了。

2. 批判

伯納爾的主張不只獲得部分研究者支持，他對歐洲中心主義世界觀的批判也讓一般讀者有所共鳴；但在此同時，他也受到了嚴厲批判，特別是來自古希臘專家的質疑。比方說，古希臘雖然有許多要素是來自外部，但也有很多獨特的要素，如此怎麼能說希臘文明是殖民的產物呢？伯納爾把希臘人對先進文明的關注和殖民行動加以結合，會不會太過輕率？伯納爾雖然說古希臘語的詞彙有半數以上來自埃及和東方語言，但大多只是音韻類似，光憑這點就斷定是殖民行動所致，實在難以為證。不只如此，多年來各種不同的古代史研究累積，能夠一竿子打翻成種族歧視嗎？將建立古埃及文明的人們納入黑人

這個範疇，從而稱之為種族歧視，這樣的架構能成立嗎？這些都是問題。伯納爾雖然回應了這些批判，但答辯大多僅止於「我並沒有這樣的陳述意圖」，並未積極補強自身主張。整體而言，伯納爾的主張並不構成歷史事實的論證。只是，若認為伯納爾的論述連細節都不值一提，批判他的人都正確，這樣當然也不太對。面對紛仍的論點時，應該如何整理古代的片段證據與後世的各種解釋，又該如何取捨選擇？我們得保持冷靜的態度去仔細釐清。

3. 論爭的影響

伯納爾的論述與極端主張雖然成了眾矢之的，但批判者也大致承認，近代對古希臘成立的理解，的確偏向歐洲中心主義。以積極重新思考偏狹歷史觀的層面來看，應該肯定伯納爾這番主張的價值。對此，相關研究開始留意以埃及和腓尼基為首的東方世界對希臘造成的影響。古希臘在吸納外部影響的同時，也發展出自身獨特性；日後將持續站在這樣的基礎上，進一步思考古希臘文明的真面目。比方說，英國於 2008 年舉辦了以「再思考黑色雅典娜爭議」為主題的國際研討會，並於 2011 年出版這場會議內容的論文集《非洲的雅典娜──全新的議題》等，都不再一味批判伯納爾的論述，而是認可為一種「嘗試進行多面向的再思考」；對於如何以有所回饋的方式來接納這場論爭，這是相當重要的。

歷史學的考察重點

① 伯納爾的主張是否妥當？反之，對伯納爾的批判是否妥當？在有限的史料下，為什麼會產生相反的解釋？

② 盡可能達到不偏向特定立場的客觀歷史敘述，是如此艱難卻又重要。這場論爭帶給我們什麼啟示？

③ 為什麼、又是在怎樣的情況下，會把古希臘看成是歐洲的起源？

④ 這場論爭將在今後持續帶來何種影響？

5 雅典「帝國」與民主政治

佐藤 昇

【關連項目：城邦形成論、歷史敘述起源論、阿契美尼德波斯帝國的表象與現實、雅典的戲劇與社會、希臘化時期的王權與城邦、古希臘的聯盟及其接受、羅馬共和政治的本質與奧古斯都、羅馬皇帝與帝國的整合、羅馬帝國時期的希臘、古代經濟史論爭、古代的奴隸】

史 實

前508年，希臘城邦雅典確立了讓全體成年男性公民高度參與政治的民主政治制度。數十年後，東方的大帝國波斯兩度從海上入侵，雅典和其他希臘城邦合力擊退；之後為了防備帝國再次入侵，他們成立**提洛同盟**。身為盟主的雅典不久後變得益發專橫，同盟呈現出一副由雅典統治的「帝國」樣貌。前431年，雅典與斯巴達爆發了伯羅奔尼撒戰爭；這是一場將各城邦捲入其中的大戰，最後雅典於前404年敗北，「帝國」也隨之告終。戰敗方雅典隨即爆發內戰，隔年由民主派取得勝利；此後雅典直到前322年，都一直維持穩定的民主政治體制。

論 點

1. 雅典的「帝國化」過程及其影響

原本由各城邦聯合組成的提洛同盟，卻變質為盟主雅典對各城邦進行「帝國」統治的架構，成了維持自身軍事和經濟繁盛的工具。這是從何時開始、又是以何種手段達成的呢？過去的討論以**修昔底德**《歷史》為主要史料，後來隨著碑文研究的進展，研究變得日益細緻；到了二十世紀下半葉，如麥格斯（Russell Meiggs）等人的研究所示，這樣的「帝國化」過程已然明朗。然而在同世紀末，馬丁利（David Mattingly）對原已底定的碑文年代提出異議，「帝國化」過程再次成為檢討的對象。如今已不再研究單一進程的「帝國化」樣貌，修正後的方向主要分析雅典如何在國際局勢及國內事務的影響下，達成「帝國」統治。另一方面，相關研究也拓展時間及空間的研究範圍，來探討如何開啟「帝國」統治，包括自提洛同盟成立前的延續性，以及鄰近波斯帝國帶來的影響等等。

特別是近年，在雅典「帝國」的討論中常被提及的，是這個「帝國」對整個希臘世界造成的影響。當然，對於實行「帝國」統治的雅典本身，包括財政變化、思想及意識形態的轉變，甚至是源自本土神話（強調雅典公民的民族純粹性）的希臘神話變遷，各式各樣的討論相當熱烈。但另一方面，隨著各地考古學、古錢學、碑文學等成果的累積，正如奧什邦與費蓋拉（Thomas J. Figueira）、康斯坦塔哥普魯（Christy Constantakopoulou）等人所示，雅典「帝國」對愛琴海及東地中海各地的影響、其間的差異、乃至各地區在「帝國化」過程中扮演的積極角色等等，從雅典以外的視角展開討論的人也陸續增加。

▷1 **提洛同盟**
前478年由雅典領導成立的軍事性聯盟，旨在對抗波斯。以愛琴海周邊為中心，多數城邦參與其中。前404年雅典在伯羅奔尼撒戰爭失利，同盟隨之解體。

＊ **修昔底德**
參照 I-3 注3。

2. **民主政治的穩定與** 一直以來，有關雅典民主政治的討論，都環繞著
社會文化的影響 民主政治確立前的背景與制度變遷、民主政治的
進展與激進化以及相關社經背景、暴民政治的萌生、民主政治的衰退等論
點。但在二十世紀下半葉，隨著對**《雅典政制》**和演說等文獻史料的重新
檢討，以及碑文學與考古學的進展，研究者對雅典民主政治的看法也出現
很大的變化。其中，前五世紀末後民主政治進入「衰退期」的看法幾乎消
失，取而代之的研究重點是「帝國」時期的雅典如何延續民主政治、維持
社會安定。關於這點，提出的假說相當多元。從法律制度面通盤分析的**漢
森**認為，前五世紀末的制度改革抑制了過度的民主化，讓民主政治趨向穩
定。至於歐柏（Josiah Ober）則關注政治領袖在公民大會與法庭上反覆演講
與說服的行為，一方面與民眾維持緊張關係，另一方面也建立相互依存的
關係。奧什邦認為，當成年男性公民累積民主政治經驗的同時，被排除在
外的奴隸與女性也以迥異於成年男性的形式參與其中。愛德華・哈里斯
（Edward Harris）則在研究中指出，雅典民主政治成功的關鍵是「法的統
治」。在研究者進一步提出種種見解，闡述讓民主政治得以穩定與成功的各
項要素時，也引發了批判與論爭。

　　在有關雅典民主政治的討論中，另一個醒目的論述重點，是民主政治
意識形態對社會文化的影響，以及相互的關聯性。許多研究指出，在各種
社會現象與文化活動中都可看見民主政治的影響，比如戈得希爾（Simon
Goldhill）就從公共祭典中悲劇的表演，來解讀民主政治的意識形態；相對
於此，羅斯（Peter Rhodes）則對部分研究者過度強調民主政治的影響抱持
批判態度，這又形成了一個論爭。至於**運動**方面也是如此，民主化是否對
參加者的社會階層造成了某種影響？民主化以前的菁英傾向究竟如何化
解，抑或加以緩和？普里查德（David Pritchard）等人針對這方面展開討論。
至於**修辭學**的發展、變遷及其與民主政治的關聯，近年來也有愛德華茲
（Mile Edwards）與魯賓斯坦（Lene Rubinstein）等人的豐碩研究成果。

▷2 **《雅典政制》**
詳細記載前古典期～古典
希臘時期雅典的政治史，
以及前四世紀末該國法律
制度的文件。十九世紀末
被發現，之後成為雅典史
的基本史料。

▷3 **漢森**（Mogens
Herman Hansen）
1940年～，丹麥的古希臘
史研究者。對雅典的法律
制度、古希臘城邦進行體
系性研究，影響甚大。

▷4 **運動（古希臘）**
古希臘世界相當盛行運動
競技，各地都設有體育
館。以奧林匹克運動會為
首，大小各式的體育競賽
在各地熱烈舉行。

▷5 **修辭（古希臘）**
古典希臘時期的雅典，在
公民大會等公共場合說服
參加者，是決定國家政策
的重要關鍵。正因如此，
說服聽眾用的修辭術也隨
之發展。

歷史學的考察重點

① 雅典「帝國」是如何開始，又歷經怎樣的演變？
② 雅典「帝國」對東地中海各地區造成了怎樣的影響？
③ 雅典民主政治的成功與長期穩定，起因為何？
④ 雅典民主政治在怎樣的文化要素下，產生了何種影響？

阿契美尼德波斯帝國的表象與現實　阿部拓兒

【關連項目：歷史敘述起源論、黑色雅典娜爭議、雅典「帝國」與民主政治、亞歷山大大帝與「希臘化論爭」、希臘化時期的王權與城邦、凱爾特問題、東方主義與後殖民主義】

▷1　大流士一世
第三任波斯國王（在位前522～前486年）。第二任國王甘比西士死後排除了僭主，就任王位。之後整飭各項國家政策制度，為日後的波斯帝國統治奠立了基礎。

▷2　薛西斯
大流士一世的兒子，第四任波斯國王（在位前486～前465年）。統治初期曾親率大軍遠征希臘。

▷3　大流士三世
阿契美尼德波斯帝國末任國王（在位前336～前330年）。在位期間遭逢了亞歷山大東征，最後被心腹暗殺。

＊　後殖民主義
參照 V-23 。

▷4　伯里克里斯
（Pericles）
古希臘時期雅典政治家，也是雅典全盛時期的領袖。以帕特農神廟的建設為中心，指揮修葺雅典衛城的工作。

史　實

前六世紀上半葉興起於伊朗高原、由波斯人建立的國家，不久便將美索不達米亞、安納托利亞（小亞細亞）、埃及納入統治，統一了東方世界（orient）。這個國家以傳說中的始祖阿契美尼德為名，全稱為阿契美尼德王朝波斯帝國（Achaemenid Empire）。前五世紀初期，在**大流士一世**[1]、**薛西斯**[2]的統治下，波斯軍曾兩度渡海入侵希臘本土（波希戰爭）與雅典等希臘主要城邦交戰，但關鍵戰役未能致勝，最後敗北而歸。然而波希戰爭敗北後，帝國的統治並未因此動搖，在此後一個半世紀的期間，王朝依然存在。最後，馬其頓王國亞歷山大三世（大帝）進攻波斯，波斯國王**大流士三世**[3]被殺，阿契美尼德波斯帝國也在前330年滅亡。

論　點

1. 發明「野蠻人」

有關阿契美尼德波斯帝國的許多資訊，都是由在帝國統治下的安那托利亞希臘人、或是波希戰爭勝利的本土希臘人提供的。特別是波希戰爭後的雅典，不管是悲喜劇和辯論等文學作品、或是陶壺繪圖等手工藝品，都常常看見波斯人的身影。但在這當中的波斯人多半是以敗戰、奢華、殘酷無情、危險等刻板印象被加以描繪。對於這些波斯人和其他異民族，希臘人稱他們為「野蠻人（barbaroi）」──原本是指不說希臘語的人，但不久就被當成「非希臘人」，並賦予各式各樣的貶義。1978年美國文學批評家薩伊德發表了《東方主義》一書，所謂**後殖民主義**[＊]思想大為流行，野蠻人研究也積極援引這個理論。英國古典學者伊迪絲・霍爾（Edith Hall）便在以《發明野蠻人》為題的研究著作中主張，刻板化的波斯人並不是按照他們的現實來描繪，而是希臘人在定義自身男性化的勇敢、剛健質樸的理性時，為了方便對比而「發明」出來的產物。

2. 「波斯風」的流行

如「論點1」所述，希臘人把被自己打敗的波斯人當成和自己完全相反、輕蔑的負面存在，來加以描繪。但另一方面，不管是戰爭前還戰爭後，希臘人都持續受到來自波斯的影響，也活用各式各樣的波斯文物。比方說，前五世紀下半葉在雅典衛城南側興建的「**伯里克里斯**[4]劇場」（雅典劇場），據傳就是模仿波希戰爭時波斯國王的野外營帳來設計的。另一方面，被波斯國王等高官權貴使用的陽傘（不是由本人手持，而是隨從負責撐持），也在雅典女眷間蔚為流

行。這種現象被考古學者瑪格麗特・米勒（Margaret Miller）稱為「波斯風（Perserie）」。在「發明野蠻人」討論中，波希戰爭被定位為波斯與希臘關係的「轉捩點」；但在「波斯風」的討論中，卻著眼於波斯戰爭前後的關係連續性、或以戰爭為契機而導致的加速交流。

3. 在希臘本土之外的交流　　不管是「發明野蠻人」還是「波斯風」的流行，都是以雅典為首、由一群和波斯人素無接觸的本土希臘人所萌生的現象。另一方面，希臘本土以外的安納托利亞、埃及、黑海周邊也有許多希臘人的聚落。其中住在安納托利亞的希臘人，自前六世紀中葉便被納入波斯帝國版圖，和希臘人以外的多民族持續保持著日常互動。譬如被稱為希臘史學史之父的**希羅多德**[*]，在他的族譜中就確實存在出身非希臘的**卡里亞人**[◁5]。仔細解讀安納托利亞出土的碑文與遺跡可以發現，在希臘人居民與非希臘人居民的交流中，不斷誕生出新的語言與宗教，進而從中理解在前述希臘人（我者）與「野蠻人（他者）」的二元對立中不容易被看見的多元自我認同。

* **希羅多德**
參照 I-3 注1。

▷5　**卡里亞人（Caria）**
住在小亞細亞西南部卡里亞地區的居民，使用古安納托利亞語之一的卡里亞語。

歷史學的考察重點

① 波希戰爭之後，希臘人對波斯帝國的看法出現了怎樣的影響？
②「發明」野蠻人的希臘人，為什麼會流行「波斯風」？
③ 在希臘化時期到來以前，希臘人與非希臘人的接觸是怎樣的面貌？
④ 希臘人所塑造的波斯帝國形象，在之後的時代如何被接受？

7 雅典的戲劇與社會

栗原麻子

【關連項目：雅典「帝國」與民主政治、希臘化時期的王權與城邦、角鬥士競技、古羅馬的家庭與婚姻、男女分離領域、性傾向、女性主義與性別】

史 實

在古希臘時期的雅典，於市中心戴奧尼索斯劇場例行舉辦的合唱與戲劇比賽，為公民生活增添了不少色彩。在三月的**酒神節**[1]與一月的**勒納節**[2]，會舉辦部族間的男性公民與少年歌隊比賽，以及各城邦選出的劇作家新作競演。觀劇不是為了個人享樂，而是一種公眾活動；國庫會提供觀劇費，確保每個人都有觀劇的機會。在前五世紀的古希臘戲劇黃金時代，雅典的三大悲劇作家**艾斯奇勒斯**[3]、**索福克里斯**[4]、**尤里比底斯**[5]，以及舊喜劇作家**阿里斯托芬**[6]等人的作品，到了前四世紀已被奉為經典，流傳至今。

論 點

1. 競爭政治文化與演出機制

對歷史學而言，從固有政治文化去理解劇場是很重要的。在古希臘不只是戲劇，包括詩歌朗誦與運動等各種比賽，都是由官方正式舉辦。和公民大會與法庭等政治性演出類似，**布克哈特**[7]認為這種古希臘人生活的競爭（agon）性質，正是希臘文化的基礎。

要理解劇場，也必須從這種競爭文化的脈絡來理解。據威爾森（Peter Wilson）與恰波（Eric Csapo）所述，劇場演出的經濟來源，主要是由富人負擔的合唱歌隊費用。雅典的劇場文化建立在城邦富裕人士名譽競爭的制度化之上，戲劇演出與雅典民主政治有著密不可分的關係。

2. 市中心的劇場與性別

1980～90年代出現一種研究視角，認為戲劇不只是封閉的文本，而是一種讓觀眾參與其中的政治性演出。戈得希爾認為酒神節是一種整合公民的儀式，身為觀眾的公民得以與舞台登場人物及**歌隊**[8]合為一體，從而學習何謂戰士的「男子氣概」。相對於此，在劇場空間反覆出現的遊行與獸肉犧牲分配儀式，非公民與女性也可以參加；故此，變得可視化、做為聖俗生活場域的城邦共同體，也獲得了超越狹義男性公民社會的社會整合。關於這方面的研究日益增加。

在戲劇作品中，女性也時常擔任主要角色。從女繼承人、情婦、市場小販、女祭司等喜劇人物，到悲劇裡登場的傳說王族女眷，她們有著多元的社會角色與主張。現實的雅典女性市民在經濟權利上受到制約、處在男性親族的法律保護監視下、只被期待產出下一代的公民。因為她們的真實聲音無法傳達出來，所以我們只能透過哲學家的理論、法庭辯論的敘述、墓碑浮雕、乃至於戲劇作品等男性視角的濾鏡，來觀察她們的面貌。

▷1 **酒神節**（Dionysia）
每年三月舉行，祭祀戴奧尼索斯神（酒神）的儀式。在首日的遊行、次日的合唱後，第三天起會在市中心的戴奧尼索斯劇場演出戲劇與薩提爾劇（Satyr play）。

▷2 **勒納節**（Lenaia）
每年一月舉行的酒神祭典，以喜劇演出為主。對想在之後的酒神節演出戲劇的劇作家而言，這是出人頭地的最好機會。

▷3 **艾斯奇勒斯**（Aeschylus）
前525/4左右～前456/5年左右，為雅典三大悲劇詩人之中最年長的，曾參與馬拉松之役。作品有《波斯人》、《乞援女》、《供養女》、《奧瑞斯提亞》等。

▷4 **索福克里斯**（Sophocles）
前496左右～前406/5年，雅典三大悲劇詩人。伯里克里斯的朋友，曾任提洛同盟的財政官。作品有《安蒂岡妮》、《厄勒克特拉》、《伊底帕斯王》等。

▷5 **尤里比底斯**（Euripides）
前485左右～前407/6年。三大詩人中最年輕的，與阿納克薩哥拉等哲學家交情甚篤。現存有《美狄亞》、《在陶里斯的伊菲革涅亞》、《希波呂托斯》等19部作品。後來受馬其頓國王阿喀琉斯招聘，前往當地演出悲劇作品。

戲劇中登場的女性角色，都相當善辯而具行動力。比方說阿里斯托芬的《女人的議會》，一群女性發動政變要求參政；《利西翠姐》中，占據衛城的女人則代替男人締造了和平。這些女性角色對體制的批判，或許可視為是一種內在的他者，對這群以男性公民為主的觀眾提出的諫言。

過去有種「樂觀論」，將劇作中活躍的女性角色，視為雅典女性地位高漲的證據。但進入結構主義影響的歷史學研究，已經很難把她們單純視為反映現實雅典女性聲音的代言人。畢竟，劇中女性的發言和行動，還是在男性公民觀眾想像力所及的範圍內被塑造出來的。阿里斯托芬的舊喜劇與**米南德**的新喜劇所描繪的女性發言，乍看之下是在諷刺社會，但仍然受制於現實雅典社會規定下的男女分工、女人味、男子氣概、異性戀、同性戀與家族制度等性別規範。

3. 脫離雅典中心主義——地區劇場與巡演

在表演研究中，除了重視雅典城的政治文化與市中心戴奧尼索斯劇場演出，也特別重視戲劇在不同地域文化的傳播與巡演。

雅典的戲劇作品在首演後不久，便會在義大利半島南部等希臘世界各地巡演。即使在雅典內部，從前五世紀開始也會在各**民區**劇場巡演人氣作品；到了前四世紀，市中心劇場更把三大悲劇詩人的「舊作」當成標準劇碼，納入祭儀當中。不只如此，在希臘化時期的雅典，古典希臘時期的戲劇更被當成文化資本加以管理。遊歷各地的劇團被視為戴奧尼索斯神的劇團，逐漸組織化；劇場、廣場與體育館更是構成城市景觀的重要元素，即便到羅馬帝國時期也是如此。

從前五世紀首演戲劇的雅典市中心，到舉辦巡演的希臘各地劇場，乃至於一直以來被視作衰退期的前四世紀以降的劇場文化，研究者的關注範圍不斷擴張。如此這般，研究古希臘戲劇時應不再只把焦點放在前五世紀的雅典，而是包含舊作上演在內，將之視為單獨脈絡來加以掌握。

▷6　阿里斯托芬（Aristophanes）前450左右～前385年左右。雅典公民，活躍於伯羅奔尼撒戰爭中的舊喜劇（archaia）作家。除了以女性為主角、諷刺男性政治的《女人的議會》、《利西翠姐》、《地母節婦女》等女性三部曲外，還留有諷刺蘇格拉底的《雲》等11部作品。

▷7　布克哈特（Jacob Christoph Burckhardt）1818～1897年。瑞士巴塞爾大學歷史學、美術史學教授。師事蘭克（Leopold von Ranke），但對政治史不感興趣。著有《導遊》（Der Cicerone）、《義大利文藝復興時代的文化》、《希臘文化史》等作品。

▷8　歌隊
在戲劇演出中登場、為數約50人的合唱隊，因應劇情發展進行各式各樣的演出，也會扮演傳達一般市民心聲的角色。

▷9　米南德（Menander）希臘化時代初期活躍於雅典的喜劇作家。作品主要以家庭、戀愛等市民生活為主題。

▷10　民區（demos）以村落為基礎，雅典一共劃分139個民區。當中有些民區也設立石造劇場，會舉辦自己的酒神節。

歷史學的考察重點

① 在文化政策上，劇場扮演了怎樣的角色？
② 雅典的戲劇怎樣反映了性別認識與他者認識？
③ 雅典的戲劇如何普及到希臘化時代以降的地中海世界？

亞歷山大大帝與「希臘化論爭」　長谷川岳男

【關連項目：歷史敘述起源論、阿契美尼德波斯帝國的表象與現實、希臘化時期的王權與城邦、共通（koine）、歷史與記憶】

史　實

　　西元前338年，馬其頓國王**腓力二世**◁1在喀羅尼亞戰役中獲得勝利，稱霸希臘。他的兒子與繼承人亞歷山大三世（大帝）於前334年率領希臘聯軍遠征阿契美尼德波斯帝國。亞歷山大在小亞細亞屢戰屢勝，經巴勒斯坦征服埃及，接著又往美索不達米亞進軍，在前330年滅了阿契美尼德王朝。之後他征服了大夏、粟特，踏足印度河流域，但想更進一步東征時遭到部下拒絕，只好斷念返回蘇薩（前324年）。比起對新進領土的控制與整飭，亞歷山大更重視對阿拉伯遠征，但出發前以32歲之齡猝逝（前323年）。透過他的征服，廣大的亞洲地區與地中海世界得以連接，包含文化和社會等層面都出現了巨大變遷。

論　點

1. 有關亞歷山大大帝及其遠征的各問題

亞歷山大的征服事業對於古希臘羅馬、甚至東方世界都造成了很大影響，因此相關研究主題極為廣泛。比方說在個人方面，包括他的性格、言行舉止，與父親腓力及母親**奧林匹亞絲**◁2的關係、東征之目的、與馬其頓有力人士間包含同性戀在內的交友關係等；另一方面，他在遠征中的戰略、戰術、軍隊組織與遠征路線、補給等軍事層面的討論也相當熱烈。不只如此，還有包含自我神格化在內，對希臘、埃及、波斯人的統治形式，以及他的東征對後續的希臘化世界產生了何等影響，也不斷有人考察。近年來也根據波斯史重建東征時的阿契美尼德王朝，從波斯的角度來審視亞歷山大的東征與統治實態。不只如此，他的形象在後世的西方世界與伊斯蘭世界裡如何轉變，以及接下來要舉出、關於亞歷山大史料的問題，也都引起了相當注目。

2. 有關亞歷山大的史料問題

現存於古代撰寫的亞歷山大傳共有五篇，提供了許多有關他和這場遠征的資訊。然而近年來，圍繞著這些史料，展開了相當熱烈的議論。這些史料全是羅馬時期的產物，最古老的**西西里的迪奧多羅斯***作品，距離亞歷山大東征也過了約300年；它們是由東征當時或之後撰寫的、所謂「亞歷山大史家」紀錄中各自截取出來，再加以記述的作品，故其中有不少相互矛盾之處。因此，亞歷山大研究首先要確認的是，這些史料是否真的是亞歷山大史家的作品，並從史家的撰寫立場來評估資訊的可信度。它被視為是運用史料批判的實證史學的模範研究領域，因為相關研究相當龐雜，必須下工夫熟習研讀，並建構起

▷1　**腓力二世**
前359年成為馬其頓國王後持續增強國力，藉由軍事改革與外交折衝，讓馬其頓一躍而為希臘強國。

▷2　**奧林匹亞絲**
出身伊庇魯斯王室。對政治介入頗深，在亞歷山大逝世後的繼業者戰爭中極為活躍，但最後遭到處死。

*　**西西里的迪奧多羅斯**
參照 I-3 注8。

一套獨特的世界觀。可是自1970年代以降，伴隨著知識的典範轉移、語言學轉向及文學研究發展，希臘羅馬史研究開始積極摸索新方法，對於亞歷山大研究無視動向變遷、拘泥於傳統研究方法的批判，在進入二十一世紀後益發鮮明。不只如此，有人指出用來評估亞歷山大史家敘述可信度的標準相當模糊不清，因此也有一種意見認為，現存亞歷山大傳所描述的大帝形象，其實不過是羅馬時期生活在皇帝底下的敘述者所塑造出來的樣貌罷了。

　　另一方面，文學研究方法提醒我們，要觀察古代敘述者的特徵、注意他們如何模仿前執筆者各式各樣的敘述，甚至是他們跟這些作品的對抗意識、從而導致他們不去記述事實，而是創作故事；在理解亞歷山大史家與現存亞歷山大傳的敘述時，必須抱持這樣的心態。不只如此，近年來布里昂（Pierre Briant）等人也指出，這400年來的亞歷山大研究幾乎都僅侷限在對同一份史料的解釋歧異，結果只是將希臘羅馬人所見的世界，用近代以降的西方視角加以補強創造。故此，運用波斯史料重新審視亞歷山大遠征時的世界，並進行雙向分析，是當前的重要課題。

3.「希臘化論爭」　　亞歷山大東征後，由希臘人馬其頓人統治埃及、近東、中東等廣大領域的時代，被十九世紀上半葉的德國史家**朵伊森**稱為「希臘化時期」；朵伊森認為希臘文化在此時廣泛流傳、促成東西文明融合，更成為基督教誕生的基礎，對這個時代給予很高的評價。相對於這種認識，有人提出不同意見：希臘文化在各統治地區扎根到什麼程度？現在也出現一種傾向認為，亞歷山大及繼業者對當地的統治，只是沿襲波斯的既有體制而已。一直以來的研究皆以希臘人史料為主要史料，這點更被強烈批判。於是有人主張，要理解包含亞歷山大在內的這個世界，不要再使用過往以希臘羅馬為主的史料，而是要盡可能重視巴比倫的天文紀錄、希臘語、乃至於楔形文字與聖書體等，包含各種語言碑文在內的同時代史料；另一方面，我們也必須考慮阿契米尼德王朝對馬其頓王國自古以來的影響。這樣的態度，是理解何謂「希臘化世界」時必須秉持的視角。

▷3　**朵伊森**
（Johann G. Droysen）
1808～1884年，德國史家。十九世紀上半葉撰寫亞歷山大大帝以降的歷史，是將這個時代稱為「希臘化時期」的先驅。

歷史學的考察重點

① 亞歷山大對被征服的人民而言，是怎樣的存在？
② 他的東征為地中海世界帶來了怎樣的改變？
③ 為了理解亞歷山大，我們該怎樣處理各式各樣的史料？
④ 對繼業者們的統治而言，亞歷山大的意義為何？

9 希臘化時期的王權與城邦

藤井崇

【關連項目：城邦形成論、歷史敘述起源論、雅典「帝國」與民主政治、阿契美尼德波斯帝國的表象與現實、雅典的戲劇與社會、亞歷山大大帝與「希臘化論爭」、古希臘的聯盟及其接受、羅馬共和政治的本質與奧古斯都、羅馬皇帝與帝國的整合、羅馬帝國時期的希臘、羅馬帝國衰亡論】

史 實

亞歷山大大帝逝世後，經過數十年的繼業者戰爭，東地中海及中東地區分成了安提哥那王朝馬其頓、塞琉古王朝敘利亞、托勒密王朝埃及等大型王國，以及在小亞細亞帕加馬、黑海南岸本都等地成立的中小規模王國，交相爭鬥的世界。掌握強大軍事與經濟實力的國王，一方面指揮著王國間的大戰，一方面主導著**亞歷山大城**等大城市建設、建設新殖民城市、^{◁1}蒐集古代典籍、振興科學研究等被視為希臘化時期重要特徵的活動。另一方面，古典希臘時期重要的政治社會單位城邦，在希臘化時期仍然存續，但均被各王國控制，政治上的獨立性被削弱，內政上則傾向由少數富人來主導各城市發展。

論 點

1. 希臘化王權論的發展

在評價希臘化王權時，大致會認為其與亞歷山大大帝一脈相承。希臘化時期不僅從文化史角度來說是個新時代，在社會史、政治史領域也是劃時代的展現。立基於軍事成就的強大希臘化時代王權，與迄今為止的希臘世界完全迥異，是一種嶄新的統治體制。有人解釋，這是因為希臘化時代控制了埃及和巴比倫，讓這些地方自古以來的君主制傳入了希臘世界。基本上，這種「進入城邦『衰退期』的希臘人引進了『異民族』的君主制」的說法，是衍生自城邦衰退論（後述）與希臘人中心史觀。此番見解近年來招致了三點批判：第一，希臘化時期以前的城邦，早就已經以各種形式體驗了波斯帝國的君主制。第二，前五世紀盛極一時的提洛同盟雖然打著城邦自治與自由的旗號，但所屬城邦都有納貢義務，因此已經具備了以雅典菁英階層為首的帝國架構。第三，在**色諾芬與伊索克拉底**等古典希臘晚期的知識分子著作中，已^{◁2} ^{◁3}可明顯看到期盼一人專制統治的傾向。特別是第一點，庫爾特（Amélie Khurt）等研究者都將希臘化時代各王國（特別是塞琉古王朝）看成是阿契美尼德王朝的後繼國家。

2. 希臘化城市論的發展

著名的古代史家**羅斯托夫采夫**與村川堅太郎主張[*] ^{◁4}的古典希臘衰退論認為，前五世紀末的**伯羅奔尼撒戰爭**後，城邦公民共同體開始崩解，公民對城邦做出貢獻的平等性喪[*]失，傭兵崛起及公民兵制度瓦解，城邦也於前四世紀末被馬其頓王國統治。上述這種城邦衰退、王權擴張的成套論述，是立基於「古典希臘時期

▷1 **亞歷山大城**
受亞歷山大之令在埃及建設的希臘人城市。之後成為地中海世界屈指可數的大成市，人口數據說達到一百萬人。以亞歷山大圖書館為中心，該城的文化及科學研究都相當有名。

▷2 **色諾芬（Xenophon）**
前430年左右～前352年左右，雅典人。軍事技能優秀，在阿契米尼德王朝內戰中率領傭兵團參戰（參照《遠征記》）。他是蘇格拉底的弟子，同時以史書《希臘史》等諸多著作聞名。

與希臘化時期的斷絕」的見解。然而，相對於城邦衰退論，以記載城邦決議與捐獻去向的銘文史料為主要研究的**羅伯特**[◁5]、高帝爾（Philippe Gauthier）、**漢森**[*]等研究者陸續提出批判；如今像是約翰·馬（John Ma）、錢尼奧蒂斯（Angelos Chaniotis）等強調希臘化時期城邦延續性的說法，已蔚為主流。這種延續論認為，雖然自前二世紀開始，富人統御城邦的傾向日益增強，但多數城邦還是採用民主制，並以公民大會和市議會為中心展開自治。軍事方面也是如此，希臘化時期的城邦並未喪失自己的軍事力量，而是自律地展開城邦間的爭鬥，或防衛王權的入侵。

3. 王權與城邦

如同上述整理所闡明，在近年的研究裡，王權和城邦在希臘化時期的希臘世界都被予以認可，許多研究者分別就王權與城邦的角色、機能與表象進行分析。其中特別值得注目的，是王權與城邦間的互動研究。受到歷史學界高度關注互惠與交涉關係的主題影響，希臘化時期王權與城邦的互動，諸如國王施予城邦軍事與經濟恩惠，城邦則提供榮譽決議回禮，這樣的施受關係備受矚目。比方說，在前三世紀末到前二世紀初，塞琉古王朝國王安提柯三世就曾給予小亞細亞城邦提俄斯免除納貢義務的特權，對此提俄斯為國王冠上了「許諾者」的稱號，建造國王雕像，還把國王當成神，奉上犧牲與崇拜。王權統治的正當性與城邦的自治自由，即是如此密切結合在一起。到了希臘化時期後半，羅馬向東方擴張，各王國逐漸沒落，城邦社經狀況也產生很大變化，但希臘化時期王權與城邦的這種互動，仍然被羅馬帝國的統治體系繼承下來。

▷3 **伊索克拉底**
（Isocrates）
前436～前338年，雅典的修辭學者。在他開設的學校當中培育了許多優秀的辯論家。他力陳希臘統一與遠征波斯，對腓力二世的領導能力抱持肯定。

* **羅斯托夫采夫**
參照 I-23 注4。

▷4 **村川堅太郎**
1907～1991年。戰後日本代表性的古代史家，東京大學教授，日本學士院會員。受韋伯影響，專研制度史、社會經濟史、社會史。著有《村川堅太郎古代史論集》。

* **伯羅奔尼撒戰爭**
參照 I-3 注2。

▷5 **羅伯特**
（Louis Robert）
1904～1985年。歷任法蘭西學院教授等要職，是二十世紀法國代表性的古代史家及碑文學者。他和妻子珍一起，在希臘化時期、羅馬帝國時期小亞細亞研究留下了巨大的成果。

* **漢森**
參照 I-5 注3。

歷史學的考察重點

① 我們該全盤否定希臘化時期希臘世界的「衰退」說法嗎？

② 希臘化王權和東方世界有著怎樣的關係？

③ 我們能否將古典希臘時期與希臘化時期的城邦明確區分？

④ 若王權與城邦不存在互動關係，彼此是否仍能存續？

古希臘的聯盟及其接受

岸本廣大

【關連項目：城邦形成論、雅典「帝國」與民主政治、希臘化時期的王權與城邦、羅馬帝國時期的希臘、瑞士的起源、義大利文藝復興、荷蘭的黃金時代、人文主義／文人共和國、族裔（ethnos）論、美國革命、歐洲整合】

史 實

　　古希臘各地存在著以城邦為中心，稱為聯盟（或稱同盟）的政治組織。一般認為這類聯盟是既有地域的整合，基於軍事、經濟性目的而形成，以便完成單一城邦無法做到的事。在**維奧蒂亞**和**色薩利**[▷1][▷2]等希臘本土都有聯盟。前四世紀初的維奧蒂亞同盟制定了依加入城邦規模，按比例分配公職與義務的制度；前四世紀中葉，以**底比斯**[▷3]為中心的聯盟更曾一時主掌希臘霸權。進入希臘化時代後，也出現了超越原本地域範圍的跨地域整合聯盟。前三世紀上半葉，埃托利亞同盟於希臘中部急速擴張勢力，**德爾菲**[*]也被納入控制。同時期在伯羅奔尼撒半島形成的亞該亞同盟，則於前二世紀初將包含斯巴達在內的整個半島納入控制。透過這樣的聯盟，加盟城邦可以保持某種程度的獨立性，也能聯合形成和希臘化各王國及羅馬合作或對抗的勢力。

論 點

1. 重新省視近代城邦觀的聯盟研究

　　十九世紀正式展開的古代希臘史研究，受到同時代民族國家興起的影響，主要是以近代國家的架構來討論城邦；至於聯盟則被拿來和城邦相比，被視為一種不同類型的共同體。二十世紀上半葉具代表性的古希臘聯盟研究者拉森（Jakob Larsen），就認為兩者為不同的共同體，而聯盟是一種更加精細的體制。

　　然而到了二十世紀末，基於對各種近代概念的疑問紛呈，人們也開始檢討這種被當成近代國家來理解的城邦觀。由哥本哈根城邦中心（CPC）主導的計畫，就抹去了近代偏見，試著以趨近古代人的理解來解讀城邦。在這當中，「獨立並非城邦的必要條件」（也就是「從屬城邦」概念）的主張，大大影響了聯盟研究。一直以來都認為加入聯盟的從屬城邦是「非獨立」的，和近代國家概念下的獨立城邦形象並不相符；但若按照CPC的主張來看，這種區別從屬城邦和其他獨立城邦的標準就站不住腳了。此外，迄今一直被當成不同類型共同體的聯盟與（加盟）城邦之間的關係，也開始被重新省視。

2. 古希臘的部落與族群研究

　　做為聯盟成立基礎的地域性整合，享有共同的語言、信仰與歷史，在希臘語中稱為「部落」（ethnos，或稱族裔）。在古代，身處城邦社會的人們都把城邦以外的共同體視為部落，比方說**修昔底德**[*]，就對它們抱持負面評價。由於聯盟組織在這

▷1　**維奧蒂亞（Boeotia）**
位於希臘中部。它不像雅典那樣只有一個城邦，而是以底比斯為中心，在前五世紀初時形成同盟。這個同盟曾幾度解體，然後又延續下去，其架構一直殘存到羅馬時代。

▷2　**色薩利**
位於希臘東北部。前六世紀下半葉，以具備一定獨立性的城邦為基礎，形成了由四個地區共同構成的同盟。由於加盟城邦間彼此互相爭鬥，所以到了前四世紀下半葉，實質上已被納入馬其頓統治。

▷3　**底比斯**
維奧蒂亞地區的主要城邦。前六世紀崛起並主導形成同盟；到了前四世紀，該城邦出身的人士已占同盟公職的大多數。同世紀末被亞歷山大大帝摧毀，但之後獲得重建，並再度加入同盟。

＊　**德爾菲**
參照 I-15 注1。

＊　**修昔底德**
參照 I-3 注3。

種「落後地區」（例如埃托利亞或亞該亞）相當發達，所以做為前一階段的部落，往往被視為聯盟與城邦的對照；也正因此，直至近代以前它並沒有被重視。

然而二十世紀下半葉的族群研究表示，所謂的族群（ethnicity）建立在共同的認同基礎上，是後天建構出來且具流動性的概念；受其影響，1990年代遂有摩根與喬納森・霍爾（Jonathan Hall）等人試著重新理解古希臘的共同體。與之呼應，部落也不再被視為只是聯盟的前一階段，而是與聯盟並存、持續變化的一種集團。簡言之，稱為部落的地域性整合與城邦一樣，都是構成聯盟的共同體；原先不受重視的部落開始備受關注，成為嶄新的論點。

3. 聯盟在近代如何被接受　　希臘羅馬時期的古典不僅僅只是傳統，它也因應了各個時代的需求，而被理解接受、加以詮釋。近年來提出這類解釋的「接受理論」（Reception theory）在希臘羅馬史研究中相當盛行。這種研究方法除了能體現各接受時代的社會特徵，也對研究古典時期本身提供了相當的貢獻。

研究亞該亞同盟的主要史料、**波利比烏斯**[*]的《歷史》於十五至十六世紀從拜占庭傳入義大利，十七世紀傳入西歐。這種獨特的古代政體被當時的馬基維利等知識階層接受，也讓聯盟被「再發現」。**埃米烏斯**[4]依據波利比烏斯寫成的《古希臘概說》（1626年），極度稱許亞該亞與**呂基亞**[5]同盟，但這也反映了他身處尼德蘭（荷蘭）聯省共和國的政治立場。埃米烏斯的著作於十八世紀廣泛流傳於北美，當時環繞著美國憲法產生的政治討論，也採納了聯盟概念。後來**麥迪遜**[6]將自己為了1787年制憲會議而研究古希臘聯盟的成果，以報論的形式刊登出來（《聯邦黨人文集》第18篇）。麥迪遜認為，亞該亞與呂基亞同盟和基於新憲法建立的合眾國頗為類似，因此給予很高評價。雖然這對美國憲法造成了多少實際影響仍待商榷，不過把這些古典知識當成前提來討論，從這點可以窺見當時社會的知識狀態。另一方面，隨著這種接受，古代聯盟和近代聯邦制國家被連結在一起，於是就如論點1所示，直到二十世紀中葉前，都大大局限了研究方向。

[*] **波利比烏斯**
參照 I-3 注7。

[4] **埃米烏斯**
（Ubbo Emmius）
1547～1625年，出身德意志的歷史學者。和尼德蘭聯省共和國的毛里茨親王交情甚篤，在毛里茨麾下協助設立格羅寧根大學，並為首任校長。

[5] **呂基亞**
位於小亞細亞西南部，在希臘化時代形成同盟。關於它的制度，在斯特拉波的《地理學》留有記載。孟德斯鳩《論法的精神》也對這個同盟給予很高評價。

[6] **麥迪遜**
（James Madison Jr.）
1751～1836年，美國政治家。新憲法的起草者，和漢彌爾頓等人一同戮力制定並通過憲法，被稱為「美國憲法之父」。後來成為第四任美國總統。

歷史學的考察重點

① 在古希臘，聯盟為何會形成並發展起來？
② 像獨立城邦這種近代偏見，還有其他類似的情況存在嗎？
③ 做為聯盟基礎的部落，和聯盟是如何並存的？
④ 接受理論對希羅時期的歷史研究產生了怎樣的貢獻？

共通（koine）

石田真衣

【關連項目：亞歷山大大帝與「希臘化論爭」、希臘化時期的王權與城邦、「羅馬化」論爭、東方主義與後殖民主義】

史 實

亞歷山大大帝遠征的廣大領地，之後成了由希臘、馬其頓人各王朝並立統治的地區。在這些地區中，在地文化和希臘文化的各種接觸，最終產生了雙向的文化變遷。在希臘語中意指「共通、普遍」的「koine」，狹義上來說，是指希臘化時代到羅馬時代使用的通用希臘語（koine greek），《新約聖經》就是用這種語言寫成的。以阿提卡方言為基礎的通用語在地中海世界保持一定原型的同時，也隨著各地書寫習慣不同產生獨特變化，並逐漸蛻變成新的語言形式。不過，廣義上的「共通」並不只限語言，還包括了法律習慣與建築形式在內，是一種「共通文化」的概念。

論 點

1. 希臘文化的普遍性

受希臘、馬其頓人統治的埃及、敘利亞與巴比倫等地，在希臘化時期可以發現許多諸如希臘城市風格與使用希臘語等希臘文化的痕跡。集二十世紀上半葉希臘化史研究大成的**塔恩**[1]，就將希臘化世界看成是「一個變化且擴大的世界」。在這樣的演變下，隨著希臘文化的普及，東方各地慢慢喪失了地域性；不久後這個世界被羅馬帝國所吸收，從而形成希臘羅馬的文明。這個時代透過通用語所展現的文學、哲學等各學問，是希臘文明智識的延伸，即使到了羅馬時代，也還是上層階級人士必備的教養。但另一方面，在這個時代仍舊殘存、屬於各在地文化的痕跡，也被部分研究者視為希臘化的極限。這種見解認為，自文藝復興以降把古希臘文明視為自我認同的歐洲世界，其實是一種宛如「希臘人統治原住民」的殖民式意象。

2. 希臘化文化的多元性

1980年代**後殖民主義**[*]興起後，「對東方世界的人民來說，希臘化時期究竟是什麼」，遂成為重要課題。文化變遷的過程及其程度會隨著各地區不同，而展現出形形色色的樣貌。其中一種視角認為，在地文化慣習一方面與新來的希臘文化接觸，一方面被維持下來的固有舊慣則成了所謂的「希臘化極限」。這讓我們得以重新檢視希臘化文化的均質性，後續研究均強調其文化的多樣性。另一種強調在地文化持續性的視角，則是極小化希臘文化與東方文化的相互影響程度，認為兩者在地方社會上其實是彼此分離的。根據近年來考古學與歷史學的總體成果，從物質文化上來看，自希臘化時代以前便已展開、東地中海世界的頻繁貿易活動，已然形成一套「共通」的文化；這種「共通」即

▷1 **塔恩**（William Tarn）
1869～1957年，英國的希臘化史家。他在古典著作《希臘化文明》中，一方面強調希臘文化的普及與擴張，另一方面也對橫跨政治、經濟、社會、宗教等領域的希臘化世界做了相當精緻的描寫。

* **後殖民主義**
參照 V-23 。

是多元文化相互作用的產物。

3. 希臘化社會的實例——以埃及為例

我們就以埃及為例，來看看希臘化時期的語言與法律形式。原本在埃及用來表記埃及語、以世俗體（demotic，民書體）寫成的行政與契約文件，到了希臘化時期漸漸改用希臘語書寫。然而這並不是在希臘化時期一夕改變，而是歷經數世紀的緩慢變化。即使到了西元一世紀，世俗體仍然持續被使用。一直以來認為「在托勒密王朝刻意排除埃及語的政策與社會風氣下，世俗體遂無人使用」的看法，也被加以修正。近年來理解的情況是，隨著希臘人書記員與書寫希臘語的埃及人書記員增加，在雙語並行的環境下，文書樣式也出現混合變化。

司法方面，希臘人居民原本多元的法律習慣，也就是所謂「各城邦法」的差異也被急遽縮小，最後以共通法（koine）之姿，納入埃及王朝的法律體系當中。但另一方面，埃及原本的法律也繼續維持，並未納入這部共通法當中。在前二世紀以後，這種多元的法律體系，被因多民族混合而具備多元文化認同的當地居民依自身所需而選擇利用。這是目前的研究發現。

希臘化社會的基調，就是這般繁雜並存、相互影響的**文化多元性**[*]。而所謂的「共通」，就是擁有多元文化社會背景的居民相互交流，進而產生的嶄新希臘化文化。這種依循社會實情、複雜文化變遷的過程，需要通盤分析希臘語及當地語言等雙方文字和考古資料，才能進一步釐清。

* 文化多元性
參照 I-30 注5及 V-22 注3。

歷史學的考察重點

① 「共通」是由怎樣的人們誕生出來的呢？
② 希臘化王朝的政策，對「共通」的形成有怎樣的影響？
③ 羅馬時代以降，「共通」產生了怎樣的變貌？
④ 試比較其他時代地區，多文化社會的變貌進程。

12 羅馬共和政治的本質與奧古斯都　丸龜裕司

【關連項目：雅典「帝國」與民主政治、希臘化時期的王權與城邦、羅馬皇帝與帝國的整合、古代經濟史論爭、拜占庭皇帝是什麼、公共事務（res publica）】

史實

　　古羅馬原本是義大利半島上的一座城市，前六世紀末建立共和政治，並在前二世紀中葉形成巨大帝國，將整個地中海世界納入統治。前二世紀下半葉，以無視掌管羅馬政務的元老院而嘗試改革的**格拉古兄弟**[1]為開端，羅馬進入了政治混亂的時代。之後在處理政治與帝國統治問題的過程中，伴隨著軍隊指揮權的擴大與政治權力的集中，最終爆發了**凱撒**[2]與**龐培**[3]的內戰。在內戰中獲勝的凱撒遭暗殺後，又爆發了**屋大維**[4]與**安東尼**[5]的爭權，最後由屋大維得勝。屋大維一方面宣布要恢復「共和（res publica）」，一方面卻逐步收攬政治及軍事權限、確立自身的統治地位，最終獲得「奧古斯都」的稱號，建立了首任羅馬皇帝的全新統治體制。

論點

1. 共和政治的實際面貌

　　自二十世紀初開始，從共和到帝國形成這段期間的羅馬史，一般都以整個社會廣泛存在的保護者與被保護者「恩庇（clientela）」關係來加以說明。**蓋爾澤**[6]主張，在羅馬共和時期擔任最高公職執政官、出身有力家族的顯貴，會以保護者之姿將多數人民納為受保護者，顯貴則在公職選舉與表決議案的人民大會上動員這些人民，從而獨占政治權力。至此，人民只從屬於顯貴，共和時期的政治史就是一部顯貴派系間合縱連橫的歷史。另一方面，透過對互惠且非對稱的各式人際關係之分析，可以清楚發現一路擴展到**行省***外部的顯貴人際網路，從而說明人際紐帶實為連繫巨大帝國與羅馬中樞的關鍵。但在釐清複雜的人際關係後，也必須再次分析促使人們做出意志決定的原因。

　　進入1980年代，**弗格斯・米勒***注意到在人民大會立法時試圖透過演說說服市民的政治家；米勒指出，說服這種行為和顯貴動員群眾前往人民大會投票的恩庇關係是相互矛盾的，從而批判後者的說法。自古以來所謂的羅馬共和，即是由執政官的「一人統治」、主導國政的元老院「少數統治」，以及人民大會投票的「多數統治」混合的體制；恩庇關係論強調前兩種統治，米勒則強調後者這一面。經過他的批判，後續研究認同羅馬人民具有一定程度的參與政治主動性，因此在公共集會上演說，以及為了獲得游離票而展開的競選活動，都被視為是誘導人民意志決定的方法。但另一方面，擔任政治家所需的各項資質都只有顯貴才具備，而公共集會與人民大會也是在公職者強力主導下運作；也就是說，在人民的意志決定上，顯貴

▷1　**格拉古兄弟**
有鑑於沒有農地的人民日益增加，這對兄弟提議並推動將富人非法占有的公有地（國有地）加以回收，分配給人民，但遭到以元老院為首的富人階層反對，最後被逼死。

▷2　**凱撒**
前60年與龐培、克拉蘇組成三頭同盟。前58年入侵高盧（今法國），納為羅馬行省。隨著軍事上的名聲高漲，他與反凱撒派的對立也日益加深，最終爆發內戰。

▷3　**龐培**
在前70至前60年代立下了眾多軍事功績。與凱撒、克拉蘇共同組成三頭同盟；克拉蘇死後加入反凱撒派，並在內戰中率領反凱撒派。

▷4　**屋大維**
凱撒的養子。根據被暗殺的凱撒遺言，被指名為尤利烏斯・凱撒家的繼承人，與自任為凱撒繼承人的安東尼展開爭權。

▷5　**安東尼**
內戰時期在凱撒麾下，活躍於政治、軍事領域。凱撒被暗殺時，他是最有力的凱撒派成員之一。與埃及的克麗奧佩脫拉七世聯手，和屋大維展開爭鬥，於前30年兵敗自殺。

▷6　**蓋爾澤（Matthias Gelzer）**
1886～1974年。活躍於二十世紀上半葉的德國學者。在1912年發表的《羅馬共和時期的顯要貴族》中，他提出以恩庇關係為

與公職者還是擁有很強的主導權。

2. 奧古斯都的權力

因為經歷過內戰，之後成立的羅馬帝國帶有強烈的軍事政權色彩。**蒙森**[*]就把西元前27年元老院將駐紮軍隊的行省統治權及當地軍隊指揮權全都授予奧古斯都一事，視為「羅馬帝國的開端」；自從他這樣主張以來，研究者大多有個共識，就是把羅馬皇帝等同於「羅馬軍隊的最高指揮官」。但在前27年之後，奧古斯都也陸續獲得了各種權限。因此，他究竟在何時、又是怎樣確立起法律上的統治地位，這個問題引發了不間斷的議論。

另一方面，奧古斯都在《奧古斯都神的功業記》[▷7]中曾用「雖權威位在萬人之上，但權限卻全無任何一項超乎同僚之外」來形容自己的地位，因此有一種說法認為，奧古斯都的權力必須從制度之外去探尋。援引恩庇關係來討論帝制成立的普萊默斯坦因（Anton von Premerstein）與**賽姆**[▷8]就主張，奧古斯都歷經共和末期的內亂後，整合了顯貴的恩庇黨派，之後以「全帝國的保護者」之姿建立起皇帝的地位。

這樣的保護者皇帝形象廣為研究者採納，但在上述米勒對恩庇關係的批判後，近年來也開始摸索新的皇帝形象。加林斯基（Karl Galinsky）就從當時的藝術、建築、宗教元素中與國家相關、展現奧古斯都「權威」的意象去解讀，從而認為奧古斯都藉此展現出對國家事務提供後援保證的「恩主（auctor）」形象。耶內（Martin Jehne）則主張，身為「全帝國的保護者」、必須回應所有義務的奧古斯都，透過在西元前2年獲得的「祖國之父」稱號，要求眾人對自己竭盡如父般的忠誠，強調自己身為公正裁定者的一面。另外，從《功業記》的記述來看，「權威」雖可解讀成奧古斯都的統治理念，但羅威（Gregory Rowe）認為這段記述有可能只是奧古斯都對於獲得「第一公民」稱號（前28年）這件事發表的感言，因此不應過度放大這段記述的重要性；他的見解，在摸索嶄新的奧古斯都形象上獲得了注目。

前提的學說，為之後的羅馬史研究奠立了方向。他對凱撒與龐培傳記的研究也延續下來。

* 行省
參照 I-13 注2。

* 弗格斯・米勒
參照 I-13 注5。

* 蒙森
參照 I-14 注2。

▷7 《奧古斯都神的功業記》
奧古斯都（屋大維）將自身的政治及軍事業績、獲頒的榮譽，以及他在建築營造、舉辦公共娛樂、幫助退伍士兵殖民、贈與人民的捐獻金額等加以彙整的紀錄。透過刻在安卡拉神廟牆壁上的現存碑文，這篇文章得以流傳至今。

▷8 賽姆
（Ronald Syme）
1903～1989年，活躍於二十世紀中葉的英國學者。他所撰寫的《羅馬革命》（1939年出版）一書不只是描繪羅馬帝制成立的研究著作，更是一本批判墨索里尼與希特勒的書，引起了廣大迴響。

歷史學的考察重點

① 共和時期的羅馬人民，是基於什麼在進行政治上的意志決定？

② 政治家及公職者，他們與人民之間的關係為何？

③ 羅馬共和最後演變成內戰，內部出現了怎樣的政治及制度問題？

④ 在什麼時候、又是怎樣的依據下，我們可以說羅馬「形成了帝國」？

13 羅馬皇帝與帝國的整合　　　志內一興

【關連項目：雅典「帝國」與民主政治、希臘化時期的王權與城邦、羅馬共和政治的本質與奧古斯都、「羅馬化」論爭、羅馬帝國時期的希臘、五賢帝時代與「三世紀危機」、角鬥士競技、強制國家論的現狀、古代經濟史論爭、拜占庭皇帝是什麼、神聖羅馬帝國論、帝國主義論】

史實

　　英國史家**吉朋**[1]曾在巨著《羅馬帝國衰亡史》（1776年）中稱讚，在「羅馬和平」時代最值得稱道的「五賢帝」時代（96～180年），是「對人類而言最幸福繁榮的時代」。這個時期的羅馬帝國有超過6000萬人生活其中，疆域北起現今英國南部，東到伊拉克。羅馬帝國幅員之大，以當時的交通來說，人與資訊要從中央的羅馬城到達帝國邊疆，至少需要一到兩個月的時間。然而要統治這樣一個廣大的帝國，從羅馬城派遣到各地的官僚人數卻驚人的少。羅馬帝國的穩定整合，是在沒有官僚制的「小政府」下實現的。

論點

1. 官僚成員——元老院議員與騎士

　　自前三世紀中葉羅馬向海外擴張以來，義大利半島各城市的有力人士、以及在新的**行省**[2]負責徵稅等業務致富的商人，他們的重要性日益高漲。這些人慢慢形成了僅次於**元老院議員**[3]、被稱為「騎士」的社會階級。透過授予官僚職務等方式，騎士階級在帝國統治中被積極活用。奧古斯都為何會起用騎士，赫希菲爾德（Otto Hirschfeld）與斯坦因（Arthur Stein）等研究者的解釋是，他想藉此從頑固的元老院議員手裡奪取行政職權，並將之委以對自己忠誠的騎士。巴爾斯頓（John Balsdon）則主張，騎士的任務與各職務的重要性相關，上級的公職委以元老院議員，下級的公職則分配給騎士。另一方面，新保良明則對這種通說抱持疑問，他認為起用騎士是為了提高行政效率；此舉可減少前往行省赴任的元老院議員人數，使元老院的議事保持活絡。

2. 羅馬帝國的城市與自治

　　在羅馬帝國前期，為元老院議員與騎士設置的官職相當少。據統計，二世紀中葉的元老院官僚大約為160人、騎士官僚大約為110人，總和不過270人左右。為何官僚人員這麼少卻足夠使用，研究者們異口同聲認為，是羅馬中央給予各城市極大自治權的緣故。

　　各城市自治的核心是「市議會」。這是由各地有力階層組成、為數約100人的機構，成員任期一年，屬於無給職，必須自掏腰包投入公共服務。這種機制的背景是所謂**公益捐助**[4]的古代人心態。然而公共服務負擔很大，所以自2世紀下半葉起，市議員來源逐漸不穩定，這點被研究者長期討論。此外，由於帝國後期的「**強制國家**」傾向，社會也邁向身分的固定化與公共服務的義務化。但另一方面，加恩西（Peter Garnsey）則正面否定這

▷1　**吉朋**
（Edward Gibbon）

1737～1794年。吉朋認為羅馬滅亡的原因是蠻族入侵，再加上基督教擴大等動搖羅馬內部的因素所致；他的觀點對後世造成了強烈影響，也掀起了很大的論爭。

▷2　**行省**
羅馬在義大利半島之外擁有、派遣行省總督統治的海外領土。

▷3　**元老院議員**
由羅馬貴族組成，在共和時代是重要的政治中心。到了帝國時代，他們變成由擁有巨額財產的人士所組成的元老階級，是羅馬帝國的最高階級。

▷4　**公益捐助**
（euergetism）

法國史家韋納在《麵包與競技場》一書中提出的概念。他主張古代世界存在一種心態：要求上位者「慷慨」，下位者則順從符合這類期待之人的統治。也可以參照 Ⅰ-25 注4。

＊　**強制國家**
參照 Ⅰ-20。

樣的傳統通說。他認為，加入市議會的意願並未完全衰退；而身分的固定化，則是說明了希望職位世襲的市議員家族不願意再向平民開放入仕門路。

3. 羅馬帝國與羅馬皇帝的統治

那麼，為何站在羅馬帝國頂端的皇帝，他的統治幾乎沒有招致叛亂，而能長期維持廣大帝國的穩定呢？十九世紀以降的法制史學者歷數了皇帝擁有的各式法律權限，以此為基礎來理解皇帝的統治。有研究者從帝國廣大的人際關係著眼，認為皇帝乃是位於這個人際網路的頂點。還有人從皇帝的宗教權威這一因素進行探討，並提出議論。**弗格斯‧米勒**[5]則把皇帝看成羅馬世界最高的調停者，當統治下的城市或居民提出陳訴時才開始行動，是「被動的統治者」；換言之，羅馬皇帝並不具備由上而下的強制力，而是由下而上被支撐起來的統治存在，這就是米勒提出的新視角。從這種議論延伸，安藤（Clifford Ando）認為，「羅馬皇帝的統治是正當的」這樣的認知逐漸成為羅馬人的「共識」，此即統治穩定的主因。簡單說，羅馬帝國的統治不只是基於統治制度等外部因素而鞏固，也被人們普遍共享的內在意識所支撐。因此，不管什麼人就任皇帝，帝國整體的穩定與行省人民的忠誠都不會動搖。另一方面，上述的羅馬統治面貌，也有利於各城市的統治階級維持權勢；近年來有不少研究著眼於此。

▷5 **弗格斯‧米勒**
（Fergus Millar）
1935～2019年，現代英國史家。長年擔任倫敦大學與牛津大學教授，2010年受封騎士。本篇介紹出自1977年出版的《羅馬世界的皇帝》。

歷史學的考察重點

① 羅馬帝國如何用「小政府」來維持廣大的帝國？
② 羅馬帝國內的各城市，採行的是何種自治形式？
③ 羅馬皇帝透過怎樣的統治來實現「羅馬和平」？
④ 被統治的人民歷經數百年都能接受羅馬的統治，究竟是為什麼？

「羅馬化」論爭

南川高志

【關連項目：共通（koine）、羅馬皇帝與帝國的整合、凱爾特問題、羅馬帝國時期的希臘、角鬥士競技、移民史論、殖民地與現代／西方、東方主義與後殖民主義】

史　實

從義大利半島中部一座小城市發跡的羅馬，到了前一世紀下半葉，已經成為統領環地中海的大帝國。在這之後帝國也持續擴大統治地區，在與義大利半島氣候風土全然迥異的阿爾卑斯山脈以北，也領有廣大土地。在北抵不列顛島、南抵埃及南部、西至摩洛哥、東至伊拉克的廣大帝國領域內，不只是義大利皇帝的統治廣布其間，羅馬城市與義大利文化的生活樣式也跟著傳播。在義大利以外的帝國領土——**行省**＊建立了許多城市，而舊部族國家的首府等據點，也都整飭成羅馬風格的城市。在這些城市中，擁有**羅馬公民權**▷¹的人日益增加，拉丁語和羅馬法被使用，羅馬風格的宗教也成為信仰主流。人們在擁有廣場、公會堂、劇場和圓形競技場，還有公共浴場的羅馬城市裡享受生活。歷史學家稱這種現象為「羅馬化」，長期以來都用它來說明羅馬帝國的歷史與意義。

論　點

1. 「羅馬化」概念的誕生

在誕生出近代史學的十九世紀德國，為今日羅馬史研究奠下基礎的**蒙森**▷²將羅馬風格的生活樣式傳播到帝國各地的過程，稱為「羅馬化」。蒙森用這個詞來形容帝國均質化的過程。二十世紀初期英國學者**哈弗菲爾德**▷²同樣使用「羅馬化」這個詞來解釋羅馬於西元43年入侵並納入行省的不列顛島，但他所闡述的意義與蒙森頗不相同。哈弗菲爾德表示，即使隨地區而有不同，但「羅馬帝國以迅速有效率的形式，將行省人民同化進入有秩序且合理的文明之中」，也就是說，他把「羅馬化」套進「文明化」的框架，以此論述羅馬不列顛行省的變化。哈弗菲爾德在歷史和考古學研究兩方都投注了大量精力，並將羅馬帝國史研究與當時政治結合並闡述其意義——當時的英國，是一個將印度等殖民地納入管轄的帝國。

2. 對「羅馬化」的批判

哈弗菲爾德的「羅馬化」概念，在之後的羅馬史研究與羅馬考古學研究上成為主流，也在國際間廣泛獲得採用。就像是為了證明這個概念般，各地都開始積極發掘帝國所在的各個羅馬城市、軍事要塞，乃至於鄉間別墅等遺跡。

可是從1990年代以後，抱持**後殖民主義**＊立場的英國考古學家，開始批判「羅馬化」與哈弗菲爾德的立場是帝國時代的產物，也是帝國主義、殖民主義式的見解，從而拒絕使用「羅馬化」概念。批判者主張，若按照哈

側欄註解

＊　行省
參照 Ⅰ-13 註2。

▷1　羅馬公民權
成為羅馬公民而享有的各種權利，包括公民大會選舉權與被選舉權、所有權、婚姻權等。羅馬人會授予公民權給其他集團，因此擁有者日漸增加。

▷2　蒙森
（Theodor Mommsen）
1817～1903年。羅馬法學家、羅馬史研究者，以柏林大學教授身分活躍於學界。曾以《羅馬史》獲得諾貝爾文學獎。身為自由主義政治家的他，與俾斯麥對立。

▷3　哈弗菲爾德
（Francis Haverfield）
1860～1919年。牛津大學教授，主要從事羅馬時代的不列顛島歷史與考古學研究。擔任羅馬研究學會首任會長，相當活躍。

＊　後殖民主義
參照 V-23 。

弗菲爾德的理解，那麼不列顛島是直到羅馬人到來，才首次擁有了文化和歷史；他們否定這種「羅馬化」潛藏的文明化與進步意涵，強調應重視原住民歷史與文化，同時也批判研究者只發掘羅馬人居住、駐紮地的作法。

3. 「羅馬化」論爭的意義

在批判「羅馬化」的同時，「克里奧化」[4]等新概念也被提出；進入二十一世紀後，也出現把「全球化」概念適用於羅馬帝國的解釋取向，甚至為此召開了國際研討會。可是大部分的歷史學者，到現在還是持續使用「羅馬化」概念。只是，各地行省究竟羅馬化到什麼程度，從近年的實證研究來看，成效往往都令人質疑。即使是公認「羅馬化」進展最深的義大利半島南部，研究結果也不太樂觀。反過來說，在羅馬帝國東半部、也就是所謂的希臘語地區，因為希臘化時代的城市依舊繁榮，所以羅馬的文化與生活樣式對該處的影響並不大，這樣的看法或許反而需要重新思考；事實上，造訪今日的雅典城古代遺跡的人，往往會對羅馬時代的遺跡之多，感到驚訝不已。

二十一世紀初期的羅馬帝國史研究者大多認為，即使帝國的政策是「羅馬化」，但行省人民未必就那麼渴求羅馬的生活與物品；決定是否採納羅馬的生活樣式，其實是依據當地有力人士的判斷而定。對於行省人民的主體性、特別是行省菁英的主導與選擇權，學界也開始給予積極評價。

被認為「羅馬化」程度頗深的北非，在十九世紀成為法國殖民地後，開始進行發掘與研究，但隨著法國對北非殖民地的正當性主張、與摩洛哥獨立後反殖民主義的糾葛，對羅馬時代意義的解釋也產生了變化。關於「羅馬化」論爭，雖與羅馬帝國的歷史意涵直接連結、也與「羅馬帝國對人類歷史有什麼影響」這樣的問題密切相關，但同時，透過對羅馬帝國歷史意涵的解釋，這樣的論爭也是在叩問現代人的歷史與世界觀。

▷4　克里奧化
（Creolization）
克里奧爾人是指在中南美洲與西印度群島出生長大的西班牙裔歐洲人，而「克里奧化」指的是歐洲與非歐洲語言接觸後混合成的語言（皮欽語）被當成母語使用、從而形成「克里奧爾語」的一種概念。研究者挪用此概念並加以利用。

歷史學的考察重點

① 比起鄉村生活，被「羅馬化」的城市居民會更加幸福嗎？

② 法國為什麼要推動北非的羅馬史研究？

③ 「全球化」概念對於理解古代帝國是有效的嗎？

15 凱爾特問題

正田隆康

【關連項目：阿契美尼德波斯帝國的表象與現實、「羅馬化」論爭、維京人的族群、人文主義／文人共和國、部落論、歐洲整合】

史　實

凱爾特人原本住在多瑙河流域，前四世紀初曾一度占領羅馬，前三世紀初入侵**德爾菲**[1]後勢力不斷擴張；前三世紀的他們已經在東起小亞細亞、西至不列顛群島與伊比利半島，除了北歐、義大利、希臘以外的大部分歐洲地區定居下來。自前二世紀開始，除了愛爾蘭與蘇格蘭外，凱爾特人大多被羅馬人征服，凱爾特文化也隨著希羅古典文化與基督教文化的普及而被掩蓋，但仍像餘燼一般持續發揮影響；包括地名與萬聖節習俗等方面，都在歐洲留下了痕跡。之後，隨著**恩雅**[2]與**U2**[3]等愛爾蘭藝人的成功，以及1990年代以降歐盟擴張等因素，人們對凱爾特的關注日漸高漲，也開始強調「歐洲最早的民族」的凱爾特文化基層性。

論　點

1. 從文學研究出發的批判

中世紀以降包括愛爾蘭在內，所謂「凱爾特邊區」等地殘存的語言文化，被認為繼承自古代凱爾特文化。在中世紀愛爾蘭寫成的故事被看作是凱爾特的口傳紀錄，內容不時出現的基督教調性則是由修士添加上去的。但自1970年代左右開始的文學研究，認為這些「凱爾特故事」很可能是修士在書寫基督教教義的同時，為了怕讀者覺得太無聊，才創作出來的內容。雖然他們在寫作時，確實有可能利用了凱爾特調性，但這些東西屬於「凱爾特口傳紀錄」的想法應該被否定。至於古代凱爾特文化是否真的在「凱爾特邊區」被繼承下來，也令人存疑。

2. 考古學者的批判

十九世紀中葉在**哈爾施塔特**[4]**與拉坦諾**[5]開始發掘，並於1870年代分別命名為「哈爾施塔特文化」與「拉坦諾文化」的西歐兩大鐵器文化，常常會被對應至古代文獻中稱為「凱爾托」、「加里」的兩群人，從而認為古典文獻記載與鐵器文化分布範圍，兩者的最大公因數就是凱爾特人的勢力範圍。1980年代，一部分考古學者受到質疑凱爾特文化繼承說的影響，對這樣的觀點抱持疑問，特別是關於凱爾特人渡海來到不列顛群島的說法，開始有人主張這不是歷史事實。

他們主張，古典文獻對凱爾特的定義相當曖昧、關於凱爾特人的起源與分布也不明朗，而拉坦諾文化與凱爾特語的分布範圍更只有部分吻合。另一方面，將不列顛島居民稱為凱爾特，是十六世紀以降的事，而不是古典文獻上的稱呼；而且將考古學上的文化直接等同於古代族群，更是一種

▷1　**德爾菲**（Delphi）
希臘中部福基斯地區的城市。是與奧林匹亞並稱的古希臘聖地，以阿波羅神廟及其神諭而聞名。1987年被登錄為世界遺產。

▷2　**恩雅**（Enya）
愛爾蘭出身的女性音樂人，1988年發表的〈奧利諾科之流〉在世界造成轟動，是推動凱爾特音樂熱潮的關鍵人物。

▷3　**U2**
1976年成軍、由出身都柏林的四名團員組成的搖滾樂團。經常針對北愛爾蘭等各式各樣的問題發表話題性相當高的歌曲，因此廣受矚目。

▷4　**哈爾施塔特**
（Hallstatt）
奧地利薩爾茨卡默古特地區的城鎮，自古就以岩鹽礦山而繁榮。1846年在這裡發現了凱爾特人的墳墓，1997年被登錄為世界遺產。

▷5　**拉坦諾**（La Tène）
瑞士納沙泰爾湖畔的地名。十九世紀下半葉納沙泰爾湖水位下降時，該處發現了凱爾特人的遺跡。

錯誤。

　　這樣的批判主要是針對不列顛島的鐵器時代研究，而這種「凱爾特否定論」也只刊登在《蘇格蘭考古學誌》這種國際知名度不太高的學會刊物上，因此一開始除了英國考古學界外，幾乎沒什麼人留意。然而，自從詹姆斯（Simon James）以《大西洋的凱爾特人》（1999年）一書向大眾介紹「凱爾特否定論」，並在英國的報紙書評引發很大回響後，這種說法逐漸廣為人知，在2000年代初遂引發了圍繞著凱爾特人的論爭。

3. 凱爾特論爭

　　在凱爾特論爭中最常爭論的焦點是：如果「凱爾特概念」是被創造出來的，那麼創造它的意圖何在，而當時人們的認同又是什麼？比方說，希爾（J. D. Hill）等否定派就主張，所謂「凱爾特」是希臘羅馬人硬貼上去的標籤，事實上並沒有自認為「凱爾特人」的這樣一個集團存在。基於這點，他們將「凱爾特概念」的創造，歸因於近代的政治意圖、以及鐵器時代研究的無聊沉悶所致。另一方面，擁護派的梅高（Megaw）夫妻則反駁，所謂「凱爾特否定論」也是起因於英國的反歐陸傾向、加上不想失去對愛爾蘭及蘇格蘭掌控權的政治動機。但詹姆斯分析持否定論立場的研究者經歷後，否定有這樣的政治動機。

　　另一個爭論點則環繞在凱爾特的學說史。身為否定論先驅的科利斯（John Collis）認為，稱呼古代不列顛群島的居民為「凱爾特人」，是從**布坎南**的《蘇格蘭史》（1582年）一書開始，而定義凱爾特人為「說凱爾特語的人」，則是**佩松**開始的。之後這樣的主張不斷被重複，但布坎南的《蘇格蘭史》是用拉丁語寫成、開本達數百頁的大作，包括科利斯在內，誰也沒能明確指出做為依據的出處何在，因此有人質疑，布坎南實際上根本沒用過「凱爾特人」這個詞。

　　近年也透過應用分子生物學與DNA鑑定，顯示不列顛群島居民與被認為是凱爾特人原居地的中歐人屬於不同系統，但這種研究能夠普遍到什麼程度，仍是今後的課題。

▷6　布坎南
（George Buchanan）
1506～1582年，蘇格蘭人文主義者。他的著作《蘇格蘭史》，是一本意圖把蘇格蘭歷史從英國謊言中解放出來的野心之作。

▷7　佩松
（Paul-Yves Pezron）
1639～1706年，布列塔尼出身的熙篤會修士。他在1703年出版的《凱爾特人，又名高盧人的民族與語言所處之古代》一書，對後來的凱爾特概念造成了很大影響。

歷史學的考察重點

① 希臘羅馬人對古代民族的貼標籤行為，是毫無意義的嗎？
② 使用與現代同樣的方式，來考察古代人群集團的自我認同，是可行的嗎？
③ 布坎南真的創造了「島嶼凱爾特人」嗎？
④ 使用DNA鑑定等最新方法，究竟能夠有效到何種程度？

16 羅馬帝國時期的希臘

桑山由文

【關連項目：城邦形成論、雅典「帝國」與民主政治、希臘化時期的王權與城邦、古希臘的聯盟及其接受、羅馬皇帝與帝國的整合、「羅馬化」論爭、基督教的擴大、古代的科學：以蓋倫為中心、卡洛林文藝復興、十二世紀文藝復興、義大利文藝復興、東方主義與後殖民主義】

▷1 詭辯學派（spohist）
原本是用來意指「智者」
的普遍稱呼，但在前5世紀
下半葉，特別指奔走於希
臘各地講述辯論術，從而
博取人氣的職業教師。「第
二次詭辯學派運動」
（Second Sophistic）之名，
是來自西元二、三世紀的
希臘知識分子斐洛斯托拉
德（Philostrus），將主要
屬於羅馬帝國時期的詭辯
學者定義為「第二期」，因
以得名。不限於辯論術，
這個說法也常用來指帝國
時期希臘文藝整體的興盛。

史 實

　　羅馬在首任皇帝奧古斯都時，已經將東地中海大半的希臘文化圈編為**行省**，納入直接統治之下。周邊雖然還有自希臘化時期以來的各小王國殘存，但隨著行省化的進展，到二世紀初期，幼發拉底河以西的這些國家已全數消滅。之後，帝國領土往美索不達米亞北部推進，結果與**安息帝國**和**薩珊王朝波斯帝國**產生激烈衝突。

　　在希臘文化圈內，小亞細亞與敘利亞等地城市延續自希臘化時期以來的經濟繁榮，相較於希臘本土，許多當地人士得以晉升羅馬帝國統治階層。但是，帝國中央相當重視過去（前五世紀左右的古典時期）希臘的各種藝術文化，因此仍舊尊崇希臘本土，也就是希臘文化的「發源地」雅典。在希臘文化圈活躍的辯士等知識分子，他們的思想影響廣布整個帝國。這種活動相對於古典希臘時期，被稱為「第二次**詭辯學派**運動」或「希臘文藝復興」。

論 點

1. 羅馬帝國治下的希臘人認同

　　羅馬帝國時期的希臘，在奧利佛（James Oliver）與**瓊斯**卷帙浩繁的研究中，只被視為是帝國邊陲；直到1970年代為止，它都不在研究者的關注範圍。在希臘化各大國滅亡、羅馬一元統治漸成定局的情況下，希臘各城市不只喪失了獨立的軍事力，文化和社會活力也被認為日漸低落（不少帝國時期的羅馬人也都這樣想）。研究者也認為當時除了**普魯塔克**等部分人士外，希臘文人多半都把古典希臘時期過度理想化，從而淪為區區模仿的文藻追求。

　　但是這樣的理解，在1980年代**後殖民主義**影響下被大幅重新省視。以阿爾科克（Susan Alcock）、伍爾夫（Greg Woolf）、斯溫（Simon Swain）的研究為起點，對羅馬帝國統治與希臘人心性間關係的研究日益累積。當時的希臘人對古典希臘時期過度理想化的現象，也被研究者加以分析，如今多半認為這是他們在外部勢力羅馬統治下，為了重新建構希臘人認同所致，故此不應將之當成是「衰退」的證據。第二次詭辯學派的文人作品，也被視作展現文化糾葛的史料來重新理解，並個別詳細分析。不只如此，此運動不侷限在帝國東部，帝國中央與西部也捲入其中；這點同樣被提出檢討，用來證明羅馬與希臘的雙向文化交流、以及之後來自基督教和伊斯蘭文化等多方面的影響。

2. 雅典與希臘各城市的變貌　在這股氛圍下備受矚目的，就是雅典。這座城市在羅馬共和末期於政治上失勢，邁入帝國時期後接受以皇帝為首的羅馬統治階層種種恩惠，重新東山再起，成為希臘文化的代表象徵。近年研究明確指出，當時的雅典雖然高喊古典希臘的「復活」，但其實這是奉羅馬中央之意而為；實際上的雅典，是個徹頭徹尾「羅馬人的」雅典。

不只雅典如此，隨著考古學調查，以及隨後的碑文史料累積，近年來有關希臘各城市的實際狀況，研究相當活躍。這些城市引進羅馬皇帝崇拜，以取得帝國中央的挹注、維持城市繁榮，但也因此導致城市內部的變質。儘管有程度上的差異，但每座城市都和雅典一樣，在強調與過去希臘連續性的同時，也在對應羅馬帝國統治的過程中，有意無意地產生了變化。

3. 廣義的希臘世界──「中東」文化的重層性　以上的研究動向，適用於亞歷山大以後建設希臘城市、包含敘利亞與小亞細亞東部在內的「中東」（廣義的希臘）地區。這個地區在一直以來的羅馬帝國政治史研究中，都被視為比希臘本土與小亞細亞西部更邊陲的地區。但是，以1980年代博爾索克（Glen Bowersock）對阿拉伯行省的研究、以及大衛・甘迺迪（David L. Kennedy）對東方管區的研究為引子，1990年代出現了**弗格斯・米勒**[*]、沙特（Maurice Sartre）與艾薩克（Benjamin Isaac）等人處理羅馬時期「中東」的巨作，從而使得研究出現爆炸性的進展。這些研究強烈意識到，帝國時期的羅馬對這些地區的統治與擴張逐漸邁向正規化。和小亞細亞相異，這裡很早就派駐正規軍，因此軍團駐紮地與退伍士兵的殖民市究竟在當地扮演怎樣的文化與社會角色，就成了重要論點。只是，這裡不是單純的「羅馬化」；相反地，與羅馬攜手合作普及希臘城市文化、以及相對擁有更古老文化的「中東」人群，是如何面對這樣的變化，又產生出怎樣的重層文化現象，乃至於在信仰與儀式上（比方說敘利亞諸神崇拜與基督教）對帝國全體又產生了何種影響？這些都是研究關注的重點。

[*]　**弗格斯・米勒**　參照 I-13 注5。

歷史學的考察重點

① 希臘人對羅馬帝國的統治，抱持著怎樣的意識？
② 羅馬人對希臘文化如何理解，又是怎樣吸收、接受它的？
③ 這個時代的希臘城市，和之前有什麼不同之處？
④ 在「中東」地區，希臘文化、羅馬文化、還有比它們更古老的各式文化，是如何互相影響的？

17 五賢帝時代與「三世紀危機」　　井上文則

【關連項目：羅馬皇帝與帝國的整合、強制國家論的現狀、羅馬帝國衰亡論、古代的科學：以蓋倫為中心、「古典晚期」論爭、十四世紀危機、十七世紀危機】

史　實

西元96到180年的羅馬帝國，被稱為「五賢帝時代」。五賢帝分別是涅爾瓦[◁1]、圖拉真[◁2]、哈德良[◁3]、安東尼[◁4]、奧理略[◁5]。五賢帝時代結束後，歷經塞維魯王朝[◁6]（193～235年），羅馬帝國邁入動亂的軍營皇帝時代（235～284年）。這一時期，羅馬帝國東方有薩珊王朝波斯帝國[◁7]、萊茵河多瑙河流域則同時遭到日耳曼各民族的激烈攻擊，皇帝的地位明顯不穩，帝國還曾一分為三。不過，隨著268年之後一連串出身巴爾幹半島的軍營皇帝上台，前面的動亂漸漸得以收拾。

論　點

1.「五賢帝時代」時期區分

五賢帝時代被認為是「羅馬帝國全盛期」；這個全盛期被認為是靠著養子繼承制，連續選出「賢帝」所成就的。然而就像南川高志明白指出的，選出「賢帝」的背後其實隱含著政治鬥爭，因此並沒有理想中的養子繼承制。特別是最後一位賢帝奧理略，統治期間一直苦於與異民族的戰爭和疫病，因此所謂的「全盛期」，也未必包含了整個五賢帝時代。

1971年，布朗[*]將西元200年到700年左右的時代稱為「古典時代晚期」（Late Antiquity，又稱古典晚期）；他提議不應以王朝和政治體制來進行斷代，應該以這種嶄新的時代概念。按照布朗的說法，五賢帝時代是古典晚期開始前的最後一個時代，在奧理略皇帝的統治時期，已經可以看見古典晚期的特徵。另一方面，體驗到古典晚期這個共通時代的地理範圍不只歐洲，遠至伊朗在內的地區皆是如此。故此，我們不應該用「羅馬帝國全盛期」這種僵化觀念來理解五賢帝時代，必須從更全面的視野來重新思考。

2. 三世紀是「危機的時代」嗎？

在歐美傳統上，都把從塞維魯王朝到軍營皇帝時代的這段時期統稱為「三世紀危機」。在政治、社會、經濟、文化、宗教等各個層面上，這場「危機」無一例外地普及至帝國全境，而前期的羅馬帝國（元首政治）也被認為盡數崩解。

可是到了1990年，對這樣的看法陸續產生疑問。維其爾（Christian Witschel）基於考古學資料，通盤檢討三世紀帝國西方各地，也就是義大利、西班牙、北非、高盧北部、日耳曼、雷蒂亞、不列顛島的社會經濟狀況，結果發現各地狀況差異相當之大，從而否定了「危機普遍打擊了帝國全境」的歷史形象。不只如此，他也指出在三世紀時，經濟結構等攸關帝

國基礎的層面並未變化，因此強調，應該注意這時期與前後時代的連續性，批判將三世紀看成「羅馬帝國的斷裂」的看法。同樣在90年代，就連「危機」這個語彙的使用本身也遭到批判，取而代之的是不含價值判斷的「變化」或「轉變」等語彙使用。

但另一方面，也有人對這種趨勢提出批判。2006年，列勃舍伊茨（John Liebeschuetz）就重新主張，帝國在三世紀遭逢的對外戰爭、內亂、疫病、嚴重通貨膨脹等，只能用「危機」來形容，特別是該世紀中葉，公共建築與官方、宗教碑文在帝國全境都停止建立，這件事值得重視。列勃舍伊茨表示，從這個現象背後可以讀出城市菁英的意識變化，也可以看出前期羅馬帝國的終結。

圍繞「三世紀危機」的論爭，或許不能單單只視為貼標籤問題這麼簡單；這個問題其實也是對歷史家提問，在關於「歷史究竟要從延續或斷絕的面向，來加以重合並描述」上，他們究竟抱持怎樣的立場？

3. 在世界史的變動中

不論我們如何評價「三世紀危機」，在這個時期，羅馬帝國確實遭逢了外族入侵與政治分裂。同樣的現象在遙遠的中國也可見到；西元220年，延續了400年的**漢朝**[8]滅亡，接下來的三國時期一直處於政治分裂。外族的興起與入侵也不斷發生，四世紀出現了跟日耳曼各王國時代相仿的**五胡十六國**[9]時代。

同樣在220年代，位在漢朝與羅馬帝國中間、於東西貿易扮演重要角色的**安息**[10]**與貴霜帝國**[11]，都被薩珊王朝波斯帝國所滅。在三世紀，漢、貴霜、安息、羅馬帝國等連貫歐亞大陸的巨大國家，全都遭逢了巨大變動。三世紀的羅馬帝國史，必須放在這種歐亞規模的變動脈絡中來理解；這樣的做法在近年的歐美學界也成為正統。

歷史學的考察重點

①「五賢帝時代」這樣的時代區分，是否妥當？

②三世紀在羅馬帝國史中，應該如何定位？

③三世紀侵襲歐亞各帝國的變動，其背景為何？

---

* 布朗
參照 I-30 注4。

▷8 **漢朝**
前202年由劉邦建立。西元8年遭王莽篡奪，但之後於25年由劉秀重振。184年黃巾之亂後國勢衰退，220年滅亡。

▷9 **五胡十六國**
五胡指的是非漢族的匈奴、鮮卑、羯、氐、羌。304到439年間，這些民族在華北紛紛建立國家，最後由北魏統一華北。

▷10 **安息帝國**（Arsacid Empire）
遊牧民族帕尼族於前247年建立的國家，控制美索不達米亞與伊朗。西方史書稱帕提亞帝國（Parthian Empire）。224年被薩珊王朝波斯帝國滅亡。

▷11 **貴霜帝國**（Kushan Empire）
西元一世紀於中亞興起，最盛期曾將領土擴展到北印度。統治者迦膩色伽（Kanishka I）以推廣佛教而聞名。

⑱ 角鬥士競技

本村凌二

【關連項目：雅典的戲劇與社會、羅馬皇帝與帝國的整合、「羅馬化」論爭、強制國家論的現狀、古代的奴隸、古代的科學：以蓋倫為中心】

▷1　**伊特魯里亞**

伊特魯里亞人是在羅馬之前，義大利半島最重要的原住民。前六世紀初，他們的勢力從義大利半島中北部一直擴展到南部的坎帕尼亞，但之後就被羅馬侵略。

史　實

　　角鬥士競技雖據稱可回溯到**伊特魯里亞**[1]時代，但最近一般通論都認為是源自坎帕尼亞，自前四世紀初起開始有角鬥士競技的記載。一開始只在義大利半島內部舉行，但隨著羅馬帝國擴大，不只在西地中海地區，就連東地中海地區也舉行公演，並廣受歡迎。

　　角鬥士種類多元，人氣最高的比賽是網鬥士與追擊鬥士的對戰。網鬥士沒有太多花俏裝扮、身輕如燕、動作敏捷；追擊鬥士則防禦兼顧、動作鈍重。如果是熟練者賭上性命、拚搏技術的戰鬥，往往能吸引觀眾熱切的目光。舉行角鬥士公演的圓形競技場，在羅馬帝國全境可確認的遺跡就高達300處以上。

論　點

1. 角鬥士競技的有趣之處

　　我們就來看看色雷斯鬥士和海魚鬥士的對戰吧。色雷斯鬥士手持接近正方形、比較輕的小盾，海魚鬥士則帶著厚重的長方形大盾。在腳部護具上，海魚鬥士是輕裝，色雷斯鬥士則是既長且大的重裝。海魚鬥士的武器是直劍，色雷斯鬥士的武器則是彎劍。海魚鬥士使用突刺攻擊，色雷斯鬥士則用斬切方式攻擊。因為色雷斯鬥士的腳尖無防護，所以若海魚鬥士用重盾狠狠敲擊，毫無疑問會讓他痛到無法動彈。但是，這也潛藏著色雷斯鬥士的盤算；更正確說，他就是故意要露出腳尖這個破綻。當海魚鬥士把厚重的長方形盾往下砸的瞬間，就是絕好的狙擊時機。色雷斯鬥士會用假動作引誘對方，讓對方把盾往下砸；這時敵人會露出由肩膀到胸膛的部分，他就可以進行斬切或突刺。

　　這樣的一進一退，讓角鬥士迷看得津津有味。技巧純熟的角鬥士對戰，配上響徹競技場的雄偉音樂，更能喚起觀眾的熱血。

2. 為什麼在「羅馬和平」時代，人們會喜歡這樣的演出

　　擄獲觀眾的高水準對戰，往往是以某一方的死亡或投降作結。當一方表現出投降態度時，要殺他或讓他活，是從過往的戰績與戰鬥過程來考量。大部分時候，觀眾會把這個決定託付給主辦人。

　　在近年的考古學調查中，清楚展現了敗北的角鬥士是如何被殺的。依循最後的決定，從喉嚨被刺殺的遺骸為數不少；不過也有膝蓋附近大腿被刺穿的遺骸，或是頭蓋骨被三叉戟刺穿的遺骸，這些傷大概都是比賽中的致命傷。角鬥士死後，會有身穿黑衣、帶著模仿死神面具的喀戎（冥河的

擺渡人）登場，他會用小槌用力敲打死者額頭，確認已經死亡。這種儀式並不是什麼正規手續，而是讓演出變得更生動的花招。

在角鬥士競技中血濺五步的光景其實並不多，反而是真刀真槍決勝負的緊張感吸引著觀眾。因此，沒有緊張感的競技會引發觀眾的怒火，認為接近敗北的角鬥士應該被殺掉做為懲罰。與其說觀眾是想看到血流成河，不如說是想看一場讓人手心冒汗的精采決鬥。

3. 為什麼角鬥士競技會被廢除

人稱「**麵包與馬戲**」* 的糧食與公眾娛樂提供，對羅馬帝國的古代地中海城市架構而言，意義相當重大。對民眾施恩的行為，會大大提升當政者的榮譽。

* 「麵包與馬戲」
參照 I-31 注4。

四世紀後，角鬥士的演出被廢除，但這並不是因為當政者改信基督教才廢止角鬥士競技；毋寧說，這時候的皇帝已經提不起勁，提供角鬥士競技這種粗野的演出了。以鍛鍊軍人精神為名目，在民眾眼前上演流血和死亡，這樣的行為已毫無用處。過去皇帝必須意氣風發站在元老院貴族的頂點，但現在包含元老院貴族在內，已全都成了皇帝的臣僕。

成為臣僕的元老院貴族，若是來自地方城市的名門望族，那麼為了守護居民，多少也要有點氣魄才是；然而，他們已經喪失了擔任公職的義務感。貴族和富豪紛紛搬離城市，將住處移往鄉間別墅。我們可以說，城市本身已經喪失活力。至少在羅馬帝國的西部，情況大致是如此。

歷史學的考察重點 ∶∶∶∶∶∶∶∶∶∶∶∶∶∶∶∶∶∶∶∶∶∶∶∶∶∶

① 在羅馬帝國，角鬥士演出為什麼會被廣泛接受？
② 提供角鬥士演出的人，內心的盤算是什麼？
③ 對流血演出多所包容的民眾，其心性和現代人有何不同？
④ 古典晚期和之前的時代有怎樣的差異？

基督教的擴大

大谷哲

【關連項目：羅馬帝國時期的希臘、羅馬帝國衰亡論、古羅馬的家庭與婚姻、古代人的宗教 1：犧牲、古代人的宗教 3：國家與宗教、「古典晚期」論爭、拜占庭帝國史的時代區分、迫害社會的形成、獵巫、猶太人大屠殺】

史 實

西元一世紀 30 年代，歷經**耶穌**[1]短暫傳教時間後形成的基督教，從起源地猶太擴展到羅馬帝國全境，以城市為據點，信徒日增。雖然不時與周邊社會發生衝突，但直至三世紀初，基督教勢力大致還是平穩成長，也在帝國廣泛建立教會網絡。但三世紀中葉以降，隨著信徒數量膨脹，愈來愈受注目的基督徒便不時捲入社會紛爭，甚至引來帝國政府介入。三世紀末，戴克里先皇帝壓迫基督教，但後來得到君士坦丁皇帝支持，遂一躍成為帝國的主要宗教。

論 點

1. 擴張的時期與分水嶺　關於基督教在西洋古代世界的擴張，歷史學界的議論從有關「基督教擴張的理由究竟是什麼」的各種推測，一直發展到「具體的擴張時期及重要前提為何」的考察階段。在過去，早期基督教史研究，就是對迫害與殉教過程的研究；正如**教父**[2]**特土良**[3]所說的象徵話語「殉教者的血是教會的種子」般，這類研究強調不輸給迫害、堂堂正正的**殉教**[4]信徒姿態，對生活在羅馬世界的人們產生了重大衝擊，因此越被迫害，信徒反而越是增加。然而，羅馬帝國政府組織性的迫害政策，到了三世紀末幾乎已不存在，而過去研究者努力找尋迫害基督徒的法令依據，也沒有收穫。如同保坂高殿的論述，羅馬政府直到三世紀為止，完全沒有以基督教信仰本身為由，對基督徒施以法律和政策上的迫害。

在這裡出現了一種和舊說相異的新方法，也就是宗教社會學者斯塔克（Rodney Stark）量化信徒增加數的嘗試。如果從教會初期到獲得官方認可時的假定信徒數（1000 人～ 600 萬人）、也就是每 10 年增加 40% 的比率來推估，那麼到了三世紀中葉，基督教徒的比例會急劇增加。這樣的結果，和此時期以降的古代史料提及的基督徒增加、以及帝國政府的教會政策變化都頗為吻合，所以羅馬社會史研究者**霍普金斯**[*]等人都積極回應並討論。

2. 三世紀的信徒數增加與社會學方法　傳統看法都認為，基督教徒的來源是社會弱勢者，但米克斯（Wayne Meeks）就**保羅**[5]的傳教路線引進社會學研究，從而主張教會從初期階段起就積極對帝國的社會經濟菁英人士傳教，他的論點也被其他研究者接受。社會上層人士，同時也是具備傳統希臘教養的人士；因為他們的接受，才能去解讀聖經等各種文

側欄注釋

▷1　**耶穌**
前 7 ／前 4 ？～ 30 ？年，基督教的創始教主。出身加利利的拿撒勒，30 歲左右宣稱「神的國近了」並開始傳教，但被懷疑有反叛之嫌，遭到羅馬的猶太人總督處死。

▷2　**教父**（Church Fathers）
在古代、中古初期的基督徒中，透過著述為基督信仰的確立做出很大貢獻，在教會史當中被認可的人物。參照 II-2 注 2。

▷3　**特土良**（Tertullian）
155 ？～ 220 ？年。出生於北非的迦太基，是一位主要以拉丁文著述的教父。他在《護教學》等作品中，發展出一套狂熱的基督教擁護論。

▷4　**殉教**
在古代基督徒當中，即使被法庭要求放棄信仰卻抵死不從的人，被稱為「殉教者」；這些人的臨終模樣被記錄在殉道錄中，成為信仰典範。

＊　**霍普金斯**
參照 I-24 注 6。

▷5　**保羅**
？～ 65 ？年。耶穌逝世

書。這是基督教義能夠發展起來的重要原因，也是現在普遍的見解。

　　聖經上記載的耶穌和使徒們的故事，以及羅馬知識分子對基督徒的描寫（當中屢屢稱他們為「詐欺師」），從以前就被**哈納克**與泰森（Gerd Theissen）活用於聖經研究，他們也研究那些被基督教會所展現的治療與奇蹟之力所吸引的新信徒。救濟病患的「奇蹟」，被認為是基督教擴大的要因，直到現在仍有不少研究者承襲這樣的論點。社會學更進一步舉出教會女性地位的提升與家庭內部傳教的重要性。羅馬社會有殺嬰習俗、生產方面醫療水準低落，導致女性生存率低；女性基督教徒的生存率較高，和信徒數的增加有密切關連。

3. 和帝國政府的聯繫，以及教會的社會機能　　基督教擴大的另一個分水嶺，是君士坦丁以降的帝國政府，與教會之間的深刻聯繫。帝國政府的支持，是基督教擴大與教會勢力伸展的重要因素。但是，君士坦丁本人究竟信仰基督教到什麼程度，而帝國政府對基督教會這個組織又抱持著怎樣的期待？關於這方面的議論，自**瓊斯**以後有很多研究者著手鑽研。**布朗**特別指出，教會擁有先前羅馬帝國所不存在的組織能力，在**貧者**救濟等方面提供了代替國家行政的社會機能；他提出教會納入帝國行政的說法，為日後的研究提供了方向。布朗將三世紀稱為「不安的時代」，把一神教的流行和羅馬帝國社會的衰退予以重疊，也大力批判多茲（E. R. Dodds）為代表的史觀。往古典晚期社會轉變的地中海世界與基督教之間的關係為何，這個問題與中古世紀社會的時代區分論相互關連，討論依然持續不輟。

後，以教會領袖的身分在羅馬帝國各地傳教。以他為名的書簡集與記載傳道的〈使徒行傳〉，都被收錄在新約聖經。

▷6　**哈納克**（Adolf Harnack）
1851～1930年，德國神學家、教會史家。站在「基督教是在適應希臘文化的情況下，讓信仰得以擴大」的立場，將教義史加以體系化。

＊　**瓊斯**
參照 I-21 注2。

＊　**布朗**
參照 I-30 注4。

▷7　**貧者**
在古代猶太、基督教中，並不單指經濟匱乏之人；布朗指出，對統治者而言，救濟貧者是展現維持社會正義的方式。

歷史學的考察重點

① 基督教與其他宗教有哪些相異點、又有哪些相似點？
② 新加入基督教的信徒，他們追求的是什麼？
③ 在基督教擴大之際，信徒都是自發性「皈依」的嗎？
④ 帝國與教會，彼此之間是為了什麼而相互結合？

20 強制國家論的現狀

大清水裕

【關連項目：羅馬皇帝與帝國的整合、五賢帝時代與「三世紀危機」、角鬥士競技、羅馬帝國衰亡論、羅馬法典與社會、「古典晚期」論爭】

史 實

　　三世紀中葉，歷經持續的政治混亂後，**戴克里先**[1]確立了睽違半世紀的穩定政權。284年即位的他，和其他皇帝一起鎮壓內亂，直到305年退位為止，都致力於**行省**[*]的重編，與稅制、軍制改良等各式改革。戴克里先退位後再次爆發內戰，獲勝後成為帝國唯一統治者的**君士坦丁**[2]，也承繼了戴克里先的改革方向並加以發展。在他們發表的法令中，規定市議員不得逃避租稅負擔、並將**隸農**[3]和土地緊緊綁在一起；從這些法令的內容，可以窺見帝國後期社會的一面。

論 點

1. 圍繞著「專制君主制」與「強制國家」的研究史

　　相對於奧古斯都的新體制被稱為「元首制」[*]，自蒙森[*]以來大多將戴克里先以降的帝制稱為「**專制君主制**」[*]。一般認為歷經「危機」後的這個時代，皇帝的權力獲得強化，官僚制與軍隊也跟著擴大；另一方面，為了確保支撐這種制度的稅收，中央強化對地方城市的管制，農民則被束縛在土地上。之後，以**韋伯**[*]和**羅斯托夫采夫**[*]為代表，將這種帝國後期的社會形象稱為「強制國家」（coercion empire），在日本也有**弓削達**[*]針對這點提出論述。討論強制國家論時屢屢被提及的依據，是以皇帝之名發布的法令。但這種以「羅馬帝國衰亡論」為前提的見解，隨著古典晚期研究的進展，也被迫進行修正。

　　關於古典晚期的城市自治，在1979年與1981年以兩冊形式刊行的勒佩萊（Claude Lepelley）大作《帝國後期的北非城市》中，他不只採用法律史料，也使用了碑文史料與基督教史料，來論證「即使到了古典晚期，城市自治也依然存續」。之後也陸續有人指出，在伊比利半島、義大利、小亞細亞等地，古典晚期也都存續著城市自治。

　　與農民不同、稱為「隸農」的小佃農被緊縛在土地上，這樣的說法也在1982年被卡利耶（Jean-Michel Carrie）提出檢討；他認為，這是一種受十七、十八世紀法國歷史敘述所影響的見解。自他的論述以降，是否真的存在一種取代奴隸制、由法律明定的「隸農制」，開始令人存疑。即使《**狄奧多西法典**》[4]收錄了相關法令依據，但這部法典從編纂到發布也有一段不短的時間，因此從中產生的問題與各法條發布的背景，都需要進一步研究，依循同時代的社會實態來詮釋史料。

▷1 **戴克里先**
出身伊利里亞地區（現今巴爾幹半島）。以軍人身分成為皇帝，收拾政治混亂，從事各種改革，為帝國後期制度奠下基礎。

* **行省**
參照 Ⅰ-13 注2。

▷2 **君士坦丁**
在位：306~337年，戴克里先的繼承人之一、君士坦提烏斯的兒子，以公開承認基督教和建設君士坦丁堡而聞名。

▷3 **隸農（colonus）**
在帝國後期的法律中用來稱呼小佃農的術語。只是，它本來並不只指小佃農，也包含了農民和殖民市（羅馬人稱為colonia）居民的意思。

* **蒙森**
參照 Ⅰ-14 注2。

* **專制君主制**
參照 Ⅰ-31 注3。

* **韋伯**
參照 Ⅰ-23 注3與 Ⅴ-12 注3。

* **羅斯托夫采夫**
參照 Ⅰ-23 注4。

* **弓削達**
參照 Ⅰ-25 注8。

▷4 **《狄奧多西法典》**
在皇帝狄奧多西二世命令下，於五世紀編纂成的法典。精選了君士坦丁以降各皇帝所發布的法令，並按類別加以收錄。

2. 城市自治與市議員的角色

在戴克里先時代確實可看出重大變化的，是地方統治的範疇。羅馬帝國前期並沒有明確的官僚制，城市自治大多仰賴地方。根據史料記載，在戴克里先時代，原本大約50個左右的行省被細分成100個左右，研究者認為這說明了城市自治被加以壓抑。可是從顯示地方社會實情的各地碑文中，並未看見行省總督隨著行省的細分，而強化對城市行政的干預。同時代的史料也顯示，皇帝依然被認為是支持地方城市的後援保證者角色。

此外，帝國後期的法律中留有許多負擔城市自治責任的**市議員**⁵逃避租稅的紀錄，因此被認為他們的租稅負擔增加了。但是，這些法令是法典編纂後留下來的記載，關於這個時代市議員的負擔激增現象並無直接根據，況且逃避租稅負擔的情況在帝國前期也存在。另一方面，其他留存史料對負責各城市徵稅的市議員之橫徵暴斂提出非難，因此也有人認為，這些人很可能藉著徵稅業務牟利。故此，對於「在重稅下喘不過氣的帝國後期市議員」這種形象，有再次檢討的必要。

3. 君士坦丁時代的隸農

在君士坦丁發布的法令中，首次可見到被束縛在土地上的隸農。在這之後，將隸農束縛在土地上的法律屢屢發布，由此可見帝國後期強化徵稅，將小佃農綁在農地上的情形。

但是，這些法律是一種針對個別案例的說明，不太能將之普遍化看待。至於類似內容為何不斷重複出現，也可推定是整理龐大法律條文並加以編纂時，將類似內容集結在一起的結果，因此我們無法斷定小佃農被綁在土地上的情形具有普遍性。至於法律規定究竟是反映社會現實、還是只是呈現當局的理想，關於這點的見解也相當分歧。

也有研究指出，在帝國前期就已經可以確認隸農的存在，而他們也已經相當依賴地主。故此，光憑法律史料就斷定羅馬社會在四世紀時產生了重大變化，是不夠審慎的。今後應當對各種史料與資料誕生的背景作出更精緻的研究。

▷5 **市議員**
負責羅馬帝國地方城市自治事務的市議會成員。人數依城市規模而有不同，不過大部分都在100人左右。

歷史學的考察重點

① 用「專制君主制」與「強制國家」來說明羅馬帝國後期，是否適切？
② 帝國後期的地方城市樣貌，是否產生很大的變化？
③ 隸農的地位在帝國後期有了很大的變化嗎？

㉑ 羅馬帝國衰亡論

西村昌洋

【關連項目：希臘化時期的王權與城邦、五賢帝時代與「三世紀危機」、基督教的擴大、強制國家論的現狀、羅馬法典與社會、「古典晚期」論爭】

史 實

　　西元一至二世紀以強勢自豪、三世紀中葉歷經政局不穩的羅馬帝國，在戴克里先、君士坦丁兩位皇帝的各種改革下，重新穩固基礎，並再次讓帝國穩定；但這個四世紀的後期帝國，在該世紀末也同樣面臨內部分裂與外敵入侵等危機。東羅馬帝國之後得以保持命脈，西羅馬帝國卻在五世紀急速衰弱並滅亡。對於羅馬帝國、特別是西羅馬帝國的滅亡，自古以來便引發許多作家學者的關注；特別是自十八世紀的**吉朋**以降，關於羅馬帝國滅亡及其原因的相關議論，便成為討論「強大國家衰亡」的典範論述，在歷史學界獲得一定地位，這就是所謂的「羅馬帝國衰亡論」。

論 點

1. 內因論

　　探究帝國為何滅亡的衰亡論，大致可分為內因論與外因論。所謂內因論，是從帝國內部來發掘原因。內因論者提出的滅亡原因相當分歧：吉朋認為，帝國本身的巨大及其帶來的惡，是根本原因，將後期帝制理解為「**專制君主制**」、「**強制國家**」的**蒙森**，則從國家體制帶給社會的萎縮停滯來思考，因此也屬於內因論者。這種發掘帝國內部制度與組織問題的論者不少，二十世紀末的麥克馬倫（Ramsay MacMullen）也提出「制度機構的繁冗化導致帝國腐敗與衰退」的說法。另一方面，認為基督教對帝國社會帶來負面影響的見解一直存在，近年來更有威廉・哈里斯（William V. Harris）強調基督教讓帝國內部分裂不和，從而加重了國家的資源動員負擔。另一方面，有論者根據羅馬與外族的關係，指出帝國內部對外族的歧視、排外意識的擴大，導致族群整合失敗（**弓削達**、南川高志）；近年研究則顯示，羅馬人與外族的接觸、相互作用比以往想得更加頻繁，故也有人依循這點，認為地方居民傾向與外部異族強化連結，而非帝國中央，因此導致帝國的滅亡（英尼斯〔Matthew Innes〕、哈爾索爾〔Guy Halsall〕）。

2. 外因論

　　至於外因論，則沒有像內因論這樣多元，大致上都將帝國滅亡的原因，歸咎於稱作「野蠻人」的**帝國外部的異民族**^{◁1}進行的「移居」或「侵略」。「羅馬帝國並沒有自然消亡，而是被暗殺了」，皮加尼奧爾（Andre Piganiol）在二十世紀中葉說出的這句名言，可以做為代表。值得注意的是，外因論對後期帝國內部發展，其實抱持著肯定的態度。在**瓊斯**^{◁2}全面性的後期帝國研究中，也認為帝國滅亡的

（左欄旁注）

＊　吉朋
參照 Ⅰ-13 注1。

＊　專制君主制
參照 Ⅰ-31 注3。
＊　強制國家
參照 Ⅰ-20。
＊　蒙森
參照 Ⅰ-14 注2。

＊　弓削達
參照 Ⅰ-25 注8。

▷1　帝國外部的異民族
被羅馬人稱為「野蠻人」、居住在帝國境外的人群集團。在衰亡論中，主要指的是哥德人、汪達爾人、法蘭克人等住在帝國邊疆的人群。

原因，應該從外部去探求；近年的希瑟（Peter Heather）與沃德柏金斯（Bryan Ward-Perkins），也都認同這個說法，不過這兩位並未採取徹底的外因論，他們也留意帝國內部的衰退徵兆。之所以採取這種立場，與前面提及、近年對異民族研究的進展有關。有人指出，民族大遷徙時期的異民族在四世紀時，已經被羅馬文明影響，因此所謂的「野蠻人」，其實並不是那麼野蠻且非文明的存在；也正因此，即使帝國內部沒有出現問題，他們也具備了與帝國相抗衡的力量。

3. 內因論與外因論的相互影響，以及衰亡論的未來

如此看來，內因論與外因論並不只是相互對立，而是在歷史研究上相互影響。正如上述，之所以採取外因論，其實跟後期帝國內部研究的進展有關；同樣強調民族大遷徙的重要性，若將重點放在文明破壞為外因論，將重點放在帝國無力應對外族的移入則是內因論。此外，近年來受到「古典晚期論」的影響，衰亡論本身也變得相對化。抱持這種立場的人認為，該關注的重點不是羅馬帝國的衰退與滅亡，而是古代文明以基督教為媒介、改頭換面為後世所承繼，從而形成歐洲文明的傳統。這種論調的變化，常常被認為是受**多元文化主義***和歐洲整合等當代研究的關注焦點影響，所造成的結果。不只是現代的歷史研究者會如此，歷史上處理「羅馬帝國衰亡論」這個問題的論者選擇站在何種立場，往往和每個人所處的同時代社會狀況與思潮有關。故此，在處理羅馬帝國衰亡論時，必須留意各論者的時空環境，但也不能把所有議論全都還原成當時的問題意識，而是要當成歷史學的課題，冷靜且慎重地探求。

▷2　瓊斯（A. H. M. Jones）
1904～1970年，英國古代史家。1964年的鉅著《後期羅馬帝國》，即使在歷經半世紀以後的現在，依然是極具參考價值的里程碑研究。

＊　多元文化主義
參照 I-30 注5。

歷史學的考察重點

① 後期的羅馬帝國究竟「衰退」到什麼程度？

② 我們應該如何理解羅馬帝國與外族的關係？

③ 把羅馬帝國當成討論國家盛衰的典範，這樣的做法現在是否依然有效？

④ 各論者是抱持著怎樣的同時代問題意識，在進行思考的？

22 羅馬法典與社會

田中 創

【關連項目：強制國家論的現狀、羅馬帝國衰亡論、「古典晚期」論爭、拜占庭帝國史的時代區分、中古早期國家論、皮雷納命題】

史實

從二世紀後期到三世紀前期，就任帝國高級官職的法學家們，以現實的統治經驗為佐證，留下了大量精細的羅馬法學著作；故此，這個時期被認為是羅馬法的古典時期。然而，歷經三世紀動亂的羅馬帝國，元老院的權限實質上縮小，做為法源的元老院決議也無從確認。同時，法學家也不再留下自己冠名的著作，而是依循某個主題，將敕令與前面法學家著作集結起來，加上注釋的無名氏法律作品。另一方面，獨占立法權限的皇帝則是屢屢發布敕令，並不時將敕令整理成彙編。這些帝國後期法律著作所呈現的法律概念和古典時期多有出入，在帝國西部特別顯著。至於帝國東部的**君士坦丁堡***與貝魯托斯（今貝魯特）等地，以法學著作為教材的法律學校則相當發達。在這些學校的人才協助下，**查士丁尼**[▷1]得以將迄今為止的敕令彙編與法學著作編纂成《查士丁尼法典》；透過這部法典，古典時期的羅馬法得以傳到中世紀社會。

論點

1. 傳統的見解與相對於此的「粗俗法」概念

長期以來認為，帝國後期的法律解釋權被皇帝獨占，法學家不再能夠彈性思考，因此研究者多半抱持否定態度。不只如此，從這些脫離古典時期高度嚴謹法律原則的古典晚期法律中，頻繁可見實務家對法律原則的扭曲與一知半解。古典晚期的律師多半仰賴**修辭學**[▷2]，更助長了這樣的傾向。

相對於此，列維（Ernst Levy）自1930至1950年代的一連串研究，則提出了「粗俗法」（Vulgar Law）的概念。列維主張，羅馬法適用於帝國各地時，礙於司法、行政的現實需要，會將當地的習慣與法律實務納入羅馬法之中，而皇帝會頒布敕令加以追認。所以在羅馬法史料中，會看到和古典時期相異的法律原則。列維從各種法律史料中揀選出基於在地社會的法律原則與法律概念，並以「粗俗的羅馬法」概念加以包含；他的這種作法被卡瑟（Max Kaser）所繼承，並體系性彙整。魏克（Franz Wieacker）則是批判，維持古典主義法律原則、與採用「粗俗主義」法律原則，兩者在社會上是共存的，因此必須去分析各自的型態與實際運用狀況；不過他也認為應將古典晚期史料中的非古典部分，與帝國前期法學家著作的古典時期羅馬法相互對置比較。

* 君士坦丁堡
參照 I-31 注1。

▷1 查士丁尼
527～565年在位的東羅馬帝國皇帝。征服了北非的汪達爾王國與義大利的東哥德王國，一時間恢復了羅馬做為地中海大國的權威。

▷2 修辭學（rhetoric）
一門用來說服他人的表演、發生、論述結構等技巧的學問。自古代到中古，皆被視為是律師及受教育人士的涵養，廣受重視。

2. 近年的古典晚期論 如何看待法律 受到二十世紀末古典晚期研究的影響，一味以「古典時期」羅馬法為基準來理解古典晚期法律的態度逐漸冷卻；相反地，針對古典時期法律運用的實際狀況、以及古典晚期法律史料彙編的來龍去脈進行綿密分析與檢討，這種做法不斷地推進。利布斯（Detlef Liebs）和奧諾雷（Tony Honore）活用以往不曾使用的法律史料以外的文獻，生動描繪了地方政府與中央政府間圍繞著法律的你來我往，從而掌握一直以來被當作「衰退」的變化動態過程。另一方面，過去單純被視為詭辯、遭到否定的修辭學，近年來也被重新審視，在釐清法庭辯護的法條運用方法上，提供了有用的視角。

3. 西歐世界中羅馬法 的傳承 長久以來認為，東羅馬（拜占庭）保存了羅馬法著作，西歐世界則採用屬人主義，將以「部落法」為象徵的日耳曼法適用於日耳曼人、羅馬法適用於羅馬人，而後者也日漸「粗俗化」。另一方面，隨著中世紀經濟活動的縮小與複雜契約的消失，中古西歐長久以來無法顧及高度發達的羅馬法學家著作，直到十一世紀末，這些東西才終於被再次發現。可是到了近代，基於民族國家的視角，「日耳曼人、羅馬人等民族理所當然擁有各自的法律體系」這種舊有認識遭到批判；近年來也有人指出，被稱為「部落法」的法律，很可能也是基於當地羅馬人的法律習慣，而編纂出來的產物。此外，包括在帝國前期早已出現和地方習慣相差甚大、古典法不能適用的情況，另有以教會教規為首、凌駕世俗權力之上的規範存在，再加上抄錄的羅馬法典其實是被傳承、活用過的後製產物，這些都被再次提出來檢討。面對這些情況，在處理有法律的傳承問題時，與其執著於日耳曼人入侵的前後斷裂，不如著重法律的連續性，並就西歐世界的地域差別情況重新掌握。

歷史學的考察重點

① 古代、中古的審判與紛爭解決，與現代有什麼異同之處？

② 古典晚期的人們，如何理解自身所屬的人群集團？

③ 法典的編纂在古代社會有怎樣的意義？

④ 為什麼十一世紀末的西歐，會重新重視古典時期的法學家著作？

23 古代經濟史論爭

池口守

【關連項目：雅典「帝國」與民主政治、羅馬共和政治的本質與奧古斯都、羅馬皇帝與帝國的整合、古代的奴隸、皮雷納命題、資本主義論、生活水準論爭、消費社會】

史 實

前五世紀率領希臘聯軍在波希戰爭獲勝的**提洛同盟**[*]盟主雅典，在勞里昂運用奴隸開採優質白銀，以維持經濟繁榮，同時從事貿易進口穀物與出口橄欖油。另一方面，斯巴達的經濟活動只控制在領土範圍內，其他各城邦則介於雅典型與斯巴達型之間。在古羅馬共和末期，戰爭中俘虜的奴隸流入義大利，供應農業等經濟勞動。義大利的紅酒與西班牙的橄欖油使用**雙耳瓶**[◁1]盛裝後在海上運送，首都羅馬則透過對外港口**奧斯提亞與伯特斯**[◁2]向北非進口穀物等大量物品。

論 點

1. 論爭的展開

關於古代經濟的論爭，始於十九世紀末德國經濟學家布徹（Karl Bücher）與史學家邁爾（Eduard Meyer）（布徹—邁爾論爭）。前者強調古代經濟以家庭經濟為基礎的封閉性，認為其不可適用近代經濟學概念，後者則強調古代經濟與近代經濟在經濟成長等各方面的類似性，認為從荷馬時代、古典希臘時期到希臘化時代，擁有階段性的產業與貿易發展，而羅馬時代已經出現了「資本主義」。布徹的說法獲得**韋伯**[◁3]支持，但邁爾的說法被貝洛赫（Karl Julius Beloch）所承繼並成為主流；接下來，抱持後者觀點的**羅斯托夫采夫**[◁4]在《羅馬帝國社會經濟史》（1926年）中運用包含考古資料在內的多種史料，強調羅馬經濟與近代經濟的類似之處，這類現代主義說法一時處於上風。但是，受到波蘭尼（Karl Polanyi）經濟人類學的影響，**芬利**[◁5]在《古代經濟》（1973年）中認為古代人欠缺經濟理性，比起經濟上的利潤，他們更重視地位與名聲，因此自由市場的存在與機能均是有限的，同時也力陳古代經濟與近代經濟在質量上的差異。這樣的原始主義觀點成為新的通說，對日後議論產生極大影響。雖然芬利的論述引發了各式各樣的批判，但直至今日的議論，與其說是要整個推翻它，不如說是去嘗試修正。

2. 經濟史研究與考古學

芬利的《古代經濟》之所以將焦點放在社會與文化、也就是質的方面，是因為在當時的統計處理上，可用的資料並不足。一直以來，考古學主要的關心對象都是宏偉的建築與藝術價值高的文物，對於經濟史研究有價值的資料蒐集則停滯不前。但這之後，出土資料逐漸增加。後續包括透過**田野調查**[◁6]來分析遺跡的分布與歷時變遷，透過遇難船、雙耳瓶、食器等文物分析貿易路徑與規模，透

［＊］　提洛同盟
參照 [I-5] 注1。

▷1　雙耳瓶
用來運送紅酒或橄欖油的陶器。從海難沉船上發現的雙耳瓶類型與圖案，對於理解海上貿易與農業經濟相當有用。

▷2　奧斯提亞與伯特斯
（Ostia and Portus）
位於台伯河口的奧斯提亞港口條件不佳，因此克勞狄烏斯和圖拉真在海岸處興建了一座巨大的人工港伯特斯。

▷3　韋伯（Max Weber）
1864～1920年，著名的德國社會科學家。雖然以《新教倫理與資本主義精神》聞名，不過他在《古代文明的農業社會狀況》等古代史上也留有重要的業績。參照 [V-12] 注3。

▷4　羅斯托夫采夫
（Michael Rostovtzeff）
1870～1952年，出身俄羅斯的古代史家。俄國革命後流亡美國，在耶魯大學擔任教授。他認為「城市布爾喬亞」是希臘羅馬文明的推手。

▷5　芬利（Moses Finley）
1912～1986年。在戰後美國被質疑政治思想而失去大學教職，渡海英國，在劍橋大學執教。在二十世

過分析花粉、種子、骨頭等動植物的遺物來理解當時的農牧業與飲食習慣；種種嶄新手法被陸續引進、納入思索，也使得相關的研究統計成為可能。雖然考古資料在很多課題都被提出，但促使大家注意這點並活用資料的，是格林（Kevin Greene）的《羅馬經濟的考古學》（1986年）。自從這本書刊行以來，古代經濟史研究與古典考古學的距離便日益拉近，近年來更進一步使用航空攝影、3D雷射掃描、透地雷達探測等先進技術。以此為基礎，牛津大學從2005年起設置了「羅馬經濟計畫」，持續公開發表資料蒐集分析的成果。

3. 羅馬帝國時期的經濟成長

對芬利說法加以修正的研究者，許多都注意到地區偏差與歷時變化的可能性。畢竟，要論述跨越歐洲、北非、中近東的廣大領域，且縱貫千年以上的古代世界經濟，以單一方式來統括實在不太可能。況且，隨著地區與時代不同，古代經濟是否都能被認為與近代經濟類似，這點也成為疑問。其中特別被再次檢視關注的，還是堪稱經濟繁榮的羅馬帝國初期；在考古資料併用下，近年研究認為，這個時期的帝國人口增加、城市發達，貿易擴大、人民生活水準提升，因此很可能出現實質的經濟成長。同時，若將這些指標套入帝國後期到中世紀，會發現有很多部分一直要到近世或近代才恢復到原本水準。因此，至少在討論帝國初期的經濟發展時，現代主義的看法再次被重視；而以現狀來說，運用近代經濟學概念與理論來說明古代經濟的嘗試，也逐漸增加。

紀下半葉的古代史學界擁有很大的影響力。

▷6 田野調查
主要是在農村調查建築遺跡、蒐集（陶器破片等）文物，從這些資料中解讀遺跡的空間分布，以及定居型態的歷時推移。

歷史學的考察重點

① 用單一、靜態的方式，能夠掌握古代經濟到何種程度？

② 古代存在著所謂的「資本主義」或經濟成長嗎？

③ 在古代經濟史研究中，可以如何活用考古資料？

④ 近代經濟學的概念和理論，在說明古代經濟時能派上多少用場？

古代的奴隸

福山佑子

【關連項目：雅典「帝國」與民主政治、角鬥士競技、古代經濟史論爭、古羅馬的家庭與婚姻、大西洋奴隸貿易、農奴解放、南北戰爭】

史 實

在古希臘羅馬世界，法律身分上存在著自由人和奴隸之別。奴隸不被當成人、而是當成物來對待。除了成為主人的私有財產、在農場和礦山工作外，也有為國家和城市服務的公共奴隸，以及許多的家庭奴隸。以羅馬的情況來說，全國人口大約有15％到20％是奴隸，供給來源包括在戰爭中遭俘、淪為奴隸的人們，以及由奴隸母親生下的孩子及棄嬰。在希臘（雅典），奴隸即使獲得解放，也只能成為外來僑民[▷1]，而不能獲得市民權；相對於此，在羅馬成為自由人的奴隸，則可以獲得公民權，不僅能置產，後代也可就任官職。羅馬帝國時期曾針對遺囑中一次可解放的奴隸設下比例限制，由此可見有許多奴隸獲得解放。對於奴隸的定義，即使在古代也因時代和地區而有各種差異；舉例來說，有認為奴隸缺乏理性、肯定奴隸制的亞里斯多德[*]，也有主張奴隸和自由人並無太大差異的塞內卡[▷2]。

論 點

1. 奴隸研究的發展

十九世紀中葉，自從馬克思[*]以階級鬥爭的角度看待自由人與奴隸關係以來，奴隸研究就被視為是「被壓迫者的解放運動分析」。土井正興等人將焦點放在西西里奴隸叛亂[▷3]與斯巴達克斯[▷4]起義，伴隨羅馬對外侵略所產生的統治與壓迫等各種抵抗運動上；他們從「古代是奴隸制社會」的角度出發，分析當時的社會結構，這樣的研究在二十世紀中葉以降相當興盛。至於在二十世紀上半葉，認為奴隸供給枯竭是羅馬帝國衰亡原因的韋伯[*]論點，也造成了很大影響。然而自二十世紀後期開始，就像芬利[*]在研究中指出的，古希臘（雅典）社會的奴隸是讓公民活得像公民、為他們營造出必要閒暇的不可或缺角色，從而論證兩者之間的關連，奴隸研究開始從「統治／被統治」的二元對立結構中脫離。比方說，一向被認為是奴隸工作的礦山勞動，其實自由人也可以從事，因此奴隸和自由人的區分並非絕對；這樣的認識成了廣泛共識，並和近年從社會史觀點出發、對奴隸形象的重新檢討，以及對社會流動性的研究彼此連結。

2. 社會中的奴隸

近年的奴隸研究認為，奴隸並不是單純被使喚，而是構成古代社會的一部分，從這種視角出發的研究相當盛行。雖然也有亞里斯多德這樣，將奴隸評為「天生的工具」的意見存在，但他們在身為被統治者的同時，也是「家庭」的一員。自從布

▷1 僑民（metoikos）
從外地移居希臘的非希臘人。在雅典，他們必須有公民擔任保證人，才能獲准住在希臘。另外，他們也和公民一樣，得擔負公共服務的義務。

* 亞里斯多德
參照 I-29 注1。

▷2 塞內卡（Seneca）
一世紀中葉活躍於羅馬的斯多噶派哲學家，以皇帝尼祿的教師身分為人所知。

* 馬克思
參照 IV-7 注1。

▷3 西西里奴隸起義
前二世紀下半葉於西西里爆發的兩次奴隸起義事件。是奴隸制農牧業從南義大利擴展到西西里島的過程中發生的叛亂。

▷4 斯巴達克斯
前73年以坎帕尼亞為起點爆發的奴隸起義主導者。出身色雷斯，在卡普阿淪為角鬥士奴隸。

* 韋伯
參照 I-23 注3與 V-12 注3。

* 芬利
參照 I-23 注3。

萊德利（K.R.Bradley）把研究焦點放在奴隸的家族關係與奴隸解放後，包括從人口動態觀點出發，說明家內出生的奴隸是重要奴隸供給來源的研究；利用碑文史料進行**人群學**[5]分析後發現許多工商業者都是被解放的自由人（解放奴隸），從而闡明從奴隸身分向上爬的社會實況，這類以羅馬史為主的奴隸與社會關係研究；諸如此類的成果為數相當之多。至於穆里森（Henrik Mouritsen）則提出被解放的自由人在解放後仍是「家」的一員，並利用原本主人的社會影響力謀求發展；他的說法對後續研究造成了深刻影響。

3. 羅馬社會的流動性　　隨著羅馬帝國控制範圍擴大，地中海地區的人群交流也變得活絡；自提出這點的**霍普金斯**[6]與布蘭特（P.A.Brunt）研究以降，以奴隸的供給來源與地理遷徙為突破點，有許多後續研究也開始重新檢討古代社會結構。比方說，沙德爾（Walter Scheidel）就重新估算了義大利奴隸人口，並提出職業、地域、性別上的差異。另外在羅馬帝國時期，帝國西部有人口急遽增加的現象，比方說從希臘人名的醫師和教師墓碑上，可以確認到這當中有很多人都是從帝國東部為了財富和職位而遷移過來的被解放自由人。透過帝國內部的遷徙，奴隸傳遞故鄉的文化和知識，從而扮演了各地文化創造的重要推手。不只如此，隨著奴隸身分的解放，法律和社會身分的上升也成為可能，這也成為羅馬社會流動性的其中一個論點。關於奴隸解放的手續，以及奴隸、被解放自由人的法律身分等議論，大部分研究者使用法律史料進行研究，也有一部分人使用上述的碑文史料，從社會史角度來研究被解放自由人的實際狀況。

▷5　**人群學**
（Prosopography）
將特定集團人物的出生地、經歷、職業、家族等資訊彙整起來，從而闡明其特徵與人際關係的研究方法。

▷6　**霍普金斯**（Keith Hopkins）
1934～2004年，二十世紀的古代史研究者。引入經濟學、社會學方法，翻新了羅馬的社會史研究。

歷史學的考察重點

① 在古代社會，奴隸扮演了怎樣的角色？
② 古希臘和羅馬的奴隸觀，有著怎樣的差異與連續性？
③ 在討論羅馬社會的流動性時，奴隸是怎樣的存在？
④ 古代的奴隸制與中古、近現代的奴隸制有何不同？

25 古羅馬的家庭與婚姻

高橋亮介

【關連項目：雅典的戲劇與社會、基督教的擴大、古代的奴隸、男女的領域分離、性傾向、女性主義與性別】

史 實

　　和其他社會相同，家庭是古羅馬人共同生活的最小單位。家庭是經濟活動的基本單位、是生活場域，更是貴族子弟學習祖先模範的場所；不只如此，家中祭壇與爐灶供奉的眾神，也是羅馬人信仰的對象。然而意指家庭的拉丁語「familia」、「domus」，其實也包含了奴隸和遠方親戚，和我們所想的家庭概念未必一致，這點必須注意。在有關古羅馬家庭的史料中，包括了結婚與繼承的法條、由西塞羅▷1和小普林尼▷2等貴族撰寫有關某家族評估結婚對象適任與否的書簡，以及塞內卡*和普魯塔克▷3等知識分子的著作。這些傳達上層社會樣貌的史料，再加上帝國各地豎立的墓碑、來自埃及的莎草紙文獻等，為各式各樣的研究方法提供了可能。

論 點

1. 家庭的結構

　　對家庭結構的理解，會因應所選擇的史料及其解釋而產生變化。直到20世紀中葉為止的研究主流是基於法條；這種研究認為，典型的羅馬家庭是由擁有強大權限及財產權的家父長、兒子與其妻子、孫子所統率，由三代男性構成的大家庭。但到了二十世紀後期，從文獻史料發現，由夫妻二人和未婚子女組成的核心家庭，在前二世紀之前的義大利相當普遍，而根據墓碑所記載的家族關係來分析，即使到了帝國時期，核心家庭也還是占優勢。不只如此，也有人指出就人口學來看，平均壽命短、男性有晚婚傾向的古羅馬，三代同堂的可能性很低。可是這樣的核心家庭說法，未必就沒人批判。做為分析依據的墓誌銘，是為了紀念逝者與繼承行為而寫，並不能反映實際上的家庭結構。不只如此，每個人的家庭型態是流動的、單一家庭的結構與規模也會隨著時間變化，也就是所謂「家的生命週期」；考慮到這點，刻劃典型家族型態的嘗試是否有意義，就成了疑問。

　　儘管如此，為了理解羅馬人生活的世界，分析家族的型態還是有其重要性。比方說，羅馬與義大利以外的地區狀況、利用住所遺跡重建生活空間、叔伯嬸輩等親戚扮演的角色、對待老人及嬰幼兒的方式等，都是值得探究的好問題。

2. 羅馬帝國管轄地區的變化

　　被納入羅馬管轄的地區，當地的家族形貌也產生了變化。以埃及為例，在那裡出土了許多記錄日常行政與經濟活動的莎草紙文獻；當中可以得知，兄弟姊妹彼此結婚的習

▷1 　西塞羅
前106～前43年，羅馬共和末期的政治家。在辯論術、修辭學、哲學、給友人親戚的書簡等各方面都留下了許多作品。因此也是一位對後世影響甚大的古羅馬文人兼知識分子。

▷2 　小普林尼
61年左右～114年以前。羅馬帝國時期的政治家、辯論家。在一共10卷的《書簡集》中，呈現了羅馬貴族的交友關係與關心事項，還有行省總督的任務。著有《博物誌》的老普林尼是他的舅舅兼養父。

＊ 　塞內卡
參照 I-24 注2。

▷3 　普魯塔克
45年左右～120年以後。出生在羅馬統治下的希臘，是一位傳記作家、哲學家。在傳記方面著有《希臘羅馬名人傳》，關於倫理的各著作則彙整成《道德小品》。

慣到了羅馬帝國時期仍相當興盛。儘管這種近親結婚直到三世紀授予當地人羅馬公民權之前都不違法，但羅馬人（以及我們）都覺得很不尋常。然而這種習俗的流行，很可能是伴隨著羅馬的統治而產生的（雖然不是刻意）。為了統治行省，羅馬希望地方菁英能穩定存續，所以在埃及也創造了在地富人階層，並企圖讓身分固定化。面對這種做法，埃及人也為了不讓家產分散、能順利傳給後代，而採用了自羅馬以前就存在的當地婚姻習俗。羅馬的統治並沒有帶來整齊劃一的文化，而是促進了地方多元性。不過也有人指出，所謂的近親結婚，有可能是收養的兄弟姊妹，也就是沒有血緣關係。儘管這種說法有可能是對令人難以相信的近親婚姻抱持懷疑，但在史料中，對於非配偶的兄弟姊妹也會使用「父母相同的姊妹／兄弟」這種句子。因此若某種場合確如文字所述，但別的場合卻疑似指養子的話，要從這樣的解釋去探究家族關係，就會面臨很大的困難。

3. 有關婚姻觀的討論

不管實際的家族究竟是怎麼一回事，有人主張從共和末期到帝國前期，婚姻觀也產生了變化。本村凌二參照**韋納**[4]與**傅柯**[5]的研究，認為當時從重視門當戶對的婚姻，轉變為重視愛情的婚姻；而「夫婦一對」概念的產生，也說明對婚外性關係的忌避。從**賀拉斯**[6]與**尤維納利斯**[7]的諷刺詩中分析對性態度之情感變化的本村凌二，和留意到同樣諷刺詩中「自由」的性開放女性、說明家父長權力弱化的**弓削達**[8]，都以嶄新而亮眼的態度重新看待史料。重要的是，在基督教普及之前，有關家庭與性的道德觀及情感已經產生變化。但另一方面，要書寫情感史，其實是相當困難的。情感的變化究竟是只限於菁英的現象，還是一般人民也如此？家族間的政治聯姻作用、以及頻繁發生的離婚與再婚，該如何去通盤理解？被拿來討論的史料，選擇上會不會太過刻意？會不會有看不出變化、或和推定的情感變化背道而馳的結果？這些都是問題。更重要的一點是，關於夫婦關係的史料都是由男性書寫，女性的聲音並無法直接傳達。

歷史學的考察重點

① 當出現迥異家族型態的史料時，我們該怎樣去詮釋？
② 如果發現有史料強調特定型態的家族關係，這究竟是由於其留存形式所致，還是實際上真的發生了變化？
③ 研究者之所以提出相異的家族型態與婚姻觀，其背景為何？

▷4 **韋納**（Paul Veyne）
1930年～2022年，當代法國西洋古代史家。屬於年鑑學派第三代，和法蘭西學院的同僚傅柯交情甚篤。以主要著作《麵包與競技場》為首，有眾多著作被翻譯成日語。

▷5 **傅柯**（Michel Foucault）
1926～1984年，現代法國哲學家。針對瘋狂與刑罰、性在西洋史上該如何理解提出了質問。晚年未完成的作品《性史》，是以西洋古代圍繞著性的倫理為主題。

▷6 **賀拉斯**
前65～前8年，羅馬詩人。在侍奉奧古斯都的梅塞納斯庇護下，撰寫了《歌集》、《諷刺詩》、《書簡詩》等作品，和維吉爾並列，是古羅馬的代表性詩人。

▷7 **尤維納利斯**
50年左右～130年左右，羅馬詩人。著有《諷刺詩》，嚴詞批判一世紀末以降的頹廢和惡德現象。雖不受同時代人矚目，但在四世紀後被普遍閱讀。

▷8 **弓削達**
1924～2006年，羅馬史研究者。以《羅馬帝國的國家和社會》、《地中海世界與羅馬帝國》為代表，研究羅馬帝國的社會與統治架構，以及早期基督教史，另外在日常史、社會史（《素顏的羅馬人》）、古典晚期（《永遠的羅馬》）等領域也是研究先驅。

26 古代人的宗教1：犧牲

山內曉子

【關連項目：基督教的擴大、古代人的宗教2：神話與雕刻藝術、古代人的宗教3：國家與宗教、儀式與溝通】

史 實

對信奉多神教的古希臘羅馬人民而言，在祭壇向奧林匹斯十二神為首的眾神獻上犧牲，是他們的信仰中心，一般會獻上牛、羊、豬等動物。祭司宰殺動物、用內臟占卜吉凶後，會將牲肉分給參加者共食。人們把犧牲視為**虔誠**[1]的證明，伴隨著祈禱或詛咒祭文，在戰爭開始或締結外交條約時，都會舉行國家、家族或私人祭祀，這時也會獻上犧牲。希臘人的多神教與羅馬人的信仰融合，成為羅馬的「國家宗教（Religio）」，犧牲觀也慢慢產生變化。當帝國迫害基督徒時，有時會要求他們提供獻祭證明，做為皈依多神教的證據；但除了犧牲，他們也重視祭酒與焚香。之後，391年基督教成為羅馬國教，多神教的犧牲被視為「異教」儀式，祭壇也紛紛被破壞。

論 點

1. 「獻祭的人」與共同體

關於多神教的犧牲儀式，相關研究以古希臘史的分析為主。在雅典舉行的「獻牲祭（Bouphonia）」會獻上牛隻，儀式審判過程中，宰殺牛隻的人要宣誓自己使用的是「Machaira（供奉儀式用的匕首）」。**伯克特**[2]認為，獻牲祭的宰殺行為是一種被共享的罪惡意識，也是共同體形成的基礎。《獻祭的人》（Homo Necans）這個書名，就是指宰殺犧牲的人。關於獻牲祭，在伯克特之前的繆利（Karl Meuli）就曾指出，這是為了化解獵人不安而舉行的儀式，並非對眾神的奉獻。換言之，他認為從「宰殺」這個觀點出發，並不能解答古代人為何要向眾神獻上犧牲。被宰殺的犧牲賦予了共同體基礎，這個理論在二十世紀下半葉仍具影響力，但關於向神獻祭的犧牲之意涵，至今仍然不甚明確。

2. 宰殺與食用

和伯克特同一時期的**韋爾南**[3]，則在社會史與政治史領域提出新的議論。重要的是獻祭之後的饗宴（symposion），以及參與饗宴的政治夥伴人際紐帶關係；犧牲不過是「共食」的前奏罷了。據韋爾南所言，犧牲是「殺而食之」；伯克特的「宰殺」與韋爾南的「共食」議論重點雖不同，但其實都在探討同一個主題。受到**年鑑學派**[*]衝擊、社會史研究的蓬勃影響，不少人開始嘗試探討社會身分與儀式的關係、犧牲隊伍中的社會／政治象徵等，從政治祭典的脈絡來重新解讀犧牲。像這樣的主題分析有很多，但多半都更重視「共食」等犧牲之後的其他事務，對於為何要向眾神獻上犧牲，還是沒有討論。

▷1 **虔誠（eusebeia）**
虔誠概念的範圍，通常是透過相反概念——「不虔誠」的適用範圍來表現。從不孝到不履行契約、在聖地殺人，乃至前399年蘇格拉底被處死的不虔罪（asebeia）皆屬此類。

▷2 **伯克特（Walter Burkert）**
1931～2015年。他在《人為什麼創造了神》一書中論述了不安感與供品，從而發展出受古代東方世界影響的「東方化革命」論。這樣的人類學視角，不只是對宗教史，也擴大了希臘史的研究範疇。

▷3 **韋爾南（Jean-Pierre Vernan）**
1914～2007年。創立古代社會比較研究中心，以《希臘人的神話與思想》等神話學與結構主義的業績享有盛名，同時在心態史、政治史方面也有成績；和黛蒂安（Marcel Detienne）合著的論文集，對犧牲研究有很大的貢獻。

＊ **年鑑學派**
參照 II-18 注1。

3. 做為奉獻／溝通的犧牲

關於上面的議論，羅伯特‧帕克（R.C.T.Parker）在演講錄中巧妙地加以彙整。正如帕克也指出的，對眾神的奉獻、或者說為了與神溝通而做出的犧牲，是今後必須考察的重點。而且這些議論都是以希臘為主，對羅馬社會的犧牲則付之闕如。在羅馬史研究領域，做為「傳統宗教」的多神教犧牲，比起**密特拉教**＊或是**伊西斯崇拜**＊等東方起源的宗教儀式，被討論得較少；不只如此，帝國後期對眾神奉獻犧牲的意義逐漸徒具其形，而更重視焚香，這種變化的來龍去脈與背景也值得思考。但近年來奈登（Fred Naiden）主張，在獻祭時將部分牲肉加以燃燒、讓煙飄上天空，這種意圖和眾神進行溝通的作法是儀式的中心。奈登主張「煙」是核心，這種對犧牲的再定義，強化了以「與神溝通」為目的之犧牲，以及羅馬人不甚重視「宰殺」本身等論點的形成。

至於希臘史領域，隨著碑文史料的解讀，對犧牲儀式的用語分析日益精深，有人開始分析犧牲儀式當中「奧林匹亞斯／克托尼俄斯」的區別，從而探究犧牲儀式的意涵或「理念」。另一方面，也有人試著還原犧牲儀式的實際面貌。范‧史特拉坦（Folkert van Straten）在《此為吉兆》一書中使用了描繪犧牲的圖像，也就是希臘人日常使用的陶器圖繪（瓶繪），並配合文字史料進行驗證；至於埃克羅斯（Gunnel Ekroth）則是利用碑文、圖像再加上卜骨資料，持續考察。「此為吉兆」在古希臘文獻中寫為 Hiera Kala；犧牲的尾骨形態被畫在陶器上，而**動物考古學**也可以透過尾骨的殘存狀況，來佐證儀式的實際面貌。透過二十一世紀資料分析技術的進展，源自東方的犧牲儀式如何成為古希臘羅馬共通的宗教習慣，以及做為和眾神溝通手段的「奉獻」，我們可以進一步探索更加不同的問題層面。

＊ 密特拉教
參照 I-28 注7。

＊ 伊西斯崇拜
參照 I-28 注5。

▷4 煙
在犧牲焚燒時使用的「thuein」這個術語，也被用來描述在獻上糕點或焚香時，煙冉冉上升的模樣。若把重點放在「煙」，就是強調與眾神溝通的觀點。

▷5 奧林匹亞斯／克托尼俄斯
宙斯與阿波羅等住在天空之城「奧林帕斯」的眾神，與哈帝斯等住在「冥界／庫騰」（大地、地下）的眾神。可以藉此種區別，來分析犧牲選擇的標準與例外儀式的差異。

▷6 動物考古學
利用遺跡出土的骨頭堆積物分析資料的考古學手法。做為一直以來支撐犧牲研究的文獻、碑文、圖像史料之客觀證據，廣受矚目。

歷史學的考察重點

① 古代多神教的人們，是出於怎樣的目的，而獻上犧牲？

② 犧牲做為希臘羅馬共通的論題，論述上有什麼困難？

③ 從「奉獻」的角度來思考犧牲，可以釐清什麼？

27 古代人的宗教2：神話與雕刻藝術 福本薰

【關連項目：荷馬社會、城邦形成論、歷史敘述起源論、古代人的宗教1：犧牲、古代人的宗教3：國家與宗教、歷史與記憶】

史 實

古希臘是一個眾神遍布、有著宏大神話的世界。神話中的眾神不是理想上的英雄，而是互相競爭吵架，有時卻又和好、一同歌唱。現代人眼中單純有趣的神話，對於沒有宗教特定典籍的希臘人而言，是最根本的信仰基礎。前八世紀有**荷馬**和海希奧德等詩人，透過史詩彙整了英雄故事與眾神系譜。記錄特洛伊戰爭的「**史詩集成**」，一般認為也是受荷馬影響而誕生的。在這之後，詩歌與戲劇反覆以神話為題材，蔚為發展。

古代人身旁的雕刻藝術，讓人想起神話世界。聖地的神像與神廟裝飾展現著眾神之威，讓人不自覺放下驕矜。此外，透過工藝品等隨手可得的媒介，神話故事的魅力得以傳達給眾人。

* 荷馬
參照 I-1 注1。

▷1 史詩集成（Epic cycle）
從前七世紀到前六世紀形成、以希臘神話為主題的史詩群總稱。其中處理特洛伊戰爭的史詩群特別有名，一般都認為是為荷馬的兩大史詩作添補，歌詠特洛伊戰爭的前史與後續故事，一共有六部詩篇被創作出來。

論 點

1. 史詩的誕生與神話表現

荷馬史詩與現已佚失的「史詩集成」各作品，由於欠缺同時代史料佐證，所以難以確認它們的形成過程。在這裡派得上用場的資料，就是表現神話故事的雕刻作品。自前八世紀末左右起，開始可以看到在小型陶器和青銅器上描繪某個故事，到了前七世紀數量更是激增。以阿爾伯格（Gudrun Ahlberg-Cornell）和費徹（Klaus Fittschen）為中心，1960年代研究者開始蒐集並分析這些作品的地區分布及主題。另一方面，這種始自前八世紀末的神話造型化，有人認為這是受荷馬《伊利亞德》、《奧德賽》的刺激所影響，簡化了這些雕刻作品的興起背景。不只雕刻藝術，包括「史詩集成」的詩篇，也被認為是從荷馬衍生出來的產物。

但是，2001年強納森・伯吉斯（J.S.Burgess）指出，這群表現早期神話的作品，不見得就是從荷馬的兩部史詩中採擷主題，也很可能是參照了其他史詩、或是自古流傳的特洛伊戰爭口傳故事；至少在古風時期，荷馬的影響還是很小。伯吉斯的這種見解，挑戰了一直以來把榮耀的荷馬史詩視為前提的研究方式。

2. 聖地中的神話表現

在希臘聖地中最重要的，是為神獻上犧牲的祭壇；在很多例子中，常常可以看到祭壇本身比神廟還早出現。做為神之居所的神廟建設，要到前八世紀才終於正式化，並陸續擁有裝飾雕刻點綴的莊嚴外觀。神廟裝飾的選擇，就像德爾菲的錫夫

諾斯人寶庫所呈現的一樣，是展現「人界大小事都由神意所定」的神話主題。

然而在此同時，雅典的巴特農神廟卻是例外。該神廟內室牆壁上部屬於**愛奧尼亞式飾帶**的環狀浮雕主題，象徵四年一次的大**泛雅典娜節**的人民祭祀隊伍，以及迎接他們的奧林帕斯十二神；但假使是這樣的話，屬於神的聖地裡怎麼可能出現人類形跡的褻瀆？要釐清這個問題，得把飾帶的主題當成雅典本土的神話內容來解釋，或者說，它並非指涉特定的祭儀，而是雅典宗教文化的集合性表現。對此，長田年弘表示，若不把飾帶視為神廟的裝飾、而是放在衛城的奉獻浮雕傳統中來考量，那麼神人並立的表現手法，就沒什麼不妥了。對巴特農飾帶的研究，實則是一種對衛城整體宗教環境的思考及解釋嘗試。

3. 神話與政治

在古代世界，雕刻藝術或多或少反映了製作出它們的共同體思想。1972年，博德曼（John Boardman）以歷史特定事件為背景，來解讀表現神話的雕刻藝術內容，是這類手法的先驅。前560年左右開始，陶器圖繪越來越常出現描寫**海克力斯**的作品，以及女神**雅典娜**搭乘戰車的神格化主題。博德曼著眼在希羅多德流傳的一段軼聞：被放逐的**庇希特拉圖**在一位打扮成女神雅典娜的少女陪伴下，搭著戰車返回雅典；他解釋，這是僭主將自己比擬成海克力斯，而反映這起事件的海克力斯與女神雅典娜的戰車圖像，在前六世紀中葉開始增加。

對於這種說法也有批判意見，認為早在僭主政治出現前，甚至結束後，都可以看到同樣的圖例。不過，這種將雕刻藝術的意義內容以同時代社會背景來解讀的研究手法，直至今日仍有不少追隨者。然而，過度的政治解讀，也可能誤解神話原本的存在意義；對於塞提斯（Salvatore Settis）的這種提醒，我們不該忘記。

▷2 **愛奧尼亞式**
與多立克式、科林斯式並稱為希臘三大柱式建築（order）。最早形成於前六世紀小亞細亞靠愛琴海沿岸的愛奧尼亞地區。以刻有縱溝的纖細優美圓柱、搭配上下卷渦狀的柱頭為其特徵。

▷3 **飾帶（Frieze）**
配置在希臘建築壁體上部的帶狀裝飾。在多立克式的神廟，飾帶以反覆交錯的正方形與三條溝的底座呈現，在愛奧尼亞式中，則是圍繞建築物一圈的浮雕裝飾。

▷4 **泛雅典娜節**
（Panathenaea）
每年七月舉行，是雅典最大的祭典。四年一度的大泛雅典娜節，會以公民為首組成大型遊行行列，在衛城向女神雅典娜獻上犧牲。

▷5 **海克力斯**
希臘神話中最重要的英雄。由宙斯與人類女性阿爾克墨涅所生，達成了十二項偉大功績。雖被宙斯的正妻赫拉排斥，但在死後被神格化。

＊ **雅典娜**
參照 I-4 注3。

▷6 **庇西特拉圖**
雅典的僭主。前561年掌權，之後被兩度放逐又東山再起，樹立了僭主政治。他大興土木、重振泛雅典娜節、鼓勵學藝；前四世紀的亞里斯多德將他的統治稱為黃金時代。

歷史學的考察重點

① 史詩被造型化的過程，是怎麼一回事？

② 聖地中的神話具有怎樣的機能？

③ 我們有可能透過雕刻藝術來考察歷史事件嗎？

28

古代人的宗教3：國家與宗教　　小堀馨子

【關連項目：基督教的擴大、古代人的宗教1：犧牲、古代人的宗教2：神話與雕刻藝術、拜占庭皇帝是什麼、儀式與溝通】

史 實

　　相較於古希臘世界像雅典這樣的民主制城市國家（城邦）持續分立的情況，古羅馬是由單一城邦發展成統治地中海全境的區域國家、再演變成帝國。但不論何者，所謂的宗教都是指「（他們認為）與眾神有關的一切事務」（也就是儀式、神話系統），和現在一神教的「信仰」是不同的。相較於由國家舉行各種儀式，全體人民都有參加義務的城邦與帝國「公共」宗教，以個人或特定集團為主體的「私人」宗教雖然也大致被允許，但也有因為發展得太快、而被羅馬帝國鎮壓的基督教這種例子存在。

論 點

1. 在古羅馬宗教，公共宗教與私人宗教的問題

　　古羅馬的國家祭祀有公共宗教（cultus deorum publicae）和私人宗教（cultus deorum privatae）之別。一直以來都認為，這和現代英語中public與private的區別相同，也就是「公私」之別；但經過半世紀以來的各種研究顯示，前者是在國家規定的場所、也就是神廟及廣場的祭壇上舉行祭儀（犧牲儀式），後者則是在各家庭中設下的祭壇舉行祭儀（獻上供品並禮拜）。

　　祭司是國家官職之一，最初是在祭司團內互選，後來則變成公職選舉。祭司既不是專責職也不是世襲職。最高政治決策機關元老院必須就幾件宗教相關事務做出決議，首先是就戰爭與和平協定等國家大事的正確與否舉行**鳥卜**[1]，第二是在為報告中帶來凶兆的神祇舉行犧牲儀式時舉行**內臟卜**[2]，從而透過犧牲請求特定的相關神祇寬恕，第三則是引入新的神祇，這些都有專門的祭司負責。上述的情況，都是按照和政治事項同樣的手續來進行決議。

　　祭日是按照國家曆法而定，執行方法則依循羅馬人傳統習慣（**祖宗成法**[3]）的要求，兩者都納入國家的管理。至於家庭內部的祭儀，則由家父長主導，如果是女性相關的祭儀，那就讓女性參加，如果是男性公民的相關祭儀，那就讓男性參加；也就是說，各祭儀只有符合資格的成員可以參加，參加祭儀是公民的義務。因為個人沒有自由決定是否參加的權利，所以即便是「私人宗教」，也不被認為具有「內在的信仰自由」。也因此，將古羅馬的publicae／pirvatae詮釋為「公共／私人」是否妥當，最近的學說普遍認為有檢討的空間。

▷1　鳥卜（Augury）
古羅馬使用的占卜方法。在國王統治時期，將從一定方位出現的野禽數量之多視為吉兆，到了共和時期，則使用家禽啄食飼料的方式為之。

▷2　內臟占卜
（Haruspicy）
古羅馬使用的占卜方法。儀式中獻上的牲品內臟若正常，則被視為神對供品很滿意，也就是吉兆。若臟器異常，則是凶兆。

▷3　祖宗成法（mos maiorum）
被古羅馬人視為重要社會

2. 共和末期羅馬國家宗教與東方諸宗教流入的因果關係

「在羅馬共和末期，原本的宗教已徒具形式，東方諸宗教趁機流入，填補了人們心靈的缺口」；這樣的定論在過去半世紀遭到了顛覆。古希臘羅馬的宗教是城市共同體（國家）的宗教，它不是擁有聖典及內化信仰體系的宗教，而是一種與眾神溝通的方式，有著多元祭儀系統的宗教。

在羅馬公共祭儀的兩種占卜（鳥卜與內臟占卜）中，內臟占卜被公認起源於伊特魯里亞，但也有論點指出，它或許可以更進一步回溯到東方起源。從共和中期（前三世紀）到帝制中期（三世紀），有各式各樣的東方世界神祇被引進。

舉例來說，包括**西芭莉神**[4]（小亞細亞）、**伊西斯・塞拉比斯**[5]（埃及）等，都得到元老院允許，在羅馬城內建立神廟。

即使是因夜間飲酒與性放蕩之故、而於前186年被元老院決議禁止的**酒神節**[6]，也在變更形式為白天由少數男性執行的情況後，被再次允許舉辦。另外，在西芭莉神崇拜的情況，對神廟的奉獻和祭禮雖然被允許，但祭儀高潮時男性祭司會進行自我去勢的儀式，因此羅馬男性公民不被允許參加。

巴比倫的占星師也好幾次被命令離開羅馬，但實際上來看，這種法律的效果只是暫時性的。

在帝國時期軍隊內部盛極一時的**密特拉教**[7]，是個具有特殊皈依儀式的祕儀宗教，但它並不像猶太教或基督教這樣，具有排他性的一神教性質。三世紀以降，以密特拉教為首的太陽神信仰相當盛行，為日後基督教的公認開拓了道路。

如上所述，東方諸宗教將一部分祭儀調整成「與羅馬公民相應的方法和形式」，從而獲得最高決議機關元老院的允許，引進羅馬城，因此並不影響羅馬自古以來的祭儀。因此最近的研究傾向認為，「原本宗教已徒具形式，因此東方諸宗教趁機填補人們心靈的缺口」的說法，是一種過於片面的觀點。

規範的「傳統祖訓」。雖然不像法律那樣有文字記下，卻從個人到政治、軍隊生活，全體成員的行動都受其規範。

▷4 **西芭莉（Cybele）**
小亞細亞地區崇拜的大地女神、也是象徵豐饒多產的女神。侍奉此神的祭司會自宮去勢，並在劍、盾、鼓、鑼的激烈演奏中狂舞。

▷5 **伊西斯・塞拉比斯（Isis/ Serapis）**
伊西斯在埃及被稱為眾神之母的女神，和希臘的狄蜜特相同。塞拉比斯則是歐西里斯在希臘化時代與希臘的宙斯和阿斯克勒庇俄斯相混淆後，被廣泛崇拜的複合神。

▷6 **酒神節**
酒神巴克古斯（希臘語的戴奧尼索斯）的祭禮。因為祭禮會在夜間進行男女雜交，具有強烈的性放蕩傾向，於前186年遭到羅馬元老院禁止。

▷7 **密特拉教**
密特拉是雅利安人的光明神、太陽神，祆教出現前伊朗的最高神祇。希臘化時代傳播到西方，在羅馬軍隊中獲得廣大支持。

歷史學的考察重點

① 羅馬人怎樣畫出「公」與「私」的界線？
② 國家透過犧牲儀式與占卜與眾神交流，從中得到了什麼？
③ 希臘羅馬的國家宗教中，隱藏了多少來自東方世界的影響？

29 古代的科學：以蓋倫為中心

澤井直

【關連項目：羅馬帝國時期的希臘、五賢帝時代與「三世紀危機」、角鬥士競技、科學革命】

史　實

　　古代的醫師會使用各種藥物與身體，從事科學鑽研。二世紀活躍於羅馬的蓋倫（Galen），就留下了集古代醫學大成的眾多著作。為了理解身體產生的不適及習得必要的治療方法，蓋倫積極使用解剖觀察的研究方式。在西歐與伊斯蘭世界，蓋倫一直保有莫大的影響力；西歐一直要到十六世紀中葉，才推翻了蓋倫的解剖學與醫學。

論　點

1. 古代醫師進行的解剖

　　古代醫師在治療患者的同時，也致力於理解各種藥物和人體結構。就像在**亞里斯多德**[▷1]動物學相關著作中可以見到的，古代人相當關注生物的身體。外表看不見的內部結構，和與治療直接相關的藥效及診療方法等知識一樣，都是專業醫師必須具備的知識。

　　相傳在前三世紀的**亞歷山大城**[*]，**希羅菲盧斯和埃拉西斯特拉圖斯**[▷2]已經開始從事人體解剖。連接胃的腸管開端部分（現在的「十二指腸」），因為長度有十二根手指寬，所以希羅菲盧斯稱之為「dodekadaktylon（十二指）」；從這個紀錄可以窺見，他們的確在從事實際的人體解剖。

　　在亞歷山大城的解剖之後，這種把身體切開的理解方式一度中斷，但在一世紀的羅馬，用動物解剖來研究的做法重新興起，二世紀的醫師也高度關注解剖學。

2. 蓋倫的解剖學與科學的運作

　　二世紀活躍於羅馬的蓋倫是個實踐者，一方面為角鬥士治療、為皇帝**奧理略**[*]開藥方，同時也閱讀各式各樣的醫學文獻，用希臘語寫下基於自身經驗觀察的知識。蓋倫處理的主題包括了構成身體的元素、身體各部分的結構與機能、診斷法、治療法、健康守則、醫師該有的德行等，橫跨範圍相當廣。

　　蓋倫特別著重的醫學基本範疇，就是解剖學。他立基於其他醫師的經驗上，積極解剖動物的屍體與活體，確認既存知識的正確與錯誤部分，並補充許多新的知識，比方說負責喉部吞嚥與負責發聲的神經是同一條等等。蓋倫的解剖學書籍雖是以動物為主，但動物和人體共通的部分很多，所以也可以視作人體結構的紀錄，後世也一直都這樣看待。

　　蓋倫在希臘文化色彩濃烈的東方城市學習醫學、哲學，之後便前往羅馬。他在羅馬為皇帝配藥、在有力政治人士的宅邸進行解剖示範並治療家

▷1　**亞里斯多德**
前四世紀的哲學家。不只是哲學與倫理學，在物質、運動、生物等自然科學方面，也為後世帶來深刻的影響。古代醫師在理解自然時，也可受到亞里斯多德的影響。

＊　**亞歷山大城**
參照 I-9 注1。

▷2　**希羅菲盧斯、埃拉西斯特拉圖斯**
前三世紀活躍於亞歷山大城的醫師，兩人都是從事解剖研究的古代知名醫師，但他們對人體活體解剖的作為，留下了不少批評聲浪。

＊　**奧理略**
參照 I-17 注5。

屬，於上層社會樹立起自身地位；在他的著作中，也有很多是為交情深厚的菁英寫下的備忘錄。在公開場合，他會跟別的醫師辯論解剖與治療方法，從而誇示自己。當時正是第二次**詭辯學派**運動的極盛期，蓋倫與上層社會的交流、本領的誇示、以希臘文著述等等，在這些部分與詭辯學派有頗多重疊之處。

蓋倫不只是探究解剖學和醫學各領域的知識技術，他還確立了一套經得起考驗與批判的確實知識，並將之以公開書籍的方式留存下來。這一連串作為，都是二世紀羅馬帝國進行的科學發展。

3. 古代醫學的影響

大多數古代醫師的著作都已佚失，但後世的人認為蓋倫的著作有保存的價值，所以反覆抄寫謄錄。現存的古典時期希臘文典籍，有八分之一是蓋倫的著作。他的著作也被翻譯成**敘利亞語**[3]、阿拉伯語和拉丁語，不只在歐洲，也在伊斯蘭世界長期流傳。

和自然學的亞里斯多德、以及同時代天文學和地理學的托勒密一樣，蓋倫直到科學革命時期為止，在西歐醫學界都是絕對的權威。至於向這種權威提出挑戰的，也是始自蓋倫傾注心力的解剖學領域。

十六世紀中葉，精通蓋倫解剖學的**維薩留斯**[4]，相較於同時代醫師對蓋倫的深信不疑，他和蓋倫一樣，重視實際的解剖觀察。透過解剖並詳細觀察人體，他否定了蓋倫從來自動物解剖的知識，並建立了基於人體解剖的近代解剖學，為醫學各領域提出了嶄新的理解。

＊ 詭辯學派
參照 I-16 注1。

▷3 敘利亞語
在同屬閃語系的阿拉伯語成為主要語言之前，敘利亞語是中東的主要語言。許多希臘文書籍都被翻譯為敘利亞語；也有不少書籍是在敘利亞語譯本的基礎上，翻譯成阿拉伯語。

▷4 維薩留斯
1514～1564年。親自執刀說明，引進了新型態的人體解剖。他的解剖學書籍不只有詳細記載，還有精細的解剖圖，是近代解剖學的典範。

歷史學的考察重點

① 試以解剖為例，評論「古代科學是否不夠成熟」。
② 在近代解剖學的建立上，蓋倫扮演了怎樣的角色？
③ 古代的科學知識是如何被後世承繼下來的？

「古典晚期」論爭

30

南雲泰輔

【關連項目：五賢帝時代與「三世紀危機」、基督教的擴大、強制國家論的現狀、羅馬帝國衰亡論、羅馬法典與社會、拜占庭帝國的時代區分、中古期國家論、皮雷納命題、歐洲整合】

史　實

所謂的「古典晚期」，指的是自古代世界的連續，加上持續的深度變遷，從而引發人類心性的不可逆變化。古典晚期就是這樣的一個轉換期。羅馬帝國的重組（政治行政的改革與崩潰、社會的階層分化），薩珊王朝波斯帝國與阿拉伯伊斯蘭勢力的崛起，日耳曼、斯拉夫、保加利亞、阿瓦爾等民族的遷徙與建國；以這些世界史等級的大型變動為背景，城市衰退與農村興起、蓬勃的商業貿易、法典的編纂、聖人傳記、教會史紀錄、富有個性的藝術作品，乃至於基督教（主教、禁欲修士、苦行僧等「聖人」的登場）與異端（亞略派、聶斯托留派、一性論派）、古希臘羅馬傳統宗教（所謂的「異教」）、猶太教、祆教、伊斯蘭教、摩尼教、伊斯蘭教等諸宗教並存的狀況，紛紛呈現。

論　點

1. 「古典晚期」概念與布朗

不同於**吉朋**[*]在《羅馬帝國衰亡史》中所描述、以衰退與崩解為特徵的過渡時代形象，將夾在古代與中古之間的時代稱為「古典時代晚期」（英：Late Antiquity、法：Antiquite Tardive、德：Spatantike、義：Tarda Antichita、西：Antiguedad Tardia），並視作具有獨特價值的時代，這樣的嘗試可以回溯到十九世紀後期至二十世紀初期的**李格爾**[1]。二十世紀上半葉，**皮雷納**[2]和**多普施**[3]分別將羅馬的衰亡與阿拉伯伊斯蘭勢力以及日耳曼人的關係納入討論，直到現在還對學界留下相當深刻的影響。第二次世界大戰後，隨著文獻學、**人學**[*]、考古學等領域的研究累積，再加上以文化人類學為首的相關各學門影響，包括英國的**瓊斯**[*]、德國的德曼特（Alexander Demandt）和廷內菲爾德（Franz Tinnefeld）、法國的皮加尼奧爾（André Piganiol）與馬魯（Henri-Irénée Marrou）、義大利的馬薩里諾（Santo Mazzarino）與莫米里亞諾（Arnaldo Momigliano），這些人奠基的研究讓後續討論逐漸得以脫離衰亡論。進入1970年代，中古史研究者**布朗**[4]正式提出了「古典晚期」論。布朗認為，一直以來的羅馬帝國衰亡論是種「通俗劇」、「時代錯置」，因此提倡「漫長的古典晚期」這種長期、大範圍的變動過程，以及對應的獨特分析概念——「古典晚期」。以200到700年約五世紀間的時間範圍，以及從西歐到伊朗的空間範圍為考察對象，這種概念比起政治、行政、軍事、經濟層面，更重視社會、文化、宗教層面；同時比起西方世界，更重視東方世界值得關注

＊　吉朋
參照 I-13 注1。

▷1　李格爾（Alois Riegl）
1858～1905年，奧地利的美術史研究者。主要著作為《羅馬晚期的藝術》。

▷2　皮雷納（Henri Pirenne）
1862～1935年，比利時的中古史研究者。主要著作為《歐洲世界的誕生——穆罕默德與查理曼》。

▷3　多普施（Alfons Dopsch）
1868～1953年，奧地利的中古史研究者。主要著作為《歐洲文化發展的經濟社會基礎——從凱撒到查理大帝的時代》。

＊　人學
參照 I-24 注5。

＊　瓊斯
參照 I-21 注2。

▷4　布朗（Peter Robert Lamont Brown）
1935年～，活躍於美國的「古典晚期」研究者。出身愛爾蘭，在牛津大學學習；主要著作為《古典晚期世界——羅馬為何會基督教化？》。

的特徵。

2. 「古典晚期」論的席捲與「新衰亡論」的對應　進入1990年代，衰亡論已被稱為「消失的典範」（博爾索克），「古典晚期」則取而代之成為新時代的概念，並席捲英美學界。1995年在美國成立了「古典晚期變動界線」學會，另外還有集二十世紀下半葉「古典晚期」研究大成的《古典晚期——邁向後古典時期世界的指南》（1999年），與抱持定評的概論書籍《劍橋古代史》第14卷《古典晚期》（2000年）。但另一方面，相較於迴避「衰亡」說法、抱持樂觀主義的繽紛「古典晚期」論，吉爾迪納（Andrea Giardina）、列勃舍伊茨、沃德柏金斯、希瑟、戈茲沃西（Adrian Goldsworthy）等古代史研究者則基於考古學資料與日耳曼民族研究成果，提出他們的憂慮與批判，認為應當正視羅馬崩解、衰退的事實。承繼這種「新衰亡論」，拜占庭史研究者卡麥隆（Averil Cameron）則分析了「古典晚期」概念興起的時代背景。她認為，布朗的「古典晚期」概念是受二十世紀下半葉特有的思潮——**文化多元主義、多元文化主義**[5]影響而興起，屬於英美的特殊學說。這段期間，法國呼應了這股英美學界的風氣，1983年設立的古代晚期協會於1993年創立了學術期刊《古代晚期》（*Antiquite Tardive*）；同一時間歐洲也受歐盟整合影響，由歐洲科學基金會組織了國際研究事業「羅馬世界的變遷」，來討論「歐洲的形成」（1993～1998年）。

3. 二十一世紀的「古典晚期」論　迎向二十一世紀，「古典晚期」論也邁入了新的階段。承繼上述法國學術期刊《後期古代》，在美國創立的《古典晚期研究》（2008年～）與《布萊克威爾古典晚期必攜》（2009年）、《牛津古典晚期便覽》（2012年）等期刊，都重新檢驗了「古典晚期」概念在學說史的定位，以及概念的內涵。針對研究者間曖昧的各種時代設定範圍，更出現了豐富活潑的討論；不只如此，以歷史資料論為首，對「古典晚期」各種樣貌的個別討論也有顯著深化的趨勢。另一方面，坦然接受「新衰亡論」的批判，認可「崩解」這個重大轉變事實的說法，也開始產生。緊接著，基於第22屆國際歷史科學大會（2015年於濟南舉行）而發行的論文集當中認為一直以來的時代區分有誤，轉而提倡「短暫的古典晚期」論，從而讓時代範圍更具多樣化；但在此同時，對時代區分的關注討論也逐漸沒落。另外，2017年網路期刊《古典晚期研究》在美國創刊，關於「古典晚期」的第一本辭典《牛津古典晚期辭典》也於2018年正式刊行。

▷5　**文化多元主義**（clutural pluralism）、**多元文化主義**（multiculturalism）
承認一個國家或社會中迥異複數文化的共存與多元性，給予積極肯定，並尊重擁護各文化及其集團的固有價值與權利。一般認為，多元文化主義是更加實際與先進的主義。二十世紀下半葉的加拿大、澳洲、美國等移民國家都企圖將這種思考方式加以制度化，做為新的國民整合原理，因此具有很大的影響力。參見 V-22 注3。

歷史學的考察重點 ⋯⋯⋯⋯⋯⋯

① 「古典晚期」的時代區分與地理範圍，該如何設定才有說服力？

② 我們該如何評價「古典晚期」論爭在學說史上的意義？

③ 對於「古典晚期」的理解與評價，各國學界的異同處為何？

④ 對於造就某學說登場、優勢、劣勢的時代脈絡，我們該怎樣去解釋？

31 拜占庭帝國史的時代區分

井上浩一

【關連項目：基督教的擴大、羅馬法典與社會、「古典晚期」論爭、拜占庭皇帝是什麼、皮雷納命題、十字軍】

史 實

　　拜占庭帝國是一個繼承古代羅馬帝國，以**君士坦丁堡**[1]（今伊斯坦堡）為首都，持續了長達一千年的國家。他們雖然自稱羅馬帝國，但因為版圖縮小、接受基督教、民族組成、通用語的希臘化，以及做為「上帝的代理人」的專制皇帝等各式各樣的相異點，所以被視為別的國家，並稱為「拜占庭帝國」。儘管拜占庭帝國的樣貌會隨時代產生轉變，但直到1453年為**鄂圖曼帝國**[2]所滅為止，都一直存續。關於拜占庭帝國的歷史，多半區分為初期、中期、後期（形成、發展、衰退）三個時代，但以什麼為依據、又該在哪個時點區分，則眾說紛紜。

論 點

1. 拜占庭帝國的開始

如果從皇帝的性質來看，那麼開啟**專制君主制**[3]的 **＊戴克里先**（在位284～305年）時期，可說是從羅馬轉變成拜占庭的轉捩點。如果從接受基督教的時間點來看，則第一位基督教皇帝**＊君士坦丁**（在位306～337年）的時期，可以稱得上是劃時代的改變。此外，君士坦丁將首都遷到君士坦丁堡，也可說是宣告和羅馬帝國迥異的拜占庭帝國之開始。可是，戴克里先以降的專制君主制，和中期拜占庭時代那種皇帝獨攬大權的政治體制不太一樣。此外，基督教普及到社會各個角落，仍需花上好幾世紀，而君士坦丁堡成為實質上的首都，也要到四世紀末。就版圖變化這點來看，羅馬帝國的東西分裂（395年）是劃時代的重大事件，但在**查士丁尼一世**（在位527～565年）的時代，東羅馬曾奪回部分西羅馬領土，一時間呈現出復興羅馬帝國的景象。再者，自羅馬時期延續下來的城市仍舊繁榮，首都君士坦丁堡也維持了「**麵包與馬戲**」[4]的制度。故也有見解認為，直到六世紀為止，都應該視為羅馬帝國的時代。

2. 中期拜占庭時代的開始

查士丁尼一世逝世後的混亂，在七世紀隨著信奉伊斯蘭教的阿拉伯人入侵而益發嚴峻。在內外危機交逼下，拜占庭帝國的樣貌產生了很大變化，領土縮小至小亞細亞、巴爾幹半島的希臘語地區，完全成了一個小國家。多數研究者認為從這時開始區分成初期與中期，但以什麼為依據、又從什麼時點開始起算，關於這方面的見解相當分歧。關於中期拜占庭的特徵，除了領土、語言的希臘化以外，還有皇帝權力集中的中央集權體制、全新地方軍事行政制度的**軍區制**[5]等，可列舉的特徵相當多。關於軍區制的起源，過去有力的說法是由**希**

拉克略[6]（在位610～641年）引進，基於這點的通說，便將610年定為初期與中期的分界點。但也有不同論點指出，軍區制是在對應伊斯蘭勢力入侵下，歷經數世紀才逐漸形成的，因此近年出現新的說法，認為七世紀末至八世紀初才是中期的分界點。另一方面，通用語從拉丁語轉換成希臘語，也發生在希拉克略的時代；但反過來說，中央集權官僚制的整飭，則必須等到九世紀才出現。至於把視野擴展到國際經濟、認為伊斯蘭入侵阻隔了地中海商業的**皮雷納命題**[*]，是否適用於拜占庭帝國，也成為議論的焦點。

3. 後期拜占庭時代的開始

透過軍區制擋住伊斯蘭的攻勢，在以皇帝為頂點的官僚制度下，中期拜占庭持續發展。帝國的繁榮在十一世紀中葉與十二世紀末的混亂中宣告結束。中期繁榮時代到後期衰退時代的轉捩點到底該落在哪個時間，也有各種說法。有一種說法關注於帝國極盛期的**巴西爾二世**[7]（在位976～1025年）逝世後的內亂，與土耳其人和西歐勢力的入侵時間，將1025年定為後期拜占庭的開始，也有一種說法把拜占庭特有的皇帝專制體制廢弛、轉變成類似西歐封建體制的科穆寧王朝成立時間（1081年）看成時代分期；還有一種看法把**第四次十字軍**[8]的征服，導致一時喪失首都君士坦丁堡的時點看成後期的開始。過去著重在國內狀況，大多認為皇帝專制體制瓦解的1025年或1081年是時代區分，但最近把1204年當成後期起始的說法逐漸變得有力。比方說《拜占庭期刊》（*Byzantinische Zeitschrift*）的文獻目錄，關於政治史項目從84號（1991年）以降，就是用四～六世紀、七～十二世紀、十三～十五世紀來區分。

至於拜占庭帝國的終結是1453年君士坦丁堡的陷落，這點倒是幾乎沒有異議。

地，平時務農。

▷6　希拉克略
拜占庭皇帝，在位610～641年。對薩珊波斯帝國取得勝利，卻敗給新興的伊斯蘭教阿拉伯人，喪失了敘利亞、埃及等東方領土。

＊　皮雷納命題
參照 II-3 。

▷7　巴西爾二世
拜占庭皇帝，在位976～1025年。壓抑貴族、確立皇帝獨裁體制，合併保加利亞擴大版圖，迎向拜占庭帝國的極盛期。

▷8　第四次十字軍
1202～1204年，由羅馬教皇英諾森三世提倡的十字軍。原本在威尼斯協助下預定要前往埃及，但中途變更方向前往君士坦丁堡，並在1204年4月攻下該城。

歷史學的考察重點

① 羅馬帝國的終結，就等於拜占庭帝國的開始嗎？
② 阿拉伯人與土耳其人的入侵、以及十字軍到來等外在因素，對於拜占庭帝國造成了何種程度的影響？
③ 以王朝和皇帝為單位來區分時代，具有怎樣的意義？

32 拜占庭皇帝是什麼

中谷功治

【關連項目：羅馬共和政治的本質與奧古斯都、羅馬皇帝與帝國的整合、古代人的宗教 3：國家與宗教、拜占庭帝國史的時代區分、神聖羅馬帝國論】

史 實

拜占庭皇帝是古代羅馬皇帝的繼承者。儘管共通語變成希臘語，他們還是自稱為「羅馬人的皇帝（basileus ton Romaion）」。順帶一提，「拜占庭（帝國）」這個稱呼，是這個國家滅亡後才被加上去的。

拜占庭繼承皇帝之位時，跟羅馬皇帝一樣，雖然有依血統繼承的情況，但以武力篡奪的情況也相當多；不過有一點不同，那就是皇帝必須是基督徒。結果，信奉基督教的拜占庭皇帝是等同「上帝的代理人」的專制君主，這樣的大原則始終不曾動搖。

受第四次十字軍影響，國家曾一度解體；之後雖然奪回首都君士坦丁堡，但拜占庭皇帝已不復往年榮光。他們成為新興鄂圖曼帝國蘇丹的臣子，為了尋求救援走遍歐洲各國。在帝國邁向滅亡的十四、十五世紀，「羅馬人的皇帝」只是徒具其名而已。

論 點

1. 戰鬥的皇帝與不戰鬥的皇帝

拜占庭皇帝被視為軍隊當然的最高司令官。儘管如此，自從將基督教奉為國教的狄奧多西一世以降，概觀各皇帝的統治，可以看出他們每個人的言行舉止有很大的差異。從五世紀到六世紀，幾乎所有皇帝都不曾率軍出征（即使軍人出身的皇帝也是如此），只端坐在君士坦丁堡的宮廷內。這個時代也幾乎沒發生過篡奪皇位的事件。

然而，自遭受薩珊王朝與伊斯蘭勢力侵略的七世紀以降，情況為之一變。率軍親征的皇帝再次出現，當中更有人戰死沙場。即使帝國統治下的各制度隨時代而有大幅度變化，但除了十世紀到十一世紀的某段時間外，這個「戰鬥的皇帝」傳統一直被繼承到最後。

另一方面，據井上浩一所言，拜占庭皇帝未必就繼承了古希臘羅馬的「尚武風氣」。取代「戰鬥皇帝」的「和平皇帝」姿態，在史料和現實舉止中都可看見。他認為，拜占庭帝國是一個把戰爭定位為「必要之惡」的國家。

2. 拜占庭皇帝的本質

過去（西）德的研究者貝克，曾經從拜占庭皇帝的即位過程，來探究當皇帝的條件。他發現，歷經四至五世紀的過渡期後，皇帝即位必須由元老院選出，以及在首都的馬車競技場（Hippodrome）接受軍隊和人民歡呼這兩道程序。貝克因此主張，

---

*　第四次十字軍
參照 Ⅰ-31 注 8。
*　君士坦丁堡
參照 Ⅰ-31 注 1。
*　鄂圖曼帝國
參照 Ⅰ-31 注 2。

▷1　狄奧多西一世
在位 379～395 年。軍人出身的皇帝，將帝國分為東西兩半，遺贈給兩個兒子。

*　薩珊王朝（波斯帝國）
參照 Ⅰ-17 注 7。

▷2　貝克（Hans-Georg Beck）
1910～1999 年，慕尼黑大學教授。曾經當過修士，精通神學文獻與教會、世俗文學。以獨創的國制論為首，展開獨特的拜占庭論述。

這是繼承了古羅馬共和制與元首制的傳統。據他說，這種傳統才是拜占庭皇帝的本質，而非基督教賦予的權威（比方說在**聖索菲亞大教堂**◁3加冕之類）。這種長期存在的意識型態，貝克稱為「不成文憲法」，從而主張「被認為不受法律束縛的拜占庭皇帝，實際上也得身為立法者並遵守法律，而且必須按照這樣的原則來即位」。

以上貝克這種獨特的皇帝理解方式，公開反對的人不在少數。儘管如此，之後的研究者還是對貝克抱持一定敬意，從而不以基督教或猶太教等非古羅馬帝國的要素，來探討拜占庭皇帝這個獨特的存在。在日本，井上浩一則認為皇帝的性質會隨著時代而變化，因此反對貝克的「不成文憲法」論。事實上，在後來的時代，皇帝即位時都會塗膏油，這似乎是受到了西方王權的影響。

3. 政教合一

所謂的政教合一（Caesaropapism），指的是拜占庭皇帝在信仰相關的事項上，對教會擁有絕對的控制權。世界史教科書上也說「皇帝身兼教會最高領袖」。

然而有很多研究者認為，從拜占庭的歷史事實來看，這種用語恐怕會招致誤解。皇帝並沒有兼任教會領袖——君士坦丁堡總主教（牧首），而皇權與教權的實際關係，遠遠更加複雜。

另一方面，拜占庭皇帝確實掌握了君士坦丁堡總主教與高階聖職者的任免權，自**尼西亞公會議**◁4以降，皇帝便使用這項職權召開大公會議；而他們也確實屢屢介入教會的管轄事務。有名的事件，就是八至九世紀的**聖像破壞運動**◁5，與末期和天主教的**聯合教會**◁6，都讓人想起皇帝的領導權威。

從教會角度來看，則可看到主張世俗權力與宗教權力的並立。不只如此，當皇帝年幼或是皇位空懸的緊急時期，也有以總主教為政治領袖，掌管政務的例子。事實上，總主教是皇帝身邊的國家官僚，兩者大致可說是相互協調。因此，若是使用「政教合一」這種和西方天主教世界形成強烈對比的預設用語，恐怕會太過強調「國家控制教會」的印象，反倒無法反映現實。

▷3　**聖索菲亞大教堂**
532年「尼卡暴動」後，由查士丁尼一世重建的大教堂。直到帝國滅亡為止，都是希臘正教會的總部。2020年被改建成伊斯坦堡的清真寺。

▷4　**（第一次）尼西亞公會議**（First Council of Nicaea）
325年由君士坦丁一世在小亞細亞的尼西亞召集主教，企圖釐清教義的首次大公會議。該場會議將亞略派判為異端，並通過了《尼西亞信經》。

▷5　**聖像破壞運動**（Iconoclasm）
726年由李奧三世開始，斷斷續續一直持續到843年的運動，將對聖像（聖畫像，icon）的崇敬視為偶像崇拜，並予以禁止。

▷6　**聯合教會**
1054年希臘正教會與天主教分裂後，便斷斷續續試著聯合（例如1596年的布列斯特聯合，Union of Brest），但直到今日仍然未能實現。

歷史學的考察重點

① 拜占庭皇帝和古羅馬皇帝有著怎樣的差異？
② 拜占庭做為一個專制國家，專制到怎樣的程度？
③ 拜占庭帝國是以怎樣的態度來參與戰爭？
④ 對於拜占庭帝國長達千年的歷史，我們可以怎樣理解？

II 西洋中古史的論點

根特星期五市場的黨派紛爭
（摘自《法蘭德斯編年史》抄本，[Holkjam Hall, Wells-next-the-sea, Norfolk, Ms 659]）

真蒂萊・貝利尼《聖馬可廣場的聖十字架遊行》

「混亂」與「秩序」

• 簡介 •

　　中古這個漫長的時代，是個讓寄宿著歐洲文明起源的古代、以其後繼者自豪的近代同時散發出燦爛光芒，宛如影子一般的存在。隨著這樣的角色定位，一個野蠻、停滯的「中古黑暗時代」形象也跟著浮現。有很多中古研究者不斷努力想拂去這種單純的偏頗印象。結果，古代與近世、近代的界線變得不再那麼理所當然，人、物與知識的動向也超越了地域框架，呈現出一派活躍的樣貌。人與人的關係也不再只是受到赤裸暴力與強權的縱向支配所侷限，而是各種立場的人們為了解決問題，共同探尋做為指南的方法與規則。這樣的情景逐漸明朗。那麼具體來說，這種新的中古形象，是透過怎樣的創意與試誤過程形成的呢？在此，我們試著選出能讓這個問題更加清楚呈現的論點。這群引進各種相關科學方法論的貪婪中古史家，他們之間分歧不斷的論爭，讓這個時代的研究展現了無窮的魅力與可能性。（青谷秀紀）

中古早期國家論

加納修

【關連項目:「古典晚期」論爭、卡洛林文藝復興、皮雷納命題、封建革命論、圍繞「封建制」的論爭、從神明裁判到證人詢問、近代國家生成論、公共事務(res publica)、主權／主權國家／主權國家體制、複合國家／複合君主制／礫岩國家】

史　實

476年西羅馬帝國滅亡後,哥德人、勃艮第人、汪達爾人等日耳曼人在它的領土上定居,建造屬於自己的王國。在這當中存續最久、為之後中古歐洲奠立基礎的,是481年由墨洛溫家族的克洛維建立的法蘭克王國。751年,卡洛林家族的丕平發動政變,並獲得教宗札加利承認,取代了墨洛溫王朝成為法蘭克王國統治者,開啟了卡洛林王朝。在丕平的兒子查理大帝(查理曼,在位768～814年)時代,法蘭克王國的版圖西至庇里牛斯山脈、東則擴大到易北河。查理大帝在西元800年恢復了失落的西羅馬皇帝稱號,在身為國王的同時,也以皇帝的身分統御王國人民。但是,當他的兒子虔誠者路易過世後,843年的凡爾登條約將王國一分為三,接著又歷經870年的墨爾森條約,遂形成日後法國、德國與義大利三個國家的原型。

論　點

1. 中世紀有「國家」嗎?

對西洋中古、特別是中古早期(Early Middle Ages)的政治體套用「國家」概念,是否適切?一直以來學界都議論紛紛。角川書店出版的《世界史辭典》(2001年)中,「國家」指的是在十六世紀西歐形成的政治體制,也就是近代主權國家,因此在古代和中古使用這個詞彙,其實是種誤用,然而這是基於政治學的狹隘理解。話雖如此,中古史家還是有不少人對於使用「中古國家」這個詞感到猶豫。比方說戴維斯(Rees Davies)就認為,中古的政治體制與權力者的人格及**家產官僚制**[1]密切相連,所以不應稱為「國家」,而是「領地」(領主統治的土地,lordship)方為妥當。另一方面,雷諾茲(Susan Reynolds)則用**韋伯**[*]對國家的定義進行寬鬆認定,認為中古國家「是在大致劃定的領土內部,由統治者或統治體制行使正當的物理性暴力,並在大致有效的情況下統轄人類社會的組織」;這樣的看法,也促進了對中古多元政治權力的比較與研究。如今,認可中古、特別是中古早期有「國家」存在的研究者,以及從「國家」觀點來掌握中古早期獨特政治架構的研究,已逐漸增加。

2. 國家與社會

若是以墨洛溫王朝法蘭克王國來討論,那麼包括**租稅制度**[2]等古羅馬的下層制度結構,依照地域不同,仍明顯存續著。就像佐藤彰一所主張的,西元700年左右以前的墨洛溫國家仍然受羅馬制度與法律的強力規範,這樣的看法相當有力。相對於此,之後的政治權力則不是在制度框架中行使,而是在各種社會關係的網

▷1　**家產官僚制**
(patrimonial bureaucracy)
統治者將自身統治集團或國家組織相關的人際關係與財產當成自己的私人財產來加以利用。參照 III-12 注2與 III-17 注1。

[*]　**韋伯**
參照 I-23 注3與 V-12 注3。

▷2　**租稅制度**
羅馬帝國末期的租稅制度,是由Capitatio(人頭稅)與Iugatio(地租)所構成。

絡中行使。過去常把卡洛林王權看成中央集權體制的成立，但現在則認為，卡洛林王權是將地方有力人士拉攏進庇護關係中，從而在其協助下建立起統治體制。在這裡，包含王權在內的有力人士是靠親族及盟友關係相互結合，並在各方共識下建構起政治秩序。如果要套用近代國家規範的話，那卡洛林王朝法蘭克王國可說是個沒有「國家」的社會；但即使如此，卡洛林中央王權仍能將權力結構化，因此有必要從政治權力的觀點，重新檢討社會上的各種關係。

3. 國家與教會

卡洛林國家的另一大特徵，就是國家和做為信仰共同體的教會，被視為一體。山田欣吾認為，一方面教會和聖職者是整個宮廷和王國統治、乃至服軍役不可或缺的存在，另一方面卡洛林時期尚未形成抽象的國家觀念，因此王國在理念上可被視為教會；因此，卡洛林王國只能說是「政治化的宗教共同體」。卡洛林時期所謂的「國家」（res publica），只是一個（相對於神）擁有具體人格的國王及其行動下，所化生出來的存在。如今大多數研究者都放棄了這樣的說法，然而卡洛林王國的王權本身也被認定為基督教共同體，這是不可否認的事實。荷蘭史家德容（Mayke de Jong）就主張卡洛林時期，每當國家發生困境、天災、疫病流行之際，都普遍以贖罪方式來對應，因此卡洛林國家可說是一個「贖罪國家」。

歷史學的考察重點

① 法蘭克王國以外的日耳曼諸國，其性質如何？

② 具體來說，羅馬的制度與法律是怎樣一回事？

③ 對於政治理念與現實政治之間的關係，我們該如何掌握？

④ 卡洛林國家與之後的國家，兩者有什麼相異處？

2 卡洛林文藝復興

多田哲

【關連項目：羅馬帝國時期的希臘、中古早期國家論、皮雷納命題、十二世紀文藝復興、讀寫能力、義大利文藝復興】

史 實

「卡洛林文藝復興」這個術語，是法國中古史家安培（Jean-Jacques Ampère）在他的著作（1839～1840年）所提出。書中描述，法蘭克王國卡洛林王朝第二任國王查理大帝（查理曼）時期創設了學校，文學、藝術、神學都蓬勃發展。其中包括人文精神的再生、以及古代復興等等，都和後來的義大利文藝復興有著相同的特質。安培認為這個第一次文藝復興，是後世文藝復興的先驅。他在約莫一百八十年前提出的論述，直到現在仍以幾乎不變的形式為人所知。比方說在《詳說世界史》（山川出版社）中，就把卡洛林文藝復興當成是中古時期文藝復興之一來看待，並認為「查理大帝在宮廷招攬了阿爾琴等眾多學者，由此開啟了拉丁文的文藝復興」。卡洛林時代生產出來的手抄本目前約殘存七千兩百本，因此這時期的文化興盛無庸置疑。當中特別值得一提的，是傾力謄錄古典時期的著作；這項活動讓許多被遺忘的經典被救了回來。

論 點

1. 這是「先驅性的文藝復興」嗎？

隨著卡洛林文藝復興的相關研究日益進展，就愈能判明在這當中，所謂人文精神的再生等要素其實相當稀薄。從守舊的古代中解放人類、發揮個人創造性這點上，卡洛林時代完全沒有這種想法。另一方面，所謂的古代復興也有待商榷。有研究者就認為，雖然他們創作了以古代文學為典範的作品，但只是形式上借用罷了。而儘管他們抄寫謄錄古代著作是事實，但比起帶有異教性質的**古典時期**[◁1]作品，他們明顯更偏好抄寫基督教會的**教父**[◁2]著作。

從以上幾點來考量，要在卡洛林文藝復興看出義大利文藝復興的先驅要素，其實相當困難；對於是否將卡洛林時代的文化冠上「文藝復興」之名，也產生了異議。

2. 查理曼是罕見的復興者嗎？

查理大帝在位期間下令振興文藝、創設學校，即便在一世紀後撰寫的**《查理大帝事蹟》**[◁3]中，也將他描述成一位愛好知識的人物。透過這些敘述，大帝和卡洛林文藝復興被直接連結在一起。可是，文藝活動在大帝逝世後也持續進行，反而更進一步發展。有關卡洛林文藝復興的結束時間，現在一般定於九世紀末，問題是開始時間。近年發現，早於卡洛林時代的墨洛溫時代，文化也沒有衰頹。不只如此，我們必須強調，包括查理大帝在內的日耳曼諸王，都在從

▷1 **古典時期**（classical antiquity）
古代當中對後世歐洲影響甚大的希臘羅馬時代。在卡洛林時代，凱撒、塔西陀、李維、維吉爾等人的作品都被抄寫和蒐集，奉為經典。

▷2 **教父**（Church Father）
在被認為具正統性與神聖性的古代基督教作家中，希臘教父以亞他那修（Athanasius）、拉丁教父則以奧斯定（Augustine）最著名。參照 I-19 注2。

▷3 **《查理大帝事蹟》**（Gesta Karoli Magni）
聖加倫的修士諾特克（Notker）應查理大帝曾孫、胖子查理（查理三世）的請託，於887年執筆。

事文化保護。

　　文藝復興的原意是「復興」或「再生」，那麼查理曼稱得上是「復興或再生」嗎？而他的文化事業，在中古早期又有什麼出類拔萃的價值嗎？這些都是必須質問的問題。

3. 卡洛林文藝復興為何會誕生　　卡洛林文藝復興是文化繁盛的結果。當這種現象被後世察知時，目的和結果是被一併看待的；也就是說，卡洛林文藝復興的目的，就是振興文化本身。這樣的思考方式和前述《查理大帝事蹟》的記述也相符。但在這之後，有人提出了一個大膽的假說：文化的復興不過是副產物，查理大帝想要的，是基督教社會的復興（renaissance）。這個假說有很大的影響力，但並未得到全面贊同。只是，在文化復興的背後，其實存在著宗教動機，這點相當明確。教父著作被大量抄寫，就是個好例子。至於古典時期的作品被抄寫謄錄，是否也具有宗教上的意圖？也有人是這樣主張的。比方說古典時期的作品，可被用在文法學、修辭學、邏輯學等**自由學藝**的學習上。在卡洛林時代，文法學是用來理解上帝的神祕智慧、修辭學是用來理解聖經記載的譬喻，而邏輯學對於神學宣傳教義也是很有用的。

　　從現代觀點來看，卡洛林文藝復興往往有著不錯的評價。除了前述的古典保存以外，包括發展撰寫**字體**和**樂譜**等等，至今都留下了重要烙印。可是，我們仍有必要依循卡洛林時代的狀況，理解這項運動的動機。

＊　**自由學藝**
參照 II-12 注1。

▷4　**字體**
卡洛林小寫字母在十五世紀人文主義者抄寫時被視為模範字體。這種人文主義小寫字體被之後的義大利印刷業者採用，從而誕生出羅馬印刷字體。

▷5　**樂譜**
被稱為歐洲最古老記譜法的紐姆譜（Neume），據說就是從卡洛林時代開始使用的。

歷史學的考察重點 ⁝⁝⁝⁝⁝⁝⁝⁝⁝⁝⁝⁝⁝⁝⁝⁝⁝⁝⁝⁝⁝⁝⁝⁝⁝⁝⁝⁝⁝⁝⁝⁝⁝

① 試著閱讀高中世界史教科書對卡洛林文藝復興的描述，並思考這在歷史學上是否正確。

② 試著暫且剝掉「文藝復興」這個標籤，來縱觀卡洛林時代的文化。

③ 查理大帝通常被認為是個偉大且傑出的皇帝，可是從文化面來說，真的是這樣嗎？

3 皮雷納命題

山田雅彥

【關連項目：古代經濟史論爭、「古典晚期」論爭、拜占庭帝國史的時代區分、卡洛林文藝復興、中古農業革命、中古城市形成論、維京人的族群】

史 實

　　二十世紀初，比利時史家**皮雷納**[＊]提出了一個由古代轉移到中古的見解——「皮雷納命題」，撼動了歷史學界。他的想法是，七至八世紀伊斯蘭勢力進入地中海地區，讓西羅馬帝國瓦解後仍持續的地中海商業陷入癱瘓，從而導致卡洛林王朝西歐開始轉化成農業社會。他在1928年的奧斯陸歷史學會上公開了自己的想法，1937年逝世後被彙整成《穆罕默德與查理曼》一書。他的論點相當多，不過最重要的一項依據，是卡洛林王朝推動了一次重大的貨幣改革，不再鑄造金幣，而是只發行小型的第納爾銀幣。皮雷納也將自己年輕時就開始著手處理的中古城市的形成發展問題與這個命題結合，在1920年代的著作中認為卡洛林時代的城市不值一觀，中古城市要到十世紀之後的「商業復興」才誕生。

論 點

1. 從古代轉移到中古的相關論爭

　　古代轉移到中古的皮雷納命題，一開始就引起了正反兩極大論爭，即便他過世，後續引發的回響還是貫串了幾乎整個二十世紀。一直以來，歐美學界都把日耳曼人入侵並定居的五世紀視為中古世界的開始，但皮雷納的見解讓後續研究者從根本上重新檢討這種定說。比方說**多普斯**[＊]雖對皮雷納抱持批判態度，但他的批判主要是投注在八、九世紀的斷絕這點上，在羅馬社會文化與法蘭克王國的連續性這點上，他與皮雷納抱持同樣看法。

　　之後，斷言「西羅馬帝國滅亡造成古代世界的結束」的研究取向大幅衰退。相反地，認為羅馬各種制度慣習一直殘存到墨洛溫甚至卡洛林王朝、只是改頭換面的議論，則日益深化。在1980至1990年代，有一群稱為**財政主義者**[◁1]的研究者從制度史觀點出發，重新綜觀**戴克里先**[＊]到卡洛林王朝為止的時期。過去被視為轉換期的這個時代，也開始有人稱之為「後羅馬時期」。

2. 關於卡洛林王朝貨幣改革的新展望

　　皮雷納命題的核心——從金幣轉換到銀幣，也遭到來自歷史學與古錢學研究的眾多批判。說到底，有關伊斯蘭勢力的外部衝擊，像隆巴德（Maurice Lombard）這樣的伊斯蘭史研究者，很早就從交流而非斷絕的面向切入，從而質疑商業活動的全面倒退說法。在這之後的貨幣史研究，雖然普遍同意整個七世紀西歐金幣發行量的縮小，但並不認為它是完全消失。論者指出在八至九世紀，卡

洛林王國南部還是有一定數量來自拜占庭與伊斯蘭世界的金幣流通，因此它們很可能與第納爾銀幣的價值體系有所連動。

　　說到底，銀幣的登場也不是始自八世紀後半的貨幣改革，而是必須往前回溯一個世紀。戰後的各種研究顯示，法蘭克王國從七世紀開始就已經和斯堪地那維亞與不列顛群島締結了頻繁的通商關係，而670年左右北海沿岸就已形成共通的銀幣流通圈。因此，八世紀後期的貨幣改革，也只是這些基礎的延伸罷了。總而言之，西歐與外部世界並不是斷絕，毋寧說是一種變形的相互活躍交流；透過這種進程，也為卡洛林王朝的第納爾銀幣登場做好了準備。

3. 重新評價卡洛林王朝的社會經濟*　　卡洛林時代的西歐是一個以農業經濟為基礎的「倒退」社會，這種似是而非的中古社會形成論和**韋伯**的內陸經濟論，被社會經濟史學界廣泛採納；但是，這種對卡洛林時期經濟社會的低評價，也受到了各式各樣的批判。

　　首先，關於「倒退」這個說法，森本芳樹與韋呂勒（Adriaan Verhulst）等人透過**所領登記簿**[2]的分析，提出當時農業經濟活潑成長，以及莊園經濟的生產剩餘，說明社會內部有著活躍的商品貨幣流通。被皮雷納評為「毫無價值」的卡洛林時期市場，相關史料紀錄也被重新檢視；而第納爾銀幣的出現，也說明當時的社會需要少量貨幣。不過最近德夫羅伊（Jean-Pierre Devroey）考察了西歐境內的白銀總量，認為市場內貨幣使用的程度應該略低。

　　與後者的見解相關，丹下榮認為雖然農業經濟的確不甚穩定，但卡洛林國家透過賦予修道院**流通特權**[3]等方式來動員經濟力，從而對應財富的不均衡現象。換言之，正因為經濟的不穩定與不均質，商品貨幣流通才不得不從社會內部產生出來。

　　最後，關於卡洛林時代不存在城市的說法，研究者也提出了領主（莊園主）主導下之經濟集散機能等各種面向，或是與初期聚落的形成與發展相連之多樣設施的見解。今後對做為「中古城市」前身的「早期城市」，有必要進行個別分析。

＊　　**韋伯**
參照 I-23 注3與 V-12 注3。

▷2　　**所領登記簿**
（Polyptych）
以修道院為主，為了管理領地而編纂並保留下來的帳簿史料。內容大致是記載領主直屬地和農民耕地的分配、每年賦役和納貢等農民的負擔。

▷3　　**流通特權**
法蘭克王國會以人和物的流通為對象，對港口與聚落課徵各種稅賦（市場交易稅teloneum等等），但卡洛林王室會發給教會和修道院許多免除這類稅賦的特許狀。

歷史學的考察重點

① 對於從古代到中古的轉移，今後我們該如何談論？
② 從社會經濟史的觀點來看，卡洛林王朝是一個怎樣的時代？
③ 在高牆圍繞的自治城市發展以前，對於歐洲中古早期的城市性聚落，有可能單獨深入討論嗎？

⑧ 4 中古農業革命

丹下榮

【關連項目：古代經濟史論爭、皮雷納命題、中古城市形成論、封建革命論、英國工業革命】

史　實

中古西歐，特別是羅亞爾河與萊茵河之間的地區，在十一到十三世紀陸續引進能在肥沃但黏性強的重黏土壤耕作的**重犁**[1]、為防止連作（同樣作物連續栽培）導致耕地劣化的休耕制、更有效運用耕地的**三年輪作制**[2]、水車和鐵製農具的普及、再加上開墾導致的耕地擴大，結果造成農業生產力大幅上升。生產糧食所須勞動力的減少，讓人們得以不生產糧食而從市場購入，從而專心從事手工業和商業。隨著這種趨勢，專業分工得以發展，也為近代社會的形成奠定了基本條件。

論　點

1. 中古農業革命的要因

關於農業生產力增加的主因，布洛克（Marc Bloch）等二十世紀上半葉的史家著眼於人口增加所導致的糧食不足。另一方面，1960年代的杜比（Georges Duby）與小林恩・懷特（Lynn White Jr.）則認為生產力增加的契機是農業技術革新，特別是重犁和三年輪作制的出現，因此稱這種現象為「中古農業革命」。關於這種革新出現的時期，杜比推定是在十一至十三世紀（懷特則推定是九至十世紀），如今已經是歷史學家的共識。但自1990年代以降，技術史學者發現重犁已於九世紀之前在北歐普遍被使用，而沒有車輪但有犁板等多樣形態的犁也在各地被使用。韋呂勒則根據現在比利時地區的知識指出，同一地區內也會因應土壤性質的不同（沙質土或重黏土）而使用**輕犁**[3]與重犁，因此不會有重犁普遍取代輕犁的現象。在斯堪地納維亞從事田野調查的考古學家默達爾（Janken Myrdal）也得出同樣的結論。按照他和考古團隊的說法，中古農業革命最重要的因素，與其說是新技術的出現，不如說是已經實用化的技術全新組合（技術複雜度的革新），以及能有效利用該種技術的社會關係之成立。此外，從人口增加與農業革命的關係來看，福西爾（Robert Fossier）與韋呂勒則舉農村過剩人口流往周邊城市與中東歐新拓殖的聚落為例，認為不應該一味把提升農耕技術當成是為了應對人口增加而引進的策略。

2. 中古農業革命的推進者

韋呂勒指出，從法蘭德斯海岸地的開墾來看，大修道院與法蘭德斯伯爵等有力人士在開墾土地的同時，也引進適合耕作的技術，因此可視為是中古農業革命的推手。現在許多研究者也認可領主階級的重要性。不過戴爾（Christopher Dyer）強調，

實際將這些技術加以活用並提高生產力的，是受領主委託下從事耕種的**佃**
^{◁4}
農；他們對技術的接納是不可或缺的。因此，我們也該將這群實質掌握農
業經營主導權的農民視為農業革命的推手才對。科梅（Georges Comet）也
介紹了帕蘭（Charles Parain）的說法：帕蘭認為，領主之所以能透過**強制使**
^{◁5}
用的方式來普及水車建設，主要是農民為了節省磨粉的時間來從事農作，
所以才接受這種強制；故此，不應該逕自把農業革命單獨歸功於領主或農
民任何一方。杜比又說，在西歐形成**堡主領地**的領主（城主）階級為了維
^{◁6}
持和平，會強化領地貢租徵收，並在不得已的情況下致力提升農民的生產
力。就這樣，關於推動中古農業革命的主體，研究者會因各自的視角與問
題意識不同，而讓各式各樣的見解成為可能。

3. **農業革命是
「歷史的進步」嗎**　　杜比和懷特認為，隨著農耕技術的革新，單位面
積收穫量增加，作物也跟著多樣化，光靠農地
（充當週期耕地與放牧地）就足以提供包含非農業人口在內，人們生存所必
須的糧食，特別是夏天栽培、作為馬飼料的燕麥普及與農耕馬使用的促
進，對生產性的提升也有很大貢獻，因此給予很高的評價。但另一方面，
威克姆則說，在中古農業革命以前的時期，維持生命不只依靠農業生產，
從森林中採取的動植物糧食化也不可或缺，因此把農業技術的惡劣，一味
當成歷史的「落後」來看待，這樣的見解實在令人不敢苟同。中古早期的
開墾停滯與對森林資源利用的抑制，其實是讓防止自然環境的破壞以及持
續利用成為可能，而糧食獲得方法的多樣性，也讓農民對飢餓的抵抗力較
高。福西爾也呼喚大家，注意伴隨農業革命所進行的開墾，讓森林資源大
幅減少，從而造成這時期各式各樣的社會摩擦與衝突。順道一提，杜比在
後來，也對中古農業革命的評價做了更謹慎的修正。就像這樣，只著眼於
農業生產（特別是農耕），一味認為生產性提升就是好的，這樣的見解在現
今也受到許多角度的批判，這點是我們不能遺漏的。

▷4　**佃農**（villein）
向領主租借耕地並繳納地
租的農民。十一世紀以
降，領主將一切農務都委
任給他們，而他們也只要
向領主繳納定額地租（實
物或貨幣）。這種在農業經
營上和自耕農幾無差異的
自律性持有者日益增加。

▷5　**強制使用**
領主以壟斷方式興建水車
磨坊、烤麵包用爐灶等設
施，並強制農民使用。被
後世認為是領主對農民在
經濟以外的強制（透過土
地借貸以外的方式進行控
制）典範。對形成堡主領
地的城主而言，這也是具
備重要意義的權力基礎與
收入來源。

▷6　**堡主領地**
（châtellenie）
在王權秩序衰弱的中古中
期（十一至十三世紀），各
地紛紛建起城堡（多半是
在未經國王許可下自行建
造）；所謂的堡主領地，就
是城主在城堡周圍的權力
空間。他們提供住在比較
狹窄空間的全體居民安全
保障，同時也壟斷警察權
與審判權來維持秩序。

歷史學的考察重點 ┊┊┊┊┊┊┊┊┊┊┊┊┊┊┊┊┊┊┊┊

① 中古農業革命在怎樣的點上算是「革命」，又在哪些點上不算革命？
② 新技術的引進與社會的變化間，有著怎樣的關係？
③ 中古農業革命受到該地區的氣候風土、環境怎樣的影響，又給了這些環境怎樣的影
　響？

5 中古城市形成論

河原溫

【關連項目：城邦形成論、皮雷納命題、中古農業革命、漢薩】

史實

羅馬帝國崩解後，羅馬的城市傳統以地中海沿岸為中心一直維持到五世紀以降，但羅馬帝國北部（西北歐）在整個中古早期，城市的存續與發展都相當有限。不過，到了相對和平的西元1000年，隨著商業活動的活絡（「商業復興」），歐洲各地都紛紛出現城市聚落。以商人據點和修道院為新的發展中心，城市在義大利、法蘭西、德意志與低地等地區日益成長。十二世紀左右，北法各城市從國王處取得了「**公社特許狀**」[1]。至此，城市的「自由與自治」以商人為中心的結盟團體形式，取得了法律上的地位。在受領主控制的「不自由」封建社會，做為「自由」的社會空間象徵，城市被視為近代歐洲社會的先驅。城市和周邊的「不自由」農村，不管法律上或景觀上，都是截然不同的兩個世界。在這些中古城市內部，以擁有市民權的市民為中心，居民們彼此結合成同業公會（guild）與**兄弟會**[2]等各式各樣的羈絆關係；透過這些關係，形成了城市共同體的認同。

論點

1. 古典的解釋

十九世紀後期的歐洲，近代史學研究者們企圖在中古時期找出近代的先驅形態，於是十二世紀北法城市的「公社」便被當成了中古城市居民爭取政治權力的運動，並獲得很高的評價。比利時史家**皮雷納**[*]在《中古城市——社會經濟史之試論》（1927年）中，就反映了這種十九世紀下半葉自由派布爾喬亞市民的意識，從社會經濟史的視角出發，將十二世紀行商的遠程商業活動當成原動力，來定義城市的成長與發展。自此之後，經營遠程商業的行商，就被當成中古城市形成的主要因素。另一方面，德國社會學者**韋伯**[*]則將中古城市共同體的歷史獨特性和中國、伊斯蘭的「專制」城市進行比較論述。韋伯認為，歐洲中古的城市相對於領主統治，其透過共同體的結合（盟約團體）實現市民的「自治」與「自由」，是獨特的歷史事例。這種從法制史、制度史視角來解釋中古城市的形成，強調做為近代先驅的中古城市獨特性之論述，與之後普蘭尼茲（Hans Planitz）等人提出西北歐（萊茵河、塞納河）宣誓共同體的建立而導致中古城市形成等論述結合，逐漸成為定說。

2. 經濟史的解釋

皮雷納從十二世紀商業的「復興」以及駐點行商扮演的角色，來解釋中古城市的形成。然而，隨著近年在經濟史方面針對中古早期、特別是卡洛林時期以降西歐**古典莊園**

▷1 **公社特許狀**
（communal charter）
十一、十二世紀在北法城市形成的市民團體，稱為公社（commune）。中古時期的公社，會以軍事勞役等方式向國王那裡交換免稅與審判上的特權。記載這些特權內容的法律文件，就是公社特許狀。

▷2 **兄弟會**
（confraternity）
又稱信心會（confrerie）。十二世紀以來，在中古歐洲城市與農村會崇敬共同的守護聖人、並為了夥伴死後的靈魂救贖而相互扶助；這種基於宗教羈絆、虔誠信仰所成立的組織，就是兄弟會。

* **皮雷納**
參照 I-30 注2。

* **韋伯**
參照 I-23 注2及 V-12 注3。

◁3
制研究的進展，他的說法遭到了修正。在十一至十二世紀行商活動前，卡洛林時期的歐洲農村已經有商品及貨幣流通；查理大帝採用銀本位制，促成卡洛林時期歐洲內陸經濟的活絡，也獲得正面評價。於是，研究者開始從卡洛林時期到十一世紀歐洲農業生產的增大與商品貨幣流通的連續性發展，來考察做為「地區中心」的據點如何與周邊農村交流，並成長為城市。在這種見解下，城市聚落與農村聚落就沒有那麼強烈的區別；反之，城市與周邊農村實則相互依賴，並行發展。

3. 法制史與制度史的解釋　　二十世紀中葉，圍繞著對中古城市「自由與自治」的評價，國王或領主賦予城市的特許狀（特權）也被拿出來重新檢討。比方說，一直以來被當成展現城市「自由」與「自治」、十二世紀由國王頒發的公社特許狀，其實是一種也會發給同時代農村共同體的習慣法特許狀，目的是為了維持城市「和平」，不見得是一種展現城市居民的「自由」與「自治」特權象徵；這樣的見解（珀蒂—迪泰利斯，Charles Petit-Dutaillis）逐漸有力。此外，早期城市的主導階級並不只是「自由」的商人，也包括身分不自由的**家臣**與**自願僕役**，因此一味強調「自由」商人在城市共同體當中的主導地位，這樣的看法必須修正（舒爾茨，Knut Schulz）。在分析中古城市的「自由」（Libertas）概念時，如費米施（Albert Vermeersch）等人所述，除了身分的「自由」外，也包含了重層意義，因此有必要在與近代社會的「自由」、「自治」相異的脈絡下，重新理解中古城市的「自由」、「自治」概念。

不只如此，根據奧托卡爾（Nicola Ottokar）與艾南（Edith Ennen）對西北歐城市與義大利等南歐城市的法律與結構差異之研究，城市領主（主教與世俗領主）和城市共同體的關係，並非單方面的統治／被統治關係，而是互相依賴的關係；中古城市的形成也不是單線的，而是依照各種城市類型的多線形成。

▷3　**古典莊園制**
自九世紀左右起，在羅亞爾河、萊茵河之間的西北歐逐漸發展、以封建領主為首的大土地所有制。在領主直屬地與農民耕地的二元結構下，形成基於賦役的領主—農民關係。

▷4　**家臣**（ministerales）
原本是西歐中古負責管理領地的官員，但十一、十二世紀以降，特別是在德意志，這些人被國王、諸侯、主教等大領主錄用為軍事、行政等管理職，從而在城市中形成有力的社會階級。

▷5　**自願僕役**
（censuales）
托身於教會受其保護，在商業活動等方面享受教會特權的世俗市民。他們經常為城市的主導階級，也是城市自治的主要推手。

歷史學的考察重點

① 對中古城市來說，必要的形成條件是什麼？
② 在中古城市，「自由」意味著什麼？
③ 在中古歐洲，城市扮演了怎樣的角色？

6 維京人的族群

小澤 實

【關連項目：凱爾特問題、皮雷納命題、諾曼征服、韃靼枷鎖、族裔（ethnos）論】

史 實

八世紀後半至十一世紀中葉，現今的丹麥、挪威、瑞典出現了一群往周邊世界擴張的集團，人們稱為「維京人」。十九世紀以來，歐洲各國的歷史學界都把他們定位為掠奪基督教世界的侵略者，但另一方面，北歐各國的民族史卻把他們描繪成同時過著農村生活、也不時遠征海外的自由農民。

一般來說，維京人的原始**族群**都被認為是斯堪地那維亞人。可是維京人在將近三個世紀的時間以古北歐語為溝通語言、擴展到美洲到西歐世界的廣大範圍，並形成以白銀為主要通貨的貿易網絡，從而形成了一個堪稱「維京世界」的活動空間。他們在十世紀以後，一方面在與現代相連的國家形塑過程中建構了丹麥人、挪威人、瑞典人族群，但另一方面又與「維京世界」的各個在地集團通婚，這樣反覆的族群形成過程（ethnogenesis）使得這些群體會因應地域而變化。面對維京人如此發展，近年研究更出現了「維京人離散（Viking dispora）」這樣的用語。

論 點

1. 「丹麥區」與俄羅斯的起源

關於維京人族群引發的重大歷史論爭，主要是英國的「丹麥區」論爭，以及俄羅斯的起源論爭。

890年左右，英格蘭國王阿爾弗雷德與維京人首領古斯倫締結協定，決定亨伯河以南採行英格蘭人的習慣法、以北則採行丹麥人（維京人）的習慣法，因此形成了以多數維京人定居、使習慣法發揮機能的「丹麥區」（danelaw，意指適用丹麥法的地區）——這是大家認定的看法。英國史家斯坦頓（Frank Stenton）依此舉例，北歐語起源的地名，大部分都集中在「丹麥區」。另一方面，據十二世紀俄羅斯史書《往年紀事》所述，862年從北歐被邀來當地的羅斯人首領，建立了日後的俄羅斯。但在這一點上，主張**羅斯（維京人）**占優勢的諾曼說，與認為本地斯拉夫人占優勢的斯拉夫說，兩派從十九世紀以來就對立不休。之後，俄羅斯境內陸續發現顯示維京人曾定居過的考古學證據，由此可知在俄羅斯社會的形成時期，維京人確實參與其中。

現在，不管是「丹麥區」還是俄羅斯，都可以確定維京人讓當地社會產生了某種程度的變化。但是從北歐移居的人數畢竟有限，在與當地居民通婚後會讓北歐色彩日趨淡薄，所以「當地的政治經濟社會結構，因為他們而產生了根本變化」這樣的議論不得不予以修正。

▷1 **族群（ethnicity）**
這裡所謂的族群，指的並不是基於生物學遺傳因素所構成的集團，而是具備或保有某種歷史文化建構要素的集團。

▷2 **羅斯**
九世紀以降遷移至現今俄羅斯，並定居下來的斯堪地那維亞人，被稱為羅斯人（Rus）。關於這個稱呼的語源有諸多議論，不過在九世紀的拉丁語、阿拉伯語、希臘語等周邊地區史料中，已經出現了「羅斯」這樣的紀錄。

2. 冰島人的DNA研究　　長年以來都認為，冰島在870年左右被挪威人殖民，從而形成當地社會。這件事的根據，是留有十三世紀抄本的**《殖民之書》**當中，記載了「逃避挪威王權迫害的人群，是冰島人的祖先」。可是，受政府委託的民間企業為了醫療目的調查冰島全體國民的DNA時，卻發現殖民時期的女性來自愛爾蘭和蘇格蘭的可能性相當高。換言之，殖民初期的冰島並不像《殖民之書》所宣稱的只有挪威人，而是有很多出身不列顛群島邊境的女性。這是做為最新科學技術的DNA研究，對歷史學產生重大貢獻的一個例子。如今，類似的調查不只在冰島，也用在移民不列顛群島的維京人、以及民族大遷徙時期的日耳曼民族成分調查等方面。

3. 族群與意識型態　　族群不一定由先天的生物學因素形成，而是後天的文化要素；但這種族群形成的概念並非自古以來就存在。論點1被熱烈討論的十九世紀末到二十世紀初，是抱持先天因素的民族考古學的興盛期；他們認為，民族集團會隨語言和地理環境等不同因素，而分配到特定的人種特徵。這種族群決定論的極端形式體現，就是納粹德國。希姆萊（Heinrich Himmler）成立的偽學術組織「**祖先遺產學會**」就主張，斯堪地納維亞人是最能體現金髮碧眼、體格雄健的「**雅利安人**」這個擬似民族的理想化身。因此，身為雅利安人的維京人，他們最顯著的活動與文化（比方說**盧恩文字**）都被當成了重要的民族遺產。

　　不管起源論爭也好、納粹也好，族群問題非常容易和意識型態扯上關係。故此，我們也必須指出，族群問題和最近崛起的民族主義思想與排外民族主義可能產生密切連結，更可能隨著DNA研究的登場而變得更加尖銳化。

▷3　**《殖民之書》**
（*Landnámabók*）
以古冰島語記錄的冰島殖民與定居過程。全書分成兩部，前半是九至十世紀的殖民過程，後半則是殖民者名單與簡短的家族史。

▷4　**祖先遺產學會**
（Ahnenerbe）
自1935年到德國敗戰為止，支配納粹德國麾下學術機關的智庫。深深受到威利哥特（Karl Maria Wiligut）等希姆萊身邊的非學術人物影響，不過也有專研盧恩文字學的克勞斯（Wolfgang Krause），以及中古拉丁語的萊曼（Paul Lehmann）等知名學者參加。

＊　**雅利安人**
參照 I-4 注4。

▷5　**盧恩文字**（Runes）
二世紀左右日耳曼世界受拉丁字母影響而形成的文字系統。原本由24個線刻文字組成，不過到了八世紀，隨著利用空間與音韻系統的變化，減少為16個文字。在中古時期的北歐地區，商人也仍持續使用這套文字。

歷史學的考察重點

① 異文化圈的歷史記述，把維京人當成怎樣的集團來看待？

② 維京人在各地區變化成怎樣的集團？

③「族群形成」這樣的歷史事件分析概念，適用於何種場合，在何種情況下又不適用？

④ 新的科學技術與歷史學，在那些方面可以攜手合作？

7 諾曼征服

中村敦子

【關連項目：維京人的族群、圍繞「封建制」的論爭、韃靼枷鎖】

史　實

　　1066年1月，英格蘭國王「懺悔者」愛德華逝世後，王后的哥哥、出身貴族戈德溫家族的哈洛德繼任為王。面對這種局勢，挪威國王哈拉爾與諾曼第公爵威廉（吉約姆二世）紛紛以約定和血緣為證，主張自己有權繼承英格蘭王位。威廉率軍越過海峽，在英格蘭南部登陸，與哈洛德軍展開對峙。哈洛德率領的英格蘭軍隊擊潰了從北部侵入的北歐勢力後，接獲威廉登陸的報告，匆忙領軍南下；在1066年10月14日、稱為黑斯廷斯戰役的激戰中，威廉獲得了最後勝利，加冕成為英格蘭國王，英格蘭史稱他為諾曼王朝的始祖「征服者威廉」。之後威廉仍兼任諾曼第公爵，他一邊來往故地諾曼第，一邊平定英格蘭，而他的家臣們也都擁有跨英格蘭與大陸兩邊的領地。威廉的後繼者也仍持續保有英格蘭與大陸的領地，在此後數百年間，英王與法王都為了英王所擁有的大陸領地，展開複雜的爭鬥。

論　點

1. 英格蘭制度史的觀點

　　從狹義來說，「諾曼征服」（Norman conquest）是以黑斯廷斯戰役為中心、諾曼第公爵威廉對英格蘭的征服行動；廣義來說，則是指「諾曼征服」前北歐維京人勢力與英法的關係，征服後英格蘭統治體制的確立與擴張所帶來的影響、以及與大陸各國的關係等長期多樣的現象。但是，近代對諾曼征服的研究，從十九世紀的斯塔布斯（William Stubbs）以來，便是以在「英格蘭制度史」（日本稱為英國制度史）架構中，對諾曼征服進行評價的方法為中心。直到二十世紀下半葉，關於中古英格蘭的封建制究竟是源於盎格魯撒克遜時期，還是隨著諾曼征服從大陸帶來，這樣的論爭始終持續不輟。現在，隨著封建制這個概念本身受到批判，「中古英格蘭封建制」這個觀點也從根本獲得了重新檢討。另外，關於當時的英格蘭社會，在征服王威廉指示下彙整土地調查結果的《末日審判書》，這部現存的罕見史料讓我們獲得特別豐富的資訊；在和大陸社會進行比較之際，對這份史料應當加以重視。

2.「諾曼帝國」論

　　如同上述，過去以英格蘭制度史的觀點為大前提，將近代國家的架構投射到過去，並解讀其自立的成長，因此在討論諾曼征服時，往往會忽略其與周遭的關係性。不過也有一種流派，將法國北部與不列顛島放在北歐世界的架構中來掌握。自二十世紀初起，哈斯金斯（Charles Homer Haskins）與道格拉斯（David

▷1　《末日審判書》（Domesday Book）

1086年，征服者威廉下令對幾乎整個英格蘭進行了土地調查。包括土地所有者、土地的面積與價值、農民與家畜的數量等，這些詳細調查結果的彙整，就是留存到今日的《末日審判書》。

Charles Douglas）等人就在諾曼征服、以及包含入侵義大利在內，針對諾曼人在歐洲的活動做出了先驅研究。

　　進入二十世紀下半葉，勒・帕托雷爾（John Le Patourel）提出的「諾曼帝國」論，讓諾曼征服研究的視角產生了轉換。勒・帕托雷爾將征服王威廉以降君主統治的整體範圍稱為「諾曼帝國」，主張英格蘭與諾曼第的一體化。雖然有人批評，這種見解過度低估英格蘭與諾曼第的地域差異，但勒・帕托雷爾針對他所重視的相互交流與影響進行具體驗證，這種做法讓之後的研究活動從「英格蘭制度史看諾曼征服之意義」這種一直以來的視角，朝向做為對象的時代、地區、事件等多方面擴展，從而讓諾曼征服的研究視野變得更加開闊。

3. 從國家到交流

諾曼征服雖然是諾曼第公爵征服英格蘭的事件，但研究卻幾乎是從英格蘭一方展開。擁有悠久地方史傳統的法國史，或許是把諾曼第征服當成諾曼第史的一部分，所以著力點和英格蘭史不同，主要從法蘭西王權對國家整合的層面出發，重點放在腓力二世收復諾曼第等因素上。近年來隨著英法共同研究計畫的推動，不列顛群島與歐洲大陸的多樣交流史也日益明朗。貝茨（David Bates）則重新探究征服王威廉開啟的統治下人與人的關係網絡，從而稱這樣的結構為「諾曼人的帝國」。至於鶴島博和，則聚焦在圍繞北海與英倫海峽的「環海峽世界」交流中產生出來的英格蘭王國結構變遷。這些都是在包含北歐世界的大陸歐洲整體脈絡中，試圖去定位諾曼征服；在這種現代的潮流下，不再以國家框架為理解前提，而是重視關係性與交流。就這樣，超越制度史，從騎士文化、教會、建築、貿易等社會多元面向去注意諾曼征服影響的程度與地區差異，這樣的方法讓研究得以進一步深化與多元化。

歷史學的考察重點

① 在英格蘭史架構中考察諾曼征服，這樣的視角現在仍然有效嗎？如果有問題的話，要使用怎樣的架構才妥當？

② 若不使用「封建制在英格蘭成立」這種制度史的視角，而是從文化與社會史視角來掌握諾曼征服，我們能做出怎樣的評價？

③「諾曼征服」是「特殊的事件」嗎？認為某起事件蘊含特殊的歷史意義，並對之加以研究，這樣的思考背景隱藏了什麼預設？

封建革命論

轟木廣太郎

【關連項目：中古早期國家論、中古農業革命、圍繞「封建制」的論爭】

史 實

西元 1000 年以降，以法蘭西為中心的地區開始築起了許多攻擊、防禦用的城堡。擁有城堡的城主及其麾下騎士，對城堡周圍十餘公里的地區內施行審判權與徵兵權等過去屬於卡洛林王國的官方權限，確立了地方封建統治。在這個時期，也正是限制騎士階級暴力行為的「**上帝和平**」**運動**[1]在教會與王侯主導下開始擴大的時期。另一方面，西元 1000 年前後的數十年間，當時留存下來的修道院文件史料記載也出現了變化。不只是 miles 和 servus 等意味著「騎士」、「農奴」的用語頻頻出現，在文件形式上由第一人稱統治者賦予特權的正式體裁也被取代，轉為以描述第三人稱事實的非官方形式呈現。

論 點

1. 「**西元1000年革命**」論

最早提出「西元 1000 年社會結構出現急遽變化」這個命題的，是杜比在法蘭西東南部馬貢（Mâconnais）從事的地域研究。據杜比所言，直至十世紀末前，卡洛林王朝的國家體制尚能透過地方伯爵維持。伯爵召集地方有力人士舉行審判集會，維持了馬貢地區的公共秩序。但在西元 1000 年過後不久，這個體制便急速瓦解。取代伯爵、以城堡為統治據點的騎士們，開始篡奪並對周邊居民行使審判權與徵兵權等公共權力。杜比認定卡洛林國家藉此急速轉換到封建社會，於是將這種新的地方領主制稱為「**封禁領主制**」[2]。這種變化一方面形塑了封建領主與騎士集團，另一方面也將周邊地區的各種農民階級（自由農與服從土地領主的佃農）納入一元支配下；這兩種進程相互呼應，從而形成了騎士與農奴。不只如此，「上帝和平」運動也可視為是教會對上述領主階級以武力確立地方統治所做出之回應。

在這之後，法國其他地區的研究也都不斷證實了杜比的革命論見解。將這些研究統整起來的，是波里（Jean-Pierre Poly）與柏納賽爾（Eric Bournazel）的研究。

3. 雅典的「**帝國化**」進程及其影響

1990 年代以降，巴泰勒米（Dominique Barthélemy）對革命論提出了一連串反駁。巴泰勒米的論點雖然有點複雜，不過整體來說，就是在羅貝爾（羅伯特）家族（卡佩家族前身）的厄德即位為西法蘭克國王（888 年）前後，中央宮廷已經無法發揮機能；這點和十九世紀的古典學說頗為相近。換言之，封建社

▷1 「上帝和平」運動（Pax et treuga Dei）

十世紀末始於法國南部，由高階聖職者與王侯發起的和平休戰運動，目的是限制領主與騎士階級的暴力紛爭。包括聖物崇拜動員、向上帝發起和平誓言等，是一個具有濃烈宗教色彩的運動。

▷2 封禁領主制（banal lordship）

不同於向農民課徵地租與農耕賦役的「土地領主制」，而是以「封禁」（ban）亦即「帶有命令及罰則的權力」為特徵的領主制。這種領主制是由伴隨審判權而來的徵收罰金、徵發軍事物資，以及城堡警備勞役等權力所構成。

會的形成其實時間更早。但是巴泰勒米的「封建社會」，指的是基於戰爭與紛爭處理上出現新樣式的獨特社會體制，這是他的學說特徵。首先，封建社會戰爭的主要形式不是以血洗血的復仇戰，而是對敵方領地的攻擊，而這通常被認為與財產繼承糾紛相關。另一方面，戰爭或紛爭也不會被置之不理、不斷激化，當事者的同儕或封主、封臣等會介入調停，促使當事人妥協。如果當事人無視於調停、過度行使實力的話，就會遭到仲裁者背棄，結果反而削弱自身實力。這種研究主要是仰賴以十到十二世紀為對象的紛爭研究成果，但巴泰勒米從眾多史料出發，主張這種現象在九世紀末已經出現，到十一世紀仍然持續。

又，根據最新的考古學調查可以推論，十世紀中葉已經開始普遍建設城堡；儘管在史料上不稱為 miles，但是擁有城堡的貴族已經擁有騎馬戰士團，從很多史料都可以支持這樣的主張。同樣地，servus 這個語彙也和杜比的封建革命論所推定的不同；即使在十一世紀，它也不是指完全同樣的單一身分，只是一種概括性用語，來涵蓋一群從中古早期就以多樣形態存在的佃農。換言之，西元1000年前後修道院文件的用語變化並不是反映現實，只是記述型態的變化而已。

1990年代中葉起，受到巴泰勒米的批判所刺激，在英美研究者間重新展開了對革命論的檢討。沙耶特（Fredric L. Cheyette）與史蒂芬・懷特（Stephen D. White）重新調查杜比使用的馬貢地區史料，發現西元1000年左右，伯爵法庭採用的紛爭處理方法並沒有什麼改變，從而補足了巴泰勒米的論點；但另一方面，比森（Thomas N. Bisson）則再次強調封建領主制透過審判，對農民施加更嚴酷的統治。

歷史學的考察重點

① 儘管封建革命論被嚴厲批判，但它是否透過某種論點、以某種形式被繼承了下來？
② 巴勒泰米的封建社會形象本身也是基於眾多假說而建立，今後有哪些重點是必須加以檢驗的？

9 圍繞「封建制」的論爭

江川溫

【關連項目：中古早期國家論、諾曼征服、封建革命論、十四世紀危機、神聖羅馬帝國論、「舊制度」論】

史 實

以下的敘述直到二十世紀下半葉，都被認為是史實。雖然自中古早期開始，西歐的領主制就持續擴大，但從卡洛林國家分裂、外族入侵日趨激烈的九、十世紀起，各王國都呈現戰士領主（包括國王到下層貴族等軍人，通稱騎士）與教會領主分權割據的狀態。雖然戰士領主階級又分成諸侯（國王的直屬封臣）到小領主各階級，但規範雙方關係的主要是封建制（借用德語的話也可稱為 lehen，采邑制）。在這種制度下，雙方透過契約成為領主和封臣，領主向封臣提供庇護，封臣則向領主提供**建言與援助**[1]。每當改朝換代，就會反覆進行締約儀式（臣從禮）。在大部分情況下，契約都會伴隨領主對**封地**[2]的賜予。把賜予封地看成主從關係的前提，而隨著關係的設定，封臣原本持有的**自有地**[3]也轉變成封地。封建制集結了古代日耳曼和墨洛溫時代的眾多要素，經由卡洛林君主創出的封臣制度、**恩給**[4]制度擴大到社會全體。到了十二世紀之後，各國王權雖然都努力控制騎士領主階級、讓他們服從自己的統治，但這時候的他們仍把封建制當成手段，盡可能活用。

論 點

1. 做為采邑制的封建制，以及做為統治類型、社會類型的封建制

上述這些對封建制的理解，是透過近世以來的制度史、法制史研究慢慢成形，並在十九世紀後經過縝密研究日益形塑而成。這種研究方向的頂點，是在1994年刊行、由岡紹夫（FrançoisLouis Ganshof）所著的概論《封建制度》；這本書被認為是理解采邑式封建制的標準書籍。

另一方面，自十八世紀起，出於大一統國家與法律之前人人平等的立場，把封建制視為領主統治、要求廢除的主張開始浮現。這種主張在法國大革命時期明文化，在整個十九世紀期間被不斷提出。**馬克思主義***也配合這種主張，認為中古、近世的領主統治特徵就是「封建制生產方式」。即使是現代歷史學，這種對封建制的理解也還是存續著。

就算不是抱持馬克思主義的歷史學者與社會科學者，也都致力把采邑式封建制放在更廣的歷史脈絡中加以定位。**韋伯***就認為封建制是世界史上「各種統治類型」之一，試圖從中加以分類。受到他的影響，欣策（Otto Hintze）針對世界上出現過的封建式統治狀況進行了比較考察；布洛克則認為西歐中古盛期（High Middle Ages，十一至十三世紀）領主階級內部以及

▷1 **建言與援助**（consilium et auxilium）
封臣會常常聚集在領主麾下，為統治方針做出建言，並參加審判。他們也會提供軍事援助，在一定期間擔任領主城堡的守備兵服勤，並在有限的時間與範圍內加入領主的遠征軍。

▷2 **封地**（feudum）
由原本的所有者（領主）無償借予他者（封臣），從而被視為封臣所屬的土地。為了持續保有這塊封地，封臣有侍奉領主的義務；故此，相較於無條件持有的「自有地」，這種土地持有權被認為具有制約性質。

▷3 **自有地**（allodium）
他者權利所不能及、完全所有的土地財產，和封地及領主之下的農民佃地呈對比。可是據雷諾茲的說法，完全不受上層權力控制的所有物，歷史上是不存在的，因此中古盛期的自有地，概念上也是在統治者的認可下才能持有，視情況也會遭到沒收。

▷4 **恩給**（beneficium）
由所有者以外的人以相對有利的條件持續借用的土

領主與附庸的關係，其中人格式的「從屬紐帶」占了主導地位，從而將助長這點的社會條件放入更廣的脈絡中來討論「封建社會」。

2. 中古盛期的封建制，統治程度究竟為何

一般通說認為，采邑式的封建制原型於卡洛林時代出現，並在十至十一世紀於西歐各國騎士領主階級之間普遍化；但對這種說法，自古以來就有人抱持疑問。二十世紀初的弗拉克（Jacques Flach）認為，這個時期法蘭西國王與諸侯之間的封建主從關係已經實質喪失，只有臣民對國王的忠誠以薄弱的方式持續存在。二十世紀中葉的斯特雷爾（Joseph Strayer）則綜觀整個西歐，認為從卡洛林時代到十一世紀左右，王侯與地方有力人士締結的封建制，與有力人士和下層騎士之間形成的封建制，兩者有相當大的差異；一直到十二至十三世紀，這兩種層級的封建制才開始融合。

3. 雷諾茲對問題的刷新

雷諾茲（Susan Reynolds）在1994年發行的書籍《封建與家臣》中，提出了一個大膽的假設，從而讓圍繞著這個問題的研究為之一新。首先，她對「中古時代除了封建制以外，沒有與騎士領主階級個人連結、產生秩序化的手段」這個一直以來的前提加以否定；承繼她在前著《王國與共同體》（1984年）的結論，當時的人們把王國和諸侯封地看作是政治共同體，因此在這個體制中，上層人士被認定有義務以看顧財產的形式，為維持防衛共同體做出貢獻。

接著她討論西歐法律社會的樣貌，她認為西元1100年是個分水嶺。在這之前的法律基本上是習慣法，騎士領主階級持有的土地不論由來或名稱為何（恩給、封地、自有地），幾乎都不是透過長期特定的制約或義務締結所獲得。但在西元1100年後，意圖強化控制騎士階級的國王、諸侯與職業法律學者合作，慢慢建構了「騎士階級的個人從領主那裡獲得特定土地，從而將之視為封地，因此必須負起軍事等義務」這樣一套新邏輯。就這樣在十二、十三世紀，大部分土地都轉變成新意義下的封地，持有者也都重新轉變成某人的封臣。近世、近代的法制史逕自將卡洛林時代的制度與十三世紀的新制度視為一體，其實是很大的錯誤。

雷諾茲的主張直接點出了通說的根據薄弱，但她提出中古盛期沒有人與人的從屬紐帶這點，卻並未加以證明。今後重要的是選定具體的研究地區，來仔細釐清當時封建統治當中領域性與人格性的糾葛。

地或權利。為了強化騎士團，卡洛林君主會收用教會領地，然後以恩給形式無償借給家臣，並對他們課予軍事義務。這種「國王命令下的恩給」被認為是後來封地的原型。

＊ 馬克思主義
參照 V-24 注2。

＊ 韋伯
參照 I-23 注3與 V-12 注3。

歷史學的考察重點

① 在卡洛林國家存在的地區以外，采邑制發揮機能到什麼程度？

② 馬克思主義對封建生產樣式的思考方式，在現代究竟有效到何種程度？

③ 該如何理解日本史的「封建制」？

10 教會改革

藤崎衛

【關連項目：中古修會、十字軍、迫害社會的形成、十三世紀的教牧革命、從神明裁判到證人詢問、宗教改革／反宗教改革論】

史 實

1046年，神聖羅馬帝國皇帝亨利三世（在位1039～1056年）於蘇特里和羅馬召開教會會議，排除羅馬貴族對聖座的影響力，自己選了一位德意志人擔任教宗。在這之後皇帝擁立了好幾位教宗，其中的利奧九世（在位1049～1054年）意圖根絕**聖職買賣**[1]的流弊，並致力排除**聖職者結婚**[2]、確立聖職者獨身制；他和改革派正式展開了改革運動。初期的運動是在和皇帝權協調的情況下進行，但到了以頒布**《教宗訓令》**[3]著稱的教宗格列高利七世（在位1074～1085年）時，他和就任皇帝前的德意志王亨利四世（在位1056～1105年）就任命教會聖職一事展開激烈的鬥爭（敘任權鬥爭）；國王在義大利中北部的卡諾沙向教宗屈服，一時間局勢對教宗有利，但要等到兩人都過世的1122年，締結沃姆斯宗教協定後，這件事才算告終。協定中皇帝放棄透過神聖權威（戒指與權杖）敘任聖職；教宗則承認皇帝能透過世俗權威（矛）授予帝國內部的聖職者**世俗權**[4]。

論 點

1. 研究史的用語問題

不管在天主教會史還是在整個西洋中古史，教會改革都是相當重要的事件。但另一方面，教會改革究竟是一個怎樣的歷史事件，要明確把握全貌，其實非常困難。之所以這麼說，起因在於研究史的用語問題。「格列高利改革」、「敘任權鬥爭」等各種用語，有時單獨使用、有時並列使用、有時還會被混著使用。面對這種狀況，現在的研究主流認為，教會改革整體具有多重性質，包括羅馬教會的首位性質、德意志國內政治問題、對各修會改革的參與、沃姆斯宗教協定締結前後的局勢等等，應該從各式觀點來整合理解。

之後，弗利切（Augustin Fliche）與繼承其視角的野口洋二，聚焦在格列高利七世的思想及其影響力，進行了一連串研究。他們批判，在做為基礎事物的評價上，格列高利的影響力被過度放大，而所謂「格列高利改革」和「敘任權鬥爭」等稱呼問題，也無法顯示教會改革的整體面貌；因此，必須將它們視為長期改革當中的某一段，方為妥當。

2. 格列高利七世與其事蹟

關口武彥將教會改革分為三期，施梅芬尼（Bernhard Schimmelpfennig）則分為五期；但不論如何，都是以德意志王權和教權的關係為主軸。另一方面我們也知道，改革從十世紀就已經開始了，現象之一是對修道院賦予**直屬特權**[5]。透過這

▷1 **聖職買賣（Simonia）**
指聖職者地位等屬靈事物，可以透過金錢來買賣。在教會改革中，這被當成是違反宗教精神與教會法的褻瀆行為而遭到批判，並成為排除的對象。

▷2 **聖職者結婚**
（Nicolaitism）
原本一直以來，聖職者結婚是相當普遍的事，但在教會改革中，婚姻導致教會財產（聖職俸祿）私物化、以及聖職者的靈性低落，都被視為問題，因此新的主張認為要彈劾娶妻、並恪遵獨身義務。

▷3 **《教宗訓令》**
（Dictatus papae）
1075年由格列高利七世提出的27個命題。只是這並不屬於正式發布的文件。在這篇文件中，他明確敘述聖座的源於上帝、神聖性、無謬性、普遍性等思想，意圖確立教宗至上的治裁權。

▷4 **世俗權（regalia）**
指世俗君主保有的貨幣鑄造權、關稅徵收權、市場開設權等各種特權。國王會將這些權利賦予聖職者，做為他們服從國王的補償。

種做法，修道院得以從在地主教的權限中被切離，直接處於教宗的保護下；德意志對王國修道院賦予直屬特權，企圖擴充王權，而教宗也得以在德意志保持影響力。這種攜手合作的關係，在教會的道德刷新、也就是教會改革上，也發揮了效力。到了敘任權鬥爭時期，這種關係從根本上被顛覆。例如隨著改革進展，教會開始普遍認為俗人對教會的干預也造就了聖職買賣現象，因此自認為改革領袖的教宗，開始和王權相互疏離。這就是其中一個。可是相對於強調格列高利本身道德性的豪克（Albert Hauck）及弗利切，其他人把格列高利改革定義成「對中古早期以來宗座思想的宗教鬥爭」；馬滕斯（Wilhelm Martens）、卡斯帕爾（Erich Caspar）、巴拉克拉夫（Geoffrey Barraclough）等人就將格列高利定位成致力推動教權普遍化、激進的教權政治運動者。

　　無論如何，當格列高利逝世、敘任權鬥爭告一段落後，俗人敘任權的問題仍然未解。

3.　沃爾姆宗教協定前後的狀況　有一種看法將教會改革的結束時間放在沃爾姆宗教協定，並將1123年的第一次拉特朗公會議當成「改革後時代」的開端，但也有一種看法針對協定前後的狀況進行綿密檢討，並認為直到1140年代為止改革仍然持續。無論如何，將企圖收拾格列高利七世留下的混亂並設法達成聖俗之間和平的過程，看成真正的敘任權鬥爭，這點是相當一致的；但針對聖俗之間達成和平這點，仍然得以近年熱度頗高、關於教會會議的討論，教宗個人傳記研究，或是十二世紀的多次**教派分裂**⁶，還有分裂結束後的第二、第三次拉特朗公會議（1139年與1179年）等相關研究為基礎，對十二世紀仍持續的各項改革進行必要考察。

▷5　**直屬特權**
某個個人集團或領域不隸屬教會法上應服從者的治權，而是託庇在其他高位權威下的特權。比方說，特定的修道院或修會脫離了在地主教，而處於教宗直屬宗座的保護下，這就是「擁有直屬特權」。

▷6　**教派分裂**（schisma）
意指教會的團結一致出現問題。自早期以來，由於異端出現、東西教會分裂、選出對立教宗等原因，教會曾經發生過許多次分裂。

歷史學的考察重點

① 聖職買賣與聖職者結婚，為什麼被認為是一種弊端？
② 從格列高利七世的《教宗訓令》中，可以看出怎樣的思想？
③ 在法蘭西與英格蘭等德意志以外的地區，教會改革有著怎樣的進展？

11 中古修會

大貫俊夫

【關連項目：教會改革、迫害社會的形成、十三世紀的教牧革命、讀寫能力、歷史與記憶】

＊ 戒律
參照 II-16 注1。

▷1 **修會（ordo）**
將複數的修士共同體（修道院、修道分院、聖堂議會等）團結在一起的組織，在十二世紀以後登場，並獲得教宗與公會議認可。他們會應各自目的，選擇基本的戒律（比方說奧斯定或聖伯納的作品），並將之與獨特的規範相結合合並運作。

▷2 **德範・哈定**
（Stephen Harding）
？～1134年。誕生於英格蘭，和樂伯一起創立了熙篤修道院；1109年就任第三任院長後，他致力於典禮改革，派遣修士到米蘭與麥次等地抄寫聖歌。在他的時代開始有旗下的分院出現，並整飭統一修道生活所需的會規。

史 實

所謂的修士，必須遠離世俗、堅守禁慾與清貧、過著祈禱生活，以追求死後救贖。但是，要在孤獨中持續過著嚴謹的生活，除非人格相當高尚，否則很困難；因此自古以來，就有將修士聚集起來、訂下共同遵守**戒律**的修道院存在。十一世紀後期，西方天主教世界掀起了一場將全體社會捲入其中的宗教運動，修道制也漸漸到達多樣化的新階段，那就是熙篤會、加爾都西會、普雷蒙特雷會、騎士修會、托缽修會等**修會**[1]的誕生。修會和一直以來強調各修道院獨立性的（克呂尼等）修道制可說迥然相異。修會所屬的修士過著共通的修道生活，共享特殊的認同。故此，修會將超越地域、廣泛且數量眾多的修道院團結起來，制定會規，也每年於總院召開修道院長全體大會（總會），並讓修道院長去視察分院狀況。修會架構的出現，正是十二至十三世紀修道院數量爆發性增長的原因。以下舉做為修會典範的熙篤會為例，試著思考其成立與相關問題。

論 點

1. 古典的理解

熙篤會是何時成立的呢？按照古典的理解，1098年逃離莫萊姆修道院的院長樂伯，率領一群志氣高昂的修士，在熙篤創立新的修道院。到了第三任熙篤修道院院長**德範・哈定**[2]的時代，熙篤旗下的修道院數急遽增加；至1120年為止，他們已經編纂了包含所謂「熙篤初期文件群」的《創立小史》（*Exordium parvum*，關於熙篤創立的歷史敘述）、以及《愛的憲章》（*Canta caritatis*，各制度的會規集成）等作品，於是他們整飭了修會的體制，而其方法也被其他修會模仿——這是一般的理解。直到1970年左右為止，大部分的概論書籍都不曾提及熙篤會的成立，比方說今野國雄《修道院》中，就沒有仔細說明熙篤修道院到修會的成立經過，講起來就好像「修會一開始就存在」一樣，諾爾斯（David Knowles）的《修道院》也是如此。列凱（Louis Julius Lekai）的《熙篤會修道院》雖然對「熙篤初期文件群」的史料性質提出嚴厲批判，但對《創立小史》內容的真實性倒是沒有什麼懷疑。

2. 伯曼說的衝擊

提出大膽解釋、徹底顛覆這種古典理解的，是伯曼（Constance Hoffman Berman）。「熙篤初期文件集」的各文件成文年代是貫串整個十二世紀慢慢改訂而成，這已經是研究者之間的共識。伯曼在2000年出版的著作中，以「熙篤初期文件集」當

中最古老的抄本撰成於1160年代為依據，來推定修會的成立時期，比一直以來的理解還要晚上半個世紀。據伯曼所言，奠立熙篤會基礎的聖伯納（伯爾納鐸）逝世後，熙篤會修士為了探尋自身認同，所以在1160年代編纂了《創立小史》。關於總會也是一樣，雖然有被認為是1134年與1152年的決議流傳下來，但她否定這樣的年代推定，認為直到十二世紀中葉為止，總會制度都尚未確立。就這樣，伯曼主張要到1160年代熙篤會才成立。這部從各方面顛覆傳統熙篤會形象的著作，出版後不久便被專刊《熙篤》（Citeaux）做了一份特集大加批判，正面迎戰她帶來的衝擊。

3. 在這之後的展開與議題　伯曼說缺陷很多，因此直到現在仍沒有人全面支持它。首先，到底什麼才算是「修會」，這個定義本身就是問題。伯曼採取徹底的形式主義，認為總會和視察分院等制度定期舉辦，才算是修會的開始成立；但若是複數修道院已開始共享同樣的生活形式與認同，這樣是否就能稱為「修會」呢？麥圭爾（Brian Patrick McGuire）就提出這樣的指摘。另外關於總會，儘管並沒有留下決議文，但修道院長的集會可以回溯到1119年，這個事實是無法忽視的。總會也不是從做為會規的《愛的憲章》成文後就一直維持不變，而是因應修會的變化做出彈性修正，並在適當時留下決議文。

雖然伯曼說中的大半主張都被斥退，但是隨著後世對其批判性的接納，修會研究也有更上一層進展。熙篤會將文件成文化雖然可以視為先進之舉，但總會決議錄抄本幾乎沒有流傳下來，因此修道院長究竟傳達了怎樣的決議內容給修士們，其實很不明朗。即使有備忘錄，但這份備忘錄是否已被廢除了呢？這個從文字會規乍看之下很堅固的組織、或看起來相當周全的資訊網絡，或許只是我們的一廂情願而已。在試圖理解一個文字史料仍屬有限、以口傳方式傳遞資訊為主的時代時，我們必須將這點時常放在心上。

歷史學的考察重點

① 中古成立的各種修會，是否和熙篤會有同樣的問題？請試著調查與檢討。

② 對於修會的起源與理念相關言論的神話化，請與流傳下來的史料連結起來，加以考察。

③ 當我們在談論「制度起於何時」時，請理解用武斷語氣來論述的危險性。

十二世紀文藝復興

小澤 實

【關連項目：羅馬帝國時期的希臘、卡洛林文藝復興、收復失地運動、迫害社會的形成、十三世紀的教牧革命、歷史與記憶、義大利文藝復興】

史 實

　　十二世紀文藝復興，是歐洲歷史上幾度掀起的古典文化復興運動。這項運動大致可以分為兩個面向：第一是教會與修道院累積的各種拉丁語抄本被再次發現，韻文、散文、歷史記述等藝術文化昌盛，法學等也有所進展。第二是托雷多和南義大利等地開始將希臘語、阿拉伯語的希羅古代經典譯成拉丁語，傳入西方世界成為共享知識。結果造成十二世紀的歐洲以立基於**亞里斯多德**的經驗與邏輯思考方法為中心，在**自由學藝**[△1]與神學、醫學、法學等專業領域的研究上都出現進展。做為提供給學者的研究場所，在波隆那、巴黎、牛津為主的歐洲各地也成立了大學。

論 點

1. 哈斯金斯的《十二世紀文藝復興》

　　時間點比**布克哈特**在《義大利文藝復興的文化》（原著為 1860 年）中所稱揚、十四世紀義大利的文藝復興更早，將發生於十二世紀的文化復興運動整體樣貌首次提示給我們的，是美國史家**哈斯金斯**[△2]。他在《十二世紀文藝復興》（原著為 1927 年）中主張了上述「史實」的內容。哈斯金斯寫這本書的意圖，是希望能夠重新評價一向被拿來跟文藝復興對比的「黑暗時代」拉丁西方世界中古文化，從而為這個建立起支撐近代世界的知識體系及傳授知識的大學、做為近代世界泉源的中古時期，賦予該有的定位。

2. 個別論點的深化

　　自哈斯金斯的著作以降，討論十二世紀「先進性」與豐富性的研究者急遽增加。首先是沿襲哈斯金斯的論點，對十二世紀文本的深化分析與研究。中古羅馬法、教會法的成立及其註釋活動，以國家、地區、教會修道院為單位的史籍生產，教會修道院的典禮文本等校對與分析，都有了飛躍性的進化。其中最重要的成果，是哈斯金斯著作刊行五十周年紀念研討會的論文集，由本森（Robert Louis Benson）與康斯特勃（Giles Constable）編纂的《十二世紀文藝復興與革新》（1982 年）。這部論文集是當時公認一流的各領域專家共同檢視哈斯金斯以降的研究成果。第二是，受到十二世紀文藝復興論的刺激，包括東哥德宮廷、愛爾蘭、諾森布里亞、卡洛林王朝、威塞克斯王國、鄂圖王朝、乃至拜占庭帝國馬其頓王朝等，許多先於十二世紀的中古文藝復興論，都被搬上了檯面。雖然各自「文藝復興」的規模與特徵和原本意味著古典復興的「文藝復興」是否相稱，這點頗引人議論，但就提出中古世界

＊　**亞里斯多德**
參照 [I-29] 注 1。

▷1　**自由學藝**（Liberal arts）
又稱博雅教育、通識教育。由著重文章表現的文法學、邏輯學、修辭學（三學），與理解世界所需的算術、幾何、天文學、音樂（四科）所構成，被視為古代以來西歐世界知識活動基礎的學問體系。

＊　**布克哈特**
參照 [I-7] 注 7。

▷2　**哈斯金斯**
1970～1937 年，美國西洋中古史研究的創始者之一，以關於諾曼人和中古文化史的研究著稱。他是哈佛大學同窗威爾遜總統的顧問，曾參與 1919 年的巴黎和會。

的多元性與古典復興意識來看，仍然具有很大的意義。二戰後興起的中古早期研究當中，卡洛林時期的文化復興重要性更是廣受注目，不只是抄寫文化，包括美術、建築、音樂到情感的革新都出現不少討論。第三是，支撐拉丁語文本生產的宮廷、教會、修道院等空間，與促進古典知識流入的十字軍和地中海貿易等社會環境關係的研究。雖然之前就知道十二世紀文藝復興是與伊斯蘭異文化交流的成果，但以知識活動為前提的社會變化，在此時也被強烈地認知到。堀米庸三所編的《革新的十二世紀》（1976年），就是承繼這種潮流的早期成果。

透過以上研究，大家對十二世紀文藝復興有了更進一步的認識；它並不單只是十二世紀的知識運動，更是繼承拉丁西方世界與外部世界知識遺產的巨大社會運動。

3. 十二世紀文藝復興是歐洲現象？

然而西洋中古史學者長年忽略了一個重要論點，那就是十二世紀文藝復興所翻譯、**以亞里斯多德為首的古代文本** ▷3，都是保存在拜占庭帝國的**君士坦丁堡**[*]與阿拔斯王朝的巴格達等地，被加以研究的作品。換言之，做為十二世紀文藝復興泉源的翻譯文本，其實是拜占庭帝國與伊斯蘭等知識先進圈對古代知識的研究成果文本。若是如此，那十二世紀文藝復興就不是在西歐內部專屬的運動，而是整個西方歐亞大陸對古代知識繼承革新運動的一環；對於這點，我們必須要有清楚的認識。特別是著眼於科學類文本的伊東俊太郎、古塔斯（Dimitri Gutas）、山本啟二、高橋英海、伯內特（Charles Burnett）等人，他們的研究釐清了這種西方歐亞規模知識運動的樣貌。更進一步說，以巴格達為首的古代知識的深化，也被之後的蒙古帝國與鄂圖曼宮廷所繼承；也就是說，歐亞大陸規模的知識運動，是一種連續性的全球化動向。

▷3 **以亞里斯多德為首的古代文本**
法國中古史家格根海姆（Sylvain Gouguenheim）的《聖米歇爾山的亞里斯多德》（2008年）一書主張，亞里斯多德的著作在十二世紀文藝復興以前，就已經在不透過阿拉伯語轉譯的情況下，由威尼斯的雅各布斯經由希臘語轉譯成拉丁語。格根海姆議論的學術正當性與目的，是要主張西歐文化並沒有受到伊斯蘭世界的影響；這種主張和當時籠罩法國社會的反伊斯蘭（Islamophobia）社會氛圍相吻合，因此在學術圈內外都掀起了一陣正反兩極的議論。

[*] **君士坦丁堡**
參照 [I-31] 注1。

歷史學的考察重點

① 義大利文藝復興跟先前的中古文藝復興有何差異？

② 十二世紀文藝復興對拉丁西方世界產生了怎樣的影響？

③ 中古人為什麼需要古代知識？他們怎樣理解這些知識，又怎麼利用它？

④ 在不同語言和文化的歐亞規模轉譯過程中，有什麼被繼承、又有什麼被省略了？

13 十字軍

櫻井康人

【關連項目：教會改革、收復失地運動、迫害社會的形成、歐洲與鄂圖曼帝國】

史　實

　　十字軍是一種為基督教會而戰，進而讓靈魂獲得救贖的運動，始於1095年烏爾班二世號召組織的第一次十字軍（1095～1102年），至1798年拿破崙占領馬爾他告終。十字軍的目標不只限定於聖地周邊，也往波羅的海到北非的各個場所發動，是一種具有連續性的運動。

論　點

1. 「一般主義」與「民眾主義」

　　上面「史實」欄的說明，比起史實，其實更接近現階段十字軍學界對「十字軍」的定義。關於「十字軍」定義的議論，必須從1935年德國史學家埃德曼（Carl Erdmann）發表的《十字軍思想的起源》開始尋求。埃德曼的結論是，「十字軍」理念在烏爾班二世提出之前，就已經在歐洲世界醞釀；在這種理念下，重要的是基督教會的解放與隨之獲得的靈魂救贖，至於目的地究竟是聖城耶路撒冷還是其他場所（前者稱為「聖地十字軍」，後者則稱為「非聖地十字軍[◁1]」），其實並不那麼重要。雖然不能忘記，這本書是在極權主義的納粹政權下發行，但後來這個被稱為「一般主義」（generalism）的埃特曼命題，將「十字軍」的本質定義為「救贖」，這點仍然是劃時代的。

　　對此表示異議的，是年鑑學派[*]的法國史家德拉爾（Etienne Delaruelle）。他在1941～1954年間發表的一連串論文「論十字軍理念之形成」中，雖然也接受「十字軍」的本質是救贖，但應該思考的重點不是強調救贖精神的教宗，而是尋求救贖的民眾（民眾十字軍[◁2]），他們才是「十字軍」精神（＝集體精神）的本質。在德拉爾之後，「十字軍」研究群體內部出現了與德國實證主義的「一般主義」派相對、從法國社會史研究萌生的第二個派別——「民眾主義」（popularism）。

2. 「傳統主義」

　　只是，「一般主義」和「民眾主義」有個共通的問題點：即使「十字軍」的本質是救贖，但它與其他的救贖有何差異？也就是說，站在救贖的角度，該怎麼定義「十字軍」？這兩派都沒有針對這點考察。德國史家漢斯·梅耶（Hans Eberhard Mayer）便以此為出發點進行檢討。1965年發表的《十字軍的歷史》中，他既不採「一般主義」、也不採「民眾主義」的立場；他認為，所謂「十字軍」的救贖，是一種只能透過聖地朝聖來達成的限定思維，因此「十字軍」的研究對象應該只限定於「聖地十字軍」。這裡出現了第三個學派，也就是

▷1　**非聖地十字軍**
所謂非聖地十字軍，指的是收復失地運動、或是以阿爾比十字軍、胡斯派十字軍為代表的對異端十字軍、還有以德意志騎士修會對普魯士的殖民為首而組織的波羅的海十字軍等等。參照 [II-15] 注1與 [III-8] 注2。

* 　**年鑑學派**
參照 [II-18] 注1。

▷2　**平民十字軍**
所謂的平民十字軍，除了第一次十字軍的運動外，還包括了「少年十字軍」（1212年）、「第一次牧羊人十字軍」（1251年）、「第二次牧羊人十字軍」（1309年）、「第三次牧羊人十字軍」（1320年）等。

「傳統主義」（traditionalism）。

3. 「多元主義」對十字軍的定義　　對此提出正面反駁的，是第四個學派，也就是現在的主流「多元主義」（pluralism）。「多元主義」是1970年英國史家萊里—史密斯（Jonathan Riley-Smith）在著作《十字軍是什麼？》中提出的概念。他駁斥了把「十字軍」的本質看成教宗發起的十字軍特權、也就是從基督教敵人手中保衛基督教世界、從而獲得救贖的「傳統主義」。但是，十字軍特權完全是烏爾班二世創造出來的東西，因此雖然教會向多方面發動防衛，但在這當中，聖城耶路撒冷的重要性還是最高。他用這種主張承繼並修正了「一般主義」。

這種對「十字軍」的定義，又附帶引出了以下見解：極端來說，那怕獲得十字軍特權的人只有一個，都能叫作「十字軍」。依照這種看法，「十字軍」就不是斷斷續續被組織、而是一種具有連續性的運動，要數出它的次數是不可能的事。所謂「第N次十字軍」的稱呼法，完全只是後世為了方便理解，才被發明出來的大規模遠征歷史用語。因此，以現在的看法，一連串「十字軍」運動的終點，是被賦予永久十字軍特權的聖約翰（馬爾他）騎士修會因拿破崙占領馬爾他島而消滅的1798年（我們也可以把十三世紀以前的十字軍運動稱為「盛期十字軍」，以後的活動稱為「後期十字軍」）。

4. 「十字軍」的餘燼──「偽十字軍」與「疑似十字軍」　　另外，十字軍研究者將十九世紀以降的「十字軍」稱為**「偽十字軍」**與**「疑似十字軍」**[3]，並不把它們視為十八世紀以前的「十字軍」。在現代社會仍然屢屢使用「十字軍」這種說法，但不應放在過去的歷史脈絡，而是應該放在現代社會抱持的各種問題中加以考量。

▷3　偽十字軍（pseud-crusades）與疑似十字軍（para-crusades）
所謂偽十字軍，是只把「十字軍」這個語彙當成一種修辭來使用；疑似十字軍則是去模仿殉教、救贖等「十字軍」性格的產物。

歷史學的考察重點

① 你覺得哪種學說最妥當？
② 做為十字軍運動的主體，我們應該把召喚「十字軍」的一方（教廷）當成焦點，還是把被召喚的一方（「十字軍戰士」與民眾）當成焦點？
③ 考量十字軍運動的本質與性格時，我們應該聚焦在「聖地十字軍」，還是「非聖地十字軍」？

14 收復失地運動

阿部俊大

【關連項目：封建革命論、十二世紀文藝復興、十字軍、西班牙帝國論】

史 實

711年，當時持續擴大的伊斯蘭勢力從非洲入侵並征服西哥德王國。基督教在伊比利半島北部只剩下殘存勢力，但這些勢力陸續整飭國家體制，向伊斯蘭勢力展開反攻。這種基督教勢力與伊斯蘭勢力的爭鬥，或者說前者對後者掌控地區的征服活動，稱為「**收復失地運動**」^{◁1}（reconquista，西班牙語的「再征服」）。到了十三世紀中葉，基督教的卡斯提爾與亞拉岡聯合王國、葡萄牙王國已經控制了半島絕大部分。由卡斯提爾與亞拉岡聯合王國組成的**西班牙王國**^{◁2}，於1492年征服了最後殘存的伊斯蘭國家格拉那達，結束了將近八百年的收復失地運動。

論 點

1. 「九八年世代」──對伊斯蘭對峙抱持否定評價

梅嫩德斯－皮達爾（Ramón Menéndez Pidal）等十九世紀到二十世紀前期的西班牙知識分子，大加強調與伊斯蘭對峙帶來的負面影響。隨著**美西戰爭**^{◁3}的敗北，這些知識分子痛感母國的落後與衰弱，紛紛要求政治與社會改革，也就是所謂的「**九八年世代**」^{◁4}。他們主張，伊斯蘭勢力的侵略及因此掀起的基督徒對伊比利半島征服運動，對西班牙人造成心性上的負面影響，從而妨礙了西班牙社會本來應該步上的正常發展。他們說，與伊斯蘭勢力長達數百年的對峙，培養出一種重軍事輕生產的風氣，還導致教會特權地位的強化，於是更加速了社會的落後。桑切斯－阿爾伯諾斯（Claudio Sánchez-Albornoz）則列舉西哥德王國與法蘭克王國的相似點，主張若沒有伊斯蘭入侵，西班牙應該會走上和法國類似的道路。這樣的見解，雖然是西班牙知識分子出於自身意識、想從外部探求國家落後的原因，但其中仍有令人深感興味的視角。

2. 邁向異文化的中古西歐之窗──對伊斯蘭對峙抱持肯定評價

另一方面自二十世紀中葉起，外國研究者則屢屢強調，伊斯蘭文明與猶太人的存在，為西班牙及西歐世界全體帶來了有意義的影響。

崛起於七世紀的伊斯蘭勢力，接觸並吸收希臘羅馬、伊朗、印度等各地文化，形塑出高度發展的文化。索森（Richard William Southern）與哈斯金斯就指出，稱為十二世紀文藝復興的西歐學問發展，就是伊斯蘭文物經由伊比利半島給予拉丁天主教世界刺激之故。邏輯學、數學、醫學、天文學等跨領域的伊斯蘭世界文獻，在伊比利半島從阿拉伯語翻譯成拉丁語，

再引進西歐。此外，像是砂糖、米、柑橘等農作物，以及造紙術與航海術、繪畫法與樂器、西洋棋等遊戲、還有成套餐點等生活文化，也都是從伊斯蘭世界經西班牙半島引進，對西歐文明產生了很大的影響。

3. 制度研究的深化與方法的多樣化

上述兩種傾向都對文化與社會抱持較強的關注，對政治結構則相對不甚關注。對於中古伊比利半島的政治和社會，人們常常以卡斯提爾王國為例，從而歸結出「斷斷續續的戰事與征服，讓國家變成戰爭工具，從而強化了身為領袖的國王權威與權力」，或是「因為有不斷存在的邊疆，所以參與開拓和軍役的農民能獲得比較高的地位」之類的先入為主觀念。

但是，自1960年代左右起，隨著社會經濟史方法的進展，研究者提出邊疆不只讓國王和農民、更讓在地貴族和教會有機會擴張勢力並進一步崛起。基督教圈相對伊斯蘭圈之所以能占有軍事優勢，也是因為存在「以軍事貴族階級為中心的社會」這個重要原因。受這種思維上的變化影響，自1980年代起，對個別教會（騎士修會、修道院、主教座堂）、貴族，以及地方及國王城市等中間權力的研究日益進展；同時，國王在收復失地運動趨向穩定的中古後期，如何對這些中間權力加以掌控、維持與整合，也是研究者關注的重點。

不只如此，在同一時期的加泰隆尼亞，因為擁有在西歐很早開始便被留下的眾多文字史料，因此可以研究封建主從制度、農奴制與領主制、**約定**與識字文化等西歐全體共通的現象在地中海世界的發展過程與特徵。
◁5

就像這樣，做為研究對象的地區、時期、主題的多樣化，與穆斯林的接觸（比如學者、奴隸、俘虜、海盜、被統治人民），以及地中海商業等歷久彌新的主題，也隨著時間與空間的分化，有了詳盡的研究成果；如此在歐美學界，對中古伊比利半島的研究方法日趨多樣化。

▷5　**約定**
在公權力衰退的狀況下，為了維持一定的社會秩序，由領主等私人間締結的各式協定總稱。包括互不侵犯協定、以及透過服務換取對價的協議等，內容林林總總、不一而足。

歷史學的考察重點

① 收復失地運動是否讓人民萌生了強烈的出走異地意願、以及天主教信仰？這些特徵對大航海時代及耶穌會的世界性傳教，也會帶來影響嗎？

② 試著思考收復失地運動的世界史意義——西歐與伊斯蘭的接觸。

③ 跟異民族與異教徒的對峙，對伊比利半島的政治與社會結構產生了怎樣的影響？這些影響會因為卡斯提爾與加泰隆尼亞等地區不同而有所差異嗎？他們和英法德等西歐國家為何相異、又有著怎樣相異的特徵？

15 迫害社會的形成

圖師宣史

【關連項目：基督教的擴大、教會改革、十二世紀文藝復興、十字軍、十三世紀的教牧革命、讀寫能力、近代國家形成論、聖女貞德、獵巫、猶太人大屠殺】

史 實

到十一世紀為止，在西歐中古的基督教異端，事實上已經消失。可是，以1022年奧爾良對異端處以火刑為開端，法蘭西、義大利、德意志等西歐各地陸續傳來新異端出現的報告。就這樣，在十二世紀顯著化的異端威脅面前，羅馬天主教會展開了鎮壓手段。在以武力杜絕異端「純潔派」（Cathari）的阿爾比十字軍[1]（1209～1229年）之後，1230年代開始，「對異端邪惡的審問」（宗教裁判所，或稱異端審問）被積極使用在鎮壓、迫害異端及其他宗教罪行上。

論 點

1. 為什麼中古歐洲會進行迫害？

在十九世紀以降的「黑暗中古」觀當中，迫害被認為是中古「野蠻」與「迷信」的象徵。經過第二次世界大戰後，人們認為迫害絕非過去，而是宛如猶太人大屠殺那般、是近代存在的難題（aporia），於是中古就被當成近代的諸惡歷史根源。可是，即使中古時期迫害本身的確存在，但對於中古的人們「為什麼」要從事迫害，這個問題幾乎沒人做出解答。

英國史家摩爾（Robert Ian Moore）在《迫害社會的形成——西歐的權威與脫離》（1987年）一書中，重新質問十二世紀後為何會有異端迫害、又是以怎樣的形式產生，從而對「迫害社會」在十二世紀西歐的「形成」展開議論。本書從社會與政治鬥爭的角度出發，探究中古羅馬天主教會對異端的反應。這是針對迫害現象形成的歷史各條件進行考察，最初的正式嘗試。

2. 刻板印象與排除的範疇

據摩爾所言，所謂的異端迫害，並不能用「教會呼應異端增加的對策」這麼單純的印象來掌握。事實上，十二世紀開始遭到迫害的並不只有異端；猶太人、痲瘋病患、同性戀、妓女、流浪漢等，全都被和「污穢」與「污染」等共通語彙連結在一起，從而把他／她們「幻想」成對社會秩序的「威脅」。在這當中，這些人的多元信仰、實踐等個別差異與複雜實情全都被無視，而與「惡魔」相連結的刻版印象，更加劇了「恐怖」的印象。就這樣，形成了一個被排除的範疇，從而強化對異端與其他邊緣社會集團的迫害。

摩爾更進一步表示，這種基於權力者幻想的迫害、排除機制之發展，與十二世紀西歐政治、社會秩序的轉移，是同步進行的。隨著統治制度專

▷1 **阿爾比十字軍**
（Albigensian Crusade）
十二世紀中葉起，在南法與北義大利傳播、主張二元論的異端「純潔派」（Cathari，或稱阿爾比派）被視為一種危險。於是羅馬教宗英諾森三世首次提倡對基督教世界內部存在的信仰之敵——異端發動十字軍，也就是阿爾比十字軍，意圖以武力解決這個問題。

業化的發展，以學術菁英文化——也就是正義與法律等抽象概念——為首的統治，背後同步進行的是迫害少數群體；透過這種迫害，扛起教會和國家的統治菁英得以提升凝聚力，並發展統治技術。當然，十二世紀以前對邊緣社會群體未必就比較寬容；但十二世紀以後，社會邊陲被有體系地創造出來，從而形成一個習慣且永續迫害的社會。

3. 圍繞著「迫害」，對中古的理解變化

一直以來，十二世紀都被描繪成一個積極正面的時代。比方說哈斯金斯就把這個時代的拉丁學問稱為「十二世紀文藝復興」，給予極高的評價；斯特雷爾則把十二、十三世紀的官僚制開始中央集權，定位為「近代國家的起源」。可是據摩爾所言，拉丁學問與官僚制與其說是進步，不如說是跟權力密切結合。學術中心巴黎大學的成立、英法國王統治的中央集權、官僚文件的增加、從上帝審判轉為宗教裁判……過去被視為邁向文明化與「理性勝利」的各種要素，自摩爾以後，研究者開始從權力與社會組織的關係，以及統治樣貌的變化等觀點，加以重新檢討。

只是，摩爾舉例的「惡魔要顛覆基督教世界」這種誇張修辭，與現實迫害現象之間的關連仍未充分釐清，而迫害社會論也未必就能普遍適用於西歐整體。「異端是被創造出來的」這一主張，是來自教會菁英的言論，但另一方面，我們是否也有必要從宗教裁判紀錄等史料中，理解被迫害人群的聲音呢？於是，1990年代以降的各研究便就異端群體與迫害權威之間的實際關係、對痲瘋病患的處置，以及反猶太主義的時空差異等，一邊繼承摩爾的議論，一邊更具體地釐清各地區及時代的社會樣貌。

歷史學的考察重點

① 迫害的修辭是怎樣把現實的迫害行為加以正當化，並予以推進？

② 被貼上標籤的社會群體，實際上是些怎樣的人？

③ 要理解迫害的實際狀況，必須活用怎樣的史料？

④ 試比較迫害的結構與其他時代、其他地區的狀況。

16 十三世紀的教牧革命

赤江雄一

【關連項目：教會改革、中古修會、十二世紀文藝復興、迫害社會的形成、宗教改革／反宗教改革論】

史 實

教宗英諾森三世（在位1198～1216年）於1215年召開的第四次拉特朗公會議中，首次要求所有基督徒每年至少一次，就自己的罪單單獨向神父告解（第21條決議）。接獲這項決議後，各地的大主教、主教便紛紛致力提升自己教區神父的教育水準。與之並行，教宗也承認了方濟會與道明會（正式名稱為「小兄弟會」和「宣道兄弟會」）。被稱為「托缽修會」的這些**修*會**，在當時創立後不久便涉足大學。為了和有教養的城市民眾討論神學，他們不斷鑽研學術，使得神學、哲學家輩出；不只如此，為了支持以講道為首的教牧活動，他們也積極從事著述與謄錄，特別是在城市講道。也有托缽修士為了宣教，遠赴蒙古和印度等地。

論 點

1. 「教牧革命」與告解的義務化

「教牧」，是有如牧羊人關照自己的羊一般，聖職者也要透過活動，支持自己監督下人們的宗教生活。十一世紀的「教會改革」，讓聖職者重視教會的組織與權威，並致力排除異端；話雖如此，他們對平信徒（俗人）的信仰本身，卻不怎麼關心（曼塞利〔Raoul Manselli〕，《西歐中古的民眾信仰》）。相對於此，1980年代的鮑伊（Leonard Boyle）和柯林‧莫里斯（Collin Morris）則認為，教宗在第四次拉特朗公會議上明確轉換態度，徹底要求「所有基督徒」必須有規律且組織化，他將這種做法稱為「教牧革命（pastrol revolution）」。然而，要求平信徒至少一年一次義務性的「告解」，前提也得讓平信徒知道什麼是罪、什麼是救贖才行；因此，聆聽告解的聖職者不只要有信仰知識，還得有將知識傳達給平信徒的能力。「教牧革命」就是和「怎樣確保具有這種教牧能力的聖職者」這一問題直接相關。

這個時期出現了許多關於教牧的作品；鮑伊將之視為「教牧學（pastoralia）」，並從各種範疇加以分類考察。舒奈亞（J.B.Schneyer）則將西歐圖書館與檔案館中收藏的講道抄本編纂成目錄，從而呈現其龐大的數量與各自的概要。

2. 以托缽修士講道為首的教牧活動

說到底，修士本身不是聖職者，沒有辦法對俗人進行教牧；而遵守**聖本篤清規**的傳統修道院，不管在理念還是教會法上，也都必須與俗人教牧保持距離（不過也有和俗人教牧相關的層面存在）。相對於此，托缽修會則把教牧本身當成自己存在的

側欄

* 修會
參照 II-11 注1。

▷1 聖本篤清規
529年左右，努西亞的本篤在義大利的卡西諾山創立了修道院；為了這所修道院，他在540年左右制定了清規。慢慢地，各地的修道院也都採用他的規定，這份清規遂成為修道生活的標準戒律。有名的克呂尼修道院，以及十二世紀的熙篤會，都遵守這份清規。

意義。達夫雷（David d'Avray）活用舒奈亞的目錄，注意到現存抄本當中超過一百部的十三世紀講道抄本，其中大部分都是為了給托缽講道者參照用而著述的範例講道集：這種抄本的謄錄與運用的口頭傳道，是以「活字印刷出現之前的大眾媒體」規模在進行。與之相關，還包括單獨聽眾聽取講道後撰寫下來的講道筆錄研究（大黑俊二）、從講道範例中復原俗人聆聽的教誨並分析研究（漢斯卡〔Jussi Hanska〕等人）、探求做為大眾媒體的講道各面向研究（赤江雄一）、乃至於對托缽修士與俗人透過教牧相互連結的信仰世界進行研究等等，為數非常多（《西洋中古研究》特集）。此外有人認為，在中古後期堅守聖本篤清規的本篤派修道院與熙篤會，其實也積極參與了俗人教牧（大貫俊夫）。

3. 教區神父從事的教牧

在天主教世界，主教區末端會細分為教區（比方說十二世紀英格蘭一共有九千多個教區），在這些教區教會設有教區神父（或是輔佐他們的輔祭）。這些教區神父最根本的任務，就是對各教區的平教徒從事教牧。但是，托缽修會在十三世紀所扮演的角色，也就是讓教區神父承擔起全體基督徒告解義務，這件事就整體而言在當時是被理解、描述成一件可有可無的事。近年來，坎貝爾（William H. Campbell）與李維斯（Andrew Reeves）以英格蘭為例，整體檢討了十三世紀教牧形貌的變化。特別是坎貝爾避開了「教牧革命」這個用語，強調從十二世紀起可見的一連串教牧潮流；他認為，迄今為止的議論都過度貶低了教區神父的素質，因此有必要再度檢視史料。這也可說是一種對十二世紀後期確立、十三世紀以降廣泛普及的 **煉獄**[2] 概念進行討論的勒高夫（Jacques Le Goff）《煉獄的誕生》說法的反思。在討論有關眾人靈魂、知與信的問題同時，教牧本身也與教會的「行政」問題相關，這樣的研究切入點值得注目。

▷2 **煉獄**
位在天堂與地獄之間的場所。按照這種觀念，人死後並不會直接前往天堂或地獄，犯了比較輕微「罪」的人會在「煉獄」贖罪，之後才能前往天堂。

歷史學的考察重點

① 中古教會對平信徒的教牧，成效如何？

② 十六世紀的宗教改革把在這以前的中古教會當成墮落的存在；該如何將這種觀念與十三世紀以降的「教牧革命」進行整合考量？

③ 教牧革命的托缽會士講道，與宗教改革的印刷術，兩者在那些地方相似，又有哪裡相異？

從神明裁判到證人詢問

轟木廣太郎

【關連項目：中古早期國家論、教會改革、迫害社會的形成、十三世紀的教牧革命、儀式與溝通】

史 實

約莫六世紀到十二世紀這段期間，歐洲社會在裁決審判時，主要是使用神明裁判（trial by ordeal）與決鬥裁判（trial by combat）。神明裁判的方式很多，比方說讓嫌犯握著燒熱的鐵塊，看幾天後是否有燙傷焦爛，來斷定有罪無罪或勝訴敗訴（如果沒有焦爛，就是無罪或勝訴）；把嫌犯的手腳綁起來丟到水裡，看身體上浮或下沉來決定審判結果（如果下沉就是無罪或勝訴）。決鬥裁判也是一種神明裁判，但與普通的神明裁判不同，是讓當事者雙方親自決鬥，來決定審判的勝敗。在舉行審判前，神父會對鐵、水或武器舉行祝聖儀式，表示透過這些工具可以顯現出上帝的意志。

另一方面，十二世紀左右陸續出現其他的證明方法，比方說由法官對證人詢問（trial by jury，由陪審員列席參與審理並提出裁決）、評估當事人提出的證明等等。到了1215年，羅馬天主教會通過決議，禁止聖職者為世俗法庭進行神明裁判。

論 點

1. 對進步主義見解的挑戰

* 進步主義
參照 III-3 注1。

以過去占主流、現在仍常常看到的**進步主義**[*]觀點來看，神明裁判和決鬥裁判等「非合理」的證明方法，和講求證據主義的「合理」性是互相消長的。我們可以舉范・卡內根（Raoul van Caenegem）的研究為例。范・卡內根從十二世紀城市法當中陸續出現廢除決鬥裁判與神明裁判的規定來審視時代變化，從而將這樣的變化歸結為「市民的合理主義」。

* 布朗
參照 I-30 注4。

相較於此，以古典晚期研究著稱的**布朗**[*]則為神明裁判、決鬥裁判與中古前期社會結構之間的關連性提出一種新的見解與說明。布朗說，中古前期的共同體是一種農村人群的結合，以緊密的人際關係為特徵。擁有這種結構的社會，一方面成員間甚為親密，但另一方面，一旦發生爭鬥與犯罪，就會與日常的人際關係糾結不清，從而無法輕易找出解決之道。於是，神明裁判的有效性與意義就這樣誕生了。借助上帝的干預力量，共同體得以轉移到非日常儀式的舞台，將日常交流層級不可能做到的事情斷然解決。說到底，使用燙傷焦爛程度這種曖昧的基準，也是要透過眾人判定這件事，給予共同體凝聚意志的機會。布朗又強調，在格列高利改革以前的這個時代，人民與神聖事物（神意、奇蹟）的接觸並未被聖職者所壟斷，這也是「神明裁判」能成立的前提。

故此，十二世紀以降神明裁判的式微，也跟城市化的進展有關；迄今為止的農村緊密共同體開始解體，再加上格列高利改革的推動，使得與神聖事物的接觸開始受到限制。這是布朗的結論。

2. 巴特利特說　　對范・卡內根與布朗雙方提出異議、並發展出一套自己說法的，是巴特利特（Robert Bartlett）。針對 **1215 年羅馬天主教會禁令**[1]是神明裁判式微的直接原因這點上，巴特利特和兩人有著不同的意見。他主張，范・卡內根強調那些十二世紀由城市領主下令廢除神明裁判與決鬥裁判的城市，畢竟是極少數，事實上絕大多數都仍是殘留有強烈農村性格的共同體。另一方面，他也舉出記載「當事者可自由選擇證明手段」的史料，指出「即使廢除了，也未必就等於不會進行神明裁判或決鬥裁判」。

至於布朗的論點，巴特利特認為不限神明裁判與決鬥裁判，一般來說法律上的決定都帶有凝聚共同體意志的層面。同時他也指出，不只是農村成員間的水平人際關係，做為法律規定的神明裁判對中古前期統治者的垂直控制來說，也是相當重要的。

在日本，高橋清德依循范・卡內根與巴特利特的見解，認為十二世紀取代神明裁判與決鬥裁判、以宣誓取代的城市居民，並不是出於一種理性主義（合理主義），而是依循著某種身分意識（決鬥裁判是騎士、神明裁判則是農奴做的事）在行事；這也是一種讓人饒富興味的假說。

3. 關於證人詢問　　和神明裁判、決鬥裁判相比，做為新證明方法的證人詢問，就沒有引發這麼大的討論。之所以如此，大概是因為證人詢問被視為是「合理的」方法，因此這種演變也被視為是「歷史的自然發展」。可是，證人詢問在最近學界慢慢受到了較大的矚目，出現不少論集與專著。詢問法自十三世紀開始不只用在審判，也被大量利用在行政事務，做為調查、歸屬權利的方法；1230 年代誕生的異端審問，也是一種以證人詢問為基礎的宗教裁判。從更廣的角度來看，證人詢問與傳言、風評、自白、拷問等要素，其實是很難切離的，因此在考慮中古後期知識與權力的問題時，它是個不可遺漏的要素。

▷1　**1215 年羅馬天主教會禁令**
這項禁令指的是第四次拉特朗公會議的決議。在這次公會議中也決定了每年一次義務性告解、對異端及對猶太人政策等重大事項。

歷史學的考察重點

① 布朗的說法有強烈的社會學解釋傾向；既然如此，它在歷史學上的有效性為何？

② 巴特利特相當看重 1215 年的決議，但這個決議帶來的衝擊究竟到什麼地步，有辦法驗證嗎？

儀式與溝通

服部良久

【關連項目：中古早期國家論、從神明裁判到證人詢問、讀寫能力、伯艮地公爵的宮廷文化】

史 實

所謂儀式，指的是透過語言、行為、物件，來象徵性展現社會與政治應有的秩序。古今中外，每個社會都存在著儀式。在讀寫能力低落、文字媒介功能尚不充分的時代，社會中的可視化展演，會促進參與者及觀看者的詮釋和記憶。中古時代的儀式以教會儀式為主，受其影響，世俗社會也產生了權力、身分、秩序等各式各樣的儀式。諸如加冕、敘任（聖職者、騎士、城市的顯要職務等）、敕封、和解（降伏）等公共儀式在觀眾面前的展演，都是讓事件及其意義為人知曉的手段。**年鑑學派**當中率先使用歷史人類學方法的施米特（Jean-Claude Schmitt）與勒高夫，一邊採用人類學的模式，一邊透過對史料精緻且獨特的解讀，來試著解析中古人們各式各樣的儀式行為。德國的阿爾特霍夫（Gerd Althoff）則強調，國王與貴族間的降伏、和解、友好等儀式，在政治秩序上扮演著不可或缺的角色。

論 點

1. 史料與方法的問題

做為中古世俗儀式的史料，從卡洛林時代開始出現的國王加冕誓詞、記載**騎士敘任**、宮廷慶典、國王教宗會見等文學作品與編年史，以及中古後期為七個選帝侯舉辦神聖羅馬帝國皇帝選舉、由宮廷內侍紀錄的《金璽詔書》等，都相當重要。但這些儀式研究，多半是採用範亨訥普（Arnold van Gennep）的「通過儀式」、特納（Victor Turner）的「象徵儀式」、紀爾茲（Clifford Geertz）的「**劇場國家**」等人類學的方法與概念。對此，巴克（Philippe Buc）認為，以功能主義人類學對非歐洲社會的調查模式為基礎來考查歐洲中古史，是相當危險的。巴克也批判阿爾特霍夫的推斷；阿爾特霍夫認為，儀式主體傳遞的訊息與觀眾接受詮釋的訊息是一致的，但巴克認為，儀式行為本身的多重意義性質，以及觀眾無法接收統治者的「演出」意圖等等，都有可能招致混亂；對科齊奧爾（Geoffrey Koziol）等人以儀式行為為主軸進行的早期中古史研究，他也大致抱持懷疑的態度。同樣地，面對認定儀式的媒介功能一致且穩定的阿爾特霍夫，莫格林（Jean-Marie Moeglin）也表示批判；他認為儀式若不能和參加者（觀眾）的詮釋（集合表象）一致，這樣的溝通功能就令人存疑。

確實，就算是記載同樣一場宮廷集會與國王謁見的編年史，在儀式記述的有無、解釋的差異上也會產生很大的齟齬，因此在從事中古儀式研究

▷1　**年鑑學派**
以1929年創刊，一直延續至今的法國歷史學雜誌《年鑑》（*Annales*）為平台，活躍其上的史家總稱。以費弗爾與布洛克為創始者，包括布勞岱爾、勒華拉杜里、夏堤埃等人在內，包括了許多對現代史學影響甚大的研究者。跟以政治史為中心的舊有正統史學相比，他們重視跨領域，以富彈性的研究課題設定為一大特徵。

▷2　**騎士敘任**
在貴族年輕人要成為成年戰士的儀式上，他們要在教會進行齋戒、祈禱，之後配戴劍帶與馬刺，進行由主君以劍背拍打等一連串行為。這在十二、十三世紀的編年史與騎士文學中頻頻出現。

＊　**劇場國家**
參照 II-27 注3。

時，我們不得不考慮與人類學相異的史料論問題。探究傳達儀式的史料記錄者立場、意圖及各自脈絡，是中古儀式史研究的重要課題。

2. 做為政治溝通與媒介的儀式　阿爾特霍夫表示，中古政治當中的儀式，是將權力的正當性與重要決定等事實，在公共場合明確傳達給「公眾」的複合性溝通媒介。儀式背後的秩序觀、世界觀、規範意識為公眾（觀眾）共有，所以儀式的意義能被以同樣方式來詮釋；因此，對於將訊息集體傳達、銘刻集體記憶的政治溝通來說，儀式是不可或缺的手段。但正如巴克等人批評、阿爾特霍夫自己後來也承認的，同樣的儀式行為在不同的狀況中，的確會有不同的意義。另一方面，莫格林所說「欠缺一致詮釋與接納的儀式就毫無意義」這種批評，也是有問題的。在理解儀式時，不應該只關注執行者的展演意圖是否成功傳遞，也必須關注當事者（展演者）的意圖與觀眾的期待詮釋在交互作用下所產生的雙向溝通過程。

3. 儀式的效果與意義　政治的儀式是一種將和解、友好、服從、權限授予（授封）等原則性、一般性的決定與合意公諸於眾的象徵行為，但關於具體內容的詮釋，則有賴當事人口頭的了解與經驗的知識及慣習。在收拾紛爭後的和解等儀式上，這種曖昧給了雙方自身裁量與判斷的餘地，而這種溝通習慣對於維持寬鬆的和平與秩序來說也相對容易。至於儀式是否能夠強化統治權力？雖然很難做出單一定義的解答，但儀式的詮釋與影響會以同時代人的秩序觀及關係者（儀式的展演者）的合意為前提，考量到這點，上述問題就變得不太重要了；畢竟所謂的「統治權力」，也是以這樣的前提為基礎，受人們的價值、規範意識與合意所支撐並制約。

統治權力的儀式並不能用正統性與權威的展演等單方面之目的來加以推斷或解釋。不只是與儀式相關的人，對於邊緣的參加者及觀眾間的相互關係，也要盡可能納入視野當中；不只如此，儀式及其構成要素，也必須放在編年史作者等傳遞儀式的敘述者所屬同時代文化整體的關連當中，來加以解釋才行。就像科齊奧爾所說的，我們不該去思考「儀式有什麼意義」，而是該思考「儀式的意義在文化社會當中如何被形成」才對。

歷史學的考察重點

① 加冕儀式和騎士敘任，與教會聖職者有怎樣的關連？
② 按順序演出儀式的是誰？
③ 象徵性儀式行為所表現出的秩序，與現實的秩序是一致的嗎？
④ 政治儀式對強化權力很有用嗎？如果有用，又是為什麼？

19 讀寫能力

大黑俊二

【關連項目：卡洛林文藝復興、中古修會、迫害社會的形成、十三世紀的教牧革命、歷史與記憶、義大利文藝復興】

史 實

　　在一般定義中，讀寫能力（literacy）指的是「用日常語在現實生活中閱讀、書寫的能力」；因為不包括高度的文章表現與解讀能力，所以也可稱為「實用的讀寫能力」。從多樣的史料出發，數出一定集團能擁有這種能力的人後用百分比加以呈現，對讀寫能力（識字率）研究來說，這些數字就相當於「史實」。蒐集這樣的史實＝數值，並就城市與農村、地區、男女、宗教等的數值進行比較，從而在差異中解讀社會變化，這就是一般研究近現代讀寫能力的方法。

論 點

1. 雙重語言體制

　　可是，將以上的方法適用於中古史，立刻就會撞上一堵牆。那堵牆，就是上述定義中的「日常語」。之所以出現問題，是因為近現代的閱讀、書寫都是用日常語為之，所以用來測定讀寫能力沒有問題；但中古時期用的是與日常語不同的語言來「書寫」，也就是**拉丁語**。在很長的一段時間內，中古時期都是處於用拉丁語書寫、用各地日常語（當時稱為「**通俗語**」）說話的雙重語言體制。拉丁語對中古人民來說是一種外國語言，不花時間學無法學會，因此是屬於少數菁英的語言，而這種少數者的讀寫能力不能代表社會全體。不只如此，要測定一定集團內擁有拉丁語讀寫能力的人，這樣的史料說到底並不存在。換言之，以中古為對象的讀寫能力研究，沒辦法透過日常語取得史實＝數值，因此和以現代語言為對象的測定是截然不同的。

2. 通俗語的文字化

　　話雖如此，雙重語言體制這種西洋中古固有的條件，歷經中古一千年的變化，在中古末期發展出與近代類似的情況，那就是通俗語的文字化。長期只停留於聲韻的通俗語，在十三世紀後陸續被文字方式記錄下來；受此影響，文法與正確的寫法、教育機構都隨之出現，人們使用通俗語書寫的機會大增。到了中古末期的十四至十五世紀，民眾用通俗語書寫的情況已非常普遍，從而具備了和近代同樣的研究條件。到了這個時點，近現代史研究讀寫能力的方法就可能適用。比方說從1427年佛羅倫斯的戶別財產申報書（自筆），算出成年男性的實用讀寫比例為69.3％，這個數字和近代以降就可說是同質；也就是說，這個數字顯示出當時的佛羅倫斯已經開始帶有近代社會的性格。

＊ **拉丁語**
參照 II-28 注1。

▷1 **通俗語**
在西洋中古，所謂的「通俗語」（vulgaris）和現代意義中「低俗淺白的語言」不同，指的是拉丁語以外的所有語言。相對於做為文章語言、宗教語言、思考語言、權威性的拉丁語，一般民眾所說的日常語就被稱作「通俗」的語言。

3. 讀與寫、極限的讀寫能力、代筆

直到十三世紀為止，書寫語言僅限拉丁語、使用拉丁語的階級稀薄，在這樣的時代進行讀寫能力研究並沒有太大的意義。但是，進入雙重語言體制動搖、近代日常語言體制浮現的中古末期，因為處於轉型期，讀寫能力研究就可提供獨特的貢獻。其中之一，是讓我們得以窺見讀與寫的距離。literacy被翻譯成「讀寫能力」，所以我們會覺得能讀就一定能寫；但時代愈往前回溯，兩者就愈是分離，能讀不能寫的人相當多。從讀到寫的距離、以及停留在只能讀的識字階級，這些都是無法加以數據化的事物——畢竟，讀寫能力除了用寫的能力來檢測以外，沒有別的方法——；儘管如此，中古末期還是留下了不少能夠實際感知到這個階級的紀錄。第二，或許可稱為「極限的讀寫能力」：勉勉強強能書寫、程度拙劣、甚或一塌糊塗的眾多殘存文字紀錄，也是這個時代的特徵。在大部分情況下，這些文字都是被困難所迫的人不得已拿起筆寫下的，當中可以看到有教養人士書寫的美麗文章中所見不到的、活生生的生活情感、表現的直接，也就是「書寫」這個行為最原始的姿態。第三，我們也必須注意到**代筆**[2]的重要性。不能讀寫或不方便讀寫的人，當他們有必要書寫時，往往會拜託代筆。隨著日常語讀寫在某種程度上的普及，能夠代筆的人也隨之增加，因此即使是讀寫困難的人，也可能透過代筆參與文字文化。

在歷史學當中，論點的對立通常是研究者或學說間的對立。以中古為對象的讀寫能力研究，並不是沒有這樣的對立，但更大的對立如上所見，是中古與近現代對讀寫這個概念的根本差異。「日常語讀寫能力」這種近現代的讀寫觀，對我們來說很容易理解，但和雙重語言體制與俗語的文字化等中古固有語言現象無法分割的中古讀寫狀況，就很難理解了。是故，要理解中古的讀寫狀況，就必須意識到中古文化對當代的我們來說有多麼異質，如此方能試著理解這個異文化的中古。

▷2 **代筆**
中古的代筆除了本文提及的部分外，還有為權力者代筆等其他模式，這點必須留意。君主和高階聖職者不會自己拿筆書寫，有書寫的必要時都會請書寫專家來代筆；畢竟「書寫」這門手工業是屬於工匠的技巧，被視為是低下的行為。

歷史學的考察重點

① 讀寫的概念不是各時代皆同，而是隨著歷史而變化。既然如此，那中古固有的讀寫特徵又是怎樣的情況？

② 從讀寫能力來看，中古於何時結束、近代又於何時開始？

③ 無法數據化的讀寫能力，其重要特徵為何？

20 歷史與記憶

鈴木道也

【關連項目：歷史敘述起源論、亞歷山大大帝與「希臘化論爭」、中古修會、十二世紀文藝復興、十三世紀的教牧革命、儀式與溝通、讀寫能力、族裔（ethnos）論】

▷* **希羅多德**
參照 I-3 注1。

▷1 **弗萊辛的奧托（Otto of Freising）**
十二世紀前期的史家，奧地利邊境伯爵利奧波德三世的兒子。在巴黎就學，之後成為熙篤會士，然後又成為弗萊辛的主教。代表著作為《雙城編年史》與《腓特烈皇帝言行錄》。

▷* **奧斯定**
參照 II-2 注2。

史 實

為什麼要寫歷史？古希臘的**希羅多德**＊因為害怕「人間諸事隨時光流轉被遺忘」，而寫下了《歷史》。漢代的司馬遷抱持著「若是這部作品能夠流傳後世，我就算身受上萬次刑戮，也無怨無悔」的覺悟，編纂了《史記》。相對於此，十二世紀史家**弗萊辛的奧托**▷1則說：「我等的罪難以計數，隨著這個世界被戰火撕裂、不道德持續蔓延，不久後這個世界終將迎向末日。」他透過作品，向這個世界發出死亡預告。中古的史書就是這樣悲觀，但在預示之後會有「神的國度」到訪這點卻又堪稱樂觀，可說是充分體現了基督教的末世思想。

在中古早期，口傳文化比文字文化更蓬勃，能用拉丁語閱讀書寫的只有教會相關人士。可是就算在這種狀況下，做為知識探究的成果，還是有人把這個世界的形成過程與未來走向寫了下來。他們以**奧斯定**＊的《天主之城》為範本，將聖經的世界與眼前的世界結合，編纂成史書。只是，這些內容只在有限的集團內共享，廣大人群是無法觸及的。然而到了中古中期，也就是十一、十二世紀以後，各個領域的文字記錄數量有了飛躍性的增長。對於這種文字文化的蓬勃、從記憶到記錄的變化，也有人稱之為「革命」。史書的定位也出現變化；除了綿延不絕書寫歷史的修道院外，城市乃至於世俗的有力豪族也都透過文字書寫，對記憶中的過去予以取捨選擇，以此賦予權威，樹立自己的存在基礎。記載基督教歷史的「編年史」在十二世紀存在感與日俱增；同樣在十二到十三世紀，表現城市與國家（王國）多彩姿態的「城市編年史」與「王國編年史」也開始出現。

論 點

1. 歷史與它的起源

在中世紀，儘管基於《舊約》、《新約》的聖經史觀占據主導地位，但異教羅馬帝國的存在，也促使了人們去關注過去存在的古代東方諸國。這些關心在記載某集團的歷史時，會以類似特洛伊起源神話之類的具體敘述形式呈現。這種以史詩事件與人物角色來思考的方式，對於評估史書的「個性」相當重要；自1970年代末史皮格爾（Gabrielle Spiegel）率先研究後，許多人也隨後跟進，近年以古里爾－布加薩斯（Catherine Gaullier-Bougassas）等人對亞歷山大大帝的大規模國際共同研究而著稱。在這項共同研究當中，亞歷山大的形象從古代世界現實中被切離出來、與基督教世界觀結合；做為理想形貌的同時，

也極端地與中古統治者形象貼合。中古時期的史書究竟是聖經還是史詩，我們不能用單純的二元對立來加以掌握。

2. 拉丁語或通俗語

奧爾巴赫（Erich Auerbach）認為，通俗文學的成長促進了民眾語（通俗語）的發展，同時也讓使用民眾語的各種「國民」培育出自我認同。在這種想法下，也有把史書納入其中、將通俗語史書的出現與國民意識的形成加以結合的說法。上面介紹的史皮格爾也抱持這樣的理解。可是如同路西男（Serge Lusignan）和貝特朗（Paul Bertrand）等人所指出的，國家的形成與通俗語的滲透並不見得是一體，史書使用的語言也不是從拉丁語到通俗語的單向演變。拉丁語或通俗語史書的編纂、選擇與普及，實則有著相當多樣的背景。

3. 滿溢資訊的整理

儘管圖書館和文獻館收藏的現存文獻與現實社會中編纂的數量並不一致，但在中古中期，確實出現了某種資訊爆發的傾向。英國的文化史家柏克（Peter Burke）就注意到，當時發展出了目次與頁碼等資訊管理技術，以便有效整理不斷增長的紀錄。十三世紀的史家**博韋的樊尚**[2]就感歎：「比起記憶的容易喪失，要將記下來的東西以完全平等的心情保留下來，更是不可能。」中古史家歷經不斷的試誤，將希臘羅馬的作品彙整起來，奉為古典，流傳到文藝復興時期。格拉夫頓（Anthony Grafton）就詳細追溯古典作品如何被繼承下來、一直到近代的過程。

4. 記憶與紀錄

前面「史實」欄使用的「從記憶到紀錄」這樣的表現方式，以克蘭奇（Michael Clanchy）的研究最廣為人知。可是記憶所扮演的角色，並沒有隨著文字文化的蓬勃發展而消失。被加以文字化的記錄、人們的記憶、仍然殘存的口述傳統、再加上種種象徵行為，這些事物複雜糾纏在一起，形成了中古人民的整體歷史意識。羅希爾—卡塔奇（Irène Rosier-Catach）等人就試著對此進行整體分析。不只如此，政治文化研究的泰斗高瓦德（Claude Gauvard），在最近的著作中也對歷史記憶的曖昧、或是特定記憶的忘卻／被忘卻及其意義，重新提出質問。

▷2　**博韋的樊尚**（Vincent de Beauvais）
在十三世紀前期「百科全書時代」活躍的學者（1194年左右～1264年左右）。受路易九世的庇護，在巴黎北部的羅亞蒙特修道院編纂百科全書著作《大寶鑑》。這部由龐大參考引註所構成的巨著，一共分成《自然寶鑑》、《學理寶鑑》、《歷亞寶鑑》三部。

歷史學的考察重點

① 史書會留下內容相異的複數抄本，而抄本之間的異同並不見得只是誤記而已。各種抄本的篡改，背後隱藏了怎樣的意圖？

② 隨著時代演變，出現了配有色彩鮮明的插畫與插圖的史書。圖像與文本是如何互補、又或者如何對立？

③ 中古史書大部分都引用自過去作品，也就是複製貼上；但在這種不斷複製的過程中，也可能插入了各編者自己想說的話。這群無名氏究竟說了些什麼呢？

近代國家形成論

上田耕造

【關連項目：中古早期國家論、迫害社會的形成、瑞士的起源、十四世紀危機、聖女貞德、勃艮第公爵的宮廷文化、主權／主權國家／主權國家體制、複合國家／複合君主制／礫岩國家、軍事革命】

史　實

「近代國家」是從何時、又是怎樣誕生的呢？它的起源能夠回溯到中古嗎？近代國家形成論，就是在討論這個問題。

劃下國界、明確定出國家架構，是近代以後的事。在中古，國與國之間的界線相當曖昧。說到底，中古並沒有像現在德國（德意志）或義大利這樣的國家存在；這兩個國家的誕生都是十九世紀的事情。中古的義大利是以威尼斯為首、多個城市的並存勢力；德意志雖然有神聖羅馬帝國的框架，但內部有許多獨立的**領邦**與城市，並沒有一個整體性。

* 　領邦
參照 III-18 注2。

在這當中，英格蘭於十三世紀成立議會，並逐漸成為推動國家前進的主要機構。法國則從十二世紀左右起，國王逐漸將各自獨立的地方貴族納入管轄。在中古時期朝向中央集權邁進的兩國，在這後蛻變成主權國家，從而成為近代國家的代表。

論　點

1. 近代國家的起源為何？

在1970年出版的《近代國家的中古起源》一書中，斯特雷爾從中古尋找近代國家的起源。斯特雷爾認為國家的定義有以下三個指標：1.時間、空間的連續性、2.常設政治制度的形成、3.對國家的忠誠。在這種基準下，他認為歐洲的近代國家是在1100～1600年間出現的原型上建構起來的。特別是1100～1300年間，先是英格蘭、法國、然後是西班牙，陸續建立了國家的時間與空間連續性，其中行政、司法、財政各制度也都陸續整飭。但另一方面，這樣的現象並沒有在德意志發生，在義大利也只是曇花一現而已。

斯特雷爾更進一步表示，在1300～1450年間，受黑死病與英法百年戰爭等戰禍影響，導致社會與國家發展暫時停滯。可是，跨越了這個門檻的十五世紀末開始，各地就紛紛形成國家。隨著行政部門的專業分化、連結地方中央的官員數增加等等，官僚組織的建立也促成了國家的發展。

2. 讓國家誕生並成長的要素為何？

1984年起，法國國家科學研究中心啟動「近代國家的形成」研究計畫，之後承繼計畫的是歐洲科學基金會「十三至十八世紀歐洲的近代國家諸起源」，它們對近代國家的形成與起源展開新的論述。「近代國家的形成」設定了七個主題：文化與意識形態，領土／法律／政治體制，財政稅制，教會與國家，城市，布爾喬亞與國家，國家與貴族制；企圖從多元視角來檢視國家的形成。指揮這兩個

計畫的惹內（Jean-Philippe Genet）彙整研究成果後，認為近代國家於1280～1360年間在西歐各國誕生，再往前就無法追溯了。做為近代國家形成的指標，惹內關注的是稅制。比方說，十三世紀末與英格蘭爆發**加斯科涅戰爭**[1]的法國，為了調度戰爭費用，必須推動財政改革。緊接著在十四世紀初期，國王為了要臣民同意課稅，又召開了**三級會議**[2]。隨著稅制的確立，中央集權得以推進，國家也進一步整合。

除了稅制之外，被斯特雷爾視為國家發展停滯期的1300～1450年這段時期，惹內也有不同看法。英法百年戰爭期間，原本只是不固定徵收的稅，變成了固定徵收。審計部門與租稅部門的分離，也是在百年戰爭過程產生的。除此之外，法國在這場戰爭中創設了**憲兵隊**[3]，也推動了軍制改革。從這些事實來看，英法百年戰爭時期，確實可視為法國邁向近代國家的其中一個階段。

3. 「諸侯國」的存在與近代國家形成論

英法百年戰爭期間，在法國的諸侯領地也可以看到財政與官僚制度發展。十四世紀末至十五世紀間，封建諸侯在領地內創立了審計單位；以此為中心，官僚組織遂在諸侯的統治圈內誕生。提出這點的是法國中古制度史家勒蓋（André Leguai）。勒蓋為這些邁向國家發展的諸侯領地，冠上了「**諸侯國**」[4]的名稱。但到了十六世紀初期，所有的諸侯領地都被整合進國王領地，「諸侯國」的統治組織也被納為王國組織的一部分。地方引進官僚組織這件事，讓法蘭西王國的國家發展迅速，也讓王權能順利深入地方，因此「諸侯國」被評價為促成日後王國發展的存在。

近代國家形成論把近代當成國家的完成期，也將各式各樣的事件定位成促進國家成長的要素。然而，這不過是將近代國家的完成回推，以倒果為因的形式來評價事物罷了，亦即一種回溯時代的史觀。當「諸侯國」持續成長時，它們是否會成為王國的一部分，還在未定之數。確實，歷史的潮流有其走向，但它不見得就是照著事先安排的計畫在走。

▷1 **加斯科涅戰爭**
1293～1303年間在加斯科涅地區爆發的英法戰爭，被定位為英法百年戰爭的前哨戰。戰爭導火線是兩國船隊的衝突，但當時英王與法王間複雜的關係，讓戰爭更加激化。

▷2 **三級會議**
由教士、貴族、市民分開的三個集會所共同組成的議會，主要是討論課稅問題。1302年在巴黎首次召開的會議，是歷史上第一次的三級會議。

▷3 **憲兵隊**（gendarmes d'ordonnance）
1445年基於查理七世敕令而創設的法蘭西常備軍。法國國王希望透過憲兵隊的創設，來改造原先以傭兵為主體的封建軍隊。

▷4 **諸侯國**（Etat princier）
中古後期法國諸侯領地的別稱。這個時期，諸侯的統治領域透過政治聯姻與收購日益擴大。在領地中，諸侯擁有獨立的司法與財政體制。主要的諸侯國有勃艮第公國、布列塔尼公國、波旁公國等。

歷史學的考察重點

① 近代國家的起源是什麼？
② 我們用什麼來探求近代國家形成的指標？
③ 試著定位中古後期法蘭西王國的「諸侯國」。
④ 回溯時代的史觀有什麼問題點？

22 瑞士的起源

田中俊之

【關連項目：古希臘的聯盟及其接受、近代國家形成論、漢薩、神聖羅馬帝國論、美國革命】

史 實

1291年，位於現今瑞士中央山區的三個州締結了互助同盟**舊瑞士邦聯**[▷1]，於1315年摩加登戰役擊破哈布斯堡軍隊，展現了面對外部危機時的團結一致。在這之後，舊瑞士邦聯和周邊大城市個別締結同盟，企圖強化共同體；在處理對外事項的過程中，他們做為**宣誓聯邦**[▷2]的自我意識也逐漸高漲。十四世紀末，隨著和哈布斯堡家的對立激化，瑞士聯邦更進一步擴大，並在軍事衝突中屢戰屢勝；森巴赫戰役勝利（1499年）後，他們脫離了神聖羅馬帝國。進入十八世紀，他們發現了日期記載為「1291年8月1日」的永久同盟文件，便以此為根據回溯聯邦的起源，在十九世紀末將1291年訂為建國元年，每年8月1日舉辦國慶紀念。

論 點

1. 對哈布斯堡防衛同盟說

迄今為止，瑞士的歷史都著眼在以老三州農民締結同盟的宣誓聯邦形成之歷史，去釐清他們如何透過和哈布斯堡家的鬥爭擴大同盟，從而形成現在的聯邦國家輪廓。以威廉泰爾為首的英雄傳說，以及十六世紀由艾基迪烏斯・楚迪（Aegidius Tschudi）寫成的國家歷史敘述，共同造就出一種對哈布斯堡家族高壓統治的抵抗、從中解放獨立的「反哈布斯堡史觀」；這種史觀對哥德與席勒等德國古典主義文學也造成影響。就這樣，十九世紀末瑞士人民盛讚這種由農民形成國家、打倒哈布斯堡家族，饒富魅力且明快的歷史故事。同時，1291年的永久同盟文件做為宣誓聯邦的起源，也呈現出不可動搖的存在感；歷史學家全都同意，在這裡面可以看出瑞士的起點、反抗及抵禦哈布斯堡的意義。之後1315年的摩加登同盟文件，則被認為是這份永久同盟文件更進一步的具體更新；透過強調兩份文件間的連續性，也編織出一幅不屈於哈布斯堡家族高壓統治、勇敢強壯的農民身影。在日本，瀨原義生、森田安一也是站在這個立場，從而形塑了這個普遍的瑞士史形象。

2. 領地和平同盟說

自二十世紀前期起，對於所謂永久同盟與摩加登同盟是「反哈布斯堡同盟」這種看法，就已經出現反對聲浪。很早就有人指出，這兩篇同盟文件裡完全沒有直接提到哈布斯堡家族；綜觀各項條目，也可顯示這個和十三、十四世紀廣泛可見的地區或城市同盟一樣，屬於典型的**領地和平同盟**[▷3]。在日本，齋藤泰也採取同樣立場。另外，如同伊安―霍夫（Ulrich Im Hof）所指出，若把永久同盟、

▷1 **舊瑞士邦聯**
指的是位於瑞士中央山區的三個森林州，烏里、舒維茨和翁特瓦爾登。1309年，上瓦爾登和下瓦爾登合併為翁特瓦爾登；一般認為參加「永久同盟」的只有下瓦爾登。

▷2 **宣誓聯邦**
德語為 Eidgenossenschaft，專門用來形容瑞士的政治體制。整合為一體的領域會和其他領域定下相互援助的永久誓約，透過這種方式締結同盟，從而不斷增幅、擴大，最後形成統一的聯邦。

▷3 **領地和平同盟**
（Landfrieden）
十三至十五世紀，神聖羅馬帝國內部的城市、農村、諸侯等為了抑制land（領地）內的 fehde（暴力犯罪、自力救濟），因此紛紛締結和平同盟。這種同盟被視為中古世紀由下而上解決紛爭、建構和平體制的方式。參照 II-25 注2。

摩加登同盟視為和西部的勃艮第聯邦、東北部的波登湖周邊城市並列的第三個同盟組織，就可以與其他兩同盟相互對比。

3. 從經濟視角出發　　近年來領地和平同盟說占了優勢，但反哈布斯堡同盟說也持續存在。新史料的發掘固不用說，基於新視角的史料解釋也有待發掘。在這當中，薩布洛尼耶（Roger Sablonier）著重分析瑞士中央山岳地區經濟的變化及其影響。這個地區自十三世紀下半葉開始，隨著眾多修道院經營大農場的組織化發展，使得商品經濟活躍；這促成了科莫和米蘭等阿爾卑斯山以南的北義大利城市、以及陸森和蘇黎世等阿爾卑斯山以北各城市的需求，結果地區間的經濟交流日益頻繁，市場也跟著擴大，是以喚起了複數政治勢力想將該地區納入統治的野心；換言之，哈布斯堡家族並不是唯一。薩布羅尼耶的見解糾正了迄今往政治史一面倒的研究態度，促使大家從經濟視角重新思考兩同盟與哈布斯堡家族的關係，堪稱是劃時代的見解。可是這種主張沒有直接史料可供依據，因此引來部分史家反彈。比方說菲斯特（Christoph Pfister）就批評薩布洛尼耶的其他主張，包括「1291年8月1日」被認為是永久同盟文件的編纂時期、以及烏里與舒維茲等老三州締結永久同盟等等，都是荒唐無稽、沒有學術價值的論點，應該被徹底拋棄。至於年輕世代的史家則多半仿效薩布洛尼耶，談及十三世紀後期的地區經濟活絡時，也消極處理兩同盟與哈布斯堡家族的關係。可是薩布羅尼耶投下的這塊石頭不只關注修道院與農民的關係，也為從城市、在地貴族、國王切入等研究方法擴展了新的可能性。關於瑞士起源的議論，就這樣在波瀾中持續邁向下一個階段。

歷史學的考察重點

① 為什麼反哈布斯堡同盟說在十九世紀末會被廣為接受？
② 十三、十四世紀的領地和平同盟，締結的背景為何？
③ 想將瑞士中央山岳地區納入統治的政治勢力有哪些？
④ 關於圍繞瑞士起源的議論，我們可以看出怎樣的可能性？

23 韃靼枷鎖

宮野裕

【關連項目：亞歷山大大帝與「希臘化論爭」、維京人的族群、諾曼征服、東歐的邊境化與落後性、農奴解放】

史　實

韃靼人（俄羅斯與歐洲常稱蒙古人為韃靼人）在十三世紀前期建立大型歐亞帝國時，也對歐洲發動了遠征。當時的**羅斯**諸公國（作為俄羅斯遠祖的各國）被蒙古擊破，從而納入帝國東北部的朮赤**兀魯思**（又稱欽察汗國）統治，向可汗納稅，還被命令陪同遠征。就這樣，被韃靼人套上枷鎖（Tatar-Mongol yoke）的羅斯諸公國自十三世紀中葉左右開始，便落入兀魯思的間接統治。由可汗承認的大公擔任代理人，負責向羅斯諸公國徵稅，徵稅時他們常會和可汗的官員與軍隊同行。於是大公們利用這類軍隊，或是直接請可汗派出軍隊來削弱敵對各大公，其中最成功的是東北羅斯的亞歷山大・涅夫斯基大公與西南羅斯的列夫・丹尼洛維奇大公。這種手法特別被涅夫斯基的子孫——莫斯科各大公所繼承；像伊凡一世就是借助韃靼的力量，擊潰了敵對各公爵。掌握實力的莫斯科公國在德米特里・頓斯科伊大公統治期間成為羅斯諸公國的核心；1380年，他們在庫里科沃平原擊敗了宗主國兀魯思將軍馬麥的部隊，但之後又受到懲罰性遠征，只好繼續臣服韃靼。庫里科沃之戰一百年後，1480年韃靼軍隊（「**大帳汗國**」的軍隊）在烏格拉河被莫斯科大公伊凡三世擊退。一般將這起事件理解成「韃靼枷鎖」的結束。

論　點

1. 關於韃靼造成損害實況的議論

韃靼在發動侵略、或是之後的遠征與踐踏時，對羅斯諸公國及後繼國造成多大的損害呢？對於羅斯大致上遭到不少損害這點，基本上幾無異議。但是，同時代的文獻資料中很少有具體記述，因此後世研究者的敘述也多半曖昧不明；比方說，他們只會講出「原本和同時代歐洲齊頭發展的羅斯及各城市手工業遭到了毀滅性打擊，農村也陷入荒廢」這樣的論述。不過自1960年代以降，透過居住地廢墟的損害程度調查，我們得以歸納具體的地區與數據。塞多夫就指出，在斯摩稜斯克和烏格里奇地區，十一至十三世紀的居住地在韃靼入侵後大幅減少。卡斯騰・克魯格（Carsten Goehrke）則指出，東北羅斯有33％～50％的城市、西南羅斯則有50％～66％的城市在十三世紀時遭到毀滅。今後在數據的精緻化、各地區的統計、以及產業衰退規模等其他標準上，也期待後續成果。

＊ 羅斯

參照 II-6 注2。

▷1 兀魯思（ulus）

兀魯思不是具備明確地理國境的領土國家，而是以人群集團為中心加以結構化的「國」。土地所有權觀念相對稀薄，主要是歐亞大陸遊牧世界使用的概念。

▷2 汗

指歐亞遊牧民族的領袖，因此不限蒙古或韃靼，使用的例子散見各處。依時代和場所不同，也會稱為「可汗」或「大汗」。

▷3 大帳汗國（Great Horde）

在朮赤兀魯思的瓦解過程中，於1433年在黑海沿岸草原形成的遊牧國家。因內亂而衰退、十五世紀中葉又被克里米亞汗國攻擊，遷移到伏爾加河沿岸。在阿黑麻汗的時代（1459～1481年）與波蘭和鄂圖曼帝國締結友好關係，同時允許俄羅斯獨立。1502年瓦解。

2. 對俄羅斯史影響的相關議論

長期的枷鎖，對俄羅斯歷史產生了怎樣的影響？

首先，有一種看法認為，韃靼枷鎖給俄羅斯帶來毀滅性的打擊，讓它的歷史發展陷入遲緩。第二，有人認為即使有損害，對俄羅斯史也沒帶來太大的影響。這派研究者把俄羅斯的國家發展看成獨立的事物，將外在的影響推估到最小（也就是過去的國家學派）。第三是像**歐亞主義學派**◁4 這樣，認為枷鎖幾乎沒造成損害，反而讓持續分裂的羅斯諸公國得以復興，從而誕生出俄羅斯，因此給予韃靼入侵肯定評價。然而近年來，以上這些粗糙的議論都不再盛行，相關研究開始從具體影響、特別是政治社會制度等方面切入觀察。比方說日本的栗生澤猛夫就以蒙古的擔保制度為主題，考察韃靼枷鎖對俄羅斯制度面的影響。

3. 韃靼枷鎖究竟持續到什麼時候？

一般都把1480年的「烏格拉河對峙」以及之後的韃靼撤退，當成俄羅斯從枷鎖中解脫的象徵。但是，雖然許多編年史都詳述這場「對峙」，但直接言明「以這起事件為契機，俄羅斯脫離了枷鎖」的同時代史料則完全沒有。提及俄羅斯與枷鎖關係的同時代人，只有波蘭的德烏戈什（Jan Długosz）。儘管他在「對峙」之前便已過世，但在他的編年史作品中已出現了「俄羅斯脫離韃靼枷鎖」等文字。因此，1480年是脫離枷鎖之年的見解，並不是同一時代的產物。最初提倡1480年說法的，是十九世紀的俄國學者卡拉姆津。他在沒有明白證據的情況下，將「對峙」事件看成「我們的隸屬關係宣告終結」；而這種說法在進入二十世紀後，遂成定說。

相對於此，「大帳汗國」一直持續到1502年；在這一年克里米亞汗國還曾對莫斯科展開行軍，以後莫斯科也持續向克里米亞納貢。以上述事實為基礎，有人就認為韃靼枷鎖其實一直持續到十六世紀。但反過來，也有人把時期往前推，認為1472年之戰後，俄羅斯停止繳納給汗國的「蒙古稅」，由此已可看出獨立意識的萌芽。另外，在西南羅斯（現烏克蘭與白俄羅斯）的枷鎖實況及其終結問題，至今仍然欠缺研究。

▷4 **歐亞主義學派**（Eurasianism）
自古以來，俄羅斯就有「俄羅斯是否屬於歐洲」的議論。其中，歐亞主義學派認為俄羅斯是在韃靼枷鎖下存活的歐亞國家。這個學派總體而言，認為枷鎖是讓分裂的羅斯諸公國蛻變為俄羅斯的媒介，對它抱持肯定的態度。只是他們的理論頗有粗糙之處，而且也很抽象。

歷史學的考察重點 ┈┈┈┈┈┈┈┈┈┈┈┈┈

① 韃靼的侵略造成了多大的損害？

② 俄羅斯歷史因為韃靼枷鎖，帶來了怎樣的變化？

③ 枷鎖的排除（或枷鎖本身），究竟該以什麼為指標？

24 漢薩

小野寺利行

【關連項目：古希臘的聯盟及其接受、中古城市形成論、瑞士的起源、荷蘭的黃金時代、重商主義論與特許公司】

史 實

十二世紀，德意志北部的商人走遍北海、波羅的海各地從事貿易。為了確保旅程安全及貿易順暢，商人必須向在地權力者取得特權。故此，各地結成了做為商人團體的漢薩（Hansa，商會之意）。

十三到十四世紀，漢薩逐漸產生變化。漢薩商人與成為市民的城市夥伴結合起來，形成了做為城市團體的漢薩。這個新團體肩負了確保城市安全與貿易順暢的角色，由城市代表組成的**漢薩總會**[1]則負責城市間的利害關係與溝通。商人團體也會在做為對外貿易據點的**商館**[2]中接受城市團體的管理。

從中古末期到近世，漢薩更進一步產生質變。漢薩城市的數量減少，商館也陸續關閉。雖然其中仍有交易興盛的漢薩城市，但漢薩這個組織卻日益衰退。到了1669年，參與漢薩總會的只剩下九個城市的代表。之後，漢薩仍以呂貝克、漢堡、布萊梅等城市的同盟為存續象徵，但一般都把1669年當成漢薩結束之年。

論 點

1. 做為城市團體的漢薩

漢薩一般都稱作「漢薩同盟」，很多時候被歸類為城市同盟。這樣的稱呼反映了十九世紀到二十世紀上半葉的漢薩觀，因此以薩托留斯和丹尼爾為首的當時研究者，都從城市團體去理解漢薩的本質。

站在這種視角來看，漢薩是城市的聯合體，透過總會決議等方式來保護、管制各個城市與商人，是個穩固的組織。不只如此，漢薩在外交和軍事上足以和波羅的海地區君主與諸侯相抗衡，有時甚至凌駕其上；因此，漢薩可視為是一種政治組織。

依此，以「城市團體漢薩」這個見解為根據，漢薩的極盛時期就是威壓周邊諸國，成為北海、波羅的海地區一大勢力的時期，相當於對丹麥及英格蘭的戰事獲勝、從而確保自身商業利益與權利的十四世紀後期到十五世紀後期。

2. 從商人團體漢薩轉變為城市團體漢薩

二十世紀中葉後，新的漢薩形象出現，那就是「從商人團體漢薩逐漸轉變為城市團體漢薩」這樣的見解（**商人漢薩與城市漢薩**[3]）。這樣的見解雖是艾許佛・布蘭德（Ahasver von Brandt）等人率先提出，但多林傑（Philippe Dollinger）的通

▷1　**漢薩總會**
雖是集結漢薩城市代表的會議，但並非所有城市都會派出代表，因此決議的約束力也很弱。不只如此，它也沒有一定的召開場地和頻率。

▷2　**商館**
漢薩商館中最有名的，是倫敦、布魯日、卑爾根、諾夫哥羅德等四個城市的商館，但在漢薩商人遠赴的各地也有其他商館，因此正確數量並不一定。此外，商館所在地的城市並非漢薩城市。

▷3　**商人漢薩與城市漢薩**
從這時開始，這種做為商人團體的漢薩被稱為「商人漢薩」，而做為城市團體的漢薩則被稱為「城市漢薩」。

史讓這種說法廣為人知。

按照這種見解，城市團體並非漢薩的本質；相反地，應該要更加重視先於城市團體的商人團體之角色意義。「確保貿易安全順暢」這樣的商人團體漢薩角色，也被後來的城市團體漢薩給繼承。另一方面，研究者也強調漢薩與城市同盟的不同。漢薩並不是一個穩固的組織，也沒有適用於全體漢薩城市的條約，漢薩城市的數量也不很明確，因此組織是鬆散的。不只如此，說到底漢薩仍是個商業團體，因此在本質上也和政治軍事性的城市同盟相異。

對於漢薩極盛期的評價也跟著變化。他們從十四世紀下半葉到十五世紀下半葉，以城市團體漢薩之姿展開的種種行動，其實是為了確保商人團體漢薩在各地獲得的特權；換言之，它其實是個企圖維持既得利益的保守時代。

3. 做為商人與城市團體的漢薩　二十世紀末以降，隨著哈恩（Volker Hann）與哈梅爾—基索（Rolf Hammel-Kiesow）等人的研究，漢薩的形象又有了進一步變化。他們把一直以來有關漢薩的見解更往前推進，簡單來說就是更加強調商人團體漢薩的鬆散性。近年來討論漢薩時，都是以「商人和城市團體漢薩」形象來加以掌握。

確保貿易安全與順暢這件事，是商人團體漢薩的最大目的。而這個目的要達成，不該只是仰賴一直以來認為的商人團體與城市團體等組織，個別商人之間的人際網絡也扮演了很重要的角色。

另一方面，漢薩從中古末期到近世的衰退也被相對化了。漢薩城市的減少與商館關閉等「漢薩」的衰退，並非單純只是特定組織的衰退，而是對應政治、經濟、社會的變化而產生的結果。貿易的發展，也與歐洲經濟結構的變化相互對應；換言之，從中古末期到近世對漢薩而言，與其說是衰退，不如說是一個變化的時代。

歷史學的考察重點 ···

① 漢薩的形成、繁榮與衰退各是在何時？這種判斷又是出於何種理由與視角？

② 漢薩如何確保安全與順暢的貿易？

③ 漢薩商人之間是如何建立人際網絡的？

④ 各個漢薩商人與漢薩城市的活動，在全體漢薩當中占了怎樣的位置？

25 十四世紀危機

加藤玄

【關連項目：五賢帝時代與「三世紀危機」、中古農業革命、圍繞「封建制」的論爭、近代國家形成論、聖女貞德、十七世紀危機、愛爾蘭大饑荒】

史 實

1315～1322年襲擊西北歐大部分地區的饑荒，為經濟倒退與停滯的時代揭開了序幕。這種倒退與停滯，隨著1320～1340年代稅賦負擔的增加，以及貨幣的貶值，變得更加惡化與長期化。饑荒帶來的人口減少與經濟動盪，再加上1348年開始爆發的黑死病等陸續發生的疫病、城市與農村的民眾暴動，以及英法百年戰爭的僵持，都把社會逼進更加混亂的境地。這個時期雖然也可以看見經濟恢復的徵兆，但一般而言都只是短期且局部的；普遍認為歐洲經濟的實質復甦，要等到十五世紀下半葉。史家習慣將這樣的情況稱為「十四世紀危機」。

論 點

1. 社會經濟的「危機」

大部分的史家都認為1300年左右，或者說1315～1322年的大饑荒時期，貿易、人口、生產與物價都發生了重大變化。另一方面，也有史家將1348～1350年的黑死病視為決定性的轉捩點。

阿貝爾（Wilhelm Abel）和波斯坦（Michael Moissey Postan）等二十世紀中葉的史家受到**馬爾薩斯主義**的影響[1]，將中古歐洲的社會經濟描繪成因應人口、環境等各種變化而擴大、收縮的大型循環。按照這種見解，十二至十三世紀持續擴大的人口，在十四世紀初達到極限，十四世紀下半葉轉為衰退，導致經濟緊縮。另一方面，希爾頓（Rodney Howard Hilton）與博伊斯（Guy Bois）等**馬克思主義**[*]史家則把「危機」解釋成封建社會的內部矛盾。領主浪擲財富囤積奢侈品，不只不投資，還課徵沉重地租、剝削農民，妨礙農民改良農業技術。然而邁入十四世紀後，農民抵抗地租徵收加上農業收入下降，導致領主的貧困，也使封建制陷入危機（「封建制危機」說）。

佩羅（Édouard Perroy）、莫拉特（Michel Mollat）、沃爾夫等法國史家認為，十四世紀的「危機」是由叛亂、**復仇**（fehde）[2]、戰爭等氛圍所釀成，在1320年代、1350年代、1380年代左右都因為城市和農村的困乏，引發民眾暴動與猶太人迫害。在英法兩國，地租收入減少的地主鼓吹君主發動戰爭，仰賴薪俸、官職、年金的傾向日趨強烈。在君主權力較薄弱的中東歐與西班牙，領主則成功抑制農民階級的解放，並建立了「**再版農奴制**」[3]。

重視商業成長的門若（John Munro）與布里內爾（Richard Britnell）主張，十四世紀中葉的黑死病，讓十四世紀最初數十年開始的景氣倒退傾向

變得長期且持續強化。在十四世紀初，貿易量已經開始減少，新設的城市與市場也開始衰退。到了十四世紀前期，人口減少導致勞動力不足，戰爭導致貿易路線受阻，沉重稅賦也侵蝕了商業利潤，這些現象都陸續發生。

2. 政治和軍事上的「危機」 據康塔明（Philippe Contamine）所述，隨著戰爭頻仍，中古末期的拉丁基督教世界陷入不安，在深刻的政治對立下分裂，經濟衰退，人口也驟減。戰爭與伴隨而來的貧窮困乏，是描述法國「十四世紀危機」不可或缺的要素。

由於到了十三世紀末，君主已能召集並長時間維持大規模軍隊，因此十四世紀以降的戰爭遂變得大型且長期化。對貴族而言，戰爭是透過贖金與掠奪獲得利益的機會，但軍事行動造成了建築物破壞、農作物損害，也對貿易造成阻礙。不須負封建義務、只領薪水的傭兵，即使在平時也會武裝掠奪，結果導致社會秩序惡化，以血還血的復仇行為也日益增加。

古內（Bernard Guenee）認為，君主們一方面對發動戰爭興致勃勃，另一方面又蔑視官僚與法律制度，把支出全用在購買奢侈品等非生產性用途上。王國統治階級間的親族對立成為不定時炸彈，在勝利導致的短暫團結與敗北導致的分裂之間不安搖擺。

3. 批判與其他視角 對於上述的解釋，也出現了不少異議。有研究者認為，被認為導致經濟緊縮的人口減少現象，其實也讓人口與資源間取得平衡，並創造了新的商品市場。也有史家認為雖然地租收入減少，但領主還是能維持水車、爐灶、市場稅、審判權等各種收入來源，因此領主是否真的貧窮，還有待商榷。另外，「民眾的困乏化」與暴動，兩者因果關係並不必然那麼明確。社會經濟意義上的「危機」這個概念本身也遭到了批判。早在1949年，佩羅就已經指出「危機」這個語彙不只是經濟倒退，也同時象徵著轉捩點，因此相當曖昧。現在的義大利史家也比較不傾向使用「危機」，而是偏好「轉換」和「變質」等語彙。

關於戰爭，其實百年戰爭期間也包含了長期休戰，因此英格蘭、西班牙不用提，就連戰場法國也是大部分完好無傷。就算是常見的雜牌軍掠奪、復仇與小型紛爭，程度上也有差異，而且多半是局部現象。從對農民造成經濟損害這點來看，雜牌軍的掠奪和傳統領主剝削及新設的國王課稅，其實並沒有什麼不同。此外，十四世紀的戰爭，其實也是立基自中央集權的審判與行政等統治發展上。故此，近年來也有人指出中古末期應該和「近代國家」誕生時期一併看待才對。

歷史學的考察重點

① 基於馬爾薩斯主義與馬克思主義問題意識的推論解釋，現在仍然妥當嗎？

② 從當時的史料狀況，能夠評估出「危機」的性質嗎？

③ 和其他時代、其他地區相比，這場「危機」究竟嚴重到什麼程度？

④「十四世紀危機」有例外之處嗎？

26 聖女貞德

加藤玄

【關連項目：迫害社會的形成、近代國家形成論、十四世紀危機、勃艮第公爵的宮廷文化、獵巫】

＊ 封地
參照 II-9 注2。

▷1　特魯瓦條約
繼被暗殺的約翰後就任的新勃艮第公爵菲利普，倒向了英王亨利五世；1420年5月，在雙方主導下締結了特魯瓦條約。依據這項條約，亨利五世和查理六世的女兒凱瑟琳結婚，成為法國攝政，並在查理死後成為後繼者，繼承法國的王位，至於太子查理則遭到廢黜。這項條約規定英法兩國的王冕世代由同一位國王承繼，因此對英方而言，這是「最終的和平」（英法雙重王國）。但和條約設想的狀況相反，首先是亨利五世在1422年8月逝世，由年幼的亨利六世即位，接著在同年10月，查理六世也跟著逝世。按照前面的規定，亨利六世應該要繼承法國王位，但王太子查理也宣告自己即位為法王查理七世。

史 實

　　1337年，法王腓力六世沒收英王愛德華三世在法國西南部的**封地**＊吉耶訥公爵領地，愛德華則主張自己擁有法國王位繼承權，雙方於是開始了持續一世紀以上、斷斷續續的百年戰爭。進入十五世紀，隨著1415年阿金庫爾之戰的勝利，戰況朝著對英方有利的方向展開。在法王查理六世罹患精神病、無力統治的狀況下，與勃艮第公爵菲利普締結同盟的英王亨利五世藉著1420年的**特魯瓦條約**▷1成為查理六世的繼承人，被廢黜的王子查理（後來的查理七世）則控制羅亞爾河以南的地區。1429年，在農民之女貞德的協助下，成功解救了被包圍的王子派據點奧爾良，並讓查理在蘭斯大教堂完成加冕式。但是，之後貞德被俘虜至英格蘭陣營，1431年於盧昂受審，被判定為異端後遭處死（異端審判）。在1435年的阿拉斯條約中，查理七世與勃艮第公爵達成和解，並在1453年將大部分英軍逐出法國。1456年，對貞德的審判獲得重審，並認定異端判決無效（無效審判）。

論 點

1. 兩次審判的歷史脈絡

　　由於有「異端審判（處刑審判）」與「無效審判（平反審判）」的紀錄留下，因此和一般農民出身女性相比，我們對貞德的生平知之甚詳，這點非常罕見。異端審判雖是由教會進行審判、科雄主教擔任法官，卻是在英王亨利六世管理下的盧昂展開。因此自十八世紀起，這場異端審判就被批評為受政治干預的不當判決。法官們認為貞德不是上帝的使者，而是受惡魔唆使的異端，用意是要否定在貞德協助下完成加冕式的查理七世即位正統性。另一方面，擁護天主教的史家為了替教會卸責，便將判貞德有罪的一切責任全都歸咎給英格蘭人的「爪牙」科雄主教。比方說，挑選並編輯無效審判證言的佩努（Régine Pernoud）就大力批判這場異端審判的政治意涵，也幾乎無條件相信之後無效審判的證言內容。

　　可是，之後這場由驅逐英軍的查理七世說服教會、勉強舉辦的無效審判，目的其實也是為了恢復受異端審判而毀損的查理自身名譽。這場審判把已經於1442年過世的科雄主教當成代罪羔羊加以論罪；因此無效審判和異端審判一樣，都強烈反映了當時的政治狀況。

2. 從實像到意象

　　受到佩努的影響，二十世紀後期的貞德被描繪成了「殉教者」。可是，這兩場審判的重點並不是

貞德這個人的人格特質，而是異端與否的判定，因此要從審判紀錄來釐清貞德的實際面貌，是相當困難的。

近年來，伯恩（Colette Boaune）廣蒐審判紀錄以外的相關史料，並提出「同時代人對貞德所抱持的複數多元印象」這個嶄新的視角。比方說，伯恩研究了預言、魔術、民間信仰等領域，探討當時的「心性」是如何形塑出貞德的各式各樣意象。另一方面，伯恩也強調在中古社會界線嚴明的年齡、身分與性別等限制下，貞德所創造的越界特性。在大部分女性十來歲就結婚的那個時代，貞德是一個介於大人和孩童之間的存在——「少女（未婚）」，著男裝，雖是平民卻讓貴族在戰場上跟隨她。先是以女先知形象現身、之後是被誹謗的魔女和異端、後來又被當成聖女尊崇的貞德，她的形象特別為美國盛行的性別史研究所注目。

另外，雖然是虛構文學偏好的題材、不過學術上相當可疑的貞德「存活說」與「庶子說」，關於這方面的檢討，在高山一彥的著作中有詳述。

3. 跨越民族主義的貞德形象

在無效審判後數世紀，貞德被拿破崙從遺忘的深淵中救出。就像維諾克所詳述的，對米什萊這樣的十九世紀共和主義者而言，貞德是「人民的代表」，是天主教會的「聖女」（1920年5月6日封聖），更是支持高唱排外主義——例如今日的國民聯盟（前國民陣線）——的民族主義者眼中的「愛國少女」。

然而，也有人開始探索，試圖脫離在形塑法國國家與國族記憶中賦予貞德一席之地、帶有民族主義色彩的視角。百年戰爭不只是英法之間的戰鬥，法國國內的有力諸侯勃艮第公爵也左右了戰況。而法國內部的分裂，也影響了貞德身處的環境。比方說，貞德出身的棟雷米村，就位在**勃艮第派與阿馬尼亞克派（太子派）**◁2 的夾縫之間。俘虜她的是勃艮第軍人，主導處刑審判的科雄主教與巴黎大學也都是勃艮第派。

此外，如同德國研究者克魯姆艾希（Gerd Krumeich）所指出的，貞德形象其實同時具備了國族（national）性格與更廣泛的跨國（transnational）性格；加以檢討其相互作用，可以開拓出新的研究方向。因此，非法國人研究者的視角也是不可或缺的。

▷2 **勃艮第派（Burgundians）與阿馬尼亞克派（Armagnacs）**

1407年，查理六世的弟弟奧爾良公爵路易遭到堂兄弟勃艮第公爵約翰暗殺，內亂於是爆發。「勃艮第派」是站在勃艮第公爵一邊的黨派；另一方面，被暗殺的奧爾良公爵路易，其長男查理在1409年與阿馬尼亞克伯爵貝爾納的女兒波內結婚，於是由貝爾納所率領、與勃艮第派對立的派閥，就稱為「阿馬尼亞克派」。由於查理在阿金庫爾之戰遭俘虜，因此當貝爾納在1418年被勃艮第派於巴黎暗殺後，這個名稱也仍然留存下來。1419年，約翰在蒙特婁橋上遭到太子查理（之後的查理七世）的心腹暗殺，之後阿馬尼亞克派與太子派實質融合，但仍被稱為「阿馬尼亞克派」。

歷史學的考察重點 ┈┈┈┈┈┈┈┈┈┈

① 兩種審判史料對貞德的描述方式有什麼不同？
② 勃艮第派巴黎居民的《日記》中，是怎樣描述貞德的？
③ 日本對貞德形象的歷史接納過程為何？

27 勃艮第公爵的宮廷文化

青谷秀紀

【關連項目：儀式與溝通、近代國家形成論、聖女貞德、義大利文藝復興、複合國家／複合君主制／礫岩國家】

史 實

出身法蘭西瓦盧瓦加的勃艮第公爵（勇敢的）菲利普二世，在1369年與法蘭德斯伯爵的女兒瑪格麗特結婚，1384年以後統治了這塊伯爵領地。以後歷經四代的勃艮第公爵家，陸續獲得了布拉邦公爵領地與荷蘭伯爵領地等尼德蘭各邦，在法德之間形成一大片統治區域，這就是所謂的勃艮第公國。在公爵底下，公國各地貴族組成了**金羊毛騎士團**[△1]（1430年）；以宣示十字軍遠征的「雉雞之宴」（1454年）為代表，勃艮第公爵不時舉辦超乎尋常的大規模宴會，從而形成一種豪奢、華麗的宮廷文化。另一方面在宮廷的贊助下，**通俗語**[*]文學和歷史作品、寫實主義繪畫、多聲部音樂等藝術也都相當蓬勃。

論 點

1. 文化史的解釋

荷蘭的文化史家赫伊津哈（Johan Huizinga）在1919年刊行的《中世紀的衰落》中，認為勃艮第宮廷反覆舉行的慶典和儀式，其實只是追求名譽與名聲的人們對已成昨日黃花的騎士精神、夢想與理想，一種幻想般的空洞追尋而已。至於公爵和宮廷貴族贊助下發展起來的藝術，其實也體現了以象徵主義為特徵的中古精神衰退，以及盡可能將眼睛所見的一切盡可能描寫出來的時代風潮。故此，不管是**喬治·哈斯特蘭**[△2]冗長的歷史敘述、還是以極細密描繪著名的揚·范艾克宗教畫，都是對現實鉅細靡遺的描寫，這些都可以解釋成這種風潮的體現。赫伊津哈的這種見解，和做為當時主流、嚴格區分中古界線、提倡十四世紀古典復興與個人主義萌芽的**布克哈特**[*]文藝復興觀，從勃艮第公國看到近代比利時國家雛形的**皮雷納**[*]國族主義歷史形象，以及從寫實的法蘭德斯繪畫當中看出嶄新近代性的美術史家提出的北方文藝復興論，都是完全不同的。赫伊津哈認為，勃艮第宮廷是日益衰弱的中古文化綻放最後光芒的舞台，也是對中古後期過渡到近代的探究起源場所。孕育出嶄新文化的土壤，與瀕死文化的有機性關係連結共存。這就是他提出的見解。

2. 從政治文化史研究提出的反對意見

儘管刊行之初並沒有在實證主義史學界獲得太多的評價，但這本以各種文化面向展現人們思考與生活各種形式的《中世紀的衰落》，自1970年代起便隨著**年鑑學派**的推廣，在心態史研究占據了經典地位。雖說如此，但自1980年代以降，在勃艮第

▷1 **金羊毛騎士團**
將許多與十字軍相關的騎士修會組織（醫院騎士團、聖殿騎士團、條頓騎士團等）視為典範，十四世紀以降由西歐各地王侯貴族所組成的騎士團之一。這類騎士團還包括英國王室的嘉德騎士團，與法國王室的聖彌額爾騎士團等等。

* **通俗語**
參照 II-19 注1。

▷2 **喬治·哈斯特蘭**
（Georges Chastellain）
1414年左右～1475年。法蘭德斯出身，侍奉第三代勃艮第公爵好人菲利普、第四代公爵大膽查理的史家兼詩人。從近距離觀察、記錄勃艮第公爵的宮廷生活，並大部分以法文著述；代表作為《編年史》。

* **布克哈特**
參照 I-7 注7。

* **皮雷納**
參照 I-30 注2。

* **年鑑學派**
參照 II-18 注1。

公國史研究領域裡，這種由赫伊津哈所提出，被過去騎士精神所束縛、只重形式欠缺內在的勃艮第宮廷文化形象說法，遭到了批判。比方說，透過儀式進行象徵性溝通、從而形塑與重整政治社會關係的**勃艮第劇場國家論**[3]就認為，宮廷人士參加反覆舉行的城市慶典中，不時會透過戲劇來展現公國的政治社會秩序，因此是一種企圖形塑合意（共識）的場域。另一方面，藝術是透過贊助行為、視覺和語言表現，讓社會威信得以滲透的手段。和《中世紀的衰落》不同，這些議論強調的是在儀式與贊助過程中，城市與城市菁英所扮演的重要角色。這樣的儀式研究，和公國中央集權行政、財政機構整飭等相關考察工作相結合，從而產生一種將公國後期定位在文藝復興、近世式政治文化與國家形成時期的傾向。只是，相較於這種中央集權的國家形象，近年來史坦（Robert Stein）指出公國其實是一種複合君主制；因此，今後實有必要對照相關背景，重新探問勃艮第宮廷文化的意義。

3. 美術史的反對意見

儘管從美術史研究的脈絡正面談論《中世紀的衰落》的研究出乎意料地少，但批評家托多洛夫（Tzvetan Todorov）對於赫伊津哈「從揚・范艾克筆下的阿諾菲尼夫妻，看到了中古平靜的黃昏」這樣的視角不能苟同。他主張在十五世紀的法蘭德斯肖像畫中，個別來看，確實可以發現到文藝復興的特質。另一方面，托多洛夫指出十五世紀的義大利思想，其實有更重視整體理型（idea）的**新柏拉圖主義**[*]傾向，從而對以義大利為中心的文藝復興觀提出批判。美術史家貝洛澤斯卡婭（Marina Belozerskaya）則對赫伊津哈「義大利文藝復興的先進性與勃艮第文化的落後性」結論提出批評；她的看法是，事實上勃艮第的藝術不管在表現手法還是贊助形式上，都對包含義大利在內的歐洲各地造成廣泛影響，因此對文藝復興文化的發展有著很大的貢獻。同樣身為美術史家的里德博斯（Bernhard Ridderbos）也對赫伊津哈沒有研究初期尼德蘭繪畫的內容，而是一味把重點放在形式分析上提出批判。里德博斯的研究，讓畫匠代表作的意義與機能，從城市的社會、宗教、乃至於政治脈絡當中浮現出來；這樣的研究，也和上述來自政治文化史的反對意見相互呼應。

▷3 **勃艮第劇場國家論**
人類學家紀爾茲基於峇里島的政治文化考察，提出了「劇場國家論」，本論點為其延伸；此論的先驅是公國史研究泰斗普雷文尼爾（Walter Prevenier）與布洛克曼斯（Wim Blockmans）的《勃艮第時期的尼德蘭》（1986年）。在原本的峇里島劇場國家論中，壯麗的儀式並不是為了將實際權力加以呈現、展演才存在，而是儀式性戲劇所產生出的政治空間，讓主導這項儀式的人得以成為統治者。

* **新柏拉圖主義**
參照 II-28 注2。

歷史學的考察重點

① 赫伊津哈的問題意識，現在是否仍然妥當？
② 我們可以清楚指出什麼是「中古的」、什麼又是「文藝復興的」嗎？
③ 尼德蘭和義大利之間有著怎樣的關係？
④ 做為研究方法的文化史與美術史，有著怎樣的差異？

28 義大利文藝復興

德橋曜

【關連項目：古代的科學：以蓋倫為中心、卡洛林文藝復興、十二世紀文藝復興、勃艮第公爵的宮廷文化、人文主義／文人共和國、宗教改革／反宗教改革論】

▷1　拉丁語
在中古時期被當成學問、法律、宗教世界的共通語言，但在義大利也是一般人親近的語言。因為和義大利通俗語（日常語）接近，所以在土地買賣契約等證書或公文上，也都會使用拉丁語。

▷2　新柏拉圖主義
西元二至三世紀在亞歷山大城發展起來的神祕主義思想，將柏拉圖思想與猶太教、祆教、諾斯底主義等要素結合起來。

＊　布克哈特
參照 I-7 注7。

史　實

在十四世紀的義大利，出現了對古羅馬產生興趣的嶄新文化，由拉丁語[1]修辭學、文法等相關知識分子與學者提倡；這些學者將拉丁語、哲學、歷史等稱為「以人為本位的研究」（人文學，studia humanitatis），所以這樣的思想潮流便被稱為「人文主義」。他們致力於讓失落的古代知識與技術復興，並在當代（對當時來說的現代）加以活用。從這裡展開的一連串文化動向，歷史上稱為「義大利文藝復興」。人文主義者發掘出「古代」固有的時代性與價值，並清楚認知到這是一個與自己所處時代有所區隔的另一個時代，從而首次意識到「古代、中古、當代（現代）」的時代區分。

在模仿古代的文學思想與建築美術大放異彩的十四世紀末到十五世紀，古代的雕塑、遺跡、建築論著等也成為參照對象，反映於當時的繪畫、雕塑與建築風格。另一方面，雖然對古希臘的興趣自十四世紀末便出現，但在十五世紀前期，拜占庭帝國使節為了請求西歐支援對抗鄂圖曼帝國，便帶著學者一同前來，這些學者的知識刺激了西歐的知識分子。包括身為拜占庭皇帝馬紐爾二世使節前來義大利的赫里索洛拉斯（Chrysoloras）、跟隨皇帝約翰八世出席佛羅倫斯大公會議（1438～1439年）的格彌斯托士・卜列東（Gemistos Plethon）、貝薩里翁（Bessarion）等人，都相當有名。結果在十五世紀後期，隨著希臘古典研究的正式化，新柏拉圖主義[2]的思想也隨之廣傳。就這樣，文化潮流也擄獲了義大利以外的學者和藝術家，到了十六世紀的法蘭西、英格蘭等地，也都發展出各地獨特的文藝復興文化。

論　點

1. 做為時代概念的「文藝復興」

文藝復興（Renaissance）在法語中是「再生」的意思。十九世紀史家米什萊為著作《法國史》當中以十六世紀為對象的第七卷，附上了「文藝復興」這個副標題，這是文藝復興首次做為一個時代概念被提出（米什萊將這個時代與「世界的發現、人類的發現」賦予強烈關連）。之後，瑞士史家布克哈特＊在《義大利文藝復興的文化》中，將文藝復興概念與近代對人性、個人性的發現相結合，並與中古的宗教性、集團性做對比；文藝復興做為邁向近代的轉捩點，至此遂成定論。就如二十世紀上半葉義大利史家恰波（Federico Chabod）將「文藝復興國家」視為近代國家萌芽的基礎，文藝復興已被認定為是一種時代

精神的概念。

2. 文藝復興概念的重新審視　和中古時期呈現對比的文藝復興，這樣的時代概念是否妥當，到了二十世紀末紛紛有人提出質疑。隨著有關中古社會文化的實證研究日益進展，要像過去那樣做出「進步的近代」對「黑暗的中古」這類評價，其實愈來愈困難。比方說杜比和勒高夫的研究，就透過史料鮮明呈現了中古人民的精神世界與社會樣貌，從而廣泛影響了歐洲中古史研究。另一方面，**傅柯**[*]等人透過論述，來分析近世及近代社會的規律化，也讓肯定近代「理性化」的評價得以被動搖、再評估。說到底，十五世紀的義大利社會並不存在與十三、十四世紀迥然相異，所謂「文藝復興的」固有社會體制與政治，而十六世紀義大利社會的大幅變化，也不應該用固有的「文藝復興」概念去掌握。至少在歷史學的脈絡上，「文藝復興」要做為一個時代概念是很困難的事，這點現在已經是大家共通的認知。

3. 做為文化的「文藝復興」　雖然在十四至十六世紀的義大利，並不存在「文藝復興」這樣的語彙或概念，但當時的人們的確以和過往不同的態度去理解古代，從而誕生出新的文化動向。自己也是畫家的瓦薩里（Giorgio Vasari）在他的著作《藝苑名人傳》（1550年）中，就提到當代對古代藝術的「再生」（rinascita）。對於把古代精神與知識當成當代典範的文化分子而言，古羅馬帝國解體後，進入了一個遺忘古代價值的時代。於是，就如十五世紀人文主義者比翁多（Flavio Biondo）所見，他們把自己所處的時代與做為典範的古代，兩者之間的時代定位為「古代與當代中間的時代」，從而產生了「中古（medium aevum）」這樣的概念。就像這樣，在同時代中可以看出對新時代的自覺、以及認為自己所處時代與以前時代迥異的意識。

　　事實上，這種意識反應在美術與建築上，就形成了具「文藝復興」特徵的形式，在文學與哲學方面也具備固有性。因此，文藝復興並不只是近代歷史學所誕生出來的概念而已；在美術史、建築史、思想史等方面，義大利文藝復興都可以當成一種具備時代特徵的文化來看待。只是，對此我們不能對它賦予過多的近代性與理性概念。另一方面，在意識到這是與過去迥異的新時代之際，我們也不能忘記這種新的文化動向與世界觀，其實也是承繼自中古；畢竟，我們所稱的「文藝復興文化」，是在中古末期社會發展起來的。

[*]　傅柯
參照 I-25 注5。

歷史學的考察重點

　①歷史學應該如何掌握「文藝復興」這個概念？

　②歷史學、美術史、建築史、思想史對「文藝復興」的掌握方式有何不同，又為何不同？

　③「文藝復興」這個歷史概念，是怎樣被賦予近代性的？

III 西洋近世史的論點

簡・魯伊肯（Jan Luyken），〈安・韓德利克斯
於阿姆斯特丹的火刑〉（1571年）

雷蒙尼爾（Anicet Charles Gabriel Lemonnier），
〈在葛芙琳夫人沙龍舉行的伏爾泰《中國孤兒》
讀書會〉（1812年）

「迷信」（獵巫）與「啟蒙」（沙龍）

• 簡介 •

　　夾在中古與近代之間、從十六世紀到十八世紀末的這段時期，西洋史稱為「近世」。就像「主權」和「資本主義」這樣，被我們當成「常識」所熟知的語彙，有很多都是在這個時代被發掘出其意義。因此，過去的西洋史研究把「近世」當成「近代早期」，從中探索我們所處時代的出發點。確實，在這個時期產生了像是「哥倫布大交換」或「科學革命」這種以歐洲為起點，將世界各地囊括其中的歷史。這是歐洲人眼中所見的嶄新局面。可是，近年的研究不再以我們的「常識」為前提，來詮釋將這個嶄新的時期，而是以延續古代和中古淵源的歷史為依據，重新檢討並挑戰既有觀念。這章所介紹的各個論點，都不是只把「近世」當成「近代初期」，而是把它當成具有獨特個性的時期來加以闡明。當各位讀者接觸到這些不為我輩「常識」所束縛、而是設法釐清「近世」本身樣貌的論點時，應該能體會到創新的西洋史研究，其中蘊含的深奧樂趣吧。（古谷大輔）

① 世界體系理論

島田龍登

【關連項目：荷蘭的黃金時代、資本主義論、東歐的邊境化與落後性、英國工業革命、大分流、殖民地與現代／西方】

史 實

直到十七世紀初為止，荷蘭是世界經濟的中心，此後歷經英國、美國，世界經濟的霸權國家不斷變遷。在這種狀況下，西歐核心地區分化成基於自由契約勞動的資本主義生產形式，另一方面，東歐和美洲大陸被視為邊陲地區，分化成穀物和砂糖等農業生產區。東歐形成了**再版農奴制**[▷1]，美洲則建構起役使黑人奴隸的生產體制。至於南歐則被視為核心與邊陲之間的半邊陲地區，發展出地主和小佃農制。華勒斯坦將這種基於地區分工的「核心、半邊陲、邊陲」經濟體系，命名為「**近代世界體系**[▷2]」。這是一種經濟上密切結合、相互關連的世界體系。它會逐漸擴大範圍，最後將地球上的所有地區都納入這個近代世界體系。

歷史上存在過很多世界體系，近代世界體系是以核心地區的資本主義生產為基礎。邊陲與半邊陲則各自分工生產，透過貿易和核心產生經濟連結，橫跨地區廣闊是其特徵。這和歷史上以帝國政治整合為主的其他世界體系，有著極大差異。這種特殊的近代世界體系，現在籠罩了整個地球。如同前述，正確來說在歷史上曾經有許多世界體系興起，近代世界體系只是其中之一，但一般都把「近代世界體系論」稱為「世界體系理論」（World-system theory）。

論 點

1. 從近世到現代的連續性　華勒斯坦的近代世界體系論主張，現代世界經濟的起源可回溯到十六世紀的近世。通常來說，我們都會把十八世紀後期到十九世紀前期的英國工業革命視為近代經濟的成形，但華勒斯坦認為，在近世時期產生了近代世界體系這個特殊的經濟體系，並隨著時間經過不斷發展。他特別重視較英國稍早的荷蘭發展，指出它與現代之間連綿的連續性，這點堪稱前瞻。事實上近代世界體系的產生，與十五世紀末大航海時代的開始是一致的，和後面會提到的在地理上擴大範圍也是並行的。

2. 跨越國別史的大範圍性　以工業化角度來討論近代經濟的特徵時，經常以英國的工業革命開始，先傳播到西歐各國和美國，再傳至俄國與日本，也就是「以國家為單位的經濟史」。相對於此，近代世界體系論則超越國家單位，將近代經濟一路回溯到十六世紀，從歷史過程來綜觀廣大範圍。隨著大航海時代揭開序幕的商業革命，西歐的經濟

▷1　**再版農奴制**
十六世紀以降，因應西歐對穀物的需求增加，易北河以東的東歐領主強化了對農奴的控制，增加出口用的穀物生產（參照 II-25 注3）。

▷2　**近代世界體系**（The Modern World-System）
原文源自華勒斯坦的經典著作，中文世界翻成「現代世界體系」，但日文一般翻成「近代世界體系」。以該書論述時代來看，的確是近代較合適，因此本處沿用日文譯法。特此說明。

不只限於西歐各地，還跨越了大西洋，建立經濟聯繫。之後，這種經濟體系在地理上繼續擴大，直到籠罩整個地球。該理論從結構探討十六世紀以降世界的一體化。

3. 外部世界的存在

我們必須注意，從地理上來看，近代世界體系論所描繪的「世界」，原本就不是一個涵蓋整個地球的概念。最初它是以西歐為中心，只涵蓋東歐與美洲的經濟體系；至於這個體系未包含的地區，則被稱為「外部世界」。外部世界位在近代世界體系的架構之外，比方說荷蘭與亞洲的遠程貿易，對近代世界體系而言就沒有那麼大的重要性。華勒斯坦所說的「近代世界體系」，是寫成 Modern World-System，要特別注意這個連字號。雖說是「世界」，但並不表示整個地球；只有具備體系機能的地區，才會被當成「世界」來掌握。

對於近代世界體系論的其中一類批判，就是這個「外部世界」，特別是對亞洲的定位有問題。這類批判的背後，是二十世紀下半葉後，亞洲經濟產生了顯著的發展，現在中國和印度已成為世界經濟的原動力。華勒斯坦的批判者法蘭克就說，說到底，十七世紀世界經濟的中心並非荷蘭，而是中國和印度等亞洲地區。他在《白銀資本：重視經濟全球化中的東方》中分析十八世紀以前的世界貿易史，認為直到十八世紀為止，亞洲都是世界經濟的中心；也就是說，近代世界體系論視為「外部世界」的地區，其實才是世界經濟的中心。不只如此，法蘭克也指出，雖然十九世紀以降西洋各國成為世界經濟的中心，但到了二十一世紀，亞洲會再次成為世界經濟的中心。在這層意義上，他對近代世界體系論的西洋中心主義歷史解釋提出了批判。

歷史學的考察重點

①十七世紀的荷蘭，如何和世界各地貿易？特別是荷蘭東印度公司和亞洲的貿易，該如何用世界體系理論來解釋？

②大航海時代開始後，美洲大陸與西歐之間維持著怎樣的經濟連繫？

③外部世界是如何被納入近代世界體系的？

2 世界分割

合田昌史

【關連項目：十字軍、收復失地運動、西班牙帝國論】

史　實

　　大航海時代初期，西班牙與葡萄牙都有分割非基督教世界的野心。1493年5月，西班牙獲教宗頒布敕令，在亞速群島和維德角群島以西100里格（1里格約5.5公里）的大西洋上畫下分界線（教皇子午線），分界線以西為其預定征服的領域。然而葡萄牙提出抗議，第二年6月便締結了《托德西利亞斯條約》，新的分界線向西移動270里格，以西歸西班牙，以東歸葡萄牙。1500年卡布拉爾「發現」巴西後，便根據該條約將之劃歸葡萄牙。條約雖然沒有把分界線拉到東半球，但到了1512年，兩國都同意「將分界線延伸到地球另一側」的正相反分界解釋；之後以麥哲倫航海為契機，雙方討論香料產地摩鹿加群島的歸屬權，並提出**正相反分界線**[1]的說法。1529年簽訂《薩拉戈薩條約》後，葡萄牙獲得了該群島的歸屬權，但畫下的分界線仍有誤差，勢力範圍並不明確，因此隨著占領與征服的實際狀況，有關東亞各地歸屬權的爭議仍持續不斷。

　　隨著南美洲逐漸被征服殖民，十七世紀末，分界線爭論地點轉移到了大西洋拉布拉他河北岸的歸屬權。但是，這畢竟只是西葡雙方自行認定、排除第三國的世界分割論，所以還是有協商的空間。1750年，雙方放棄了自《托德西利亞斯條約》以降的勢力範圍劃分方式。原分界線以西的廣大巴西領土劃歸葡萄牙，西班牙也正式取得菲律賓的權益。

論　點

1. 分界的起源

　　皮雷茲(Jose Muñoz Perez)認為，分界(demarcation)的起源可以回溯到收復失地運動時代。十二世紀中葉至十四世紀初期，萊昂—卡斯提爾國王曾為了事先分配預定要征服的安達魯斯土地，而和亞拉岡國王訂立各項條約。皮雷茲認為分界就是這樣來的，可以視為一種邊疆。這種說法背後有兩種理念，認為大航海時代可看成是中古擴張的延續：一個是以恢復基督教世界失土為目標的收復失地運動，也就是「西方十字軍」的理念，另一個則是繼承西哥德王室傳統的萊昂—卡斯提爾諸王，對恢復舊西哥德領土（包含一部分馬格里布地區）權利的主張，也就是「新哥德主義」。

　　只是，這種學說的論述連續性仍有問題。首先，收復失地運動三強之一的葡萄牙並未被歸類到分配征服地一方，反而被歸類到穆斯林統治區與納瓦拉王國，成為被分配土地的一方。第二，中古的兩國簽訂條約欠缺公

▷1　**正相反分界線**
這是十六世紀初期開始被認可的分界解釋法。按照這種看法，劃分大西洋的分界線是一條延伸至東半球的「子午環」。透過這條線，非基督教世界也預先被葡萄牙和西班牙一分為二。

正第三國的國際法基礎。第三就是收復的地理範圍,也僅止於加那利群島和其對岸。

相對於皮雷茲,托德拉(Juan Pérez de Tudela)則聚焦在十五世紀,認為西葡兩國「爭相拉攏能夠贈與失土界線以外征服權的教宗權威」。葡萄牙首先跨越界線,越過西撒哈拉北岸的波哈多角(1434年),致力提升西非幾內亞的奴隸貿易利潤。此後1452～1456年間,葡萄牙國王藉由教宗頒布的各項敕令,取得幾內亞的征服、通商等壟斷權,亨利王子的基督騎士團也取得幾內亞到印度各地區的精神統轄權和聖職敘任權。但是,後起的西班牙(卡斯提爾)在1479年締結的條約中修正了教宗敕令,從而取得加那利群島的歸屬權。另一方面,葡萄牙也透過《托德西利亞斯條約》修正了西班牙獲頒的1493年敕令。

這項學說雖然解釋了教宗敕令會隨著兩國間條約而被取代,卻不能解釋西班牙做出妥協、讓分界線往西移動的原因。關於這點,合田昌史強調西班牙在1493年9月26日的敕令中獲得了無限的邊疆,比起「到印度為止」的葡萄牙來得更有利。葡萄牙一直到1514年11月3日的敕令後,才取得了對等地位。故此,敕令仍是分界的基礎,並沒有隨著兩國間的條約而被取代。

2. 保教權的展開

「非基督教世界的統治權,是上帝經由基督、聖彼得傳給教宗的。」這是給予西葡兩國特權的教宗敕令背後的立基點,也就是教權至上主義。這種以十三世紀霍斯騰西斯(Hostiensis)為代表的立場,在中古末期知識分子間雖非主流,但歷經**教派分裂**與公會議主義的崛起,以及來自鄂圖曼帝國的壓力,使得羅馬教宗傾向該種立場,將預定征服的土地贈予對擴大基督教世界有所貢獻的兩國王權。在這方面,兩國王權雖然被賦予了設立海外教會、修道院,以及支援聖職者及軍事修會等義務,但正如博克瑟(Charles Ralph Boxer)所言,這種義務其實也是權利。這就是伊比利兩王權對海外教會的支援制度與保教權(Protectorate of missions)。西班牙在1508年的敕令中獲得了新大陸的保教權,葡萄牙則自1534年後將果阿、馬六甲、澳門等地擴充為保教權下的主教區。高瀨弘一郎首次論證,十六世紀末至十七世紀初,分別受西、葡兩國國王支援的耶穌會士與托缽修士,其實就是基於分界與保教權的念頭,在爭取對日本傳教。在這個基礎上,平川新等人提出了「集傳教、征服為一體的兩國干涉,促成了近世日本國家意識的改革」,也就是所謂的「伊比利衝擊」論。

* 教派分裂
參照 II-10 注6。

歷史學的考察重點

① 兩國間的分界條約,可以算是取代了教宗敕令嗎?
② 教權至上主義為什麼會再次獲得重視?

3 哥倫布大交換

安村直己

【關連項目：世界體系理論、西班牙帝國論、資本主義論、大分流、愛爾蘭大饑荒、殖民地與環境、越戰及其影響】

史 實

　　所謂「哥倫布大交換」，是美國史家克羅斯比（Alfred W. Crosby Jr.）於1972年提出的用語，指的是1492年哥倫布登陸新大陸後，在舊世界與新世界之間展開的細菌、病毒、動植物、人群、文化要素交換。1492年以前，新世界的原住民並沒有與舊世界持續交流，因此對舊世界的疾病不具備免疫力；也因此，在哥倫布登陸與之後持續的遠征中，各式疾病橫行，加勒比海群島原住民在半個世紀間幾乎陷入滅絕，1510年代以降，大陸地區原住民人口也驟減。克羅斯比主張，西班牙人之所以能成功征服阿茲特克和印加，主要也是病菌的緣故。

　　西班牙人從故鄉將小麥、米、各種果樹、馬、羊、豬等家畜和技術帶到新大陸，同時更進一步從非洲引進黑奴來取代美洲原住民；同時也自舊世界移植蔗作與製糖業，以取代砂金做為收入來源。至於英國人則看上新大陸原產的菸草，在北美發展了黑奴制的菸草種植園。另一方面，從新大陸傳入歐洲的玉米，在中國等地的山區廣為生產，馬鈴薯則成為歐洲溫帶地區的主食，為十九世紀的人口膨脹創造了條件。這些兩世界生態系的劇變，都被克羅斯比一一記錄下來。

　　克羅斯比進一步主張，隨著哥倫布大交換，地球上的遺傳多元性也隨之喪失，因此1492年也是地球史上巨大的轉捩點。

論 點

1. 哥倫布大交換的功與過

十八世紀英國經濟學者亞當斯密的《國富論》中說，歷史上最重要的事件之一，就是哥倫布「發現」美洲。否定西班牙征服的亞當斯密，雖然知道十六世紀卡薩斯曾報告新大陸原住民人口的驟減慘況；但正負相抵後，他還是認為發現／交換是流傳後世的壯舉。他認為確立全球規模的貿易網這點至關重要。

▷1　**進步主義**
（Progressivism）
和古希臘循環史觀與基督教末世論不同，近代歐洲的主流觀念認為，人類社會是不斷在進步的；這就是所謂的「進步主義」。

　　1970年代初期，美國深陷越戰泥淖，從而導致**進步主義**的價值觀開始[1]動搖，但亞當斯密的正面肯定論仍未能被檢討，而克羅斯比的書稿也吃了出版社好幾次閉門羹。不過在這部作品問世後，讀者反應相當良好，被全美各大學指定為教科書，銷量也不斷攀升。結果，一般讀者開始傾向重新評價1492年帶來的負面遺產，美國內外對公眾記憶的重新書寫也以多樣化的形式發展。1992年，哥倫布「發現」新大陸五百週年的一連串「紀念」活動，遂因此被命名為「兩個世界的遭遇」。

2. 負面遺產與正面遺產

在負面遺產方面，**歷史人口學**[2]整理了包含北美十三殖民地在內新大陸的人口驟減數據，克羅斯比率先點出問題，並讓該問題廣為人知；至於威廉‧麥克尼爾（William H. McNeill）在1976年發表的《瘟疫與人》，則堪稱是疫病史方面的先驅。之後賈德‧戴蒙（Jared Diamond）的《槍砲、病菌與鋼鐵》，也繼承了這股否定歐洲中心主義及人類中心主義的歷史解釋潮流。另一方面，日本以見市雅俊《霍亂的世界史》為首，重新質問疫病與社會關係的歷史研究也與日俱增。

克羅斯比對環境史的貢獻也不可忽視。關於新大陸，梅爾維爾（Elinor G. K. Melville）在1994年提出了一種說法；因疫病死亡的原住民棄耕地被西班牙人挪作家畜放牧之用，她以此來解釋墨西哥中央地帶乾燥化的原因，引起很大的迴響，從這裡也可以看出克羅斯比的後繼者不斷增加。

另一方面，在承認負面遺產之餘，研究者也實證大交換留下的正面遺產；日本和克羅斯比的交流雖然深淺不一，但也有川北稔《砂糖的世界史》和八杉佳穗《巧克力的文化史》等作品出現。山本紀夫則以《哥倫布的不平等交換》一書，試著進行更深入的正反評價。

3. 哥倫布大交換的更進一步

雖然沒有研究者徹底否定克羅斯比的問題意識，但還是不斷有人試著努力延伸。比方說，關於1492年以後從事交換的人物與路徑，克羅斯比關注的西班牙與新大陸相對交流，在2010年查爾斯‧帕克於劍橋大學出版會刊行的著作中獲得了闡明。在日本也有木村和男於2004年刊行了《毛皮創造的世界》，生動描寫了殖民北美洲的法國人、英國人從事的毛皮貿易，以及北美洲和俄羅斯、中國連結互動的過程。

相對於此，當時的人是怎樣看待哥倫布大交換、又是如何從疫病中存活下來？有關這方面的微觀視角，無可否認是克羅斯比的大交換論當中欠缺的部分。法國史家格魯辛斯基在2008年的著作，某種程度上補強了這個缺點。這也是在後續繼承克羅斯比問題意識的研究者當中，發展出的另一種方向性。

做為創新歷史學的概念裝置或對話對象，「哥倫布大交換」所扮演的角色，還遠遠沒有結束。

▷2 **歷史人口學**
歷史學的一個領域。在歐洲史方面，是以教會管理的出生、結婚、埋葬紀錄為依據，檢驗人口在微觀層次上的歷史變化，從而探索其與宏觀社會變遷的關連性。

歷史學的考察重點

① 從哥倫布大交換的視角來重新審視日本史，會浮現怎樣的狀況？

② 從這個視角出發，有哪些西洋史上的事件是該重新審視的？

③ 從這個視角進行解讀，又可以看見現代世界的哪些問題？

4 西班牙帝國論

安村直己

【關連項目：收復失地運動、哥倫布大交換、荷蘭的黃金時代、歐洲與鄂圖曼帝國、神聖羅馬帝國論、帝國主義論】

史　實

卡斯提爾女王伊莎貝拉的丈夫斐迪南於1479年成為亞拉岡國王，從此成立了所謂的「西班牙王國」。兩人在1492年征服了國內最後的伊斯蘭王國格拉納達，同時資助哥倫布的航海事業，「發現」了美洲大陸。西班牙的帝國化從這裡開始。到兩人的孫子卡洛斯一世即位為神聖羅馬帝國皇帝查理五世時，西班牙已獲得了歐洲、非洲、美洲、亞洲等地領土，整個王國的版圖已足夠稱為「西班牙帝國」。卡洛斯的兒子腓力二世在1580年登上葡萄牙王位，併吞葡萄牙，帝國被譽為「**日不落帝國**」◁1。西班牙對外擴張的動力是美洲殖民地出產的白銀，這是連通帝國內外的媒介。

進入十七世紀後，帝國的擴張停止了。在歐洲，他們失去了荷蘭與葡萄牙，在美洲也只能眼睜睜讓英法踏足。十九世紀初期拿破崙入侵西班牙母國後，美洲殖民地紛紛發起獨立運動，到1820年代左右達成獨立。西班牙帝國在1898年**美西戰爭**＊失利，喪失菲律賓及古巴等地，之後迎向了終結。

論　點

1. 軍事優越的神話

上述這段廣為人知的通說源自艾略特（John Huxtable Elliott）《西班牙帝國的興亡》，讀起來會讓人覺得，西班牙帝國能興起全是靠軍事力量。羅馬大掠、安特衛普的攻圍、對鄂圖曼帝國的利潘托海戰，再加上對美洲大陸的阿斯提克王國、印加帝國的征服，都讓人在腦海中揮之不去。相對於此，凱曼（Henry Kamen）則主張，十六世紀西班牙威風赫赫的強大軍事力，其實只是一個神話。說到底，他們的陸軍將士大半都不是西班牙人，海軍也是沒有義大利各邦的協助就成不了事。凱曼認為，帝國的擴張不是因為軍力的行使、或是卡洛斯與腓力的征服慾，主要是透過王室之間的婚姻政策，來繼承領土所致。即使在美洲，也是因為原住民社會內部的政治對立，才讓征服成為可能。

2. 會不會去神話過了頭？

十六世紀西班牙帝國的強盛，確實被過度神話化了。而且不只是西班牙人，包括荷蘭人與英國人，自十六世紀後期起，也以和帝國的作戰為主軸企圖團結國民，因此對這種神話也起了推波助瀾的作用，這是可以理解的。儘管如此，將十六世紀的西班牙說成不只軍事，在外交、經濟、行政、文化等各方面跟西歐相比都屬於落後國家社會，不仰賴外部因素就無法發展，這就太過頭了。當

時的西班牙帝國在外交、經濟、文化層面仰賴義大利，但義大利並不存在統一的國家；而法國、英國、德意志也和西班牙一樣，並沒有成熟的國民認同，也沒有顯著的中央集權化；雖然歷史上偶爾會錄用像麥哲倫這樣的外國人，但也不能因此就斷言西班牙母國實為落後。若考慮到西班牙自十六世紀起就試圖正規化帝國海外領地的建設，則就像帕戈登（Anthony Pagdon）所闡明的，這類政治思想西班牙堪稱先驅，英法是為了與之對抗才形成新理論；這樣的事實跟凱曼的主張完全相反。無視於這樣的事實，一味強調西班牙的落後，反駁「西班牙人建設海外帝國其實只負責領導統御」，這實在很難讓人認同吧。

抱著去神話化立場的凱曼，在《西班牙意象的形塑》（2008年）一書中，對西班牙帝國在十六世紀達到極盛、十七世紀衰退這樣的時期劃分，也提出批判。但是，十六世紀英國一方面以德雷克的私掠船奪取美洲白銀、一方面伊莉莎白一世大量使用西班牙語和西國大使交涉；這與十六世紀末起西班牙知識分子致力阻止國力衰退，而荷、英、法等國趁西班牙衰退在美洲大陸建立殖民地等事實結合起來，我們可以說，一直以來的時期劃分還是有一定的合理性，不是嗎？

3. 超越論爭

凱曼和他主要的論戰敵人艾略特之間，實在沒什麼建設性的對話。相對於此，法國史家格魯辛斯基以西班牙帝國架構為前提，試著將西班牙母國去中心化；而這種嘗試或許會在無意間，扮演起微調前兩者論點的效用。

格魯辛斯基將西班牙帝國稱為天主教王國；這個王國是由連接地球上各地區的網路結合而成，是一個複合、重層、動態的空間。他特別去關注誕生出這個空間的各種衝突、混融與創造。至此俯瞰，在拿坡里生活的人文主義者、從安地斯向國王呈遞西班牙文陳情書的原住民、生於蒂羅爾前往墨西哥北部傳教的耶穌會教士，全都在同一個空間內，做為知識主體被同等對待。格魯辛斯基在《世界的四個部分》（2004年）一書中點出這樣的方向性，然而這和認為英國人與荷蘭人幫助維繫了西班牙帝國的凱曼主張，也頗有共鳴之處。

在去中心化的論述空間，對西班牙帝國的重新理解，才剛開始起步。

歷史學的考察重點

① 帝國對十六世紀在帝國內外生活的人，造成了怎樣的影響？

② 十七世紀的西班牙知識分子，從哪裡去找尋國家衰退的原因？

③ 在美洲大陸，象徵帝國衰退的事件是什麼？

5 荷蘭的黃金時代

大西吉之

【關連項目：古希臘的聯盟及其接受、世界體系理論、西班牙帝國論、資本主義論、十七世紀危機、英國工業革命、大分流、重商主義論與特許公司】

史　實

　　相當於現今荷蘭與比利時的低地諸國，在十六世紀後期群起反抗哈布斯堡帝國統治，低地北部（現今荷蘭）以聯省共和國之姿獨立。這段期間該國急遽發展，成為歐洲首屈一指的經濟大國，而荷蘭繁榮的十七世紀，也因此被稱為「黃金的世紀」。荷蘭的繁榮，與海洋有很深的關連。荷蘭商人實質控制了波羅的海貿易與對亞洲貿易，阿姆斯特丹也成為歐洲的貨物轉運站，**荷蘭東印度公司**^{◁1}更是當時亞洲最大的歐洲勢力。在漁業方面，捕鯡魚業也相當搶眼。農業上雖然穀物得仰賴進口，但他們也戮力發展外銷用的酪農業與園藝、工業用作物（麻、亞麻、染料、啤酒花等）。而工業仰賴來自低地南部（現比利時）的工匠帶來的新技術，除了讓毛織品業復活外，也發展了造船業和帆布生產，從而為航運業與漁業提供高性能船舶。另外，精製並加工原料、再往外輸出的加工出口業也相當有名。總體生產性高的經濟活動為荷蘭社會帶來了繁榮，在民眾旺盛的消費欲望支持下，繪畫文化大放異彩，由資本家遺贈與捐款所支持的濟貧活動也相當興盛。不過，十八世紀荷蘭經濟迎來了長期停滯，以英法為首的周邊各國則持續成長；荷蘭的經濟地位不再，工業化進程也相對落後，一般認為直到十九世紀後期才完成工業化。

論　點

1. 否定的評價

多布（Maurice Dobb）與**霍布斯邦**[*]等**馬克思主義**[*]史家認為，聯省共和國時期的荷蘭經濟屬於與工業革命無直接連結的資本主義階段。身為「戰後史學」代表的大塚久雄，面對受商業資本主導經濟發展的荷蘭與工業資本大幅成長的英國，也強調兩者的差異。**年鑑學派**[*]的布勞岱爾則說，荷蘭共和國的繁榮是前近代式的，只不過是歐洲中央市場的機能從義大利城市轉移到了安特衛普及阿姆斯特丹。另一方面，在討論歐洲的工業化時，許多論者對荷蘭發展不甚關心；將工業革命帶來的經濟急速成長命名為「起飛」的**羅斯托**[*]，也是其中之一。近年來廣受矚目的彭慕蘭（Kenneth L. Pomeranz）「大分流」論，也可以歸類到同樣範疇。彭慕蘭（以及他的支持者）主要是強調近世中國（長江三角洲）與英國的類似點，從而討論1750年前後英國的經濟發展贏過中國的原因，但他並沒有把近世荷蘭列入考察對象。以上各派學說雖然立場相異，但他們都把英國工業革命看成世界經濟史上的劃時代大事，因此對

左欄註解

▷1　**荷蘭東印度公司**（VOC）
為了盡可能降低過多亞洲貿易公司導致的過度競爭與破產，在政府干預下，各公司結合並成立了這家特許公司。自1602年設立以來，它壟斷了近兩百年亞洲的貿易與殖民地經營。

* 　**霍布斯邦**
參照 [IV-3] 註2。
* 　**馬克思主義**
參照 [V-24] 註2。
* 　**年鑑學派**
參照 [II-18] 註1。

* 　**羅斯托**
參照 [IV-2] 註3。

荷蘭共和國的繁榮（即使是做為工業革命前提條件之一）要不就是不重視，要不就是不予討論。可是，若考量到工業革命前的英國已經發展出高度資本主義這點，那麼與英國同等、甚至還更繁榮的同時代荷蘭經濟，這個案例顯然有（很大的）重新思考餘地。

2. 肯定的評價　　對聯省共和國經濟黃金時代予以高度評價的研究者，主要是以「在工業革命前已誕生出了一些對近代經濟而言至為重要的因素」這種認識為前提。據**依賴理論**派的華勒斯坦所言，十六世紀的歐洲出現了由各地支配、依賴關係所建構的「近代世界體系」，其中荷蘭共和國透過極有效率的生產能力，在生產、商業、金融方面都擁有最強的競爭力（**霸權**國家）。至今曾取得這種地位的國家，只有荷蘭、英國跟美國，因此十七世紀荷蘭經濟的重要性足以和全盛期的英美匹敵。德・弗里斯（Jan de Vries）與凡・德・伍德（Ad van der Woude）則主張，近代荷蘭達成了長期且持續的經濟成長，因而可稱為「歷史上首次的近代經濟」。之後，計量經濟史研究對「小分流」（little divergence，近世低地諸國與英國等北海地區發展，在生產性與所得水準上優於其他歐洲各地的現象）投注心力，並向中古探求起源。這樣的研究動向一方面淡化英國工業革命的重要性，另一方面也強調了荷蘭共和國在經濟史上的重要性。只是，長期持續成長的荷蘭，為什麼沒能在早期實現工業革命，這個問題依然存在；對於這個問題，也該正面應對才是。

＊　**依賴理論**
參照 V-2 注1。

＊　**霸權**
參照 IV-17 注2。

歷史學的考察重點 ::::::::::::::::::::::::::::::::::::

① 試用安格斯・麥迪森（Angus Maddison）的每人實質GDP估計（《經濟統計所見的世界經濟兩千年史》，柏書房，2004年，311頁）來確認「小分流」，並說明荷蘭聯省共和國的經濟特徵。

② 「近代世界體系」論與「歷史上首次的近代經濟」論，理論上有著怎樣的差異？試著以簡單易懂的方式來說明。

③ 歐洲研究英國工業革命以前經濟發展的這些成果，對我們而言具有怎樣的意義？

重商主義論與特許公司

大峰真理

【關連項目：漢薩、世界體系理論、荷蘭的黃金時代、十七世紀危機、大西洋奴隸貿易】

史 實

「重商主義」是近代歐洲被實踐的經濟財政政策，應時代和地區不同而有多元的性質。比方說在不列顛群島，重商主義就被評斷成為了貿易與產業發展，由企業家主導的運動；在法國則是為了充實國庫，由王國官僚主導的運動。然而不管是哪個，「讓貿易收支好轉、並讓貴金屬貨幣流入國內，從而累積財富」這個目標，都是共通的，而各國為了實現這個目的，最有效的手段之一就是設立特許公司，角逐國際商業的優勢地位，進而成為霸權。

論 點

1. 圍繞「重商主義」的議論

「重商主義」的用語和概念，並不是同時代人提出的。這個命名來自十八世紀末的古典學派經濟學者。對於這種透過保護和規範來讓國家富強的時代和政策，他們抱持批判的態度。亞當斯密就把「重商主義」定義為：由國家進行的保護和規範，會妨礙人類自由的活動，會導致「由看不見的手所引領的」正義與秩序無法被建構。古典學派也認為這種源自「**重金主義**」[◁1]、以「貨幣崇拜」為主的重商經濟政策，把「貨幣和財富混在一起」，這是不對的。另一方面，十九世紀下半葉的德國**經濟歷史學派**[*]，在討論社會政策的必要性與實踐時，則是將「重商主義」時代看成是建構民族國家經濟的極早期階段；他們認為重商主義是「為了解決社會問題，必要的『由上而下的經濟政策』的原始形態」。

2. 「重商主義」的時代性

雖然對經濟學者來說，「重商主義」是被多元解釋、批判、評價的對象，但對歷史學者來說，我們有必要去理解它的時代脈絡。

近世的歐洲各國基本上使用貴金屬貨幣來運作經濟，由於國內流通貨幣是財政的基礎，所以各國都致力於將貴金屬吸引到本國，並儲存貴金屬讓國家富強。歷經受葡萄牙與西班牙主導的「大航海時代」與「歐洲世界的擴大」，荷蘭（尼德蘭聯省共和國）在十七世紀前期倚賴毛織品業與航運業的發展，掌握了國際商業與世界經濟的霸權。十七世紀中葉於不列顛群島與法國出版的經濟學著作（托馬斯・孟〔Thomas Mun〕，《英國得自對外貿易的財富》）與經濟政策立案（法國商務總監拉菲馬斯與宰相利希留的政策），正是為了對抗荷蘭而生的產物。十七世紀後期，法國財政大臣柯爾貝

▷1 **重金主義**
（Bullionism）
透過增加金銀等貴金屬的持有數量，來累積國家財富的經濟政策。

* **經濟歷史學派**
參照 III-7 注1。

實施保護關稅、創設特許**手工工廠**[2]，培植國內產業，透過強化航運與成立特許公司振興貿易，並由國王統籌管理分布全球的商業貿易。為了維護本國利益而生的保護關稅政策，當然會導致他國也設定報復性關稅；始自1667年法國、英國、荷蘭爆發的「關稅戰爭」，就是其中的典型。在這之後，西班牙、葡萄牙、普魯士等國也發動了挑戰英、法貿易壟斷的政策，國際競爭漸趨激烈，也迎來了政治與軍事對立的霸權競逐時代。

3. 特許公司的時代性 朝向霸權邁進的近世歐洲各國，會賦予特定的個人和團體特權（特許權），組成以實踐「重商主義」為目標的組織。以里斯本為據點的幾內亞公司（1463年），就是一種由葡萄牙國王發給壟斷權，國王官僚管理非洲金礦交易的「早期重商主義（重金主義）」之體現。1555年英格蘭設立莫斯科公司，發展北路航向亞洲的同時，也是要壟斷當時做為糧食、燃料和蠟燭業原料，需求甚大的捕鯨業；這也為英荷競逐北海、白海通商路徑的時代做好準備。所謂「貿易差額論—重商主義」，是在①辛香料和茶為主要商品的亞洲海域，以及②毛皮、菸草、砂糖、奴隸為主要商品的環大西洋地區展開。①是由黎凡特公司（1592年改組）與各國組織的東印度公司經營，②則是由維吉尼亞公司（1606年）、麻薩諸塞灣公司（1628年）、新瑞典公司（1637年）、哈德遜灣公司（1670年）與荷蘭西印度公司（1621年）、瑞典非洲公司（1649年）、法國西印度公司（1664年）、皇家非洲公司（1672年）、布蘭登堡非洲公司（1682年）等組織來實踐。在這些特許公司當中，有的被賦予外交交涉、發行貨幣與軍事權限；這些公司是王權的代理人，實行國家經濟政策，並爭奪商業霸權。這種「身為王權（政治權力）代理人、爭奪霸權的公司」，在十九世紀歐洲對亞非地區殖民化的時代，被活用在領域統治的最前線。

▷2 **手工工廠**
（Manufacture）
始於十六世紀下半葉英格蘭毛織品製造的生產模式，也稱為工廠制手工業。

歷史學的考察重點

① 歐洲人對商品需求的多樣性與推移，體現了怎樣的社會狀況？

② 冠上國名的特許公司，成員都是些怎樣的人？

③ 執著於「具有絕對價值的貴金屬貨幣」的十七世紀，是個怎樣的時代？

7 資本主義論

佐佐木博光

【關連項目：古代經濟史論爭、啟蒙主義、英國工業革命、大分流、社會主義、新自由主義】

史 實

投資資金、獲取利潤，這種運作的歷史相當久遠，古今中外隨處可見，並不只限於近代歐洲。資本主義這個用語所指的概念，在這個語彙誕生之前就已經存在。在歐洲，它最初也和其他文化圈一樣，以商人資本主義的形式存在。當時的資本主義在非資本主義的結構與心態下，只呈現出些許的端倪痕跡；但到了1800年左右，它結合了正式啟動的工業化，成為支配現今經濟的機制，對社會、文化、政治都造成強烈的影響。工業化初期，企業家自己投資事業，並將獲取的利潤再投資；但隨著產業革新，信用的重要性與日俱增，因此資本家與經營者也逐漸分離。資本主義不斷擴張下，十八世紀啟蒙思想家曾期望這種新經濟機制能陶冶道德的想法被無情摧毀，取而代之的是批判論調成為主流。

論 點

1. 資本主義精神與文化悲觀主義——桑巴特與韋伯

十九世紀中葉法國的路易・布朗（Louis Blanc）與蒲魯東（Pierre-Joseph Proudhon）等社會主義者，紛紛開始批判資本主義這種資本家剝削與加深階級差異的概念。之後，這個概念傳播到德意志的學院派，他們也大加抨擊資本主義破壞了文化面。桑巴特將資本主義概念介紹到社會科學界的《近代資本主義》（1902年）一書中曾說，從中古時期猶太人的商業金融活動中，可看見資本主義的雛形。可是對他而言，重要的不是機制，而是做為支柱的「資本主義精神」；猶太人的利己主義、重私利、抽象等特質，與資本主義最為符合。對桑巴特來說，資本主義的興起，也意味著所謂文化的普遍衰退；他把浪漫主義式的反資本主義和反猶主義結合在一起。桑巴特的資本主義論有著濃厚的文化悲觀主義色彩。相對於此，**韋伯**[*]則堅信，資本主義是在近代條件下所能採取的最有效率的經濟體制。他站在理性化的市場生產觀點，認為資本主義是喀爾文教徒禁欲觀下，意外產生出來的經濟倫理概念。韋伯也對資本主義那種破壞文化的非人性特質，抱持著複雜的情感。桑巴特和韋伯這樣的知識分子，雖然都承認資本主義在經濟理性上的優點，但對它所蘊含的破壞文化性質，仍然深感憂心。

2. 大轉換——傳統主義VS.資本主義

傳統的資本主義論，不論將重點放在金融、商業、投資、流通還是生產，基本上都對市場的自我調整機制深信不疑。但卡爾・波蘭尼對此大表異議，認為像這樣

> * **韋伯**
> 參照 I-23 注3與 V-12 注3。

的市場機制，歷史上毫無前例，不過是虛構的東西罷了。波蘭尼認為，市場擴張必定會遭遇到抵抗；這種抵抗對社會的防衛而言具有重要性，但它和市場的自我調整機制甚至市場本身，是不可兼得的。不只如此，原本一般認為以追求利潤為優先、受惠於市場經濟的資本主義生產模式，也必須能夠從崩潰的自我調整市場中保護自己。韋伯認為一旦資本主義精神誕生，就會驅逐掉舊的傳統主義各要素；但借用波蘭尼的論述，傳統主義其實相當頑強地存活，並持續幫資本主義體制踩剎車。這是從原理上，對**經濟歷史學派**的發展階段論前提作出的挑戰。
◁1

3. 大分流──是歐洲特有的現象嗎？

韋伯從預選說的喀爾文派禁欲觀中，看到了資本主義精神的萌芽；可是一旦資本主義精神誕生，無法順應的事物就只能面臨淘汰的命運，教派之別也終將喪失意義。然而，在那個時代提出主張的核心人物韋伯，明明應該是喪失意義了，在他的著作中卻仍執著於展現各教派與資本主義精神的親疏統計，徒然讓討論重點離題。伴隨著資本主義的全球化，平均化的浪潮不只超越教派，也成為跨國現象；像「大分流」這類認為西方能夠成為其他世界的經濟先驅，是部分偶然因素所致的說法，也開始登場。然而環顧世界現狀，不只是增長，對於資本主義帶來的弊害，也應該以全球規模的視野來加以議論。在暴露於西方影響下的國家及地區中，哪一個地方最符合韋伯所稱的資本主義廝殺狀況？自詡握有資本主義解毒劑的傳統主義的西方本身，顯然不認為自己會是其中之一吧。或許有點自虐，但距離打著資本主義發源地的名號、卻要打破規則的「反大分流論」萌芽的日子，或許已經不遠了。

▷1 **經濟歷史學派**
（Historical school of economics）
十八世紀德意志開始出現一種以歷史因果考察做為學問研究的方法。在十九世紀的經濟學領域，這種重視歷史因果關係的研究特別興盛，包括羅塞爾、克尼斯、史莫勒、韋伯、桑巴特等等，人才輩出。以門格爾為祖師的奧地利學派挪揄他們是「歷史學派」，因而得名。

歷史學的考察重點

① 試著回顧資本主義論的歷史，整理批判資本主義的論點。

② 試著舉例說明和市場經濟對抗的「禮物經濟」（gift economy）之存在。

③ 試著思考現在採取哪種資本主義論，方為上策？

④ 試著從東亞的視角出發，提出實際的資本主義論。

8 東歐的邊境化與落後性

秋山晉吾

【關連項目：世界體系理論、歐洲與鄂圖曼帝國、公共事務（res publica）、宗教改革／反宗教改革論、複合國家／複合君主制／礁岩國家、啟蒙改革／啟蒙絕對主義、農奴解放、民族主義論（從東歐出發的方法）】

史 實

　　歐洲東部，也就是從德意志東部、奧地利到俄羅斯的廣大地區，和西歐不是兩個相異的世界。這種看法與認知，是在近世尾聲形成，並於十八世紀啟蒙時期確立。俄羅斯帝國的崛起、以瓜分波蘭為象徵的政治不穩、還有以農奴制為主的農業與農村情景，都讓這塊地區呈現出一種和西歐似是而非的東歐形象。十八世紀末到十九世紀前期波蘭與匈牙利的政治社會改革，就是以西歐為典範。從這點來說，其實也是一種對東歐的「落後性」認知。這種「落後的東歐」認知架構，隨著十九世紀的「**東方問題**」^{▷1}與**一八四八年革命**[＊]而益發強化，歷經東西經濟發展的落差、一次大戰前巴爾幹半島被視為「歐洲火藥庫」，最後於二十世紀後期冷戰下的歐洲東西分裂與東歐社會主義化，而成定局。但是，這種歐洲的不對稱二元性，不過是近代才出現的認知架構，因此我們必須更彈性地去思考歐洲的多元性。

論 點

1. 文明與宗教的界線

　　在討論歐洲東西差異時，常會提及東西基督教會的分界線。從這個觀點來看，從波士尼亞經匈牙利到波蘭，是東西教會的分界線，西方教會眼中的「東部邊境」。確實這道「邊境」是中古的基督教傳教最前線^{▷2}，可是在**條頓騎士團**踏足東方以前，**君士坦丁堡**[＊]就已經開始對斯拉夫語圈傳教了；也就是說，不只是西方教會，對東方教會而言，它同樣是異教「邊境」。所謂西方教會占據主流，以及傳教事業是從西方向東方發動，這樣的觀念必須等到十五世紀左右，歷經鄂圖曼帝國的擴張、**東西教會聯合**^{▷3}的常識，以及拜占庭帝國的滅亡才產生。另外，不管在中古還是歷經宗教改革的近世，應該改宗基督教的「邊境」＝異教世界不只東歐，西歐內部也有不少，異教與宗教改革運動此起彼落。對西方教會而言，該進一步教化的民眾，不只在遙遠的東方，更在自己的身邊。

2. 國家的形成與發展

　　不管對東方的傳教也好，還是對西方民眾的教化也好，我們必須留意，這些認知都把基督教化（Christianization）當成了先進／落後的指標；這在討論國家形成之際，會成為問題。比方說，所謂中古時期匈牙利與波希米亞的建國，是以對基督教的接納來討論，前提上把歐洲國際關係限定在基督教諸侯之間。但是，中古和近世的國際關係其實也包含了基督教化前的氏族、政治體，以及鄂

圖曼帝國等異教國家，這點不應遺忘。

　　關於國家，近世王權的弱化與專制主義的不發達，常被指涉為東歐落後性的指標。這樣的理解方式，是把「從中古封建國家到專制君主制，再經過中央集權，轉為近代國家」這種發展階段論當成前提。然而複合國家制等論述，都對西歐各國的中央集權程度與專制君主的專制程度提出質疑。將東歐各國在近世發展出身分制議會這點納入視野來看，即可看出和這種發展階段論迥異的近代國家多元發展過程。在考量把近代的國族主義（民族主義）看成「西歐＝『**公民民族主義**』，東歐＝『**族裔民族主義**』」這[△4]種二分法問題論述時，也應該留意其中的多元性。

3. 經濟上的依賴關係

　　關於歐洲東西差異的第三個論點，是東歐相對於西歐，在經濟上的依賴性。從中古末期到近世，以易北河為界，東西歐在農業發展與領主控制形式上一分為二：在易北河以西，領主控制趨緩、農民的自主性提高（**封建莊園制**）；在易北河以東，則是領主控制強化、農民朝農奴化進展（**再版農奴制**）。貫串華勒斯坦世界[△5]體系理論的中心／邊陲論（近代世界體系的形成，始自十五到十六世紀左右，做為糧食供給區的東歐在經濟上依賴西歐的演變過程），講的也是這種東西二元論。這種論述把強勢領主與弱勢農民的組合，對應至東歐都市化、工業化的落後、資產階級的不發達、國家的衰弱等上頭，而這些都是導致東歐「近代化落後」的整體要素。這種論述因而具有很強的解釋性。可是，就像有人批評的，近世以降面向西歐市場上呈現大幅發展的農業及畜產業，在東歐只有零星地區如此；此外，在東歐也是有領主對農民控制力轉趨弱化的地區。因此這種東西對比，不只是把西歐給理念化＝理想化，更是無視於東歐、甚至西歐自身（乃至世界各地）所蘊含的多樣性。我們必須體認到這種二元論所隱藏的陷阱。

斯特聯合）、十七世紀末的外西凡尼亞（1698年羅馬聯合）都出現大規模的聯合教會；除此之外，東地中海各地也出現認同羅馬教宗的「希臘禮天主教會」與信徒。

▷4　**公民民族主義**（civic nationalism）**與族裔民族主義**（ethno-nationalism）在論述民族主義的古典作品《民族主義思想》（1944年）中，漢斯・孔恩（Hans Kohn）將民族主義區分成基於理性自由意志的西歐（英美法等）自由派，以及基於非理性的語言文化同質性的東歐（德意志以東）族群派；這種解釋被之後的民族主義論廣為使用。參照 [IV-21] 與 [IV-22]。

▷5　**封建莊園制**（Grundherrschaft）**與再版農奴制**（Gutsherrschaft）被稱為歐洲農業二元論，由十九世紀後期德國經濟學家納普（Georg Friedrich Knapp）提出，廣為眾人接受。前者類似西歐封建制，佃農向領主（地租領主，grundherr）繳納實物或貨幣；後者則是農奴被束縛在領主（農場領主，gustherr）的直營農場，被課徵賦役與強制勞動。參照 [II-25] 注3與 [III-1] 注1。

歷史學的考察重點 ::::::::::::::::::::::::::::::::

① 將歐洲以歷史地域區分的基準，除了東西之外還有別的嗎？

② 地域的區分與相互的關係，是怎樣生成、變貌、結束的？

③ 討論先進與落後、中心與邊陲的基準是什麼，又是以什麼為前提？

④ 將歐洲以外也放入視野後，定位會有怎樣的改變？

歐洲與鄂圖曼帝國

黛秋津

【關連項目：阿契美尼德波斯帝國的表象與現實、十字軍、西班牙帝國論、主權／主權國家／主權國家體制、神聖羅馬帝國論、東方主義與後殖民主義】

* **君士坦丁堡**
參照 I-31 注1。

▷1 **神聖同盟**（Holy League）
1684年在羅馬教宗英諾森十一世號召下組成的對抗鄂圖曼同盟。這個同盟是由神聖羅馬帝國、波蘭立陶宛聯邦、威尼斯共和國所組成，1686年又加入俄羅斯帝國。同盟在1699年的《卡爾洛維茲條約》後解散。

史　實

在安納托利亞興起、十四世紀進入巴爾幹半島的鄂圖曼，1453年攻陷**君士坦丁堡**，滅了東羅馬帝國，此後便以此為據點，成長為橫跨歐亞非的巨大帝國。十六世紀上半葉蘇萊曼一世統治時期，鄂圖曼帝國是以哈布斯堡為首的歐洲各國眼中巨大的威脅。但十六世紀下半葉以後，他們對歐洲的領土擴張幾乎停止；在1683年第二次維也納包圍時，他們敗給了**神聖同盟**，結果1699年《卡爾洛維茲條約》後失去了以匈牙利為主的中歐廣大領土。接著在十八世紀下半葉，鄂圖曼帝國對俄國的戰事不順，西歐各國也從鄂圖曼帝國處取得各種利權，進一步侵門踏戶。面對這種壓迫，鄂圖曼帝國除了對抗，對內也盡力實施近代化改革，但仍然無法彌補實力上的差距。在十九世紀起日益激化的內部民族運動推波助瀾下，帝國終於在第一次世界大戰後瓦解。

論　點

1. 圍繞鄂圖曼帝國與歐洲權力關係的議論

鄂圖曼與歐洲的權力關係變遷，大致可分為三期：①鄂圖曼帝國占絕對優勢（十六世紀上半葉）、②鄂圖曼帝國喪失優勢、③優勢歐洲涉足鄂圖曼帝國。關於①幾乎沒有議論餘地，但②和③的時期就有許多議論存在。過去在歐洲方面的學說，對於②的時期幾乎沒什麼設定，大多都把歐洲陣營在1571年利潘托海戰的勝利，視為權力關係逆轉的象徵。可是在這場戰爭中，歐洲陣營並沒有達成奪回塞浦路斯的目的，而且直到十七世紀末為止，鄂圖曼還小幅擴張領土，因此現在這種看法並未獲得支持。近年來，一般都將②的時期設定在十六世紀下半葉到十八世紀下半葉，以十七世紀末為重要區分；前半是鄂圖曼帝國優勢緩慢消失的時期，後半是雙方勉強保持均勢的時期。另外，關於③一般是以十八世紀下半葉為轉換點，此時歐洲已明確取得優勢、且列強開始正式涉足鄂圖曼帝國。

2. 關於「東方問題」之起始

「**東方問題**」是歐洲列強對鄂圖曼帝國明顯取得優勢後，針對鄂圖曼帝國的瓜分，在列強間浮現的政治外交各類問題總稱。這個問題長久以來，都被視為是近代歐洲政治外交史的核心問題之一，迄今也有許多專門研究，但關於這個問題何時開始浮現，還是存在各種不同的見解。在這些起始點見解當中，最早的是十七世紀末的《卡爾洛維茲條約》，二十世紀前期的英國史家馬里奧特

* **東方問題**
參照 III-8 注1。

（John Marriott）就是採用這種見解。可是更多研究者都把1774年俄羅斯和鄂圖曼訂立《庫楚克開納吉條約》視為東方問題的起始。做為該項研究的先驅，十九世紀的索雷爾（Albert Sorel）相當重視這份與1770年代瓜分波蘭同時期的條約；二十世紀中葉活躍的歐洲國際關係史研究者安德森（Matthew Smith Anderson）也抱持同樣看法。

3. 鄂圖曼帝國「衰退」論

另一方面，東方問題與鄂圖曼帝國「衰退」的討論，也有著密切關連。一直以來的學說，大概都是持這樣的說法：自蘇萊曼一世的時代以降，鄂圖曼宮廷內滿是權力鬥爭與腐敗，帝國社會則受歐洲的「物價革命」所影響，通貨膨脹，**蒂馬爾制**[2]也隨之解體。結果，安那托利亞頻頻爆發農民叛亂，使得帝國不安，再加上引進包稅制，促使安納托利亞和巴爾幹各地的有力人士崛起。他們排除政府的力量，割據地方全盤掌控，這種地方分權化加速了帝國的衰弱。也就在這樣的狀況下，鄂圖曼帝國和歐洲的權力關係逆轉，讓列強進一步染指。

可是進入二十一世紀，出現了新的說法，為一直以來的鄂圖曼「衰退」論掀起一陣波瀾。鄂圖曼史研究者特斯坎將1580年到1826年的時期命名為「第二鄂圖曼帝國」，主張它具有和前後時期相異的政治社會特徵。特斯坎認為，十七至十八世紀的政治與社會變化，是為了因應領土擴張停止與貨幣經濟滲透而產生，也就是從一直以來的「家產制帝國」轉移成「制度性帝國」之結果；因此他對「衰退」這種看法抱持異議。換言之，鄂圖曼帝國不是衰退，只是歐洲技術創新的發展速度比鄂圖曼更快的結果；權力關係的逆轉，也是和歐洲比較下的相對現象，如此才使得鄂圖曼社會的變遷，看起來像是在「衰退」一樣。

▷2　**蒂馬爾制（Timar）**
鄂圖曼帝國的封建采邑制。蒂馬爾指的是封地中占多數、範圍最小的封地，西帕希（騎士）從政府那裡獲得徵稅權，並負擔軍役義務做為交換。自十七世紀左右起，這個制度逐漸淪為具文，但制度上一直存續到十九世紀。

歷史學的考察重點

① 鄂圖曼帝國與歐洲各國的權力關係變化，其背景為何？
②「東方問題」這個問題設定的有效性與極限為何？
③ 十六至十八世紀鄂圖曼帝國的變遷是「衰退」，抑或並非衰退？

人文主義／文人共和國

小山哲

【關連項目：基督教的擴大、卡洛林文藝復興、十二世紀文藝復興、義大利文藝復興、公共事務（res publica）、宗教改革／反宗教改革論、科學革命、啟蒙主義】

史　實

　　所謂「人文主義」，指的是文藝復興時代不拘泥於天主教會傳統權威，重新閱讀古典時期文獻，進行批判研究並提出新的解釋。這是一種知識分子的態度與知識潮流。人文主義者研究的文獻不只是古希臘羅馬的原典，也包括以聖經為主，有關猶太教、基督教成立的文本。這種始自十四世紀義大利的全新知識運動，在十五世紀後期到十六世紀擴大到阿爾卑斯山以北的各個地區。人文主義者們以**拉丁語**[*]為共通語，跨越政治與教派界線，相互交流；這樣一個近世歐洲知識分子網絡，被稱為「文人共和國」。

論　點

1. 這項運動的嶄新之處何在？

　　十四世紀以前，希臘羅馬古典也不見得就毫無人知。就像「卡洛林文藝復興」、「十二世紀文藝復興」這樣，整個中古時期古典復興的浪潮此起彼落。既然如此，那十四世紀以降的知識運動裡，又可以看出哪些和之前古典復興相異的全新特徵呢？關於這個問題，許多人認為十四世紀以降對古典文獻的解讀當中，可以看出明顯的人類中心傾向。**人文主義**[1]的原文「humanism」雖是十九世紀創造出來的單字，但「以人為本位的研究」（studia humanitatis）這種表現方式，布倫尼（Leonardo Bruni，1370～1444年）等當時的知識分子早就在使用了。在脫離教會權威、自由研究的氛圍下，他們發掘出被埋沒的古典，也從全新角度重新詮釋既有文獻。像這樣透過對古典的批判性研究、探求人性（humanitatis）的存在意義，被認為是這個時期知識運動的嶄新之處。可是，中古的知識分子並沒有一味地否定人性，，而文藝復興的知識分子，主觀上仍大多視自己為虔誠基督徒。另一方面，對聖經與**教父**[*]著作的文獻學研究，更是創造日後宗教改革的前提。因此，有關中古古典復興與人文主義的關係、人文主義與基督教的關係，今後應該仍會持續議論。

2. 是什麼讓文人共和國的形成變成可能？

　　讓文人共和國成為可能的其中一項原因，是知識分子的共通語拉丁語。拉丁語的「文人共和國」（respublica litteraria）這種用法，自十五世紀起被人文主義者使用。邁入近世下半期後，法語取代拉丁語成為知識分子的共通語，文人共和國也改寫成法語的 Republique des Lettres。這個概念除了「文人共和國」以外，還被譯為「學術共和國」、「學問共和國」、「書籍共和國」等；但不管哪一

側欄註解

*　拉丁語
參照 II-28 注1。

▷1　人文主義（humanism）
重視人之所以為人（人性）的思想。除了本文所提到的人文主義，以十七至十八世紀的英法有追求普遍人性的「公民人文主義」、十八至十九世紀有致力於人類自我救贖的「德意志人文主義」，還有致力恢復在資本主義下異化的人性的「社會主義式人文主義」，種種形態不一而足。

*　教父
參照 I-19 注2與 II-2 注2。

種，這裡的「文藝、學術」，指的都是詩歌、小說、戲曲等文學作品，以及學術著作和科學論著，在廣義上探求並創造知識的成果。人文主義者會互相拜訪、閱讀著作、並透過書信來往討論。讓這種交流成為可能的背景，是十五世紀下半葉起**活字印刷術**▷2的普及，使書籍可以廣泛流通的商品化（印刷革命），十六世紀起郵政系統的發展，以及中古以來的大學、學術協會與學院逐漸形成知識活動的據點等；故此，文人共和國的成立脫不了媒體史、科學史、學術史的並帶發展。

3. 文人共和國帶來了什麼？

波蘭史家波米安（Krzysztof Pomian）指出，在近世這個「被頻繁戰爭與多元宗教所圍繞的暴力時代」中，文人共和國讓歐洲的文化統一得以實現。越過國家與教派界線，這個空間從大西洋彼岸到中東歐，透過資訊網結合在一起。文人共和國的時代，也是歐洲向外部擴張的時代。藉由海外傳教的耶穌會士報告，與東印度公司的通信網，文人共和國的資訊網得以連接歐洲以外的空間。英國史家柏克就從「知識的社會史」視角出發，來討論近世誕生的「資訊經濟」改革。不只是人文主義，十七世紀科學革命與十八世紀啟蒙主義，也都是以近世形成的知識體系與資訊網之存在為背景。但另一方面，文人共和國並不是對所有人一律平等開放的。共通語的運用能力、身分、性別等因素，都大幅左右了是否能接觸資訊網。在這層意義上，文人共和國仍是一種立基於近世身分制社會結構下的現象。

▷2　**活字印刷術**
將活字排列組成版面的凸版印刷。在木板上雕刻文章的木版印刷從唐代就已開始，宋代開始使用黏土版活字印刷。至於金屬版活字印刷，據說在十三世紀的高麗便已出現。在歐洲，活字印刷術據說是在十五世紀中葉左右由美因茲的古騰堡發明，但很快就急速普及。

歷史學的考察重點

① 從古典研究中，產生了怎樣的嶄新知識改革？

② 從古到今的各個時代，人們是用怎樣的語言來閱讀聖經？

③ 沒能參與文人共和國的，是些怎樣的人？

④ 我們是否可以說身處在「全球文人共和國」之中？

11 公共事務（res publica）

中澤達哉

【關連項目：羅馬共和政治的本質與奧古斯都、中古初期國家論、義大利文藝復興、人文主義／文人共和國、主權／主權國家／主權國家體制、啟蒙主義、美國革命】

史 實

英語的「共和」（republic），來自拉丁語的 res publica。正如字面所示，res publica 是「公共事務」的意思。這個語彙在西元前 509 年羅馬國王塔克文‧蘇佩布被放逐後，便以指涉新體制的概念之姿登場：Res Publica Romana，也就是「羅馬共和」或「羅馬共和國」。共和體制下的政治家**西塞羅**，在他的著作《論共和國》中表示，res publica 是人民之事務，在對正義的共識下實現共善（common good）的國家類型。文藝復興時期的馬基維利在 1517 年的《李維羅馬史疏義》中，則形容 res publica 是人民的「共同福祉」。被翻譯成共和制及共和國的 res publica，此後就隨著歷史發展，一面呼應各國的政治現實，一面改變其意義內容，直到近現代。

＊　西塞羅
參照 I-25 注 1。

論 點

1. 公民人文主義的 res publica

近代史家巴倫（Hans Baron）在比較城市自治型的佛羅倫斯與君主政治型的米蘭時，把類似羅馬共和、追求政治自由理想的佛羅倫斯，看成是有「美德」的公民對政治參與的實踐，並將之形容為「公民人文主義」。源自義大利文藝復興時期的公民人文主義誕生出近世的「共和主義」，這種一直以來的掌握於焉成立。跨越國境、公民活躍其中的文人共和國（respublica litteraria）空間，與公民人文主義的 res publica 概念也是相連的。

和巴倫同樣，在佛羅倫斯的公民人文主義中窺見共和主義起源的波考克（John Greville Agard Pocock）於著作《馬基維利時刻》中表示，公民人文主義透過馬基維利的《論李維羅馬史》傳到英格蘭，更進一步至大西洋彼端的美國，並強調從人文主義到啟蒙思想的這種共和主義「大西洋傳統」。范格爾德倫（Martin Van Gelderen）與史金納（Quentin Skinner）也是站在同樣的立場。他們可以說是在思想上補強了帕爾默（R. R. Palmer）的「環大西洋革命」論與「民主政治革命」論。又，就如同在鄂蘭思想中所見，政治學也受到公民人文主義的 res publica 所影響。

2. 君主政治（選舉君主制）的 res publica

話雖如此，公民人文主義的 res publica，也只是它的其中一面。按馬基維利的說法，「共同福祉」res publica 不管透過君主政治、貴族政治、民主政治，都可以實現，它只跟專制政體不相容。理想政體是上述三者的混合，例如羅馬共和、斯巴達、威尼斯等君主和統治者透過選舉產生的國

家。西塞羅也曾在著作中表示，最終期盼的是「一人統治的君主政治」、「少數者統治的貴族政治」、「多數者統治的民主政治」的混合政體，也就是選舉制。「混合政體的選舉君主制是最適合的」，這種 res publica 和君主制可以兼得的古典時期概念，透過馬基維利的援引，以「有國王的共和政治」之姿滲透到文藝復興時期的歐洲，特別是中東歐。

事實上，1955 年的羅馬國際歷史學會議上，波蘭史家雷斯諾多斯基（Boguslaw Lesnodorski），就批評帕爾默太偏重西歐、北美的環大西洋革命論，認為應把波蘭和匈牙利等處納入討論。歐帕林斯基（Edward Opalinski）則援引公民人文主義的概念，從非城市而是領土國家的共和主義思想，來討論選舉君主制下波蘭立陶宛聯邦的貴族共和政治。近年來，史金納也著眼在君主政治的 res public 上，劍橋學派也有和波考克相異的多樣潮流存在。

3. 君主政治（世襲君主制）的 res publica

話說回來，查理大帝的卡洛林王朝，是基於基督教神權政治的「一人統治」世襲王國。做為政體基礎的，除了羅馬帝制的**蒙上帝恩典**理念外，也包含了《舊約聖經》希伯來王權與《新約聖經》神權政治的概念。但更值得留意的事實是，卡洛林王朝的世襲君主制在當時也被認為是一種 res publica 的型態。這種 res publica 和透過選舉讓民意得以參與的羅馬共和式 res publica 明顯不同。即使不和其他政體混合、在純粹的「一人統治」下，也可以實現共善；這種世襲君主制，到了近世西歐成為啟發博絮埃與菲爾默的**君權神授說**，以及博丹與霍布斯主權論的靈感。

坎托洛維奇（Ernst Kantorowicz）的《國王的兩個身體》探討王朝的威嚴與連續性、以及哈伯瑪斯（Jürgen Habermas）在《公共領域的結構轉型》提出的（由國王身體展現公共秩序的）「代表型公共領域」（representative public sphere）論，結果都導向了「一人統治」的 res publica 之存在。

我們現代人往往都會認為君主制與共和制是無法兼得、甚至對立的事物。但說到底，當我們理解共和國／共和政治其實是 res publica（公共事務／共同福祉）轉譯過來的用詞時，不只是近世史，在縱觀整個西洋史時，我們的視野也會更加寬廣。

▷1 **蒙上帝恩典（By the Grace of God）**
羅馬帝國時期，巴勒斯坦凱撒利亞的主教優西比烏（Eusebius）在著作《君士坦丁誌》中主張，皇帝不只是被神所選出、更是受神恩寵的存在，「蒙上帝恩典」於是成為一種定說。這種理念被後世的專制君主政治拿來做為支撐王權的依據。

▷2 **君權神授說**
這種思想認為君權（王權）由神直接賦予，因此王權只需要對神負責，不管人民、教宗還是皇帝，都不能拘束王權。這種思想後來演變成王權從教宗權威中獨立、並對人民施予絕對統治的依據。

歷史學的考察重點

① 巴倫、波考克、帕爾默的問題意識與解釋，到現在是否仍然妥當？
② 在西歐、北美、中東歐以外的地區，res publica 論如何展開？
③ 法國大革命以後的「沒有國王的共和政治」，其歷史意義為何？

12 主權／主權國家／主權國家體制　古谷大輔

【關連項目：近代國家形成論、十四世紀危機、公共事務（res publica）、複合國家／複合君主政體／礫岩國家、舊制度論、十七世紀危機、三十年戰爭、啟蒙主義、威爾遜與美國國際主義、歐洲整合】

史　實

　　大概自十四世紀以降，歐洲受農業危機及黑死病流行影響，教宗和皇帝的普世權威一下子跌落谷底。各地居民紛紛開始掀起追求自身權利的內亂；另一方面，部分君主則趁亂控制了許多地區，建構起超越身分、地區、語言差異的自身權力。十六世紀以降，開始有人思考何謂「足以應對現實問題的權力樣貌」的主權論，統御人民、依法下令的君主最高權力獲得認可，將權力適用範圍看成「領域」的概念也應運而生，進而形成實際的主權國家。戰爭與和平被視為主權者的專責事項，之後以1648年西發里亞和約為象徵，建構出一個基於條約的國際關係——主權國家體制。不久後，原本這個主權被先驗性地視為君主專有的社會，逐漸轉換成由人民共同賦予主權給特定代理人的社會。透過美國革命與法國大革命等運動，人民＝主權者的國家概念逐漸形成，以「對內是主權在民、對外則是互不干涉的主權國家」為骨幹的世界於焉建構。

論　點

1. 被創造出來的主權論

　　主權是十六世紀知識分子在面對宗教內亂與戰爭頻繁等問題下，為了實現「共善」而錘鍊出的概念。自法國法學家博丹把主權視為「國家的最高權力」以來，主權論就將統御人民的絕對意義套用在國家身上。在討論國家得以存在的正當性理由的「**國家理性**」[1]時，主權論一方面萌芽自「對君主和人民同樣具約束力的法律共同體」這個自歐洲歷史孕育出來的政治秩序認識，一方面它也逐漸強化了「主權者發布命令廣及人民」這種一元國家觀。於是，被他們視為理想的主權，就這樣開始獨自發展下去。

　　到了十八世紀啟蒙時期，「君主＝主權者」論被重視人民共同意志的社會契約論的「人民＝主權者」論所替換。十九世紀是英國議會主權及德意志國家法人等依地區特性整飭國家統治的時代；在這時期確立的近代歷史學，一方面關注同時代的國家統治課題，另一方面也實證研究主權國家和主權國家體制的發展。然而這樣的分析方式，同時默認了「由一元性國家統治人民」的國家觀。

2. 近世國家的實際樣貌

　　進入二十世紀後出現一種概念，認為人民並不直接隸屬於國家統治，而是由多元社會集團的居間協調下行使權力。這促使我們必須重新思考這個來自近世、以一元國家觀

▷1　**國家理性**（Reason of State）
以維持國家生存發展和其體制為最高目的，為此犧牲宗教和倫理等事物也在所不惜的理性認識。近世時期認為國家理性是透過君主和王權體現，但在近代民族國家則成為一種從國家利益（national interest）觀點出發，力陳國家必要性的概念。

為前提的主權論。布魯內爾（Otto Brunner）與孔澤（Werner Conze）等德意志結構主義史學研究者，以及受他們影響的成瀨治與村上淳一等日本制度史研究者，都對主權論提出批判；他們認為，近世的獨特政治秩序，其實是中古的顯要身分集團在討論自身權力性質時所構築起來的，因此必須以身分制國家的方式來討論。

在一元國家觀前提下，被視為「近代早期」主權國家的絕對君主制研究，受到分析日常中多樣權力的社會史與民眾史研究影響，也開始關注各社會集團間錯綜複雜的權力關係。受穆尼埃（Roland Mousnier）農村史與孟圖（Robert Mandrou）心態史研究啟發的二宮宏之就認為，法國的絕對君主制其實是依附在日常層級中的**社會性結合**[*]才得以實現，因此得從地方集團的觀點來加以討論。自中古以來，各社會顯要集團一方面行使權力，一方面也和君主合作實現了政治共同體統治，從而帶來既存政治秩序的變動；這樣的政治社會面貌，也促使我們重新檢討以主權國家論為前提的「領土」概念。做為主權論的誕生契機、被當成「近代早期」談論的近世時期，也透過這些批判性議論，逐漸被理解成與中古和近代相異的時期。

3. 做為神話的主權國家體制　二十世紀下半葉起，原先所謂「主權國家體制」的國際秩序的形成，這概念也遭到挑戰。一直以來，主權國家體制概念當中「對人民施展絕對權力的主權者，對某一地理區域擁有主權」的主權國家，彼此之間都被視為是對等的外交關係。但近年來，開始有人提出被政治共同體所制約的君主權力，以及跨越國界彼此團結的政治共同體等說法。

比拉克（Stéphane Beaulac）、奧山德（Andreas Osiander）、特希克（Benno Teschke）等人主張，發展出君主統治的近世國家，其實是受以中古封建關係為基礎、**家產**[▷2]權利所拘束的存在。長久以來做為主權國家體制確立象徵的1648年西發里亞體系，也被認為是對自古以來領主與城市各項權利追認的不均質關係。明石欽司就指出，一直以來對主權國家體制的解釋，都把外交條約當成實證法（positive law）來理解，但這其實是十八世紀以降的國際法研究創造出來的產物。這些論點大肆批判了所謂的「西發里亞神話」，也提醒了我們一元國家觀這種將後世觀點套用至過去歷史的後設問題。

＊　社會性結合
參照 III-19 注2。

▷2　家產（patrimonial）
基於家族共同生活與事業經營的必要，由家父長管理的財產。從君主角度來看，家產是自己經營的領地，是自身統治的基礎，因此國家便被視為君主絕對的私人財產；這種無公私之分的「家產國家」（patrimonial state）思維由十九世紀的瑞士學者哈勒（Karl Ludwig von Haller）提出，並由韋伯繼承。參照 II-1 注1與 III-17 注1。

歷史學的考察重點

① 主權可以與十六世紀之後的哪些課題相互參照，來加以議論？

② 隨著一直以來對主權概念的理解，近世歐洲實際上出現了怎樣的扭曲？

③ 今日我們所處的場域，可稱為「主權國家」嗎？

13 宗教改革／反宗教改革論

塚本榮美子

【關連項目：中古城市成立論、教會改革、十三世紀的教牧革命、資本主義論、人文主義／文人共和國、教派化、神聖羅馬帝國論、三十年戰爭】

史 實

宗教改革始自1517年，路德對贖罪券提出疑義，並發表《九十五條論綱》。他的「聖經主義」、「因信稱義」[1]、「信徒皆祭司」[2]等想法透過活字印刷[*]和講道者廣為流傳，在各地掀起宗教改革運動；1524年的德意志農民戰爭，堪稱是這場運動的頂點。另一方面，掌握權力的教宗與神聖羅馬帝國皇帝想維持既有秩序，因此強力鎮壓路德。在宗教改革的政治化過程中，1529年皇帝宣布路德為異端，引發支持改革的諸侯「抗議」（protestatio），此即為新教（protestant）一詞的由來。兩者的對立在1555年《奧格斯堡宗教和約》正式承認路德派後，一時塵埃落定，但這場將政治、社會捲入其中的混亂仍舊持續。面對這樣的事態，天主教會透過特倫托大公會議（1545～1563年）重新確立了教宗至上權與天主教教義，設置宗教裁判所和禁書目錄，極力強化對異端的取締。這種重整旗鼓的舉動被稱為「反宗教改革」（Counter-Reformation，又稱天主教改革〔Catholic Reformation〕）。

論 點

1. 備受注目的宗教改革——斷絕與連續

宗教改革讓基督教共同體的中古歐洲社會瓦解，迎向近代社會；直到二十世紀某個時點前，它都被當成「近代化」的同義詞。注意到新教倫理及其動力的韋伯[*]，以及把宗教改革和農民戰爭看成「早期資產階級革命」的馬克思主義[*]史家，都是這種看法的代表。

但到了1960年代，相對於這種以「斷裂」為前提的議論，陸續有研究強調宗教改革和中古之間的連續性。在這當中，穆勒（Bernd Moeller）的《帝國城市與宗教改革》（1962年）闡明在原理上由平等成員守護「自由與自治」、中古以降的城市共同體與宗教改革的親和性，影響尤大。將他的議論擴大到農村共同體的布利克雷（Peter Blickle），也從1300年到1800年的長期視角出發，建構起一套以平民為動力的共同體主義論。

這樣的研究喚起了研究者關注茲文里、胡斯、重浸派[3]等路德派以外的宗教改革。在此同時，不以識字為前提、訴諸視覺（大張的宣傳畫等）與聽覺（講道與讚美歌等）的媒體角色，慈善與社會福利的狀態，以及家庭內女性地位等社會史研究，這些都拓展了「形形色色的宗教改革」研究。

2. 不是「對抗」，而是追求自發性與獨特性

將「對抗宗教改革（反宗教改革）」這個語彙視為時代概念來使用的，是普魯士史

▷1　**因信稱義**（Sola fide）

天主教認為，人要蒙恩得救洗清罪孽，就必須累積教會認可的善行。相對於此，路德認為人要獲得拯救，唯獨靠上帝單方面的恩典，而不是依賴個人行為，因此靠信仰（因信）才能獲得基督救贖（稱義）。

▷2　**信徒皆祭司**（priesthood of all believers）

在天主教中，聖職者與一般信徒有著明確區別，前者擁有較優越的地位。相對於此，路德則主張在上帝面前沒有這種區別，基督徒一律平等。

＊　**活字印刷**
參照 III-10 注2。

＊　**韋伯**
參照 I-23 注3與 V-12 注3。

＊　**馬克思主義**
參照 V-24 注2。

▷3　**重浸派**（Anabaptism）

這個名稱來自於他們否定幼兒洗禮，主張基於信仰自覺的成人洗禮。由於他們是徹底的聖經主義者、不惜代價推動激進改革，因此天主教派固不用提，就連宗教改革主流派也對他們嚴加鎮壓與迫害。

家蘭克。這個含有強烈「天主教基於宗教改革所作出的反應」意涵的語彙，在議論宗教改革與近代化的結合時，頗能助長「宗教改革 VS 反宗教改革」這種二元對立的看法。

對這種傾向抱持疑義的，是從事研究宗教改革發生前、天主教會內部改革運動的莫倫布赫（Wilhelm Maurenbrecher）《天主教改革（katholische Reformation）的歷史》（1880年）。繼承他視角的傑丁（Hubert Jedin），在《天主教改革（Reform）？還是反宗教改革？》（1946年）一書中，把中古以降的教會內部改革稱為 Reform，和宗教改革（Reformation）區分開來，從而將應宗教改革而生的後續改革，留給了「反宗教改革」這個語彙。透過這種方式，中古後期到近世天主教改革的自發性與獨特性得以被凸顯。

接下來，德呂莫（Jean Delumeau）在《路德到伏爾泰之間的天主教主義》（1971年）當中大膽捨棄了「反宗教改革」和「天主教改革」兩個用語，而是使用「近世天主教主義」（Catholicism）來論述。承續他的看法，1990年代奧馬利（John William O'Malley）認同不受「改革」視角所束縛的好處，進而採用了「近世天主教主義」的時代概念，並廣為眾人所接受。

3. 關注類似性，長期宗教改革與複數形態的宗教改革　在德語圈，則出現了另一個角度來重新省視「反宗教改革」。二十世紀中葉，澤登（E.W. Zeeden）開始將研究焦點投向各教派教會形成過程中的類似性。順著這股氣勢，出現了希林（Heinz Schilling）的「教派化」論。所謂教派化，是指天主教、路德派、喀爾文派等主要教派各自被政治當局接納，並以此為基礎，紛紛對信仰與教會制度、國家與社會制度、人民日常生活乃至心性加以重組的過程。在這些過程中，各教派發展過程與後續影響具有類似性。因此，強調相異性的天主教「反宗教改革」這個用語，也被重新詮釋成「天主教式的教派化」。

此外，教派化研究的提出，讓集中在十六世紀前期的宗教改革史研究開始意識到「漫長的十六世紀」，從而孕育出將中古後期到十七、十八世紀都納入觀察範圍的「長期宗教改革」視角。當然，教派化論也遭到很多批判，未去分析那些不曾受政治當局認可的教派，就是其中一項。這種反省伴隨著「形形色色的宗教改革」研究，促成了包含「天主教宗教改革」在內的「複數形態的宗教改革」敘述，也將我們從目的論的議論中解放。

歷史學的考察重點

① 宗教改革開始於何時、又結束於何時？

② 宗教改革是「漫長中古時期」的結束，還是「近代的開始」？

③ 在共同體主義的發展過程中，天主教會抱持怎樣的立場？

14 教派化

高津秀之

【關連項目：古代的宗教3：國家與宗教、中古城市成立論、主權／主權國家／主權國家體制、宗教改革／反宗教改革論、社會的規律化、複合國家／複合君主制／礫岩國家、神聖羅馬帝國論、三十年戰爭】

史　實

自1517年路德發表《九十五條論綱》以來，歐洲的「基督教共同體」在半個世紀內分裂成了複數教派。新教的教義是透過路德派《奧格斯堡信條》（1530年）等信仰告白[▷1]來規定。而天主教會庇護四世也在特倫托大公會議（1545～1563年）後頒布《特倫托信條》（1564年），強化了與新教抗衡的教會派系性格。

各教派都主張信仰的普世性，並確立各自的教義與制度。透過這種「教派化」（Konfessionalisierung; Confessionalization，也翻成「教派對立化」或「認信化」），教派在整合之餘，內部的對立漸趨明顯，譬如路德派內部就發生純正路德派跟腓力派[▷2]的爭論。另一方面，教派間的對立也更加激烈，法國甚至爆發了聖巴托羅繆節大屠殺（1572年）事件；在神聖羅馬帝國，1555年的《奧格斯堡宗教和約》確立了「教隨君定」（Cuius regio, eius religio）原則，教派分裂成為定局。不久後，帝國內部的波希米亞就爆發了三十年戰爭。在這場戰亂中，「教派的時代」已成過去；1648年《西發里亞和約》締結後，荒廢的歐洲不再以信仰為主，而是以國家理性[*]為指導原理，成為主權國家之間激烈爭鬥的政治空間，藉此獲得再生。

論　點

1. 希林的教派化論及其例外

1980年代，希林強調教派化過程中統治者扮演的角色，他針對近世的教派化與主權國家的發展之間的關連，提出了劃時代的討論。統治者制定教會規章、實施教會巡察。聖職者與世俗人士的巡察官聽取調查，以便掌握聖職者的能力、信徒的生活態度、教會與學校、濟貧設施的營運實態等等，並給予必要指導。聖職者和官僚機構結合，共同參與教會、教育、婚姻和貧民救濟等事項。培育聖職者的大學機構紛紛設立，獎學金制度也獲得整飭。如此之下，主權國家內部被統治者的信仰整齊劃一，能幫助大幅強化統治者的權力。

但是，也有不少地區跟希林描繪的樣貌有所出入。法國國王亨利四世在1598年發布了《南特詔令》，認可新教信仰，從而恢復了王國和平；在匈牙利、波蘭等東歐地區，也可以見到很多複數教派共存的例子。即使是希林做為論述根據的神聖羅馬帝國路德派地區，也有很多地區不照統治者意思行事。

▷1　**信仰告白**
（Confession of faith）
也稱信條。原本是就罪孽進行告解（confess）的意思，但在宗教改革期間，這個語彙意味著規定新教各教派信仰原理、教義的文件。除了《奧格斯堡信條》以外，還有《四城信條》（1530）、《第一瑞士信條》（1536）等。

▷2　**腓力派**（Philippists）
路德派內部支持腓力・墨蘭頓（Philip Melanchthon）的穩健派。對於聖經裡的「道德中性」（Adiaphora）問題，腓力派認為應以教派間的融合為目標，故承認神聖羅馬帝國皇帝提出的《萊比錫臨時敕令》（1548年），與天主教妥協；至於救贖方面，他們在一定程度上認可自由意志，在聖餐問題上也抱持妥協主張。這些都和純正路德派（Gnesio-Lutherans）的立場不同。

*　**國家理性**
參照 III-12 注1。

2. 教派化的實際狀況

教派認同得透過教會儀式的實踐來強化，所以人們必須由具備規則的教會來指導。相較於天主教強調聖母崇拜、聖人崇拜及排隊領聖體等儀式，新教徒則重視語言與禱告。譬如讚美歌與宗教劇不只為了宣導教義，也用來營造信徒的一體感。在學校和家庭，也會透過**教義問答**[3]來從事宗教教育。批判其他教派、強調自己教派優越性與正當性的小冊子也廣為流傳，克拉納赫的《基督受難與反基督》（1521年）、諷刺敵對宗教改革者的《馬丁路德的解剖》（1567年左右）均屬此類。在天主教祭壇上，有魯本斯等巴洛克時期的畫家所繪製的聖母、聖人，以及殲滅異端的大天使米迦勒。為了共享做為教派認同根據的歷史，英格蘭的宗教改革者福克斯著有《殉教者列傳》，荷蘭的重浸派凡・布拉夫特則著有《殉教者之鑑》。此外，1517年10月31日「路德將《九十五條論綱》釘在維滕堡教會大門上」這起真假不明的事件，後續也透過相關紀念儀式，深深烙印在眾人的記憶當中。

但是，有研究者懷疑上述這些教育與宣傳，到底有多少效果。效果的程度除了會受城市和農村等社會環境的差異所左右，在某些場合下也會出現信徒無法接受的情況。而且，大部分信徒只是形式上屬於某些教派，對於細微的宗教問題其實不太在意。

3. 寬容與個人主義

在教派化不徹底的情況下，不同教派的人們常比鄰而居，共同度日。無關喜歡或不喜歡，他們都得實踐卡普蘭（Benjamin Kaplan）口中的「寬容」（toleration）。不同教派間會交流，也有相異教派的男女結婚。在天主教徒與路德派資本家共存的帝國自由城市奧格斯堡，不同教派間的婚姻並不罕見，甚至有夫婦皈依對方教派的情形。

多教派社會裡有多數派和少數派存在，但後者往往會遭到前者的歧視與迫害，被迫流亡。在喀爾文派的城市日內瓦，就有一群從「被異端污染的城市」盧卡逃出來的義大利人。也有因為害怕歧視迫害而偽裝自己信仰的人（nicodemism）。有像提倡「漫長中古世紀」的勒高夫這樣，把宗教改革和教派化定位為中古發展之延續的研究者，但另一方面，也有人認為這種教派化帶來的對立、糾葛與疏離感，從中產生了「個體」意識，促使近代個人主義的誕生，因此必須強調它的劃時代意義。

▷3 **教義問答**
（Catechism）
也稱探題。做為宗教教育用途的教義問答（Katechismus）手冊雖然在宗教改革以前就已出現，但路德非常重視，更在1529年出版了《路德小探題》和《路德大探題》。之後，許多宗教改革者便以帶有答案的問答形式來撰寫教科書，解釋關於基督教信仰的各種問題。

歷史學的考察重點

① 在近世主權國家的確立過程中，教派化扮演了怎樣的角色？

② 教派化是如何、又是到什麼程度為止才算達成？

③ 教派化與宗教寬容思想、個人主義之間的關係為何？

15 社會的規律化

鈴木直志

【關連項目：十三世紀的教牧革命、儀式與溝通、宗教改革／反宗教改革論、教派化、三十年戰爭、軍事財政國家論、啟蒙改革／啟蒙絕對主義、殖民地與現代／西方】

▷1　新斯多噶主義
（Neostoicism）

在1600年前後的尼德蘭，由利普修斯等古典文獻學者推廣的精神運動。這種國家哲學與政治思想是發展自強調恆心、規律、禁欲等古羅馬的斯多噶派哲學，在歐洲各國廣為風行。

▷2　行政條例
（Polizeiordnung）

致力於達成polizei（在近世意指「好的秩序、好的社會狀態」，十九世紀以降則指狹義的「警察」）的法令。帝國、領邦、城市當局為了增進公共福祉而發出的法律命令，比方說各邦（land）條例或礦山條例等，皆屬此類。

▷3　教規

為了維持教會秩序與教義，而採取的各式各樣處置措施。它的目的是處罰，但並不是要蓋上犯罪者的烙印，而是要讓當事人透過悔改，回歸聖餐共同體的信徒團體當中。

史　實

中古社會逐漸解體，伴隨宗教改革的熾烈戰亂持續綿延。在這種情況下，歐洲強烈渴求一種基於「命令—服從」關係的新秩序。為了讓憎惡、殘暴及瘋狂的戰爭狀態終結，必須建立嚴格的秩序，並克服諸惡根源的人性弱點。從古羅馬思想中找尋解決方法的**新斯多噶主義**[1]，就重申強化國家與社會規律化的必要性。社會的規律化，就這樣隨著應運而生的絕對主義（專制主義）國家不斷發展下去。首先被規律化的，是這種新世俗政治秩序的領導階級（君主、官僚、軍人等）。君主從起床到就寢的日常生活都有嚴格規定，常備軍則是最為奉行「命令—服從」關係的訓練場所。在領導階級中普及的規律化，不久便透過對各生活領域定下細緻規範的**行政條例**[2]，滲透到社會的每一個角落。流浪漢與乞丐等社會邊緣人，也都透過勞役和輔育院制度，被強迫規律化。重視規律與服從的行動和思考模式，就這樣影響了整個社會。

論　點

1. 近世歐洲的根本社會過程

社會的規律化，是德意志史家歐斯特賴希（Gerhard Oestreich）提出的概念。這種概念的出發點，是二戰後絕對主義研究者提出的論述——絕對主義影響下的集權化，幾乎都只在中央層次，而沒有把權力伸展到社會上的廣大領域。歐斯特賴希以這樣的認知為前提，認為在評估絕對主義造成的影響時，不應該只看政治史層面（集權化與制度化），也應該從社會史、精神史層面（對人們行動模式與思考方式的改變）來評估，從而提出了社會的規律化。這個概念的特徵是「內化秩序規範、具有自制力的人類」這種中古時期極其罕見的全新人類型態，以及共同生活理性秩序的出現。因此，規律化是在根本上將人類與社會改頭換面的過程，而這種滲透規律的內化，據歐斯特賴希所言，是近代人類精神、心態不可或缺的基礎。十九世紀社會蓬勃發展的民主化也是如此；若不存在這樣的精神基礎，就無法成立。

2. 規律化與教派化

在歐斯特賴希的構想下，社會的規律化是屬於世俗的過程，主體是推動絕對主義的君主、官僚與軍隊。之後，教派化論將他的概念套上了宗教因素，深化議論。十六世紀後期不管新舊哪個教派，只要是與國家緊密結合的教會派系，都會透過**教規**[3]來強加管束信徒的信仰生活。不只如此，教會規範爭吵與酗酒等行為，

監視教區居民的風紀，從而將他們的社會生活規律化；同時也干涉夫婦吵架、管制放蕩性生活，將人們的私生活也規律化。在絕對主義國家統治權力不甚強勢的城市和農村層級，教會以教派化的形式推動社會的規律化（希林）。只是相對於這種看法，也有人批判，國家與教派化並非總是結合在一起（施密特，Heinrich Richard Schmidt）。據施密特的說法，在教派化＝規律化的過程中，應當重視的不是國家造成的影響，而是教區居民共同體造成的影響，也就是他們基於鄰居關係下的管制與自我調整機能。

3. 圍繞規範貫徹的議論　歐斯特賴希雖然注意到行政條例，但對它的實際狀況幾乎未曾提及。行政條例研究與歷史犯罪研究，對於討論規範貫徹程度所引發的規律化論爭頗有貢獻。其中有研究者提到，在近世時期地方底層統治權力還很不發達的情況下，即使中央法令反覆公布，還是幾乎沒人遵守。不只如此，當時受司法管轄下的居民也不只是被動地單純服從法令。他們會靈活地透過交涉與溝通，解決那些無法仰賴統治權力的當事者紛爭。隨著這些實際狀況被一一揭露，規律化論也被認為頗有疑問；有研究者認為，這是一種過度高估國家作用的片面議論（丁格斯）。但另一方面，不管是這種高估也好、或是原本的歐斯特賴希規律化論也好，也有研究者提出，上述這些說法都只把規範本身當成由上而下的直線式作用（哈特）。這種主張認為，社會的規律化並不能透過實證的歷史事實來加以考量，必須徹底把它當成「社會整體發展的方向與過程中的產物」來加以理解。

歷史學的考察重點

① 我們可以從哪裡找出絕對主義的歷史意義？

② 在社會規律化的過程中，對於國家和居民各自扮演的角色，該如何思考才妥當？

③ 對近代以降的規律化現象，我們該如何加以定位？請試著參照傅柯的規律化（規訓，Discipline）來思考。

16 族裔（ethnos）論

中澤達哉

【關連項目：城邦形成論、中古初期國家論、維京人的族群、歷史與記憶、啟蒙主義、民族主義論（從東歐出發的方法）、民族主義論（從南北美洲與西歐出發的方法）】

史 實

在**希羅多德**的著作《歷史》中，世界的構成單位是希臘語的「ethnos」（族裔），也就是地理、文化各自不同的集團。這裡的 ethnos，比起外貌身體的遺傳特徵，更偏向於地理分布位置的不同。至於古代末期統治了不同外族的羅馬帝國，則是由基於血統習慣、以 ethnos 之姿呈現的 gens（氏族），和基於權利忠誠、以法律之姿呈現的 populus（全體公民）所構成，這是當時人們的認知。在中古歐洲，氏族被理解成有共通出身的人群集團，和拉丁語的 natio（種、出身）經常互換使用。之後，文藝復興時期繼承羅馬法，近世歐洲做為公法主體 populus 與 natio，和做為私法主體的 gens（ethnos），就被加以區別，並漸成定局。

隨著十九世紀民族學（ethnology）的發展，包含殖民地在內，「擁有共同語言、習慣、宗教的人群集團」或「在面對他者時具備共同性的人群集團」，便成為廣泛用來定義 ethnos 的說法。和民族國家形成後的**族群**（ethnicity）概念不同，對於被擴大使用的 ethnos，可從以下三種不同的理解方式來呈現。

論 點

1. 體質人類學、社會生物學的原生論

體質人類學者范登伯格（Pierre van den Berghe）認為，繁殖成功率高的遺傳性質會被留存下來，達爾文式「天擇」能強化特定親屬，環境「適應力」也跟著提升。接著，他把生物學的「適應力」擴大解釋至社會學的「涵蓋性適應」；簡單來說，人類若能夠辨識出他者是與自己有相同遺傳因子的親屬，那彼此就更能夠合作行動與相互適應，從而展開「親屬選擇」（kin selection）。更進一步說，人類要形成比親屬更大的 ethnos 或 nation（民族、國族），除了親屬選擇，還需要具備「利他行為」與「強制力」。透過社會生物學的解釋，ethnos 的形成被還原至遺傳的原生問題，這就是所謂的原生論（primordialism）。

2. 族裔象徵主義·ethnie 論

族裔象徵主義（ethno-symbolism，也常被譯成族群象徵主義）則認為，ethnos 是以神話、記憶、象徵、價值等文化要素為基礎，從前近代一直延續下來的集團，也是近代 nation 的起源。當近代知識分子提倡民族主義／國族主義（natonalism）時，必定也得引用前近代 ethnos 的歷史文化架構做為號召。是故，具有 ethnos 基礎的人民才會產生共鳴，也才會對 nation 抱持強烈的忠誠。總之，族裔象徵

* **希羅多德**
參照 I-3 注1。

▷1 **族群（ethnicity）**
一般指的是近代民族國家內與他者相異、具有獨特認同的集團。為了讓「民族國家」這樣的分析概念成立，研究者使用這個詞彙時，通常將它和歷史上使用的 ethnos 做出區別。參照 II-6 注1。

▷2 **體質人類學（physical anthropology）**
又稱生物人類學（biological anthropology）。從出土的人齒、人骨化石型態來判別遠古人類運動方式、生活環境及社會結構等，從而釐清人科的共通祖先如何進化成現今人類。

主義認為要理解近代的nation，就必須釐清前近代的ethnos為何。

民族學者安東尼·史密斯（Anthony D.Smith）則假定，近代nation的核心是「ethnie」（亦即英文的ethnic group，沒有政治目的及明確疆域的族群），nation來自於前近代的「ethnos起源」。他指出，所謂的ethnie包括了①在限定的地理空間內，跨越階級，存在於日常生活中的集團凝聚性（垂直的ethnie），以及②在限定的菁英階級內，隨著地理空間而擴大的貴族傳統（水平的ethine）。在形成近代的nation時，都必須將之當成文化要素去加以考量。

3. 社會建構論·建構論　　對於以上這些來自人類學與民族學的論點，近年來歷史學界出現了強烈的批判聲音。中古史家吉爾里（Patrick J. Geary）就批評，在研究近代史時還得先證明「先於近代nation的前近代ethnos」確切存在，這是不對的；他甚至認為這「玷汙了中古早期」。他認為，宣稱法蘭克人或倫巴第人等中古早期的ethnos具有特定的語言和生活方式，這在史料上根本無從確認。按照他的說法，ethnos是像容器一樣的東西，內容物可以替換，容器的規模本身也經常改變。換言之，他指出「具有歷史連續性的ethnos，本身也是被建構出來的」，從而得出了**社會建構論**[3]，認為「古代的ethnos不能視為是今日nation與ethnicity的基礎」。

同樣地，二宮宏之把ethnos視為構成**社交性***的一環，是可變動、流動式的文化集團，他關注這個集團形成的過程。研究宗教改革的近世史家安東尼·馬克斯（Anthony Marx）則探尋ethnos建構過程中的排外主義，並分析其如何往近代的nation位移。維羅里（Maurizio Viroli）則研究古代古典時期的愛國概念，如何轉變成對共和政體和自由的愛，最後置換成我族中心主義（ethnocentric）的過程。他們將中古時期建構的ethnos在近世被拿出來強調、又在近代被選擇性援用的過程全貌，展現在眾人面前。

如上所述，近年的中古及近世史家，將近代以前的ethnos及其社會事實和現象，理解成人們接觸與交涉的結果下生出的產物。這種歷史學提示的社會建構論ethnos形象，也迫使我們必須重新思考對近代nation研究的既有認識。

▷3　**社會建構論**（social constructivism）
社會建構主義是源自社會學的概念。它將社會的現象與現實，乃至於它所擁有的意義，都看成是人際關係或人群社交所建構出來的事物。這種主義和nation研究的建構論不同，不只近代的工業化與資本主義化，它將建構論當成不管什麼時代都會發生的現象來加以認識。

*　**社交性**
參照 III-19 注2。

歷史學的考察重點

①　人類學和民族學的理解，與歷史學的理解，有什麼差異？

②　在與nation與ethnicity做出區別的情況下討論ethnos，有什麼意義？

③　ethnos的歷史實際面貌究竟是什麼？

17 複合國家／複合君主制／礫岩國家　　古谷大輔

【關連項目：近代國家形成論、十四世紀危機、公共事務（res publica）、主權／主權國家／主權國家體制、舊制度論、十七世紀危機、三十年戰爭】

史　實

在教宗與皇帝普世權威一落千丈的歐洲，地方上開始出現擴大自身影響力，建構不受身分、地區、語言差異所拘束的勢力圈政體。這些勢力圈大多源自於特定君主同時兼任中古時期的王國、公爵領地、伯爵領地，也就是建立在**家產經營**的基礎上，但將複數政體結合起來的君主，以實現「共善」為原則來宣示「主權」，這點與以往的家產經營方式明顯不同。此外，大部分的勢力圈內部其實都沒有一個統轄整體的國名、法律與制度，這和在限定領域統一經營的近代主權國家不同，是另一種政治秩序。君主與納入自身勢力圈的政治共同體之間建構的複合政治秩序，依各個歷史學者的觀點，有「複合國家」、「複合君主制」、「礫岩國家」等不同的稱呼。

論　點

1. 複合政治秩序的「發現」

十九世紀下半葉起，隨著近世國家領域性經營等近代國家的初期型態陸續被提出，以往全盤接受「國家以一元化的方式統治居民」觀點的研究開始被檢討。二十世紀下半葉，將近世視為前近代時期的解釋遭到批判，也有研究發現近世人民會透過多元的社會集團來行使權力。以上這些多元的國家觀念，都促使研究者重新檢討近世的政治秩序。

圍繞信仰與王位繼承的紛爭、以及圍繞共善與主權的論爭，這些對應近世各課題的政治秩序特徵，一方面呼應了波考克等人檢討從人文主義中發現的共和（res publica）意義的議論，另一方面也透過孔尼斯伯格（Helmut Georg Koenigsberger）及艾略特等英國史家的研究日益明朗。孔尼斯伯格著眼在許多政治秩序都擁有的代表制議會，指出所謂「由政治共同體與君主共同統治」這種政體的複合性，並稱具備這種特徵的秩序為「複合國家」（composite state）。艾略特則從與多元地方政體實現聯合「對等」（Aeque principaliter）的君主制當中，看見在近世的不穩局勢下具備「柔軟性與生存能力」的政治秩序面貌，並稱這種秩序為「複合君主制」（composite monarchy）。

2. 「君主統治的共和統治」姿態

以孔尼斯伯格及艾略特為先驅，今日的歷史學者已經普遍認可複合政治秩序是近世的特徵。在這當中，瑞典的歷史學者古斯塔弗森（Harald Gustafsson）提出，做為從中古邁向近代的歷史選項之一，將複數的自律權力宛若馬賽克般結合

▷1　家產經營
在中古，君主會把做為家產的土地借給透過封建關係而跟隨自己的屬下；透過這樣的經營方式，君主得以行使統治權。以家產經營為基礎的國家，具有「國家為君主私人財產」的性質，國家的統治（國政）與君主的家產經營（家政）並未分離。參照 II-1 注1 與 III-12 注2。

起來的政治秩序，稱為「礫岩國家」（Conglomerate state）。

近代以降，不是形成一個高度整合的主權國家，就是分裂成複數的主權國家，因此近世這種「礫岩」般的政治秩序，就算以近代領域型國家的架構回溯，也很難加以掌握。這種在複數政治主體共存的同時，也企圖達成權力均衡的「混合政體」，若不擺脫主權國家雛形的近代歷史觀，就無法清楚理解。今日的研究會從邁向君主制的政治、社會、文化整合脈絡，來分析構成「礫岩國家」的「礫岩」，也就是地方政體、社會集團及教派共同體。在權力關係複雜糾葛的競技場——君主制下共存的各種人群集團，被聚焦為「由君主治理的共和式統治」，這樣的觀點也刷新了對近世政治秩序的理解。

3. 西北歐政治秩序獨有的個性

「由君主治理的共和式統治」可說是西北歐政治秩序獨有的形式。每當戰爭與叛亂等緊急事態發生時，近世人民為了維持生活與信仰，便會戰略性形成複合的君主制。可是在此同時，由朝尾直弘等人提出的戰國到江戶時期日本**公儀國家**[2]，以及由沃爾特斯（Oliver William Wolters）提出的東南亞**曼陀羅國家**[3]等，以同時代歐亞大陸邊陲地帶為對象的這些研究中，也陸續可見人群集團為了維持共同體穩定，而戰略性形成複合的政治秩序例子。

今日的歷史學界，歐洲中心主義受到批判，因應日本、東南亞、歐洲各自的脈絡，我們分別描繪了在這些地區當中實際生活人們的認知。可是後續的研究者，比如說李伯曼（Victor Lieberman）的《奇妙的並列》，便提出這三個地區的中上層權力者授予各個共同體權利，從而在去中心的多元性下建構出寬容的「**憲章國家**」[4]，藉此進行比較研究。像這樣，在歷史當事人未曾察覺的情況下大膽發想，以跨歐亞規模來檢討「近世」的意義，這樣的研究視角也是我們的目標。

▷2 **公儀國家**
公儀意指公家權力，江戶時期由幕府取代天皇執政，對將軍和大名統治領域與政治組織的稱呼。所謂公儀國家論，是從地方領主及領民間的眾論觀點出發，認為「江戶幕藩體制，是建立自戰國時期以降地方和平契約的重層結合」，各地區整合後才形成了幕藩體制。

▷3 **曼陀羅國家**
（Mandala）
四世紀之後，東南亞地區並沒有形成以領土為基礎、中央與地方分層統治的國家類型；而是以人民的忠誠網絡為基礎，由包含地方權力的中型規模權力體、以及涵蓋了這些中型規模權力體的大規模權力體，進一步複合形成的多重權力聯合體。

▷4 **憲章國家**
李柏曼在《奇妙的並列》（Strange Parallels）一書中，探討十至十九世紀東南亞的國家形成，並從歐亞觀點來比較歐洲、日本、中國的例子；在這本書中，他將位於核心文明圈邊陲、由被授予特權的菁英來維持的國家，稱為「憲章國家（Charter State）」。

歷史學的考察重點

①近世的政治秩序，和中古的神聖羅馬帝國與今日的歐盟有何不同？

②「由君主治理的共和式統治」這種解釋，對原先的一元國家觀造成了怎樣的改變？

③近世的政治秩序和同時代日本與東南亞的秩序有何不同？

18 神聖羅馬帝國論

皆川卓

【關連項目：羅馬皇帝與帝國的整合、圍繞「封建制」的論爭、近代國家形成論、主權／主權國家體制、宗教改革／反宗教改革論、複合國家／複合君主制／礁岩國家、三十年戰爭、歐洲整合】

史　實

　　勢力圈涵蓋西歐、中歐到東歐，以及部分南歐的神聖羅馬帝國，自962年**鄂圖一世加冕為羅馬皇帝**[1]以來，便開始號稱統治全世界，但它並沒有制度支撐，皇帝甚至連地方諸侯與城市都無法駕馭。終於在十四世紀確立了選出皇帝的「選帝侯」制度，諸侯與自由城市紛紛形成「**領邦**」[2]，過程中奧地利的哈布斯堡家族出任皇帝，開始進行對內和平與對外防衛的「帝國改造」，並在十六世紀基於共識之下形成領邦聯合體。這些「帝國政治體」成員在1495年承諾永久禁止相互暴力，取而代之的是設立裁決糾紛的法院，從而克服了慢性武力紛爭。1517年爆發宗教改革，支持統治權正當性的基督教信仰產生分裂，再次引發皇帝、諸侯、自由城市之間的對立。他們在1555年的《奧格斯堡宗教和約》下維持住帝國的一致，但內部對立仍不斷加深，最後引爆了三十年戰爭（1618～1648年）。1648年在周邊各國擔保的情況下締結《西發里亞和約》，領邦成為地方統治單位，帝國則成為解決紛爭與維持安全的共同體；直到1806年神聖羅馬帝國解體前，都維持著這種相互支持的體制。

論　點

1. 帝國的政治機能

　　近代一般認為，近世的神聖羅馬帝國是有名無實的組織。和近代的中央集權式主權國家相對照，神聖羅馬帝國是毫無秩序的。可是在二十世紀殖民帝國崩解，以及跨國聯盟、民主監督體制的發展下，開始出現了不將主權國家視為絕對的潮流；影響之下，有許多人開始研究並試圖釐清神聖羅馬帝國與領邦透過帝國改造，而扮演的政治角色與關係。於是，帝國改造的過程、由帝國政治體構成的帝國議會與**帝國咨政院**[3]的運作、皇帝與選帝侯團體的領導權威、維持安全的**帝國行政圈**[4]角色、以及推動這些的人際網絡，都一一被分析。有研究者認為，由於神聖羅馬帝國並不具備統治全體人民的構想，因此不能視為民族國家德意志的前身，它只是為領邦提供難以單獨行使的安全保障。這樣的說法相當有力。

2. 帝國的形象

　　另一個重要的論點是，同時代人將帝國理解成怎樣的秩序。以統治全體基督教世界自居的帝國，在中古後期天主教思想的影響下，將皇帝比擬為頭，諸侯、城市與人民則是身體手足，也就是理解成因聖靈而生的有機體。這種形象在近世帝國面

臨危機時反覆被喚起，並防止分裂。然而，帝國的實際權力整合是由各領邦單位進行，帝國只是一個將它們聯合起來的外殼。完全接受十五世紀帝國改造的，大概只限於現在的德意志（德國）領域。不只如此，宗教改革讓這些領邦在相異的教派下建立起各自的權威，結果造成帝國雖然仍認皇帝為「頭」，但底下擬似主權的領邦聯合體也轉趨高調。支持他們的雷金克（Dietrich Reinkingk）、利姆內烏斯（Johannes Limnäus）、康林（Hermann Conring）、普芬多夫（Samuel von Pufendorf）等法學家、官僚和學者就針對「主權究竟在帝國身上、還是領邦聯合體身上」的問題進行討論（帝國公法學）。

然而，更著名的是由人文主義者（策爾蒂斯〔Conrad Celtes〕、倍倍爾〔Heinrich Bebel〕、勒納努斯〔Beatus Rhenanus〕）思維形塑出，所謂「日耳曼人的直系子孫＝德意志人」這樣的虛構概念。十五世紀末訂下的國號「德意志民族神聖羅馬帝國」就展現了這點。這個意象在宗教改革帶來的教育制度與著作廣傳、以及標準德文體書寫成立的推波助瀾下，從知識菁英一路擴展到資本家階級；十八世紀的帝國已經有了「德意志帝國」的別稱。這種自我理解的多元性，也是理解西歐認同不可或缺的視角。

3. 對主權國家體制的抑制

在神聖羅馬帝國及民族國家德意志的連續性遭否定的同時，將帝國評價為「歐洲全體穩定要素」的傾向則益發強烈。十七至十八世紀的歐洲，雖然是擁有限定領域、排他性的主權國家並存的「主權國家體制」，但當時的國家還殘留著君主的**家產**（家族財產）性格，單一民族國家的外交壟斷權還未形成（社團國家、礫岩國家），各國間的排他性也還沒那麼強烈。在這當中，神聖羅馬帝國利用自古以來的基督教權威、**遍布歐洲的封建關係**、以及和諸侯與周邊王室的親族關係等「普遍秩序」的中古傳統，將周邊各國的王侯以封建家臣的領邦君主成員迎入、將領邦君主以各國王室身分送出、或是以基督教防衛的同盟國與條約保障國之姿，將它們接納進來。在這種情況下，帝國與其他歐洲各國連結，運用中古以來的紛爭解決工具來緩和歐洲各國間的對立。這樣的帝國面向也再次被提出。

▷4 **帝國行政圈（Reichskreis）**
意指神聖羅馬帝國的行政體系。帝國政治體（領邦）成員按地區聯合起來，抑制違反帝國法的暴力行為，並負責提供軍隊以防衛帝國。帝國行政圈和因身分別而受制約的帝國議會不同，各邦權利地位一律平等；該組織的精神也影響了近代的國際機構。

* **家產**
參照 III-12 注2。

▷5 **遍布歐洲的封建關係**
在限定領域主權不存在的中古時期，遠離勢力圈的君主、領主或自由城市會締結封建主從關係；特別是近世時期的神聖羅馬皇帝，在現今義大利、法國、捷克、波蘭、荷比盧地區一直維持著封建關係。

歷史學的考察重點

① 讓近世神聖羅馬帝國具備機能的各項制度與推動者，實際狀態為何？

② 有機體、國家聯合體、德意志人等概念，對近世以降中歐人的自我理解產生了何種影響？

③ 試透過神聖羅馬帝國在近世歐洲各國關係中所扮演的角色，重新省視近世歐洲的主權國家體制。

19 舊制度論

林田伸一

【關連項目：圍繞「封建制」的論爭、主權／主權國家／主權國家體制、啟蒙改革／啟蒙絕對主義、法國大革命、階級論（仕紳論、中產階級論）】

史　實

「舊制度（Ancien Régime）」這個語彙，是法國大革命期間誕生的。雖然嚴格來說，革命爆發前夕出版的小冊子與陳情書中就能看見這個詞，但它不過是把被視為問題的特定制度當成陳舊的東西加以批判，也就是一種意義限定的使用方式。然而在法國大革命期間，隨著革命進展，這個語彙變成對過去政治、社會、文化整體的強烈否定，甚至是定罪式的用法。不將「舊制度」侷限於意識型態層面，而是用它來指涉大革命之前大約三個世紀的時代，並檢討那個時代的國家和社會性質，是十九世紀中葉托克維爾寫下《舊制度與大革命》一書，以及十九世紀後期實證史學術成形之後的事。

＊　托克維爾
參照 IV-7 注3。

論　點

1. 傳統的政治／制度史的解釋

形成於十九世紀下半葉、一路發展到二十世紀上半葉的法國歷史研究主流，強烈傾向將政治等同於制度史，並站在肯定立場來探尋近代國家及其推手布爾喬亞的發展過程。從這種視角來看，舊制度被定位為王權為了克服中古封建分權狀態、逐漸收編公權力的時期，也是逐漸崛起的布爾喬亞為了與貴族對立、跟持續中央集權的王權合作的時期。當然，在法國大革命前後出現了重大的斷裂；但另一方面，舊制度仍被認為是脫離中古、為近代做準備的時期。

＊　馬克思主義
參照 V-24 注2。

2. 圍繞馬克思主義史學解釋的論爭

以階級對立為基本視角的馬克思主義，則認為舊制度是貴族統治下的封建制。這裡講的「封建制」，指的是先於資本主義社會的社會結構；這和把「封建制」僅基於「分封采邑」（lehen）關係而成立、亦即把它看成中古固有事物的政治／制度史解釋方法，在意義上是完全不同的。從這種視角出發的研究，有蘇聯史家波爾舍涅夫（Boris Porchnev）的《1623到1648年間法國的民眾起義》。波爾舍涅夫首先著重分析這個時代頻頻發生的民眾起義；他從「封建制度的階級鬥爭」角度來看待起義，把壓制起義的絕對君主制國家，看成是為封建勢力服務。

法國的穆尼埃對這樣的解釋提出批判。穆尼埃繼承政治／制度史研究的系譜，將絕對君主制視為壓制封建貴族勢力、統一大權的產物，因此對波爾舍涅夫的主張，他實在難以接受。此外，穆尼埃以這次論爭為契機形成了一套論述：舊制度下的法國社會並非階級社會，而是身分社會。這個

時代是以社會評價和名聲為基準而形成階級序列，因此波爾舍涅夫將十九世紀以經濟為主的階級概念套用其上，實為謬誤。可是，穆尼埃在使用這樣的社會序列及其隱含意涵時，是否也把當時統治階級的觀念毫無批判地照單全收了？研究社會史的古貝爾（Pierre Goubert）指出了這個問題。古貝爾和里歇（Denis Richet）提出了和馬克斯主義史學與穆尼埃都不同的見解。他們認為，少數的統治階級（「**貴族**」或菁英）與占人口絕大多數的他者之間存在著一條界線；這個統治階級雖然超越了身分框架，卻沒有進一步彙整成階級。

3. 從社會結合關係出發的方法

「階級社會或身分社會」這種關注舊制度社會結構的研究說法，後來漸趨淡薄；取而代之的問題是「個人和社會是在怎樣的關係下相互結合」。透過對這個問題的檢討，社會集團、各種制度、民眾起義之類的運動，其性質都被重新考察，同時研究者也進一步探討這些事件的轉變契機。在這種背景下，出現了兩種研究潮流：第一是社會史研究的**社交性**，第二是以穆尼埃論述為發端的人脈關係研究。穆尼埃的身分制社會論雖然受到諸多批判，但他就身分制社會論所指出的舊制度固有人脈關係問題，則隨著凱特靈（Sharon Kettering）等英美史家的研究而日益深化。

在日本，也有學者利用這種社會結合關係的研究視角來分析舊制度。二宮宏之在考察絕對君主制這個時代統治形態時，認為當時無論是官僚制等國家各種制度、或是**君權神授說**等政治意識形態，發展都不甚完整，因此有必要關注那些存在於社會中、仰賴職業與地緣關係而結合的團體。他主張，自生存在的這些團體靠著特權的賦予和交換，被重編成法律上的團體（社團），而這就是絕對君主制的權力基礎。

▷1 **貴族**（la noblesse）
在這裡，古貝爾和里歇指的是「直接（透過身為領主的各種權力）或間接（透過國庫收入重分配）依賴農民生產而獲得收入的人」。這裡所指的貴族更包含後來「穿袍貴族」（Noblesse de robe）的概念。不同於傳統世襲佩劍貴族，這群人跨越了舊有的身分制框架。但另一方面，因為這群人常會在各種不同方面形成利益對立，內部組成具有多樣性，因此沒辦法當成一個完整的階級來看待。除了獲得收入的方法外，也有人指出「貴族」在生活方式、心性等文化方面的共通性。

▷2 **社交性**（sociability）
自1970年代以降，社交性／社會結合關係研究在以法國為首的歷史學界成為一個重要主題。首先將社交性概念引進歷史研究的，是研究十八、十九世紀南法「社會連結（Les associations）」的阿古龍（Maurice Agulhon）。之後這個概念也被其他史家使用，用來剖析固有社會紐帶上的社會文化獨特性。

＊ **君權神授說**
參照 III-11 注2。

歷史學的考察重點

①「舊制度」這個語彙，能夠清楚呈現出十六到十八世紀法國的實際狀態嗎？

②舊制度和在它之前的中古、以及之後的十九世紀，有什麼相異或共通之處？

③在各個時代與地域中，社會集團如何形成、又是如何變化？

20 十七世紀危機

金澤周作

【關連項目：五賢帝時代與「三世紀危機」、圍繞「封建制」的論爭、十四世紀危機、世界體系理論、荷蘭的黃金時代、資本主義論、舊制度論、軍事革命、三十年戰爭、英國革命、英國工業革命、大分流】

史　實

十七世紀對歐洲而言，是「危機」的世紀。使德意志荒廢的三十年戰爭，讓不列顛群島分裂的英國革命（部分是清教徒革命）、法國的投石黨之亂、俄國與瑞士等地頻繁爆發的農民叛亂，不一而足。此外，十五世紀後期以來順風順水、不斷膨脹的經濟活動也開始緊縮；倚靠新大陸和亞洲貿易而繁榮的西班牙、葡萄牙喪失了勢力，曾為經濟文化中心的地中海義大利各城市地位低落，全歐洲的人口增長陷入停滯……在各式各樣的指標上，都呈現了負面走向，和十八世紀中葉以降的人口激增、工業革命相比明顯不同。現代史家將這種現象稱為「十七世紀危機」。

論　點

* 霍布斯邦
參照 [IV-3] 注2。

▷1　**布爾喬亞革命**
在掌握力量、創新的布爾喬亞階級主導下，從因循守舊的貴族階級手中奪取權力，是近代化不可或缺的暴力性體制轉換過程。英國革命與法國大革命被認為是這種轉換的典型，而這樣的革命長期以來，也被當成是評價世界史上其他各種革命性質的基準。但是，由於這種概念把馬克思主義的階級鬥爭史架構硬套進史實，因此近年對它的有效性頗多質疑。參照 [IV-1] 注6與 [V-24] 注2。

1. 經濟史的解釋　1954年，英國經濟史家**霍布斯邦**[*]在學術期刊《過去與現在》發表了一篇名為〈十七世紀歐洲經濟的全面性危機〉的論文。這篇文章中提出了一條有待解開的謎題：從中古一直到十六世紀，沒有發生**布爾喬亞革命**[▷1]也沒有發生工業革命的「封建制經濟」，為何以及如何「轉移」到十八世紀後期的「資本主義經濟」（以此為基礎才得以產生布爾喬亞革命與工業革命）？霍布斯邦在兩個經濟體系之間的十七世紀發現了解謎的關鍵。他詳述這個世紀的「危機」，並作了以下解釋：在封建社會架構依然殘存的十六世紀，經濟確實不斷擴張，但自中古以來的古老結構（既存利害關係、價值觀與規則）框限下，新的經濟主體（資本家階級）不久便被壓抑成長，結構本身也受新的力量衝擊，從而嚴重失衡。換句話說，經濟這個被吹脹的氣球，被放在一個經年累月陳舊失修的箱子裡；這正是「危機」產生的原因。然後，成功克服「危機」的英格蘭，隨著清教徒革命打倒王權，盡早轉換成讓資本家企業成為可能的經濟體制（新箱子），從而在十八世紀下半葉達成了「工業革命」（讓氣球繼續膨脹）。換言之，十七世紀的危機，是封建制經濟轉移到資本主義經濟的過程中，不可或缺的一種分娩之痛。

2. 政治史的解釋　對此表示異議的，是同屬英國的政治史家崔佛羅珀（Hugh Trevor-Roper）發表的〈十七世紀的全面性危機〉（1959年）。崔佛羅珀在同樣刊於《過去與現在》的這篇論文中指出，他雖然同意霍布斯邦所稱、相當於「危機」的各現象，但他不贊同將這些現象以經濟角度解釋，並與後來的工業革命加以結合。他主張，以

政治角度來審視十七世紀固有的國家與社會關係之調整，才能解開「危機」之謎。他的議論概要如下：從中古後期經十六到十七世紀間，在歐洲占優勢的是「文藝復興國家」（將權力集中於中央宮廷的國家體制）；文藝復興國家與它的寄生者靠著剝削城市和農村等地方財富而逐漸擴大，這樣的傾向一路進展到十七世紀，只有中央極盡繁榮，地方卻陷於疲弊；在弊害與不滿累積下，歐洲陷入了全面性的「危機」。這種危機在法國等地透過內部改革，樹立更合理的統治形式，也就是絕對君主制來加以克服；相對地，英格蘭的王權未能成功轉換成絕對君主制，才引發了清教徒革命。

3. 其他的解釋

自霍布斯邦與崔佛羅珀的論爭以降，發表了超過一百篇以英、法文為主的優秀相關研究。這些研究在各個領域提供新的案例與資料，針對十七世紀危機的性質議論紛仍（至於清教徒革命〔英國革命〕的議論與解釋，已經轉移到跟危機論完全不同的層次去了）。在這當中特別重要的，就屬傑弗里・帕克（Geoffrey Parker）等人所提出的氣候與全球化觀點。帕克主張，雖然很多人都把「十七世紀危機」當成歐洲的事件來談論，但這時期正值地球規模的「**小冰期**」，嚴冬、冷夏、大旱、洪水等氣候異常，造成了隨處可見的國家崩解、民眾叛亂、戰爭及大量死亡。如果把這層因果關係納入考量，則「危機」並不只限於歐洲。在中國也可以看見以明清交替為首的深層政治經濟「危機」。日本也是如此，德川幕府成立後不久的十七世紀前期，明顯也有「危機」存在；百姓四處叛亂起義，在一連串對切支丹（日本對基督徒的稱呼）的鎮壓行動中，爆發了以天草四郎為首的島原之亂，還有異常氣候導致的寬永大饑荒。從世界各地應對「危機」的方式差異，可看出十八世紀初期已經有「大分流」的徵兆。這樣說來，「十七世紀危機」究竟是哪裡的危機、又具備了怎樣的意義呢？

＊　　**小冰期**
參照 III-22 注1。

歷史學的考察重點

① 霍布斯邦與崔佛羅珀的問題意識和解釋，現在仍然妥當嗎？
② 我們可以用什麼方式來評估「危機」的性質？
③ 和其他時代、其他地區相比，歐洲的「危機」究竟嚴重到什麼程度？
④「十七世紀危機」有例外嗎？回想一下荷蘭的歷史。

軍事革命

古谷大輔

【關連項目：圍繞「封建制」的論爭、主權／主權國家／主權國家體制、十七世紀危機、三十年戰爭、啟蒙改革／啟蒙絕對主義】

▷1　**稜堡**（Bastion fort）
又稱星形要塞，將防禦用堡壘築成角狀，斜邊配置大砲、增強防禦力的一種要塞。為了讓大砲的火力可以呈十字型交叉，圍繞城寨的堡壘整體會以星形方式配置。這種築城方式始於十五世紀的義大利，所以被稱為義大利築城術（trace italienne）；又因為是由十七世紀後期擔任路易十四技術顧問的建築家沃邦所完成，所以也被稱為沃邦樣式（Fortifications of Vauban）。

▷2　**蓋倫帆船**（Galeón）
又稱加雷翁，意為大帆船，十六世紀前期開始在歐洲成為主流，是不使用船槳的全帆裝船（有三根以上桅杆，全部桅杆皆懸掛橫帆的帆船）。由於風造成的橫流不多，可以讓速度加快，因此適用於遠洋航海；不只如此，它可以讓甲板乘載大量大砲，所以也被用在軍事上。近世歐洲的海戰是以單縱陣列砲戰為主流，所以裝設大砲的軍事用帆船也被稱為「戰列艦」（ship of the line）。

＊　**韋伯**
參照 Ⅰ-23 注3與 Ⅴ-12 注3。

▷3　**橫隊戰術**
近世歐洲的陸戰主流，是排成橫列的步兵對戰。這種以戰列步兵為主軸的戰術，以十六世紀西班牙軍隊搭配長矛和火槍兵的西

史　實

　　近世歐洲的戰爭樣貌有很大的變化。十五世紀，配備長弓的步兵占了優勢，取代了以騎兵為主的傳統戰術。這時，中國和伊斯蘭生產的火砲也慢慢被引進歐洲。隨著歐洲開始生產使用火藥的槍枝大砲，再加上對古代戰鬥陣型的研究，十六世紀出現了以配備長矛、槍枝的步兵為主體的戰鬥隊形編組。為了承受火砲的包圍戰攻擊，**稜堡**[1]日益普及；另一方面，海戰也變成以配置大砲的**蓋倫帆船**[2]砲戰為主流。火砲戰與對應的城牆、船艦等技術也普及到亞洲和美洲，讓世界各地的戰鬥形式為之一變。不只如此，能夠徵調這類軍需品與操作士兵的全新國家機構也紛紛出現，軍隊規模快速增大。這種伴隨火砲戰術所產生的變化，歐美史學研究者稱為「軍事革命」。

論　點

1. 戰爭與國家形成

　　歐美自十九世紀以來，便對「在一定領域內行使主權的統一國家是如何形成的」這個問題非常關注；自此，他們強烈傾向將戰爭和國家的形成相提並論。看重政治權力的正當性，以及壟斷警察軍隊等「合法暴力」的**韋伯**[＊]，就把戰爭看成刺激近代國家發展的要因；和他活躍於同時代的欣策（Otto Hintze），也從軍事防衛必要性的脈絡去討論政治組織的建構。

　　「軍事革命」這個概念，是1955年近世瑞典史研究者羅伯茨（Michael Roberts）首次使用。羅伯茨的「軍事革命」，是將使用火砲的**橫隊戰術**[3]看成「革命」，並將時代限定於1560到1660年代。羅伯茨提出議論的背景，除了傳統歐美歷史學界對戰爭與國家形成的關注外，還有在《過去與現在》期刊上掀起的「十七世紀危機」論爭。裡頭提到的「文藝復興國家」，是針對這時期集中權力的國家與社會關係提出重新檢討；而羅伯茨的「軍事革命」，也是從戰術革新的視角，來針對「十七世紀全面性危機」時代嶄新政治權力與國家機構的登場提出質問。

2. 「軍事革命」批判

　　羅伯茨的「軍事革命」，討論案例是成功實現並採用新戰術的近世尼德蘭與瑞典，如何創新國家經營。相較於他的說法，傑弗里・帕克指出西班牙比上述兩國更早採取橫隊戰術，艾爾文・湯普森也指出橫隊戰術的經費對當時國家財政構成很大的負擔；他們都基於實證研究，對羅伯茨的說法提出批判。不只如此，比

起關注橫隊戰術，帕克更看重在政治權力上需大量動員的稜堡建設「革命」
與劃時代性質；他對稜堡要塞與攻城戰術向世界普及、刺激亞洲與美洲各
地新政治秩序形成的討論，將「軍事革命」昇華到了世界史的層次。

但近年來開始有論點認為，光是戰術創新並不足以讓歐洲政治秩序產
生「革命性」的轉變。特別是布萊克（Jeremy Black），他從「封建國家」到
「民族國家」的國家形成史觀點切入，率先批判了「軍事革命」論。他表示，
火繩式**滑膛槍**[▷4]發明與火砲戰術普及的1470～1530年代是封建領主與君主關
係的重編期，燧發槍發明的1660～1720年代是絕對君主制整飭常備軍與強
化海軍的時期，以法國大革命戰爭國民軍勝利為起始的1792年到1815年則
是民族國家興起的時期，這些都應該各自給予重視。

3.「軍事革命」的現在　　布萊克雖從長期觀點對「軍事革命」提出批
判，但他也承認，歐洲各國軍隊規模飛躍性成
長的1660～1720年代變化相當重大，而這正是之後近代國家發展的關鍵。
不管羅伯茨或布萊克，都一致將目光投向戰爭，來尋求近代國家的原點。
像這樣把戰爭當成原因，對漸進式、目的論近代國家形成觀提出批判的
人——比如將十四世紀分類為「步兵革命」、十五世紀為「砲兵革命」、
十六世紀為「要塞革命」、十七世紀為「槍械革命」、十八世紀為「軍隊巨
大化」的羅傑斯（Clifford Rogers），就主張各個時代戰爭形式的演變，是一
種突發且隨機的「間斷平衡」（punctuated equilibrium，演變過程時而短促
快速、時而長期穩定）。就如同帕克等人認為，火砲和要塞等戰爭技術的創
新也在歐洲以外（比方說日本）的地區發展；若依循這點，那我們也可以
用這種「間斷平衡」的歷史觀，來試著詮釋戰爭的歷史。

班牙大方陣（Tercio）為代
表；之後在八十年戰爭期
間，拿騷的毛里茨親王在
荷蘭軍隊引進了營級戰
術，提升了機動性；到了
三十年戰爭期間，瑞典國
王古斯塔夫二世的軍隊又
發展出步兵、騎兵、砲兵
三兵種聯合的三兵戰術。

▷4　滑膛槍
手持的火藥兵器在十三世
紀左右的中國廣泛實用
化，歐洲要到十四世紀前
期才發展出步槍。滑膛槍
是一種身管內壁沒有膛線
的步槍，從槍身前端裝填
彈丸與火藥，在十七世紀
以前都是以火繩點火的火
繩槍為主流。到了十七世
紀後期，點火方式改成使
用燧石的燧發式，十九世
紀中葉又改良成雷管式。

歷史學的考察重點

①「間斷平衡」的戰爭型態演變，應該稱為「革命」嗎？

②戰爭與國家的變化，歐洲與亞洲可以等同並論嗎？

③以漸進式、目的論來看待近代國家的發展，還有哪些說法對此提出批判？

22 三十年戰爭

齊藤惠太

【關連項目：主權／主權國家／主權國家體制、宗教改革／反宗教改革論、教派化、社會的規律化、複合國家／複合君主制／礫岩國家、神聖羅馬帝國論、十七世紀危機、軍事革命、「德意志特有的道路」】

史 實

三十年戰爭爆發於1618年，結束於1648年的《西發里亞條約》，主要戰場是在神聖羅馬帝國。在超越現在的德意志、廣泛涵蓋中歐的帝國中，有著大小強弱、各式各樣的諸侯、主教、城市領域割據。皇帝雖然是立於各種身分的頂點，但直接支配的只有以奧地利為首的幾塊家族領地而已。在其中之一的波希米亞，由於皇帝對新教徒的鎮壓、以及強迫推進中央集權化，結果引發了紛爭，原本自立性就很高的新教貴族，紛紛揭竿而起。這場叛亂和帝國諸侯教派對立與政治利害糾結在一起，發展成將帝國一分為二的內亂。不只如此，在皇帝受到同屬哈布斯堡家的西班牙支援同時，反皇帝陣營也加入了丹麥、瑞典與法國，讓內亂更擴大成列強之間的爭鬥。當戰爭結束的時候，不只是帝國，整個歐洲的樣貌也都產生了改變。

論 點

1. 關於戰爭造成的損害

長期以來史家的爭論焦點，集中在人為損害問題。有人認為帝國在三十年戰爭中遭到毀滅性的打擊，但也有人認定損害只不過是「神話」罷了。儘管近年來對受害地區的損害落差已有認知，但帝國整體畢竟損失了三到四成的人口。只是，這樣的損害並不全是起因於人為暴力；被稱為「小冰期」[▷1]的十七世紀嚴寒氣候，以及伴隨而來的欠收、饑饉、疫病，都和戰爭暴力加乘。

至於一直被視為戰爭暴力推手的傭兵，隨著社會史的進展，研究者開始認為「傭兵[▷2]也是被指揮官經濟剝削的弱者」。另一方面，君主將軍隊「外包」給傭兵隊長同時統御國家，兩者間如何調和與妥協，也是研究者議論的重點。一般而言，城市和農村雖可說是權力者操弄下的犧牲品，但地域社會也並非全然處於被動，他們也會在地方政治和經濟方面利用軍隊來克服戰禍，許多研究已強調這點。

2. 神聖羅馬帝國名存實亡？

至於三十年戰爭對政治的影響，其中一個重點說法是，神聖羅馬帝國的地方分權秩序透過《西發里亞和約》獲得了保障。自此，帝國有力人士都在各自的「領邦[*]」內強化自身統治權力，並透過兼併較下層的地方權力逐步拓展。以貴族為首的各領邦內部權勢者比起自立門戶，也更傾向依附領邦君主的政府和軍隊謀求發展。這種變化究竟該視為領邦內部「絕對主義（專制主義）」的成長，還是視為領邦君主與領邦貴族間建構互惠的「交涉」過程，引發了眾多議論。

▷1 **小冰期**（Little Ice Age）
在地球歷史上，人類的文明位於冰期與冰期之間的「間冰期」。只是在間冰期中，也有比較溫暖的時期與寒冷的「小冰期」，以數百年為單位反覆交替。十七世紀正好屬於這個長期變動中的小冰期，氣候顯著寒冷。

▷2 **傭兵**
直到十七世紀中葉前，軍隊一般而言並不屬於國家，而是由個別傭兵隊長組織、營運，只有在戰時才接受君主的雇用。傭兵隊長既是部隊指揮官，也是經營者，因此苛待麾下傭兵、甚至中飽私囊的情況很常見。

＊ **領邦**
參照 III-18 注2。

對於領邦在三十年戰爭後的重要性提升，很多人都認為這是帝國名存實亡、以及皇帝權威掃地的證明。但是也有不少研究者批判這種看法。帝國雖然已經無法成為像路易十四統治下的法國那種侵略性「強國」，但在三十年戰爭後它還是存續了一百五十年，並發揮著讓各領邦和平共存的大架構機能。不只如此，它在對外面對法國與鄂圖曼帝國侵略時，也能發揮集體防衛能力；當帝國克服這些對外危機時，哈布斯堡家族之所以能擔起領導角色，正是因為皇帝的威信恢復所致。

3. 近世歐洲史當中的三十年戰爭

當我們在歐洲層次上歸納三十年戰爭的影響時，其中一個重點是帝國政治的國際化。1648年的和約，讓瑞典和法國成為帝國的保障國；當皇帝威脅到領邦的獨立性時，他們有權公然介入。透過這種方式，帝國中央集權化的可能性被遏止，帝國的內政也與國際政治密不可分。同時，領邦君主擁有和帝國內外各勢力締結外交同盟的權利；只是這樣的權利，是建立在不與皇帝和帝國為敵的條件上，而領邦君主間也還是保持著選帝侯、公、伯爵等身分差別。領邦並沒有變成不承認上位權力的主權國家，而是停留在以皇帝為頂點的垂直階級秩序架構。這種看法逐漸成為通論。

另一方面有說法認為，歐洲經過三十年戰爭，確立了各國間的水平秩序；這種疆域規模、政治制度、宗教信仰都相異的各國對等並立的秩序，就是所謂的主權國家體制。但是近年來也有修正的看法，認為各國統治者擁有的稱號與家世差異，在三十年戰爭後仍有很大的影響力。不只如此，也有人把目光投向構成國際秩序單位的國家內部重層性。近世國家內部並非鐵板一塊，而是由擁有多元法律、習慣、特權的各地區各團體，在可聚可散的情況下匯集成的「複合國家」。共享這種特質的近世歐洲各國，在摸索形塑各自國家的過程中，三十年戰爭究竟具有怎樣的意義，很值得我們重新質問。

歷史學的考察重點

① 在哪些點上，三十年戰爭可以看成是歷史的重要分水嶺？

② 和同時代他國的內亂相比，三十年戰爭具有怎樣的特徵？

③ 三十年戰爭論的變遷，和德意志近現代史的發展有怎樣的關係？

23 英國革命

後藤春美

【關連項目：複合國家／複合君主制／礁岩國家、舊制度論、十七世紀危機、美國革命、法國大革命】

史　實

1625年，查理一世同時繼承了父親詹姆士一世的蘇格蘭、英格蘭、愛爾蘭三頂王冠。但隨著十六世紀以來的宗教改革，造成複合君主政治下的三個王國在君主制和議會樣貌，或教會制度和法律體系上，差異都日益顯著。不只如此，在「十七世紀危機」的惡劣條件下，同時統治三個王國卻又個別統御的查理一世，他的統治方針引發了各式齟齬。

在英格蘭，諸如繞過議會同意而課稅、推廣**阿民念主義**[▷1]宗教政策、還有重用寵臣的親政（1629～1640年）等問題，都讓國王和議會的對立不斷激化。而國王在以長老教會（喀爾文派）為國教的蘇格蘭強制推廣聖公會《公禱書》，更導致當地暴動（1637年），蘇格蘭人簽訂**《民族誓約》**[▷2]，長老教會與國王間爆發了「主教戰爭」（1639、1640年）。國王相隔十一年之久召開英格蘭議會（史稱短期議會，1640年）調度軍費卻告失敗，於是為了戰後處理再次召開議會（史稱長期議會），結果在會期中又爆發了**愛爾蘭起義**[▷3]（1641年）。針對鎮壓軍的指揮權一事，國王與議會決裂，在刀鋒山開戰（1642年）。

議會派與蘇格蘭締結**《莊嚴同盟與誓約》**[▷4]（1643年）、以及創設新模範軍後，戰局逐漸轉為優勢，最後在內斯比一役擊敗了國王派（1645年）。在過程中崛起的克倫威爾，率領獨立派的軍隊勢力，將長老派從議會中逐出（1648年），下令處死查理一世、廢除上議院（1649年），宣布建立共和制的英格蘭聯邦（Commonwealth of England）。接著他鎮壓愛爾蘭與蘇格蘭，結束了戰爭（1651年）。1653年克倫威爾解散長期議會，自任護國公，頒布了英國史上第一部成文憲法**《政府約法》**[▷5]。這是以擁有三國代表的一院制議會為首，在同一體制下進行的政體實驗，但這次實驗隨著克倫威爾的猝逝（1659年）告終。上述這一連串事件該怎麼統稱？稱呼這串事件本身，就是史家論爭的核心。

論　點

1. 「清教徒革命」與近代資本主義社會論　「清教徒革命」（Puritan Revolution）是1873年加德納（Samuel Rawson Gardiner）使用的稱呼。他和麥考萊這群扛起近代史學草創期的史家，將十七世紀前期定位為議會制民主主義的劃時代轉捩點，認為進步的清教徒代表了議會自由，並將這段歷史描繪成打倒絕對君主制、樹立共和政治的「偉大故事」，也就是所謂的輝格史觀（Whig history）。將革命當成邁向近代社會的必經之路，

這樣的解釋在二十世紀下半葉由**馬克思主義**[*]史家「**資產階級革命**」[*]論承繼。始於克里斯多福・希爾（John Edward Christopher Hill）《清教主義與英國革命》（1958年）的研究，將國王與議會的對立替換成特權階級與資產階級的階級鬥爭，並將英國革命定位成俄國以至中國的世界革命起點。這種近代資本主義社會發展階段論和大塚久雄等日本戰後史學派的立場相當吻合，因此廣為眾人所接受。

2. 「英國內戰」與修正主義　但在1960年代，隨著史料實證研究開始還原地方史實際面貌，上述這種解釋遂被批評為一種目的論／還原論。歷經艾弗特（Alan Everitt）將革命重新定義為英國內戰（British Civil Wars），也就是「地方對中央的『大叛亂』」（Great Rebellion）研究（1966年、1969年），1970年遂出現了羅素（Conrad Russell）的《英格蘭革命的起源》（1973年）和莫里爾（John Morrill）的《地方的叛亂》（1976年）。透過羅素對議會政治以及莫里爾對柴郡的分析，他們主張革命前夕並沒有明確的思想對立，而是存在著廣泛的中立派，並強調革命的短促。「處死國王」並不是革命的目標，而是出乎預料的「結果」。

自日後被稱為「修正主義」的這群史家研究開始，研究焦點便從革命的起源轉移到過程。跨越宮廷與議會來分析地區共同體如何理解複雜的宗教改革，以及跨越忠誠度、信仰、社會階級與家族來分析國王派／議會派的對立與動員，都成為研究者的關注對象，也為以後主題的多元化奠立基礎。

3. 「三王國戰爭」與英國革命　1640年代的動亂為何會以這種形式呈現？羅素與莫里爾從複合君主制的「不列顛」視角加以分析（1990年代～）。在這種論述下，開啟革命與內戰的關鍵，必須從欠缺彈性的查理一世統治三王國的失敗，以及在政治宗教上抱持異見的三王國間產生的「連環現象」來加以尋求。同時，捨棄一直以來以英格蘭為中心的研究，革命研究的舞台擴大到包含蘇格蘭、愛爾蘭在內的整個不列顛群島。「英國內戰」變成了「不列顛內戰」，從《公禱書》暴動（1637年）開始一直到1651年，連環的戰爭與革命過程被重新定義為「三王國戰爭」（Wars of the Three Kingdoms）。「英國革命／不列顛革命」（English Revolution/ British Revolution）也是反映這種動向的稱呼。不只如此，近年來有研究者摻入歐陸各國參戰的歷史現象，跨越狹義的國家制度史架構，此外從記憶與性別史出發的研究也相當盛行。

歷史學的考察重點

① 十七世紀中葉不列顛群島的動亂，在那些點上可稱為具有「革命性」，又有哪些點不具革命性？

② 試思考各種稱呼方式的優缺點。

③ 這場革命和光榮革命（1688～1689年）在那些點上可以看出連續性？

④ 「英國革命」和後世的眾多「革命」有何差異？

蘭375席、威爾斯25席、愛爾蘭蘇格蘭各30席，合計460席組成一院制議會的一部成文憲法。克倫威爾接受這部憲法，成為首任護國公。

* **馬克思主義**
參照 V-24 注2。

* **資產階級革命**
參照 III-20 注1與 IV-1 注6。

24 科學革命

坂本邦暢

【關連項目：古代的科學：以蓋倫為中心、十二世紀文藝復興、義大利文藝復興、人文主義／文人共和國、軍事革命、英國工業革命】

史 實

　　十六到十七世紀的西方，對自然世界的理解產生了很大變化，在天文學、物理學領域更是顯著，特徵是開始透過數學來認識自然界。關於這場革命，一般都以1543年哥白尼發表《天體運行論》推翻一直以來的天動說，改為提倡地動說為起點。之後發展地動說的關鍵角色是克卜勒。從布拉赫那裡繼承正確天文觀測紀錄的克卜勒，在1609年的《新天文學》中證明了行星是以橢圓形軌道繞太陽迴轉，而不是圓形。同時代的伽利略也支持地動說，於1632年出版了闡述地動說正確性的《關於兩大世界體系的對話》。但這本書讓教宗震怒，伽利略被迫撤回自己的論述。伽利略也研究地表物體運動，發現了物理的落體原則，成果收錄於1638年的《新科學議論》。克卜勒和伽利略都確信世界是受數學法則支配，而將這種信念以一貫世界觀形式加以定型化的人，則是笛卡兒。也是數學家的笛卡兒主張世界就像一部機械，可以用數學來加以記述。之後將哥白尼、克卜勒的天文學及伽利略地表力學的成果整合起來的，是牛頓。他運用笛卡兒的數學工具，發現天體運動與地表物體運動都是遵循同樣的法則。牛頓於1687年《自然哲學的數學原理》（簡稱《原理》〔*Principia*〕）的整合成果，被視為是始自哥白尼的科學革命之完成。

論 點

1. 與其他學術領域的關連

　　將近代早期對自然世界理解產生的巨大變化稱為「科學革命」，是二十世紀前期夸黑（Alexandre Koyré）與巴特菲爾德（Herbert Butterfield）所提出的見解。這段時期產生了重大變化，這點直到今天都沒有重大異議；但問題是，「科學革命」這樣的理解架構，會不會讓史家過度集中關注天文學、物理學、數學等領域呢？而這種過度偏頗的關注，會不會讓我們反而無法完整理解天文學與物理學領域的變化呢？也有這樣的批判。

　　比方說葉茨（Frances Yates）就批評，只從天文學和物理學領域去探求對自然世界理解變化的原因，是犯了時代錯誤；相反地，我們應該要注意那些不被現在認為是科學的領域。比方說，文藝復興時期相當興盛的魔術，就是致力透過人類之手來操作自然的一種力量。以這種知識傳統為開端，才會產生「透過人為介入理解自然」的近代科學前提。

　　另一方面，戴布斯（Allen George Debus）、普林西比（Lawrence M.

Principe）、威廉・紐曼（William R. Newman）、平井浩等人則把過去被當成偽科學、遭到輕視的**煉金術**當成正式的歷史研究對象，從而改變科學革命的歷史記述。從阿拉伯世界經過拉丁中古、在初期近代迎接黃金時代的這項傳統，誕生出了和中古以來支配性的**亞里斯多德**哲學，在物質方面相異的理解；關於這種新理論在**機械論**式自然觀確立上所扮演的重要角色，也已經獲得證明。

2. 與更廣泛歷史狀況的連結　對科學革命傳統記述提出的另一個問題，就是它將天文學、物理學、數學等領域，從更廣泛的歷史狀況中抽離了。比方說，伽利略的《關於兩大世界體系的對話》，是從褒揚工匠活動開始的。另外，當笛卡兒把世界看成機械時，他心裡面所想的是工匠製造的時鐘。這些例子在在顯示，他們的思考和同時代的技術發展緊密聯繫。齊爾塞（Edgar Zilsel）跟山本義隆的研究便從這裡出發，把工匠視為科學革命的重要推手。

謝平（Steven Shapin）和夏佛（Simon Schaffer）研究物理學史的論爭，提出波以耳和霍布斯關於「真空」有無的爭論，其實反映了他們對現實應有政治體制的對立。這樣的見解遭到很多批評，但無論如何，科學研究都不是和周邊世界隔絕、獨自為之的，這是現在科學史研究的大前提。

▷1　**煉金術**
從賤金屬中創造出金銀的理論與實踐總稱。這種技法誕生於西元三世紀的希臘、埃及世界。在西歐中古時期，保健用途的醫藥調製相關知識也被包含在煉金術裡面。

＊　**亞里斯多德**
參照 I-29 注1。

▷2　**機械論**
把世界看成一部機械（比方說巨大時鐘）的世界觀。在這種理解下，世界只要有部分與部分的接觸或力量傳遞，就會產生出各式各樣的現象。

歷史學的考察重點

① 將這場從十六到十七世紀跨越百年以上的事件稱為「革命」，是否適當？

② 科學家從事的自然研究，會受所處的政治、文化、宗教狀況影響到什麼程度？

③ 科學史上所謂的「科學」，和現代的「科學」究竟重合到什麼地步？

25 獵巫

小林繁子

【關連項目：基督教的擴大、迫害社會的形成、從神明裁判到證人詢問、儀式與溝通、主權／主權國家／主權國家體制、宗教改革／反宗教改革論、教派化、社會的規律化、科學革命、啟蒙主義、猶太人大屠殺】

史　實

　　被認為「和惡魔訂契約，成群結黨危害人畜」的女巫，在歐洲各地成為被獵殺的對象，從十五世紀到十八世紀，總計有四萬名以上的男女老幼遭處死。道明會宗教裁判官克雷默的《女巫之槌》（初版1486年），是記載「與惡魔訂契約、和惡魔談戀愛、**巫術**[1]、**女巫聚會**[2]」等典型女巫形象的最早期書籍。這樣的女巫形象也有一部分源自民間信仰，因此透過教會出版的**惡魔學**[3]各著作、傳單與小冊子等印刷品的傳播，廣為一般人接受。獵巫的極盛期始自1580年代，但當時審判的舞台不是教會的宗教裁判所，而是以世俗法庭為主。審判過程是透過拷問，引出自白與「共犯」，因此讓迫害行動變得連鎖化與大規模化。特別是神聖羅馬帝國各地，在1590年代到1630年代間都出現了一連串審判；不過隨著科學革命的推動，這樣的風氣在十七世紀末終於獲得收斂。

論　點

1. 由上而下的迫害與規律化

　　女巫審判為什麼不是集中在「黑暗中古世紀」，而是十六、十七世紀？針對這個問題，崔佛羅珀提出了「女巫狂熱說」（witch craze）；他認為，紮根於基督教神學的惡魔學這一知識背景，再加上以宗教改革為契機的教派對立和緊張關係，成為獵巫行動的溫床。這種說法將十九世紀以來普遍被認為是獵巫罪魁禍首的天主教會責任相對化，透過宏觀的視野，從全歐洲規模來體解獵巫行動的發展。但崔佛羅珀聚焦在菁英的言行，卻沒有把審判的實際樣貌以及民眾文化當成分析對象，因此受到批判。**年鑑學派**[*]的穆尚布萊（Robert Muchembled）將做為女巫信仰溫床的民眾文化與世俗統治者的利害關係同時納入考量，提倡「文化變遷」模式，將女巫迫害理解成始於十六世紀法國絕對主義國家成立過程的副產物。他說，一方面撲滅「對教權和王權兩方均屬絕對敵人的女巫」，和擁護國家主權的邏輯相結合，另一方面這也是一種正統（菁英）文化對根植於民眾日常生活的異質魔術傳統加以排除的舉動。這個模式以法國的例子為基礎，將獵巫定位在近世所進行、對公私兩領域加以規律化的大框架之下。可是，獵巫經常是出自民眾的要求，犧牲者也有很多並不像穆尚布萊所假定那般、是民眾魔術的推手，因此這個架構仍留有未能妥善說明的部分。

▷1　**巫術**（Maleficium）
指帶來各式各樣實際損害的魔術。包括惡劣氣候、農作歉收、人畜生病、不孕、不舉等，都被視為是施行巫術的結果。神聖羅馬帝國的《卡洛林法典》不把和惡魔訂立契約等行為視為宗教脫序行為，而是當成巫術，並視為一種犯罪。

▷2　**女巫聚會**（coven）
一般認為女巫會群聚成團，在夜裡祕密集會。在訊問「你在女巫聚會中看到了誰」時，有很多「共犯」的名字會被招供。關於這種夜間集會，雖然有人說是基督教興起前地方信仰的殘存儀式，但要找尋史料佐證相當困難。

▷3　**惡魔學**
（Demonology）
有關惡魔的學問，這方面最權威的定義。不只是有關與惡魔締結契約的女巫及其作為的神學議論，也包含了女巫審判方法等由法學家所著的實務指南。

*　**年鑑學派**
參照 II-18 注1。

2. 由下而上的迫害

1970年代，首次出現了援引人類學手法、著眼於做為迫害主體的民眾角色及其內在邏輯的研究。英國史家麥克法蘭（Alan Macfarlane）提出了以下這種模式：隨著私有財產意識的萌生，救濟貧者的工作也由地方共同體轉移至統治當局身上，這讓人們對於自己不做施捨這件事感到良心苛責。他們感覺自己被貧者憎恨，因此之後只要發生什麼不幸，就會認定是貧者（＝女巫）的復仇。基思·托馬斯（Keith Vivian Thomas）則主張，對於這些被認定是女巫所帶來的災厄，天主教會提供的護符與祝福等對抗巫術手段都已經隨著宗教改革而被否定，使得人們更迫切渴求排除那些被認定為女巫的人。共同體內部這種社會、經濟、心理的變化，透過告發女巫的形式展現出來；這種解釋模式的登場，成為後續研究者關注「由下而上的迫害」的動機。1900年代德國的沃茨（Rainer Walz）和拉波維（Eva Labouvie）等人則從共同體內部溝通的角度出發，來分析內部告發女巫的現象。

3. 上下雙向的溝通

但是，就像只從菁英觀點無法確切說明女巫迫害一樣，光從民眾角度也不足以說明獵巫並非「私刑」，而是由官方機構進行「審判」這一點。故此，今天對獵巫史研究的關注，集中在上下雙方的交互作用。在德意志的地域研究中，倫梅爾（Walter Rummel）和伏特麥（Rita Voltmer）等人發現，在神聖羅馬帝國西部相當盛行的民眾組織「委員會」與當地官員結合，主導了這類審判。民眾在獵巫行動中扮演了重要角色，而近世國家司法機構也大幅受到這種民眾的推動影響，這已經是無法忽視的要素。另一方面，在女巫形象形成之際，菁英與民眾之間並未存在著文化斷絕。惡魔學著作的部分內容明顯來自紮根在民眾文化中的魔術觀，因此說女巫觀念是教會知識分子發明出來的東西，這樣的解釋並不能成立。在惡魔學與民間信仰的交涉中，女巫觀念是怎樣形成、又是怎樣被視覺化的？以齊卡（Charles Zika）的研究為代表，不識字階級也看得懂的木版畫等圖像**印刷媒體**[4]的流傳，遂成為重要的分析對象。

▷4　**印刷媒體**
附有版畫的單張海報比較便宜、入手容易，所以具有可以將包含女巫審判資訊在內的各地眾多資訊傳達出去的新聞媒體功能。它上面常附有朗讀用韻文，這種結合了聲音資訊的圖像視覺資訊，在向廣泛階級傳遞女巫的真實性上，扮演了頗重要的角色。

歷史學的考察重點

① 異端審判與女巫審判的共通及相異點為何？

② 讓大規模獵巫行動成為可能的法律、文化、社會條件為何？

③ 在女巫形象的形成、獵巫行動的展開與收斂過程中，菁英文化與民眾文化之間產生了怎樣的影響？

26 啟蒙主義

弓削尚子

【關連項目：人文主義／文人共和國、科學革命、獵巫、啟蒙改革／啟蒙絕對主義、法國大革命、大西洋奴隸貿易、志願結社、十九世紀的性別與種族、殖民地與現代／西方、女性主義與性別】

史 實

歐洲的十八世紀被稱為「啟蒙的世紀」。經歷過宗教動亂、經濟停滯、社會荒廢等十七世紀的危機，人們開始尋求一種對上帝、自然與社會的全新價值觀。啟蒙主義於是應運而生；這種思想重視人類理性，將人們從偏見、無知、封建且不合理的社會架構中解放出來。形成這種思想的背景，一方面是自然科學的發達，將原本以上帝為中心的自然觀與世界觀變得相對化，另一方面則是受到將人類視為「生而自由平等之存在」的**自然權利** ◁1 思想所致。原本以**拉丁語**＊為中心的文字文化，朝向使用法語、英語、德語等「活語言」讀寫的人們廣開大門，做為「知識目錄」的《百科全書》也陸續編纂。隨著出版媒體的發達，「議論的公眾」於焉誕生，批判既有權力的「輿論」也隨之成立。總體來說，啟蒙主義的登場，就是歐洲近代社會的開始。

論 點

1. 名為啟蒙主義的曙光

在「啟蒙的世紀」，偉大的思想家有如天上繁星般活躍：包括認為政府應有的形式是與被統治者訂立契約關係的洛克、徹底批判基督教權威與專制政治的伏爾泰、質疑特許商業形式並主張理性思考自由經濟的亞當斯密，還有論述人類理性、建構起近代哲學基礎的康德。

但也有意見認為，把啟蒙視為「一小撮天才的偉業」，這樣的看法並不充分。社會史研究者注意到，在咖啡館、沙龍、讀書俱樂部等全新的社交場所，集結了超越職業、身分差異，從「共善」到自然科學，不斷自由辯論的「啟蒙主義者們」。像丹屯（Robert Darnton）這樣的史家，就把「不可靠的」哲學家和三流文人拉上啟蒙主義的舞台，並分析法國大革命前夕的法國社會。

話雖如此，啟蒙之光真的有傳達到社會中下層嗎？說到底，他們的啟蒙是廣泛受期許的嗎？雖然有力陳「民眾啟蒙」意義的人，但也可以看到不少人將之視為危險。此外，有對自由、平等、博愛理念銘感五內的啟蒙主義者，也有挺身而出檢舉特權身分的民眾。大革命與啟蒙主義的關係，仍有值得議論的餘地。

從女性主義的觀點來看，對啟蒙主義的評價也很分歧。理性斥退了迷信、為女巫審判劃下休止符，結束了將許多女性送上火刑台的情況；同

▷1 **自然權利（Natural rights）**

假定有一種先於基督教和社會特權的「自然狀態」，認為個人與生俱來就有生命和自由等他人不可侵犯的權利。十七世紀由霍布斯等人開始提倡，十八世紀更進一步發展。

＊ **拉丁語**

參照 II-28 注1。

時，也有不少貴族教養女性做為文學家或活躍於沙龍。但是，同時代倡導女權的德古熱和伍史東克拉芙特，她們的主張並沒有被接受。只能說啟蒙主義也有其極限。

2. 照亮世界的啟蒙主義曙光？

長久以來，啟蒙主義都只被放在西洋史的架構中進行討論。但實際上，啟蒙主義也不是完全沒有和西方之外的世界接觸。孟德斯鳩在《論法的精神》中，就觸及到世界多樣的風俗習慣；盧梭在《論人類不平等的起源和基礎》對人類自然狀態的考察，也是源自於非西方世界的豐富資訊。

在這個時代，前往世界各地進行學術之旅、記錄並蒐集事物，以便從事**博物學**▷2及人類學研究的風氣相當盛行。他們透過膚色與頭蓋骨形狀，將人類加以分類，從而萌生出近代的「種族」概念。另一方面，也漸漸有人從自然權利思想與人道立場出發，把奴隸制看成啟蒙時代的污點，對此表示反對；這些人認為，「人權」概念應該要具備普世性。

說到底，啟蒙主義的曙光真的照亮世界、帶來了光明嗎？若從外部世界來看，對這個「啟蒙的歐洲」又該如何評價呢？

3. 全球史當中的啟蒙主義

1990 年代末以降，從**後殖民主義***的觀點出發，啟蒙主義遭到了激烈批判。這種批判認為，「啟蒙的歐洲」在闡述進步與文明人權思想的同時，也培育了殖民主義統治邏輯、歐洲中心主義與種族主義。印度出身的史家查克拉巴蒂（Dipesh Chakrabarty）等人就把啟蒙主義看成是一種歐洲中心主義。

認真接受這樣的批判、重新思考啟蒙主義的西方中心式解釋，並在全球史的脈絡中進行討論，這樣的動向相當值得注目。像康拉德（Sebastian Conrad）這樣的史家，就把啟蒙主義從十八世紀歐洲的框架中解放出來，並試著去掌握十八世紀末開始，在世界各地以複數形態萌生的「啟蒙主義」；他們一邊發掘非西方世界的主體性與能動性，一邊將之描繪成世界性連動的產物。

這樣的研究方法，和傳統認為「啟蒙主義從西方向世界各地傳播，世界的近代化就是西方化」的見解分道揚鑣。話雖如此，強調西方與非西方的「相互關連」，是不是在掩飾西方擴張主義與殖民主義的罪過呢？包含史家立場的問題在內，都是值得議論的事物。

▷2 **博物學**（natural history）
原文之意是「關於自然的記述」，也譯為自然史、自然誌。這是一種對包含人類在內的動物、植物、礦物等存在於自然世界之事物進行蒐集、分類的學問，以十八世紀林奈的《自然系統》為代表。

* **後殖民主義**
參照 V-23。

歷史學的考察重點

① 啟蒙主義為歐洲社會帶來了怎樣的變化？

② 對於誕生出「種族」與「人權」概念的啟蒙主義，應該如何評價？

③ 啟蒙主義與帝國主義之間，有著怎樣的關連？

27 軍事財政國家論

山本浩司

【關連項目：近代國家形成論、主權／主權國家／主權國家體制、軍事革命、美國革命】

▷1 九年戰爭

為了對付意圖擴張領土的法王路易十四，由歐洲各國組成同盟而開啟的戰爭，又稱奧格斯堡同盟戰爭或大同盟戰爭。1688年9月，路易十四發動軍事介入萊茵河地區；這個地區既是神聖羅馬帝國領土，也是下游荷蘭的通商及防衛要塞。光榮革命後成為英王威廉三世的荷蘭總督——奧倫治公爵威廉說服了英國議會，於1689年5月對法宣戰。從英格蘭的角度來看，這場因為國王身兼複數國家統治者而捲入的戰爭，導致戰費逼近歲出的74%，成為日後英格蘭銀行發行國債的契機。

▷2 四國同盟戰爭

西班牙與四國同盟（奧地利、英國、法國、荷蘭）之間進行的戰爭。為了阻止西班牙王腓力五世入侵義大利，1718年奧、英、法對西班牙發出宣戰布告，第二年（1719年）荷蘭也宣布參戰。龐大的戰費對參戰各國的財政造成負擔，比方說英國的未償還國債就達到了5千萬鎊。以財政惡化為背景，各國開始採行大膽的財政政策，造成股市動盪，例如巴黎的密西西比泡沫事件（1719年）與倫敦的南海泡沫事件（1720年）。

史實

和十五至十六世紀盛極一時的義大利各國，以及之後繁榮的葡萄牙、西班牙、荷蘭相比，英格蘭長期以來都是歐洲北部的落後國度。可是，在1707年透過《聯合法案》實質合併了蘇格蘭、形成大不列顛（英國）後，英國的地位直至十八世紀中葉為止，產生了急遽的變化。從1688～1689年的「光榮革命」起，歷經**九年戰爭**（1688～1697年）、西班牙王位繼承戰爭（1701～1714年）、**四國同盟戰爭**（1718～1720年）、奧地利王位繼承戰爭（1740～1748年）、七年戰爭（1756～1763年）等斷斷續續的戰爭，他們在北美與印度確立了對法國等歐陸各國的優勢地位。不只如此，在法國大革命、拿破崙戰爭（1793～1802年、1803～1815年）中，他們也贏得了勝利，從而穩固了歐洲軍事、政治及經濟霸權。在被稱為「第二次百年戰爭」的這一連串反覆戰爭當中，需要鉅額的資金。在資金方面，英國政府以穩定的稅收為基礎，加上1694年創立的英格蘭銀行發行長期國債，實力遠遠超過了法國與西班牙。在理解英國霸權的崛起時，其中一種有力的分析架構，就是布魯爾（John Brewer）提出的「軍事財政國家論」（Fiscal Military State）。

論點

1. 布魯爾的軍事財政國家論

一直以來，討論英國海軍的成功都限定在海洋史領域，而討論讓歲入擴大成為可能的發行國債與徵稅則限定在金融財政史領域，兩者之間的研究積累並沒有交集。相對於此，布魯爾把兩者結合，呈現出了一副動態歷史樣貌。九年戰爭的軍費合計3千6百萬鎊，七年戰爭則達到8千2百萬鎊以上。支應這些軍費的，是國債與間接稅。比方說，九年戰爭結束時只有1千6百萬鎊的未償還國債（也就是國家的借債額），但到了美國獨立戰爭（1775年～）結束的1783年，已經激增到2億4千5百萬鎊。戰爭必須要有歲入增加，政府為此加發國債、官僚機構加緊徵稅，使得大規模的戰爭得以實行；戰勝（確保通商網絡）更進一步帶來了經濟發展（關稅、消費稅的稅源擴大）以及國家安定（國債信用力提升），從而讓國家能夠應付即將到來、更大規模的戰費負擔。這種呈現出財政部門與軍事部門相互依存循環的清楚分析，堪稱是布魯爾軍事財政國家論的最大特徵。

2. 帝國史、比較史的視角

布魯爾的軍事財政國家論自1989年刊行以來，便產生莫大的影響力；之後，它結合更廣泛的歷史學潮流，產生了好幾個重要的延伸。其中一個是帝國的擴張。布魯爾討論的徵稅，是不列顛島（特別是英格蘭）內部的徵稅能力；然而斯通（Lawrence Stone）等人認為這樣太過侷限，便著眼於大英帝國對其殖民地的徵稅，以及過程中帶來的政治及社會衝突。事實上，北美殖民地無法派遣代表進入母國議會，所以對母國反覆進行的增稅日益不滿；若不將這個背景納入考量，就無法理解美國獨立戰爭爆發與建國。另一方面，斯通也注意到法國、奧地利、普魯士等列強各國也都為了持續戰爭而試圖擴充歲入，因此有必要進行比較研究，將英國的例子加以相對化。

3. 從國家形成論展開的修正

之後，議論的架構更進一步擴大。辛德爾（Steve Hindle）、布拉迪克（Michael Braddick）等人的國家形成論顯示，近世國家的機能是限定的，因此若沒有由大量私人行動者（actor）建構的合作共生關係，就不可能制訂並實施政策。布魯爾所假定的國家，是在一定領域內能實施徵稅等政策、透明度與信賴度甚高的官僚組織為前提，但國家形成論認為，這樣的近代國家在十七至十八世紀時根本不可能存在。依循著這種國家形成論，格雷厄姆（Aaron Graham）指出，在軍事財政國家內部，徵稅與分配戰費、軍需品，都是在有力人士及身邊親信的「互助合作」關係下，一邊滿足彼此私人利益而一邊執行。若照這樣的說法，儘管沒有足夠透明的徹底官僚制度，卻還能讓歲入增加、且持續達成軍事勝利。這點也衍伸出更多的待解問題。

以國家形成論為依據的以上主張，對比較研究方面也產生影響。即使在英國的例子中，私人紐帶關係也相當重要；既然如此，那由熱那亞商人借款給政府的西班牙，與由有力貴族擔任包稅人的法國，它們和英國的差異又該怎麼評價？這迫使我們必須對以往被視為英國獨有的軍事財政國家論，進行慎重的再檢討。

歷史學的考察重點

① 軍事財政國家論能夠解釋英國的崛起到什麼程度？

② 在擴大歲入、持續戰爭等方面，列強各國和英國的解決策略有何不同？

③ 英國的軍事財政國家崛起，也和文化及社會因素有關嗎？

④ 十八世紀的西方國家，和二十一世紀的國家有何差異？

28 啟蒙改革／啟蒙絕對主義

岩崎周一

【關連項目：東歐的邊境化與落後性、人文主義／文人共和國、社會的規律化、族裔（ethnos）論、複合國家／複合君主制、礫岩國家、舊制度論、啟蒙主義、軍事財政國家論、「德意志特有的道路」】

史 實

十八世紀、特別是下半葉的歐洲，嘗試了各種國家政治改革。在高舉「增進公益（公共福祉）」旗號的政府主導下，推行了促進產業振興、法律平等、宗教寬容等措施，以圖國家富強。包括和伏爾泰等啟蒙知識分子直接交流的普魯士腓特烈二世，或是俄羅斯的凱薩琳二世，這些統治者都吸收了啟蒙思想並納為統治方針。但另一方面，他們也都抱持著自己肩負教導臣民的責任義務、也就是**家長式領導**[1]的強烈意識，致力於維持封建式與身分制社會，因此並沒有進一步質疑這些做法的問題性。

論 點

1. 「啟蒙絕對（專制）主義」

1847年，德意志的**經濟歷史學派**[*]學者羅塞爾（Wilhelm Roscher）參照**亞里斯多德**[*]以降的國家論，以及中古、近世圍繞「絕對君主制」（monarchia absoluta）的議論，將十八世紀末開始使用的「絕對主義」視為（今日所說的）近世歐洲獨有的歷史概念，並將之分成三個階段：第一是以西班牙腓力二世為代表的教派絕對主義，第二是以法國路易十四為代表的宮廷絕對主義，第三則是以腓特烈二世為代表的啟蒙絕對主義。這種見解雖然引起論爭，但逐漸被後人採納。啟蒙絕對主義被理解成是因為資產階級的不成熟，使得君主或政府必須謀劃、主導一種「由上而下的近代化」；也因為如此，它被認為主要是在「落後的」中歐、東歐、南歐各國展開的類型。

可是二次大戰後，隨著對納粹主義與絕對主義的關聯性追究、以及社會史和地域史研究的進展，這種長期以來的見解被迫大規模修正。在這個時代，與絕對主義明顯對應的王權擴充現象，事實上幾乎沒看到；之所以如此，是由於批評者所指出的，在這當中存在著理想與現實的悖離。在這樣的近世歐洲史研究中，身分制議會、地方行政機關、社團、共同體等「絕對主義之中的非絕對主義、也就是自律成分」（歐斯特賴希）成了注目焦點，對人民心態、社會的規律化、以及社會結合關係（**社交性**[*]）等探究也開始活躍。結果，絕對主義被認為「只是一種傾向或期望，而非統治上的實態」。

2. 「絕對主義」批判

可是這樣的狀況，在亨舍爾（Nicholas Henshall）斷言絕對主義是「神話」、並否定其做為歷史概念有效性的著作發表後，產生了很大的變化（1992年）。亨舍爾是依據既存

▷1 **家長式領導**
（paternalism）
上位者為了下位者著想，不顧他們的意願，擺出一副監護與關照下位者的姿態。

[*] **經濟歷史學派**
參照 III-7 注1。

[*] **亞里斯多德**
參照 I-29 注1。

[*] **社交性**
參照 III-19 注2。

的研究提出主張，所以其實沒什麼新意，但引發的迴響卻很大。受到冷戰終結與歐洲整合的近長，將近代民族國家加以規範化的思潮退燒，以及聚焦於國家內部複合性等典範轉移的影響，在之後的論爭中「否定派」占了優勢，甚至還出現了「（絕對主義這種概念）已經徹底解體，不可能在今日重構」（賴因哈德，Nicole Reinhardt）這樣的評論。只是即使在現今，還是有一定的研究者認為近世後期可看到許多國家王權的強大化（程度姑且不論），且從腓特烈二世、凱薩琳二世、哈布斯堡君主國的約瑟夫二世等人對專制統治的實踐來看，「（啟蒙）絕對主義」（或者「改革絕對主義」、「啟蒙專制」）仍是有用的。

3. 邁向「啟蒙改革」

另一方面在近年，越來越多研究者把「啟蒙」當成政治史上的概念，將「啟蒙」與「改革」綁在一起使用，和（啟蒙）絕對主義引發的論爭保持距離，而是探究「啟蒙的歐洲」各國及各地區政治社會的多元樣貌。事實上，在十八世紀後期的歐洲，比方說托斯卡納大公利奧波德（後來的神聖羅馬皇帝利奧波德二世）等等在啟蒙思想影響下力圖改革的為政者，其實為數甚多。法王路易十六在杜爾哥輔佐下進行的好幾項嘗試，也堪稱是啟蒙改革。在英國，諸如亞當斯密、邊沁等（後期）啟蒙主義分子的主張，也對十八世紀末到十九世紀上半葉的「改革時代」產生了影響。把法國皇帝拿破崙一世、荷蘭國王威廉一世，乃至鄂圖曼帝國的馬哈茂德二世都看成啟蒙專制君主，這樣的見解絕非特異。和這些改革相關的人們，都身處於歐洲近世所建構的「文人共和國」知識網絡中，掌握著彼此動向，並從事各式各樣的交流。在十八至十九世紀的轉換期，從這種泛歐洲相關的啟蒙改革各事例中，也可能看出近世與近代之間橋梁的線索。

此外，透過富蘭克林、杜桑・盧維杜爾及玻利瓦等人的活動，也都可以看見啟蒙思想的濃烈影響。另一方面，從非歐洲世界傳入的知識，以及美國獨立革命，這些因素對歐洲啟蒙改革運動的影響也不容忽視。因此有研究者從這些層面出發，將圍繞著啟蒙改革的議論放入「（環）大西洋革命」的雙向關連，並就南北美洲大陸進行大範圍考察。

歷史學的考察重點

① 試重新思考「啟蒙絕對（專制）主義」這個概念的有效性與問題性。
② 試思考各國實施的啟蒙改革之相關性。
③ 十九世紀以降各國的動向，與啟蒙改革有怎樣的關係？
④ 試著分別整理啟蒙改革所產生的成果，及其留下的課題。

29 美國革命

鰡淵秀一

【關連項目：古希臘的聯盟及其接受、羅馬共和政治的本質與奧古斯都、公共事務（res publica）、複合國家／複合君主制／礫岩國家、英國革命、啟蒙主義、軍事財政國家論、啟蒙改革／啟蒙絕對主義、法國大革命、南北戰爭、威爾遜與美國的國際主義】

史 實

　　1763年，在七年戰爭中得勝、從法國處獲得北美廣大領土的英國，決定對美洲殖民地課稅，來填補膨脹的戰費與新領土的維持費。殖民地對於一連串課稅政策的抵抗運動，最終發展成十三殖民地對英國的獨立運動；經過1775年的獨立戰爭，1783年的巴黎條約當中，北美各州的獨立最終獲得承認。在這段期間，各州基於共和政治原理試著制定憲法，但是將十三州團結起來的聯合會議，並沒有徵稅、通商管制、維持常備軍等中央政府應有的權限。為了解決這個問題，1787年在費城起草了聯邦憲法草案，經各州批准後，基於1789年新憲法的聯邦政府才開始上路。到合眾國建國為止的這一連串來龍去脈，被稱為美國革命（the American Revolution）。

論 點

1. 美國革命的性質

　　美國革命也被稱為「獨立革命」，可是它在怎樣的意義上算是革命呢？關於這個問題，在一個世紀的期間產生出了各式各樣的解釋潮流（＝學派），不過各派圍繞著革命的性質，大致可分為兩大立場。

　　一邊是把美國革命視為政治革命的立場。這派重視十三殖民地面對議會課稅政策的制度論爭與抵抗運動，從大英帝國中分離獨立，以及各州對聯邦體制的確立這種（雙重）政治體制改革。十九世紀的美國**輝格派史家**[1]把獨立過程看作是殖民地人民抵抗母國專制、追求自由的故事而大加讚揚。反對這種看法的**帝國學派**[2]則著重探討母國政府與殖民地對帝國統治體制與主權所在的認知落差。二次大戰後，將自由與專制等制度觀念看做革命推進力量的新輝格派（後述），具有很強大的影響力。

　　另一邊則是重視社會革命的立場。**進步主義學派**[3]把革命的本質看成是殖民地透過商人等特權階級與農民、工匠等非特權階級的對立抗爭，進而達成民主化。按照這種詮釋立場，聯邦憲法的制定並不是像輝格派主張的那樣，是追求自由的國家制度（＝憲法），而是菁英階級在面對抵抗運動與獨立戰爭時的結果；各州民眾勢力趨於激進，菁英們為了維持社會秩序與個人財產，故而採取的保守對應。二次大戰後，進步主義學派的命題被把民眾視為社會改革主體的**新左派史學**[4]與社會史學所繼承，革命的推手也擴張至廣泛的非菁英階級。

▷1　**輝格派史家**
以班克羅夫特（H. H.Bancroft）為代表，將合眾國的獨立與發展視為是自由精神的擴展。他們的史觀被稱為愛國史觀或國族史觀。

▷2　**帝國學派**（imperialist historiography）
二十世紀初期英美兩國的盎格魯撒克遜主義高漲，因此出現一批從大英帝國史脈絡來考察美國革命的史家。

▷3　**進步主義學派**
以二十世紀初期的進步主義運動為背景，將美國史解釋成保守勢力與進步勢力的階級對立歷史的史家。他們將進步勢力的社會改革，評價為民主化的推進力量。

▷4　**新左派史學**
在反越戰運動下登場的激進史家。這派史學標榜「由底層出發的史學」，以著眼於民眾生活史和群眾運動史為特色。參照 V-17 注4。

2. 自由主義 vs. 共和主義論爭

二戰後透過新輝格派的提倡，研究者開始重視思想史、方法史，圍繞著革命思想原理的新論點也隨之登場。直到1950年代為止，被認為主導革命的支配性原理，是以**自然權利**和所有權絕對原則為核心的洛克自由主義。相對於此，貝林等人則認為革命時期的政治思想，是英國本國的「激進輝格派」論述，也就是對權力的腐敗與專制抱持警戒、比起追求私利更重視共善與公民道德的共和主義。兩造對立下，引燃了「自由主義 vs. 共和主義」的論爭火苗。這場論爭在1970至1980年代成為主要的爭論點，也促進了對革命時期政治思想的重新檢討。圍繞共和主義與自由主義影響力的論爭超越了政治思想範疇，成為針對包含民眾動向在內、革命時期政治文化與社會性質的議論；伍德等人就致力於歸納革命史的「共和主義」。可是，支持自由主義命題的立場依然根深蒂固，因此論爭並沒有分出勝負，而是陷於膠著。

＊ **自然權利**
參照 III-26 注1。

3. 美國革命史研究的現況

進入1990年代，伍德等新輝格派的革命史解釋，遭到了兩方面的批判：第一種批判是**多元文化主義**運動與認同政治，他們批評一直以來的革命史理解，徹頭徹尾都是以白人男性為主體，很少把社會邊緣的少數派納入考量。後續研究採納這種論點，性別與種族等視角陸續被引進，開始探討革命時期女性扮演的角色、以及黑人奴隸、原住民對革命的參與實態，革命主體的多元性也得以彰顯。

＊ **多元文化主義**
參照 I-30 注1與 V-22 注3。

第二種批判是，在大西洋史與全球史的興盛下，既存的革命史研究實則蘊含著單一國別史、**例外主義**的傾向。1960年代帕爾默（R. R. Palmer）便提倡，將美國革命與同時代法國大革命、歐洲與中南美洲革命動亂的連續性和相互關連來加以理解。面對把美國革命和歐洲文明一分為二、認為它是美國文明成立契機或結果的例外主義史觀，這種環大西洋革命論是相當有力的反駁，因此在今日漸漸獲得支持。同時，也有其他研究者探討革命對十三殖民地以外地區的影響。不只是大西洋，包括海地黑人革命在內的西印度群島動向、北美五大湖周邊與中西部、加拿大的原住民世界如何受到革命與戰爭波及；美國革命史的空間性擴張，已然可說是今日研究的趨勢。

▷5 **例外主義**
（exceptionalism）
也被稱為「美國例外論」。這種歷史認識就狹義來說，是指美國歷史的發展沒有經歷歐洲中古的封建制，得以貫徹自由主義，也沒有出現階級鬥爭；因此必須從與西方各國相異的特殊脈絡，去追本溯源。

歷史學的考察重點

① 今日的我們，應該從怎樣的觀點來評價美國革命的革命性？
② 導致十三殖民地從英國獨立的主要原因是什麼？
③ 美國革命與歐洲、中南美洲的革命之間，可以看出怎樣的連續性？

IV 西洋近代史的論點

亨利・梅休《廉價旅館裡的晚餐》（1861年）

朱爾斯—亞歷山大・葛倫《晚餐的結束》
（1913年）

公民社會與貧富落差社會（階級社會）

・ 簡介 ・

　　這一部會以考量區域平衡為前提，呈現十八世紀末到二十世紀初期的論點。當中除了「法國大革命」、「（英國）工業革命」、「農奴解放（俄國）」、「南北戰爭」、「德意志特殊道路」等各國史長期的大論點之外，像是「民族主義／國族主義論」、「帝國論」等以跨歐洲國家與地區為對象的論點、「大分流」等比較研究視角相關的論點、「大西洋奴隸貿易」等支撐歐美社會近代化的陰暗面，都是討論的對象。另外，這數十年間有顯著研究進展的社會史（「阿里葉論爭」等）、性別史與性傾向史（「分離領域」）等相關論點，也會納入討論。透過和這二十六個論點的接觸，我們應該可以認識，當今歐美的近代史究竟在議論些什麼，今後又會議論些什麼。（坂本優一郎）

1 法國大革命

山中聰

【關連項目：舊制度論、英國革命、啟蒙主義、美國革命、波拿巴主義（第二帝國）、義大利統一運動、第三共和與改革、俄國革命與蘇聯的成立】

史 實

　　1789年7月爆發的法國大革命，是揭開近代世界序幕的一大事件。它打破了絕對君主制下的身分制與政治經濟桎梏，朝著尊重人權自由的法治國家邁進。在**國民制憲議會**[1]、**國民立法議會**[2]的主導下，他們推出了各式各樣的政策。但在此同時，這場革命究竟該走往何種方向，也引發了激烈的議論與混亂。舊體制的領導階級表明了對革命的幻滅與敵視；被視為反動首腦的國王路易十六於1793年1月上了斷頭台。在這之後，徹底轉變成共和國的法國與對大革命抱持警戒的歐洲各國開戰。另一方面在國內，國王派的叛亂也日益深刻。在這種狀況下，維持國防與共和制成為最優先的必要事項，**國民公會**[3]與**山嶽派**[4]在1793年10月延期行憲並推動獨裁，處死異議人士的「恐怖政治」也日益激化。在戰爭勝利趨於明朗的1794年7月底，這種獨裁發生了政變，因而瓦解。一年後上路的**督政府**[5]冷卻了過熱的革命，推出政策意圖讓共和政治落地生根，但與反政府勢力的抗爭讓他們陷入疲弊。就這樣，1799年11月在拿破崙將軍的謀略下，革命迎向了終結。

論 點

1. 「政治文化」的革命

　　關於法國大革命爆發的背景，直到1980年代為止，都是以「**布爾喬亞革命論**[6]」為主流。簡單說，革命之所以會爆發是「積極朝資本主義邁進的布爾喬亞（工商業者等資產階級），打破封建制貴族階級的支配」。依照這種立場，革命爆發後的狀況，則可以解釋成「布爾喬亞分化成上層與中下層，代表兩者立場的黨派間鬥爭」。然而就像前述，這種思考方式有很多問題，也沒辦法適用於大革命整體情況。於是自1980年代末期起，所謂「政治文化論」取而代之成為主流。事實上自1970年代末期起，傅勒（François Furet）就已經主張不要從社會經濟視角來解釋，而是從革命家所發出、寫下的「話語」來解釋直至山嶽派獨裁的革命激進化過程。但杭特（Lynn Hunt）認為不只是「話語」，「儀式」和「象徵」也是推動政治的力量；從中創造出來的「政治文化＝人們在訂定政治型態時所抱持的思考與感情組合」，可以用來說明革命政治的樣貌，以及革命各政治集團登場與交替的架構。

2. 從「渾沌狀態」到「整合」

　　自杭特之後，「政治文化論」成為革命史研究主流；在經濟史與社會史等傳統分野也掀起了和「政治」與「文化」結合，重新審視的呼聲。此外，也產生了許多針對特定

地區進行仔細分析的研究。就像這樣，對一直以來的歷史形象重新檢討、以及個案研究的顯著進展，使得如今要對大革命整體提出「統一」的視角，可謂極度困難；某位史家就稱呼這種狀況為「渾沌狀態」。可是，即使多樣化的研究不斷積累，還是有不少人確信「法國大革命是什麼」這個問題有一個最終的答案。在這裡就舉出四個堪稱「整合」的視角，並敘述各研究論點之間見解相異的部分。

第一個視角是輿論：是輿論推動了革命，還是革命推動了輿論？大革命時期爆發的事件，是否反過來形成了輿論、並決定其性質？新聞媒體是否在輿論與事件上扮演了重要的媒介角色？

第二個視角是民族主義／國族主義（「一個民族一個國家」的思想）：革命期間推動了國語（法語）普及、杜絕方言、度量衡統一、公共教育、養成愛國心的**國慶日**[▷7]等政策。這種對思想和文化加以統一、意圖均質化民族與國民的傾向，究竟有沒有造成人們的意識出現改變？

第三個視角是宗教：革命期間沒收了教會財產（1789年11月），並進行教會重組（1790年7月），之後更掀起「**非基督教化運動**」[▷8]（1793年秋）。這些事件對後來的人們而言，有沒有造成宗教信仰的低落？

第四個視角是全球化：法國大革命雖然是一起大事件，但逕自將它視為「特殊」，這樣的看法該不該被認可？它和其他革命（英國革命、美國革命、義大利統一運動、明治維新、俄國革命等）是否具有類似性？

不管哪個視角與論點，研究者都提出了自己獨特的主張，並針對各式意見展開論戰。希望讀者可以按照自己的關注重點，在思索現在及將來的世界之際，探究出有益的大革命形象。

驅逐反政府的議員。督政府為了維持政權利用軍隊，結果招致拿破崙的崛起，最後在他的謀略下瓦解。

▷6 布爾喬亞革命論
（Bourgeois revolution）
徹底達成這種「布爾喬亞革命」的國家有法國、英國、美國，在不完全狀況下結束的有德意志、義大利、日本；該論點以此為對比，來解釋二十世紀前期自由民主陣營與法西斯陣營的對立。參照 III-20 注1。

▷7 國慶日
為了紀念7月14日（1789年襲擊巴士底監獄）與9月22日（1792年法蘭西共和國建國）等革命紀念日，頌揚革命的理念，而在全國城市舉行慶典。

▷8 非基督教化運動
（Déchristianisation）
自1793年秋天到翌年春天，在各地展開對既存宗教的攻擊。包括破壞天主教會設施、強迫教士放棄聖職、棄教、結婚，逕自更換基督教風格的地名等等。

歷史學的考察重點

① 法國大革命與冠上「革命」的其他事件，有著怎樣的差異？

② 法國大革命對當時生活人們的「內心」造成了怎樣的改變？

③ 法國大革命期間發生的事件與現象，為現代世界帶來了什麼？

2 英國工業革命

坂本優一郎

【關連項目：世界體系理論、資本主義論、十七世紀危機、軍事財政國家論、生活水準論爭、大分流】

▷1　（老）湯恩比
（Arnold Toynbee）

1852～1883年，英國的社會改良家兼經濟學者。自牛津大學畢業後便在該大學教授經濟學與經濟史。在提倡「英國工業革命」的同時，也獻身慈善機構，為工會與合作社的普及盡心竭力。位於倫敦、世界最早的社區服務中心（settlement）湯恩比館，就是在他逝世後設立的。以他的授課筆記為基礎，在他逝世後編輯了《十八世紀英國工業革命講義》。《歷史研究》的作者小湯恩比（Arnold Joseph Toynbee）是他的姪子。

▷2　衛布夫婦（Sidney and Beatrice Webb）

（丈夫）西德尼・衛布，1859～1947年，（妻子）碧翠絲・衛布，1858～1943年。兩人都是社會學者，也是費邊主義的領袖，是致力於漸進改良的社會主義者。西德尼和蕭伯納攜手設立了費邊社（Fabian Society），也密切參與了倫敦政經學院的設立。他也是工黨政治家，歷任黨內閣員。碧翠絲除了從事布斯在倫敦的貧民勞動者社會調查，也擔任費邊社的會長。兩人合著《工會運動史》（1894年）、《產業民主制論》（1897年）、《英國濟貧法史》（1927年）等。參照 IV-26 注3。

史　實

十七世紀末到十八世紀的英國，透過「軍事財政國家」確立了私人所有權。以此為背景，大規模農場的出現使得糧食增產成為可能。伴隨人口增長，都市化也跟著發展，並喚起國內市場需求。不只如此，全國運河和收費公路也紛紛整飭，讓人和物的移動變得更加方便。在之後成為主要能源的煤炭充分供應下，透過蒸汽機的發明，帶動了纖維、金屬、化工業的技術創新。另一方面，「軍事財政國家」對外政策形塑了大英帝國；以新大陸殖民地為中心，英國取得了海外市場與原料供應地。隨著對外貿易成功擴張，英國從大西洋經濟圈獲取了巨大利益。

在十八世紀開始的這些現象相互結合下，十九世紀初期以化石燃料為動力的棉紡織業和製鐵業都有顯著發展。透過蒸汽火車與蒸汽船，人與物的移動也更加方便。就這樣，英國經濟產生了根本上的變化，直至十八世紀為止受有機資源制約、以農業為主的經濟，一躍成為十九世紀後基於礦物資源、以工業為主的經濟。伴隨著經濟結構變化，造就了持續的成長；這樣的影響及於社會，包括婦孺在內，許多人的工作和生活都產生了變化。這些動向通常被稱為「英國工業革命」。

論　點

1. 斷絕說

以（老）湯恩比[1]在牛津大學的講義（1884年）為契機，「英國工業革命」這個用語變得膾炙人口。湯恩比認為，以自然科學領域的「發明」為開端，勢必引發急遽的經濟與社會變化。他重視1760年代的劃時代發明，認為這打破了舊有的經濟秩序。結果，近代工廠制生產取代了家庭手工制，用一種對資本家有利、勞工不利的形式，進行了財富再分配。這種短時間劇烈變化的革命終結於1850年代。湯恩比強調其與舊有經濟秩序間的斷絕，跟他一樣屬於社會改良家的衛布夫婦[2]和漢蒙夫婦等人紛紛支持。

2. 連續說

進入二十世紀後，湯恩比的「斷絕說」面臨到嚴厲批判；其中帶頭的是經濟史家克拉潘（John Clapham）。克拉潘等研究者透過統計分析，將目光投向棉紡織業以外的產業，結果發現，即使到了十九世紀前期也依然存在未充分機械化的產業。基於這個事實，他們對湯恩比主張以棉紡織業為中心的急遽機械化這一見解，提出尖銳的批判。據克拉潘等人所言，湯恩比強調的機械化，甚至連

棉紡織業本身到1850年代都尚未那麼徹底。再者，做為「發明」象徵的蒸汽機直到1830年代前都尚未廣泛引進。從企業經營來看，不管棉紡織業或製鐵業都屬於小規模。不只如此，他們還認為英國的經濟成長從十六世紀後便處於長期的連續狀態，因此駁斥湯恩比派尋求1760年代到1850年代革命性分水嶺的見解。除此之外，「斷絕說」論者關注的英格蘭西北部工業地帶蘭開夏以外的地區也被後人提出檢討，說明製造業的變化其實存在著地域性局限。這種「連續說」論者包括了尼夫（John Ulric Nef）和利普森（Ephraim Lipson）等人。

3. 之後的發展——成長論及其周邊

以二次大戰的戰後復興和東西對立為背景，工業革命的劃時代性再次受到矚目。**羅斯托**[3]在《經濟增長的階段：非共產黨宣言》（1960年）中，為這種從傳統社會到工業社會的決定性轉換期賦予普遍性，稱之為「起飛（take off）」階段。英國工業革命被認為是世界上首次的「起飛」，在十八世紀末到十九世紀初的短時間內一飛沖天；如此，工業革命的劃時代與斷絕性再次被強調。實際上，迪恩（Phyllis Mary Deane）和柯爾（William Alan Cole）也透過計量研究，指出了1740年代到1780年代間經濟成長率確實上升。

相對於此，同樣站在成長論立場的克拉夫茨（Nicholas Francis Robert Crafts），則重新檢討了迪恩與柯爾的統計，反過來指出近代英國的經濟成長率長期而言其實是趨緩，從而看出英國工業化的特殊性。克拉夫茨把近代英國經濟的低度成長視為特徵，並以此定位英國的工業化。他的結論對社會史研究也造成了強烈影響。

近年來如同艾倫（Robert Carson Allen）所見，英國工業化的經驗已經超越了英國單一國度，在歐洲大陸（小分流）與「全球史」的動向相當顯著（大分流）。換言之，英國工業革命的經驗被放到了更廣大的空間中加以重新定位，並就其歷史意義再行檢討。

▷3 羅斯托（Walt Whitman Rostow）

1916～2000年，美國經濟學者。1960年代擔任美國國家安全顧問。從長期視野研究十九世紀英國經濟史。他將傳統社會轉移到高度大眾消費時代的重要轉換期稱為「起飛」，並以提倡這個概念而著稱。

歷史學的考察重點

① 試說明高中世界史的英國工業革命，與上述各說有何差異。

② 試整理各說主張者所處的時代狀況，及其與主張內容的關係。

③ 阿什頓（T.S. Ashton）的工業革命論應該放在上述的哪一個位置？

④ 羅斯托的書籍標題，呼應了某位人物的著作。他所呼應的是誰、為何會呼應、兩者對英國工業革命的定位又有什麼差異？

3 生活水準論爭

坂本優一郎

【關連項目：英國工業革命、消費社會】

＊　湯恩比

參照 IV-2 注1。

▷1　**實質薪資**（Real Wages）

將貨幣薪資（名目薪資，也就是我們通常指的「薪資」）金額，依消費者物價指數進行調整後的結果。將從基準時點到比較時點的貨幣價值變動納入考量，來計算工資購買力。名目薪資除以物價指數後，就是實質薪資。即使薪資、或者說名目薪資上升，但物價上升的幅度比它更大，那麼薪資實質上就會減少；因此，實質薪資指數常被用來掌握勞工的實際生活狀況。

▷2　**霍布斯邦**（Eric Hobsbawm）

1917～2012年，史家。父親是波蘭猶太人，母親是奧地利人，出生在埃及亞歷山大城。曾在奧地利、德國居住，後來移居英國。加入英國共產黨，在劍橋大學畢業後擔任倫敦大學教授。他從馬克思主義知識分子的立場出發，在經濟史與社會史留下很大的成績。以《革命的年代》（1962年）、《資產階級革命與工業革命》（1964年）、《革命者們》（1973年）為首，還著有十九世紀史的《資本的年代》與《帝國的年代》、二十世紀史

史　實

從十八世紀下半葉到十九世紀中葉，英國在經濟成長的同時，經濟結構的核心也由農業轉變成工業。占人口大半的勞工，他們的生活有隨著這種經濟變化而改善嗎？烏爾（Andrew Ure）和恩格斯（Friedrich Engels）等同時代人已開始討論這個問題，之後的**湯恩比**[＊]與漢蒙夫婦認為眼前的貧困社會問題是工業革命造成的，主張勞工的生活水準惡化（悲觀論）。另一方面，經濟史家克拉潘則表示勞工的**實質薪資**[▷1]從1790年到1850年都在上升、生活水準也獲得改善，因此否定了漢蒙夫婦的見解（樂觀論）。

二次大戰後，在冷戰的意識形態對立下，資本主義經濟與生活水準的關係引發了許多研究者的關注。阿什頓根據實質薪資指數與總體經濟指標主張生活水準提升，**霍布斯邦**[▷2]則加以批判，結果引發了霍布斯邦與哈特韋爾（Ronald Max Hartwell）的論爭。在這之後，議論多半集中在推測生活水準指標的實質薪資指數測量方式上，弗林（Michael Flinn）等眾多研究者針對成年男性實質薪資指數的上升程度與時期反覆爭論不休。

之後，包括引入家戶所得等思考方式在內，平均身高（營養狀態）、勞動工時、壽命、嬰幼兒死亡率、城市環境等，這些從生物學視角出發的多樣手法，都被用來測試生活水準。儘管如此，這場被認為是經濟史上持續最久的論爭，到現在還沒有塵埃落定。

論　點

1. 霍布斯邦與哈特韋爾的論爭

阿什頓等樂觀論者，大多從數據資料來為自己說法背書，但身為**馬克思主義**[＊]史家代表、同時也是悲觀論者的霍布斯邦，也是基於數據資料來反駁樂觀論者，因而形成了一場有意思的論爭。霍布斯邦批評阿什頓，實質薪資指數和**國民所得**[▷3]等總體經濟指標具有史料上的問題，不值得信賴，不應該拿來評論生活水準。他從死亡率、失業率、（肉類與小麥、馬鈴薯等）消費財的消費數量等資料，認定勞工的生活水準在1790年到1850年間並沒有上升。相對於此，哈特韋爾則對霍布斯邦的數據資料與解釋提出批判；他從國民所得引出每人平均所得，認為從國民所得分配的平均化、物價波動、每人消費可明顯看出，1800年到1850年的生活水準是上升的。兩人的論爭圍繞在資料上頭，從而引出國民所得與所得分配的平均性、生活品質評價等主要論點。

2. 實質薪資指數與生活水準論爭

有關實質薪資指數的論爭，在生活水準論爭中占了核心地位。實質薪資指數是根據名目薪資（貨幣薪資）與消費者物價指數（生活費用指數）來算得。但當時的名目薪資與各種資料，在質或量上都不夠充分，因此各指數的正確與否時常受到質疑。在這當中，實質薪資指數的變動程度與變動期間，也成為主要的論點。

阿什頓對克拉潘的名目薪資與生活費用研究提出批判，主張地區性實證研究的必要性。他舉曼徹斯特及周邊地區的食品價格指數為例，認為實質薪資在1790到1830年是上升的。尼爾（R. S. Neale）繼承阿什頓的問題意識，調查英格蘭南部城市巴斯的勞工薪資，結果發現實質薪資從1801年到1850年增加了一倍。

另一方面，弗林不關注特定地區而是全國整體變遷，他注意到1813到1825年的實質薪資指數上升，認為這個時期的變動在1750年到1850年的實質薪資動向中特別顯著重要。相對於此，馮塔恩斯曼（G. N. Von Tunzelmann）則指出實質薪資在1820年代到1850年上升的可能性，林德特（Peter H. Lindert）與威廉姆森（Jeffrey Gale Williamson）更正式引進經濟學分析手法，主張成年男性的實質薪資在1820年到1850年間上升了兩倍。

相對於這種樂觀論，法因斯坦（Charles Hilliard Feinstein）則推估1780年到1850年間，成年男性的實質薪資上升一點五倍，1820年到1850年則是一點二倍，將林德特與威廉姆森的研究大幅向下修正。針對他的說法，站在樂觀論的格列高里・克拉克（Gregory Clark）提出反駁，艾倫又對克拉克的說法提出了修正。

《極端的年代》，著作相當之多。在爵士樂評論方面也相當有名。

＊ **馬克思主義**
參照 V-24 注2。

▷3 **國民所得（National Income）**
又稱國民生產毛額。在某個國家的地理疆域內，居住者（國民）在一定期間內，最終透過有形資產（製品）與無形服務等所有生產賺取到的總收入。

歷史學的考察重點

① 就論爭結果而言，現在有哪些點是研究者之間已取得共識的？

② 從國民所得來推估人均所得，這樣的研究手法對英國工業革命時期的所得分配平等性，會形成怎樣的議論？

③ 把肉的消費量當成生活水準指標的思考方式，和其他食品比較起來有什麼優點，又有什麼缺點？

④ 引進家戶所得的思考方式，對女性勞動會有怎樣的評價？

⑤ 從平均身高演變與勞動工時來掌握生活水準，這樣的研究會對生活水準的演變做出怎樣的評價？

4 大西洋奴隸貿易

小林和夫

【關連項目：世界體系理論、啟蒙主義、英國工業革命、南北戰爭、殖民地與現代／西方】

史 實

　　在十六世紀到十九世紀，由歐洲、非洲、「新大陸」三個地區所組成的大西洋經濟非常繁盛；而其中的核心，就是從非洲將黑人強制運至「新大陸」的大西洋奴隸貿易；據估計，規模至少達到一千兩百五十萬人。直到1630年代左右，奴隸貿易的主要推手是伊比利各國，但之後英國、荷蘭、法國占比日益增大；在十八世紀下半葉高峰期，北大西洋是英國，南大西洋則是葡萄牙和巴西在牽引。不過另一方面，自十八世紀下半葉起，西歐等地呼籲廢除奴隸貿易的聲浪也日益高漲。到了十九世紀下半葉，奴隸貿易與奴隸制逐漸廢止。

　　被運到「新大陸」的奴隸及其後代在北美洲南部殖民地（獨立後的美國南部各州）栽種菸草、稻米、靛青、棉花等作物，在西印度群島與巴西則栽種甘蔗與咖啡。這些商品造就了歐洲消費社會，更進一步促使了近代世界經濟的形成。

論 點

1. 威廉斯命題

　　1944年，**威廉斯**[1]刊行了《資本主義與奴隸制》；其中主要的論點，如今以「威廉斯命題」廣為人知。當中最著名的說法是：「大西洋奴隸貿易與西印度群島的奴隸制，是英國工業革命的經濟基礎。」這種將大西洋經濟的存在看成是英國工業革命的歷史前提，和十九世紀以來支配英國學界的自給自足工業革命形象（也就是從英國內部尋求工業革命的解釋）可說是截然不同。威廉斯的解釋對華勒斯坦的近代世界體系論等論述造成很大的啟發，但這種解釋到了1960年代開始遭受嚴厲批判。

2. 奴隸貿易利潤論爭

　　1960年代，以美國民權運動與非洲各國獨立為背景，研究者開始關注非洲殖民化以前的歷史。另一方面，當時電腦的普及化，也讓計量經濟史研究開始崛起。在這樣的時代狀況下，針對威廉斯強調的奴隸貿易利潤規模，開始出現論爭。這場論爭以「奴隸貿易利潤論爭」為人所知。其中關於奴隸貿易的利潤是否足以成為工業革命經濟基礎，這點恩格曼（Stanley Lewis Engerman）與安斯蒂（Roger Anstey）等人抱持否定見解，但最近伊尼可利（Joseph E. Inikori）的研究，再次強調了奴隸貿易如何促進了英國經濟各產業的發展。

　　這場論爭的重點之一，是為了推算奴隸貿易的利潤規模，因此格外重

▷1　威廉斯
（Eric Williams）
1911～1981年，千里達島出身。於牛津大學取得博士學位，之後在哈佛大學執教。在發表許多有關西印度群島歷史書籍的同時，也以政治家身分活躍。1962年成為千里達及托巴哥共和國的首任總理。

視從非洲被綁架奴隸的輸送人數。在這點上，埃爾蒂斯（David Eltis）等人編纂的大西洋奴隸貿易線上資料庫（Slave Voyages: the Transatlantic Slave Trade Database. www.slavevoyages.org），是現今時點最尖端的研究。

3. 大西洋奴隸貿易與非洲　　隨著大西洋奴隸貿易的實證研究進展，奴隸貿易對非洲社會人口結構帶來的影響，以及與今日非洲經濟狀況的關連等研究，也開始大量出現。另一方面，自威廉斯的研究後，非洲——更具體來說，是從塞內加爾到安哥拉的大西洋沿岸各地區——經常被定位為受歐洲各國剝削的「犧牲者」。可是在此同時，在非洲沿岸購入的奴隸，也是與在地商人的交涉下進行；如果歐洲人沒有帶來非洲人渴求的商品，那麼交易是不可能成立的。換言之，非洲方面的需求，也對奴隸交易有很大的影響。在理解大西洋奴隸貿易時，這是不可遺漏的重點。

事實上，分析過歐洲各國的貿易統計，我們會發現非洲對纖維製品、特別是印度棉布的需求最大。當時的印度棉布有著世界首屈一指的品質，深深吸引了世界各地的人們。自伊斯蘭世界傳入、使用窄幅織布機生產優質布料的西非，使得人們養成了對布的嗜好，而這種嗜好正好與印度棉布彼此相投。歐洲生產的棉布在品質上不如印度棉布，因此當時英國東印度公司的史料，就記載了「為了從事大西洋奴隸貿易，請從印度調來優質的棉布」這樣的書簡。換言之，同時代的亞洲貿易對大西洋奴隸貿易的擴大、乃至大西洋經濟的成長，也扮演了重要的角色。透過這種認知，我們應該能在與各地區的在地條件、以及全球化的關連中，首次進一步理解大西洋奴隸貿易吧。

歷史學的考察重點

①威廉斯命題在現今仍是妥當的解釋嗎？

②大西洋奴隸貿易對各地區的經濟造成怎樣的影響？

③美洲大陸的奴隸制，和非洲與印度洋世界等其他地區的奴隸制相比，可以看出怎樣的特徵？

④在引進非洲的商品方面，各式商品需求的決定因素是什麼？

⑤ 大分流

村上衛

【關連項目：世界體系理論、哥倫布大交換、資本主義論、十七世紀危機、英國工業革命、生活水準論爭、新自由主義】

▷1 前所未見的大動亂
十九世紀中葉，中國陸續發生了太平天國、華北捻亂、陝甘及雲南回變、沿海會黨（天地會）叛亂。這幾場大動亂造成了數千萬人死亡。

史 實

　　十八世紀末開始的工業革命，首先是英國，接著是西歐大陸各國，陸續在工業化上有所進展，經濟也有了大幅成長。但另一方面，直到十八世紀末前都是世界上經濟規模最大、最繁榮的中國，卻在邁入十九世紀後在國內面臨**前所未見的大動亂**^{◁1}、對外則受到歐美各國的壓力，導致工業化步伐落後，和西歐之間的落差也一下子拉開。這種到十八世紀末為止西歐與中國（亞洲）的經濟水準尚未出現重大差異、十九世紀起雙方落差擴大的現象，就被稱為「大分流」（Great Divergence）。

論 點

1. 比較史手法的再檢討與「加州學派」

　　為什麼歐洲工業革命會成功，中國則失敗了？關於這個問題，英語學術圈迄今為止產生了不少議論。可是既存的研究大部分都是歐洲中心觀，以歐洲的成功為基準來探討中國失敗的原因，也就是傾向探討「歐洲有，而中國沒有的因素」。

　　相對於這樣的議論，中國經濟史家王國斌提出了「不以歐洲為基準的比較史」看法。王國斌指出，探究歐洲與中國的歷史發展路徑，在經濟上有類似性，但從國家政治形成上來看是相異的。

　　同樣是中國社會經濟史家的彭慕蘭（Kenneth Pomeranz），則在王國斌去歐洲中心的比較史方法基礎上，展開了更激進的議論。首先，彭慕蘭從人口、資本累積、技術水準、市場經濟、家戶勞動、奢侈品消費、資本主義等各種切入點，來比較西歐與亞洲（主要是中國）的核心地區，並得出「到十八世紀末為止西歐並沒有優勢」的結論。十八世紀末，西歐與亞洲同樣都面對到生態環境的制約，但以英國為首的西歐透過和美洲大陸連結及煤礦資源，成功掙脫這個制約。這就是「大分流」的原因。在彭慕蘭前後，以美國加州大學為中心的中國史（亞洲史）研究者形成「加州學派」，他們大多主張直至十八世紀末前中國（亞洲）與西歐的類似性，或是中國對西歐的優勢，從而認為「大分流」是一種歷史偶然。

2. 計量方法及其極限

　　彭慕蘭等人的議論，為以往英語圈的歐洲中心史觀帶來了衝擊，也引發了很大的迴響。特別是它與日益興盛的全球史研究相互連動，從而對世界性的比較史研究貢獻頗大。

　　在這當中，比較經濟史分析實質薪資、生活水準等數值，認為西歐與中國的落差其實比彭慕蘭推定的還早，早在十八世紀中葉以前就已經拉

開，而這樣的見解也成為主流。

可是和西歐、日本不同，前近代亞洲能夠用來計量分析的史料幾乎不存在，不管怎樣設法計量分析，還是只能依賴不齊全的數字，以及可信度很低的資料。在中國也是如此，要對還沒有統計的十九世紀中葉以前的時代使用計量方法，明顯有困難。如今的經濟史研究，比起單純的計量分析，包含「法律」、規範習慣、嘗試與行動等類型在內，研究者已紛紛傾向從更廣泛的意義上進行「制度」比較。

3. 日本的接納與課題

在日本，全球史提倡者多半並未專精中國史，因此不太深入鑽研彭慕蘭的著作，但總體而言是抱持肯定的態度。

另一方面，日本的中國史研究者並不受歐洲中心史觀所囚、對前近代中國經濟進行評價。這是因為自1980年代開始，隨著**亞洲經濟圈論**[▷2]的興起，已然重新評價了近代亞洲經濟，所以日本並沒有受到彭慕蘭的議論太大衝擊。相反地，他們認為這種議論在實證上有很多問題，毫無批判並不適當。

再者，彭慕蘭這種對以往歐洲經濟史的論點進行比較、被視為**新古典主義市場觀**[▷3]的研究方法，也出現來自全球史研究的批判聲浪；這種聲音認為，彭慕蘭終究沒有擺脫歐洲中心主義與歐美史學的學問發想，而且更從近年「中國崛起」這個「既知的結果」出發，來回溯原因，因此他的研究立場本身是值得批判的。

日本的亞洲史研究，長期以來就是在不同於英語圈的脈絡下形成的，也一直致力於克服歐洲中心史觀。故此，若要在日本提倡全球史，就不能對英語圈的研究毫無批判地接納，而是必須立足於日本過往的研究，發展出獨特的比較史研究。

▷2 **亞洲經濟圈論**
以濱下武志、川勝平太、杉原薰等人的問題意識為契機發展，以近代亞洲區域貿易為中心的經濟史研究。

▷3 **新古典主義**
（Neoclassical economics）
市場觀
在完全沒有制約的自由市場下進行完全競爭的理想見解。

歷史學的考察重點

① 對西歐和中國這樣具有相異背景的地域比較史，該怎麼進行比較妥當？

② 對沒有足夠可信度資料的地區進行比較史研究，應該怎麼處理較好？

③ 在日本進行全球性的比較史研究，有何意義？

6 群眾運動、民眾文化、道德經濟　山根徹也

【關連項目：舊制度論、法國大革命、愛爾蘭大饑荒、俄國革命與蘇聯的成立】

▷1　敲鍋打鐵
（Cacerolazo）
這項運動的名稱是來自於西語的「鍋」字。阿根廷人民在2001年、2012年上街抗議政府的貨幣政策；他們敲鍋子發出巨響，助長運動氣勢，因此這項運動便被稱為「敲鍋打鐵」。近年在其它中南美洲各國也常常看見敲鍋打鐵的抗議運動。

▷2　憤怒者運動
（Indignados）
名稱來自西語的「憤怒者」。2011年西班牙人民為了抗議政府的緊縮財政政策，占據了西班牙各城市的廣場。這群人被稱為「憤怒者」，在這之後也持續展開運動。

▷3　占領華爾街運動
2011年，抗議財富分配不平等的美國群眾占據了華爾街一角；這項運動對之後世界各地的社會運動產生了很大的影響。由於這項運動也有知識分子參加，所以和以下群眾運動定義中的「非菁英」取向，多少會有點違和。但本篇對群眾運動的思考，對於階級規定基本上較寬鬆，所以還是勉強可以用這種方式來看待。

▷4　黃背心運動
自2018年11月開始，以法國反對燃料價格上漲的運動為出發點，針對貧富差距擴大而發起的抗議運動。參加者會穿上汽車駕駛按義務必須攜帶的黃色背心，因此得名。

▷5　嘎里瓦里（Charivari）
意指喧嘩吵鬧。在歐洲長

史實

非菁英階級也就是民眾，透過起義、破壞、示威等行動，在歷史上扮演了決定性的角色。中古及近世的瓦特‧泰勒叛亂、札克雷暴動、德意志農民戰爭等農民叛亂，都對當時社會造成了重大影響。從法國大革命、俄國革命、德意志革命到近現代的一連串革命當中，民眾的行動都是最重要的一環。而諸如盧德運動、糧食暴動等，也都是劃定社會面貌的因素。像這樣的現象就稱為「群眾運動」。二十世紀中葉後，群眾運動漸漸變得不那麼顯眼；但從近年的「敲鍋打鐵」[1]、「憤怒者運動」[2]、占領華爾街運動[3]、「黃背心運動」[4] 等群眾運動，我們可以發現，它又再度活躍起來了。

觀察群眾運動時，不只是政治與經濟狀況，包括民眾價值觀等各方面的意識、以及像嘎里瓦里[5]這樣的民眾固有表現與行動樣式，都有著關鍵的重要性。民眾的固有意識或行動樣式，就稱為「民眾文化*」。

論點

1. 群眾運動

在日本，以柴田三千雄為首的社會史研究，已開始使用群眾運動這個語彙。相關連的還有工人運動、農民運動、社會運動等等，不過相對於這些，群眾運動有以下幾個概念：第一，著眼於非菁英階級；第二，和「工人運動」等不同，它沒有事先設下嚴密的階級前提，也沒有正式的組織、明示的綱領與行動計畫、甚至沒有定下目標。換言之，它就是一種「自然發生的」運動，也是最值得注目的特徵。

從這個著眼點出發，群眾運動研究就像喜安朗的一連串研究一樣，把目光投向日常民眾生活世界與社會結合（社交性）*關係的樣貌上。從而更進一步，把「生活日常如何轉換成非日常狀態的起義、而這當中社會結合關係又起了什麼作用」這樣的動態掌握當成課題，促進社會史研究整體的進展。

2. 民眾文化

至於與群眾運動深刻關連的民眾文化，也有相當多的研究論點。第一是固有性的問題。就像各種教派間一樣，菁英與民眾間共享文化的情形相當多，因此在各個時代都能看見菁英思想對民眾產生的影響。但是，就像柏克所主張的，因為民眾並未接觸（access）到菁英文化，或是不得其門而入，所以菁英與民眾在相互滲透的同時，也常常萌生差異。因此，我們應該關注人們如何從他者處借

用文化、並應用在自己生活世界，透過這樣的方式重新解讀，也就是所謂的「**挪用**」。[◁6]

第二是時代性的問題。民眾文化研究主要集中在近世史，至於現代史領域則幾乎沒什麼人關注。可是，就像敲鍋打鐵這種運動，在現代社會還是能看到陳舊的民眾文化改頭換面、或不時復活再現，因此我們有必要不再將之視為傳統限定，而是以新時代的視角看待。

3. 道德經濟

做為支撐群眾運動的民眾文化，其中最典型的應該就是「道德經濟」（moral economy）了。英國史家湯普森（E.P. Thompson）清楚闡明，十八世紀英格蘭之所以發生糧食暴動，起因是一種和新市場原理對立、盡可能維持傳統市場規範等經濟秩序、互惠共享的規範意識。這種秩序與意識形態被湯普森稱為「道德經濟」。這項議論不只對之後的群眾運動與社會史研究，也對跨學科領域的思考與研究產生了刺激。

但是，這個概念也被指出很多問題；另一方面，也有人將這樣的概念重新組合，試著大膽擴張它的適用範圍。

近藤和彥關注湯普森的議論，但也對湯普森脫離十八世紀語言脈絡、自行創造詞彙的方式表示批判。另一方面，斯科特（James C. Scott）等人則為了處理根植於農業經濟形態當中農民的規範意識問題，而轉用了此概念，從而打開了人類學與開發經濟學的應用。此外，相對於湯普森關注非資本主義與傳統經濟秩序的關連，後續研究者則把它用在理解現代資本主義的經濟學動向上。而在科學史、科學論方面，更陸續出現運用這個概念的嘗試。

湯普森的概念，確實包含了很多問題。可是，當某概念在學術研究場域已經某種程度生根下來，它的使用與否，就變成端看對研究有用與否了。由於道德經濟概念在理解近代社會變遷與民眾文化、群眾運動結合上有它的長處，因此只要持續留意使用，就仍然具備意義。另一方面，對道德經濟概念的內容修正與適用範圍擴張，這樣的摸索雖值得肯定，但過度將概念的意義內容多樣化，也可能會忽略了事態的歷史固有性視角。在跨學科的討論中，有必要持續檢討這種將概念內容意識化的使用方式。

歷史學的考察重點

① 「群眾運動」這個語彙要怎樣定義，才會對研究有用？
② 對於民眾文化與菁英文化的異質性與共通性，我們應當如何掌握？
③ 民眾文化在群眾運動等領域，究竟扮演怎樣的角色？
④ 在今後的歷史研究中，道德經濟概念是否仍然有效？

期存在的一種慣例性制裁儀式；通常是為了制裁在性方面不檢等違反某種共同體規範的人物，而由民眾鳴鼓攻之。在群眾運動中屢屢可以看見嘎里瓦里，革命過程的政治攻擊對象也會以嘎里瓦里的方式為之。前述的敲鍋打鐵也可視為現代版的嘎里瓦里。

* 民眾文化
日文的「民眾」（popular）與「大眾」（mass）在意涵上有些微不同。民眾一詞指被統治者，對應於菁英分子或統治者；而大眾則是因應近現代消費社會形成下出現的概念，類似於通俗或流行等詞彙。

* 社會結合（社交性）
參照 III-19 注2。

▷6 挪用
（appropriation）
把從他者處借用或侵占的東西當成固有用法，偶爾還以抽梁換柱的方式來使用。

7 階級論（仕紳論、中產階級論） 岩間俊彥

【關連項目：英國工業革命、志願結社、男女分離領域、波拿巴主義（第二帝國）、帝國主義論】

史　實

　　所謂階級論，是關注階級（class）與仕紳（gentleman）等用語、以此為基礎建構的秩序意識與社會關係，從而考察近代社會形成的一種議論。

　　英國在十八世紀時，開始使用「階級」這個嶄新用語來表述地域社會的集團、階級及人際關係。可是當時的人們，並不一定具備能套用這個語彙的都市化、工業化近代社會統一意象。到了1770～1830年間，階級終於具備了能統稱英國整體政治社會經濟集團‧利害‧關係之意義。據康納汀（David Nicholas Cannadine）所言，所謂的階級，有二分法（上―下、貴族―平民、資本―勞動）、三分法（統治者―中產階級―勞工、上流―中流―下流）、以及社會秩序，這三種表述方式。進入二十世紀，階級被理解成基於職業、所得、價值觀、政治偏好來分類。現在社會在人口調查時，也會使用這個詞彙來表述職業別。

論　點

1. 關於階級的定義

　　據**馬克思**[1]所言，根據強化生產活動的**資本**[2]之有無，來決定資本家與工人的經濟關係，從中會生出二分法的階級與階級鬥爭。對此，站在文化馬克思主義立場的愛德華‧湯普森則採用三分法，並認為工人不只是基於勞資關係來體驗階級，而是透過立基於此的社會和文化來體驗階級，又從中培育出獨特的階級意識，並成為歷史主體。至於尼爾則不採二、三分法，而是採用五分法（統治層、中產層、中產下層、勞動上層、勞動下層）。

　　若從最大公約數的定義來看，階級就是展現經濟上的勞資關係，再加上社會、政治與文化等各種狀況，可說是一種近代式的關係、利害與意識。事實上，在十九世紀的英國，階級這個語彙及其相關表現，就不只是代表構成社會上相互對立的集團意涵，而是摻入了更加複雜的成分，形成一種動態但穩定、宛若蜂巢般的秩序體制與意義。

2. 關於仕紳

　　仕紳這個用語在十四世紀下半葉瓦特‧泰勒農民叛亂的時候，是指「統治者」。此後從近世到近代，做為統治者的仕紳被看成是有一定出身、擁有土地、教育良好、具備個人資質的「**貴族***」。到了二十至二十一世紀，它則被理解成是一種政治、經濟、社會權勢集團（Establishment，擁有卓越地位者）。理想形象的仕紳基準，在十五世紀是騎士典範、十六至十七世紀是理想的廷臣、十八

▷1　**馬克思**
1818～1883年，德國新聞記者、社會運動家、哲學家、經濟學家。代表作品有《德意志意識形態》、《共產黨宣言》、《資本論》。

▷2　**資本**
產生出有形或無形價值的物品、資訊或關係。比方說金錢、財產、設備、資源、知識、人際關係。

*　**貴族**
參照 III-19 注1。

世紀是禮儀端正（polite）的人物、十九世紀則是公學教育（public school）的完美象徵；就像這樣，它的形象在歷史上有著各式各樣的變化。

這個語彙所呈現的價值觀與理想形象，不只和各時代的普遍概念相符，偶爾還會超出這個範圍，帶有革新的意義，並慢慢從社會階級的上層擴散至下層。如果把這種仕紳理念看成是朝向近代變化的原動力，那麼透過仕紳稱號（爵位）的有無，得以讓社會的分裂緩和，這點也必須留意。**托克維爾**^{◁3}就評論，「仕紳的歷史就是民主主義的歷史」。凱恩（Peter J. Cain）跟霍普金斯（Antony Gerald Hopkins）則將與大地主合作之城市銀行家和大商人等商業金融推手撐起的現代英國政治經濟，稱為「仕紳資本主義」（gentlemanly capitalism）。另一方面，佩里・安德森、維納（Martin Joel Wiener）、莫里斯（Robert John Morris）等人則指出仕紳的菁英主義在實務上造成的負面影響；他們將二十世紀後期英國的經濟停滯歸因於此，對之抱持批判。

▷3　**托克維爾**
1805～1859年，法國政治學者。代表作品有《美國的民主》、《法國二月革命的每一天》、《舊制度與大革命》。

3. 關於中產階級

擁有某種資本並加以活用，位於社會中間位置的集團，定義上就屬於中產階級（middle class）。在英格蘭，十六世紀後期到十八世紀中葉，稱為「中等階層」（middling sort）的中間階級在城市與地區占據了社會、文化、經濟活動的核心。在十八世紀後期到十九世紀前期，這些人獲得了「中產階級」這種全國性的認同，但瓦爾曼（Dror Wahrman）重新檢討了這種變遷過程中的言論與形象。中產階級是由商人、製造業者、銀行家、專業人士（醫生、律師、教士、學者）等多樣人群所構成，他們是經濟活動與志願結社的核心；他們支持並實踐男女分離領域，也是政治運動與城市公共機構營運的重要角色。

據布里格斯（Asa Briggs）和桑普森（Anthony Sampson）等人所言，中產階級在十九至二十一世紀間不只遵奉**自由主義**^{◁4}、努力累積資本，也防堵分裂社會的極端主張與活動；換言之，他們是民主主義與公民社會（civil society，也稱資本主義社會、布爾喬亞社會）的關鍵存在。相對於此，克羅西克（Geoffrey Crossick）和麥基賓（Ross Ian McKibbin）等人的社會史研究則認為，十九世紀末中產階級的下層與專業勞工之間的界線相當曖昧；這群人擁有經濟、社會地位危機感，所以會傾向支持排外的愛國主義（jingoism）及保守政策。

▷4　**自由主義**
重視個人自由與機會均等，對於透過個別活動而產生出和諧的政治、經濟、社會繁榮抱持信任態度。

歷史學的考察重點

① 階級是在怎樣的意義上被使用，背景又是什麼？

② 試著從階級角度考量西洋史的優點與缺點。

③ 試著想想，你自己有意識到階級嗎？近代西方人又是如何意識、思考、記錄階級的呢？

8 志願結社

岩間俊彥

【關連項目：啟蒙主義、階級論（仕紳論、中產階級論）、男女分離領域、民族主義／國族主義論（從東歐出發的方法）】

史　實

　　所謂的志願結社，指的是國家和個人之間自願組成的協會組織（voluntary society）。

　　志願結社的起源，以英國為例，是中古時期的手工業行會（craft guild）與兄弟會（fraternity）。十六世紀下半葉，古物蒐集及研究協會等協會紛紛成立；到了十七世紀後期至十八世紀，則出現政治交流與飲食社交等相關的俱樂部與會所（lodge，共濟會會所）。在整個十八世紀，歐洲的志願結社都是由上流階級與菁英主導，再加上一部分下層布爾喬亞。這種結社的組成受啟蒙主義影響很大。

　　到了十九世紀上半葉，志願結社不管在活動範圍或數量上都持續擴大。轉為以中產階級為核心的志願結社，不只對應到同時代的社會、政治、經濟各問題，也展開諸如廢止奴隸貿易與廢奴運動、或是海外宣教等跨國活動。但另一方面，自十八世紀以來，在社會階級、教派、性別上設限的排他性結社也不在少數。在1850～1890年代，志願結社滲透到社會上的各個角落，數量也急遽增加。十九世紀末到二十世紀初，以社交等為目的的會員制俱樂部也頗為繁盛。這些結社總體來說是抱持**自由主義***的傾向，也推動組織民主化，但另一方面，結社內外的齟齬與封閉性也都引發當局和輿論的疑慮。不只如此，以民族主義為依據的結社也紛紛出現。於是，志願結社不得不涉入自由主義的對立、以及民族意識的高漲等議題。

*　　自由主義
參照 IV-7 注4。

論　點

1. 有關志願結社的特徵

　　對於志願結社，我們可以看見在特定目的下，為了活動募集資金等一連串組織化的過程；同時志願結社也具備了彙整規約、公開目的，以及形式化會員制等特徵。比方說，十八世紀中葉到十九世紀中葉的英國，除了傳教團體、會員制圖書館、哲學、文藝、科學相關團體、慈善團體、治安相關團體外，還有醫院、集會廳、市場等等由城市資本出資，設置公共設施並協助運作的志願結社。這些團體透過會員與捐獻者來參與民主運作。為此，他們除了舉辦會員年度大會與年度報告，還會出版規章與募款名單，並建立問責制（accountability，羅伯特・莫里斯稱之為訂戶民主主義〔subscriber democracy〕）。以制度生根為背景，城市間的聯繫與競爭意識，讓複數組織在地域社會共存、競爭，使得十九世紀中葉以降所得相對較低的人也積極

參與結社。志願結社不只成為國家與個人之間的公民社會形成核心，結社也依照有關自身階級、性別、民族主義（國族主義）等規範意識等關係來展開活動。但另一方面，依募款與捐贈金額不同，總會分別規定投票數與權限；也有些志願結社會依據參與人數與引介入社（比方說慈善團體）的人數來決定會員權限。這樣的結社究竟是促進社會的水平關係還是垂直關係，在研究者之間解釋各異。

此外，以英國與德國為首的歐美各國，除了有基於募款與捐獻活動的志願結社，也有以信託土地與基金運用收益來從事公益事業的財團型公共團體；這些團體為整個近世與近代提供了濟貧、公共設施、教育與研究機構等西方世界公共組織與制度的多樣性，這點必須加以留意。

2. 志願結社的評價與盛衰　　十九世紀中葉，**托克維爾**以民主制的美國結社為例，主張志願結社是民主制度的骨幹。二十世紀下半葉的**哈伯瑪斯**也主張十八世紀英格蘭的志願結社形成了集結公共意見交換、消費資訊與意見的「公共圈」。之後的西洋史研究者紛紛援引這個概念。

近年，透過普特南（Robert D. Putnam）的研究，志願結社被評價為支撐公民社會與民主主義、也就是強化人際信賴的**社會資本**。但另一方面，斯科克波（Theda Skocpol）則指出在二十世紀下半葉的美國等地，訂戶民主主義式的志願結社走向衰退，擁護資本與政治權力的寡頭專家集團則代而興盛。此外，也有史家指出在二十世紀中葉後脫離殖民統治的印度與非洲大陸，志願結社在這些地區屢屢對民主政治與自由經濟採取敵對態度；關於這點也值得留意。

＊　　**托克維爾**
參照 IV-7 注3。

▷1　**哈伯瑪斯（Jürgen Habermas）**
1920年生，德國哲學家。代表著作有《公共領域的結構轉型》、《溝通行動理論》。

▷2　**社會資本（social capital）**
指地域社會和組織當中人與人之間的信賴和社會關係（或網絡）。

歷史學的考察重點

① 試著針對志願結社的特徵、意義與問題，就結社存在的時期、國家、地區狀況進行調查與思考。

② 志願結社和其他機構是攜手合作、還是相互競爭？試思考為何會有這種現象。

③ 你會參加志願結社嗎？對志願結社又抱持怎樣的態度？在思考這點的同時，也試著思考西方社會人們參加結社的動機與活動內容。

④ 試思考志願結社的紀錄（史料）是以怎樣的形式流傳下來。如果沒有這些紀錄，我們該用怎樣的方式來掌握這些組織？

9 消費社會

真保晶子

【關連項目：古代經濟史論爭、資本主義論、英國工業革命、生活水準論爭、階級論（仕紳論、中產階級論）、男女分離領域】

史 實

　　十八世紀的英國人口和城市增長，城市文化日益發達。誠如博賽所述，在整飭街道的同時，城市提供戲劇、音樂、集會、俱樂部、咖啡館、人行步道、運動等娛樂，也擔負起做為奢侈品消費舞台的角色。波特也概觀認為在十八世紀的英格蘭，地方報紙、雜誌等印刷品擴大發行，中上層階級消費者購買力增大、生活精緻化、關注流行競爭、以日常用品和家具為首，超出生活必需品之外的多樣商品廣泛流通；上述這些現象都可從遺產目錄與各式紀錄中看出。達恩頓也在他的概說中指出，邁入十九世紀下半葉，隨著郊區發展蓬勃，中產階級的運動俱樂部與音樂會盛行。另一方面，隨著生活水準上升，勞工階級也有閒暇度假，去享受體育和音樂活動；大眾廣告及報章媒體普及，環境改善後的城市更成為購物和娛樂空間。

論 點

1. 「社會模仿」

　　有關消費史的討論，研究者多半著重分析十八世紀英國消費社會。一直以來的經濟史研究都是以「生產」為分析重心，但麥肯德里克（Neil McKendrick）、布魯爾（John Brewer）、普倫布（John Harold Plumb）則在《消費社會的誕生——十八世紀英格蘭的商業化》（1982年）一書中點出了做為工業革命原動力的消費社會之誕生。麥肯德里克主張在衣服、家具、銀製品、陶器等各種領域，宛如「傳染」般擴張的消費欲望會驅動消費者，設計者和製造業者也不斷拓展單一樣式及日新月異的流行趨勢。麥肯德里克強調，模仿富裕階級「**炫耀性消費**」◁1（誇飾財富和地位的消費）的中間階級從事了「狂熱」消費，這些中間階級又被更下層的人群模仿，於是產生了所謂「社會模仿」（social emulation）的連鎖消費行為。

▷1　**炫耀性消費**（conspicuous consumption）美國經濟學者范伯倫在《有閒階級論》（1899年）中指出，有閒階級用來維持名聲、誇耀力量的手段，就是透過「炫耀性消費」展現閒暇與財富消費。也被譯為「顯示性」或「誇示性」消費。

2. 與「社會模仿」相異的視角

　　在這之後陸續有各式研究，採取不同於「社會模仿」的視角，來看待消費社會。韋瑟里爾（Lorna Weatherill）以遺產目錄等資料為基礎，來分析中間階級擁有的物品；在《英國消費行動與物質文化1660—1760年》（1988年）中，她認為消費者未必就是模仿上層階級來持有物品，擁有的家財也不只是模仿論這樣一種機能，而是具有多種機能，擁有的內容也會受地區經濟與職業所影響。布魯爾和波特編纂的論文集《消費與財富的世界》（1993年），兩人在序論中質問，「限定於十八世紀英格蘭的『消費社會之誕生』，是否有可能擴大到其他時期與

地區？」同時也指出，應該要超越單純的商品普及現象，在此一社會體系與思考特徵上，以跨學科方式更廣泛地探索何謂消費社會。維克里（Amanda Jane Vickery）在這本論文集中批評，單憑社會模仿與炫耀性消費，並不足以表現物質文化的多面性，同時他也注意到女性消費者眼中關於物品的價值與意義。近年維克里在討論喬治王朝時代住宅的著作（2009年）中更指出，中間階級與仕紳階級的消費者，比起模仿上位階級，更傾向選擇符合自己地位的事物，並受此規範侷限而行動。《牛津消費史手冊》（2012年）的編者川特曼（Frank Trentmann）也敦促大家重新關注消費社會的多樣性，比方說基於個人意志選擇為前提的消費，以及社會習慣、贈與、交換在消費行為當中扮演的角色。

3.「分銷革命」

將購物、店鋪、城市空間視為注目對象，並將之與十九世紀下半業以降英國的消費社會關連起來，提出這個重要論點的，是傑弗里斯（James B.Jefferys）在《英國零售業1850─1950年》（1954年）中所主張的「分銷革命」（Distribution Revolution）。這個論點認為，自十九世紀後期起，在固定店鋪的普及、百貨公司等大規模店鋪的出現、全新銷售技術的引進、商品展示與廣告宣傳的發展等方面，都可以看見革命性的變化。相對於此，也出現了梅氏夫婦（Hoh-Cheung Mui and Lorna H. Mui）討論十八世紀零售業如何普及、配送，行銷、販賣、現金支付等方面的實務著作（1989年）。華許（Clare Walsh）透過十八世紀店鋪設計與店內展示（1995年）、以及十七至十八世紀購物商場的社會空間（2003年）等論文，從設計、文化、社會史等各個視角，談論在傑弗里斯視為分歧點的十九世紀後期以前，店鋪如何絞盡腦汁吸引客人，而購物行動本身又是如何具有交流、娛樂等社會意味。另一方面，約翰・本森與烏戈利尼（John Benson & Laura Ugolini，2003年）則是批判這樣的「分銷革命」說法；他們指出，在比十九世紀中葉更早的時代，購物與店鋪就已經出現革新的傾向了。而拉帕波特（Erika Diane Rappaport）也質疑，對十九世紀英國消費社會的研究是否太過集中討論「分銷革命」的時期與性質。

歷史學的考察重點

①十八至十九世紀消費社會的誕生與發展，和社會整體有著怎樣的變化與關連，又是怎樣反映了這些現象？

②對於消費社會誕生與發展的時期、以及消費行動的因素，為何會出現相異的見解？

③十八至十九世紀的消費社會，可以從怎樣的領域、觀點、階級、地區、方法及史料來加以研究？

10 男女分離領域

山口綠

【關連項目：雅典的戲劇與社會、啟蒙主義、階級論（仕紳論、中產階級論）、性傾向、女性參政權、女性主義與性別】

▷1　福音主義
（evangelicalism）
基督教內部重視個人悔改、基督寬恕、強調聖經權威的立場。在十八世紀末到十九世紀初期，英美的福音主義運動是各式各樣社會改革的原動力，也和大英帝國廢奴制有密切關連。

史　實

　　在工業革命（工業化）時期的歐洲與美國，由於啟蒙主義、**福音主義**[1]運動的高漲，以及法國大革命後社會的保守化，使得女性的妻子、母親角色受到重視，讚揚服從家庭、純真虔誠女性的講道指南大量出版（重視家庭的意識形態）。人們不斷從宗教、思想、科學、醫學等各式脈絡探究什麼是男女「與生俱來的」性質，而男性在公領域、女性在私（家庭）領域才是正確的。這種分離領域（separate spheres）的思考方式，開始被熱烈提倡。女性應該盡可能留在家庭內，具備道德優越性。這樣的想法在美國，形成了培養具公德心端正男性公民的「共和國母親」（Republican motherhood）；在英國，則出現了指涉撫慰家人、引領道德的專業主婦「家裡的天使」（The Angel in the House）這個象徵語彙。

論　點

1.「斷絕」說

　　受1960年代女性運動影響的英美研究者認為，十九世紀的女性是在家長制的分離領域意識形態下，從生產活動中被切離、被囚禁在家庭中，因此女性地位是低落的。但另一方面自1970年代中葉以降，私領域培育出來的女性羈絆與文化則被投以肯定的目光。女性以自己被分配到的「道德優越性」性質為依據，參與做為**家庭角色延伸**的慈善事業與廢奴等社會運動；如此建構起來的女性聯繫，成為不久後打破公私界線的女性主義運動基礎。

　　自1980年代起，開始出現將分離領域概念與社會潮流結合起來的論述方法。比方說戴維多夫（Leonore Davidoff）和凱瑟琳・霍爾（Catherine Hall）的《家族的命運》（1987年）就指出，對工業革命時期的英國工商業者而言，擁有與職場切離、有專業主婦的郊區宅邸，這種夢想是成功的原動力；他們探討了分離領域這種性別意識形態與「中產階級」的階級形成關係。在美國與歐洲的其他國家，也有研究者利用這種意識型態，來分析資產階級對自身女性可在公領域談論政治、而向貴族階級展現出的優越意識，或是本國國民（民族）對他國國民（民族）展現的民族意識。此外，分離領域也進一步擴大影響了科學史及醫學史的性別視角。拉科爾（Thomas Walter Laqueur）的《性的製造》（1990年）追溯對身體思考方式的變化，認為相對於把女性當成不完全男性的「單性」模式（one-sex model），十八世紀開始發展出把男女身體看成完全相異的事物、並將彼此角色固定下來的

「雙性」（two-sexes model）模式。

2.「連續」說　　　　另一方面，以上層女性為對象的研究也陸續指出，自十八世紀末到十九世紀初，菁英階級的女性和男性幾乎無甚差異，都能接觸公領域。部分上層專業職務和政治家族的女性都接受了不遜於男性的教育，儘管沒有出現在檯面上，卻都是丈夫和父親的職業搭檔。在這當中，維克里特別關注十八世紀（漫長十八世紀）的仕紳階級女性，強調自十九世紀初期起，女性透過慈善與宗教活動涉足了公領域；力陳女性家庭義務的指南書之所以**增加**，正是這點的最好證明。抱持這種立場的研究者對於分離領域這個架構（典範）本身是否定的；他們把女性透過慈善等活動對公領域的參與，看成是與十八世紀至十九世紀後期女性主義運動不可分割且持續的「長期肯定故事」之一環（連續說）。

3. 超越「公」、「私」　　　在這之後的研究，雖然還是把工業化時期公／私領域分離的強化（儘管程度上有所差異）這件事視為前提，但也把注意力投向了女性所熟悉的「公共」參與形式。桑默斯（Ann Summers）就認為，在宗教及慈善活動等「真『公領域』（true public）」的內部，形成了一個「民領域（civil sphere）」。格萊德（Kathryn Gleadle）和理查森（Sarah Richardson）則注意到，激進派家族的女性會在家庭內教導「三歲姪子」反穀物法，亦即女性會以微妙的公私混合形式來參與政治，從而描繪出一個公私領域混合、重疊的樣貌。

另一方面，托希（John Tosh）則重視家庭與男性性質的關係，強調中產階級男性在公私雙方領域所擁有的自由行動「特權」。分析勞工階級形成與分離領域的安娜・克拉克（Anna Clark），則探討工業革命時期庶民私生活當中性別層面的複雜變化與階級政治間的聯繫。當專業工人爭取家族工資提升時，他們會訴求自己撫養家族的責任感，同時也會一邊把女性從政治場域斥退，一邊追求公民權。

歷史學的考察重點

① 從女性透過宗教與慈善事業參與「公眾」活動這點來看，公／私領域分離是否可說並不存在？

② 強調「連續」或「斷絕」的哪一方比較妥當？

③ 和「分離領域」類似的想法，在歷史上的什麼時候會比較強烈？

11 十九世紀的性別與種族

安武留美

【關連項目：啟蒙主義、男女分離領域、性傾向、南北戰爭、女性參政權、女性主義與性別】

史 實

一八四八年，美國紐約州塞內卡福爾斯召開「關於女性社會、公民、宗教狀況與權利議論之會議」，通過了爭取女性權利的《感傷宣言》（*Declaration of Sentiments*）。企劃這場女性會議的，是參與廢奴運動的部分白人女性。她們認為，如同基於曖昧身體特徵來區分「黑人」「種族」、同時將維持「黑人」劣等地位的奴隸制度加以正當化，以男女身體差異（性）為由所建構的社會差異（性別），也將「女性從屬男性」這件事加以正當化和自然化。換言之，她們將種族與性別看作是類似的問題。《感傷宣言》模仿自美國建國理念的《獨立宣言》，因此被視為是女性追求獨立權利的女性參政權運動起點。

隨著美國建國，女性公民雖然扮演著生養未來公民的「共和國母親」角色，但她們和奴隸與未成年者一樣，依靠家父長（主人），被剝奪了參政權等各項權利。接著在十九世紀初期，隨著美國北方開始工業化（產業化），便開始出現認為女性生來就要「虔誠、清廉、順從、從屬於家庭」、要「自我犧牲」，「家庭才是適合『真正女性』的領域」的性別規範。這導致男性在家庭外從事工資勞動，女性卻被拘束在沒有工資的家庭內勞動。不只如此，這種規範下所體現的女性做為中產階級與文明社會的象徵，開始強化對勞工階級與非白人社會的歧視，從而對有志於往社會更高階級上升的人們發揮更大的影響力。在這樣的時代，跨出女性領域與角色來追求女性權利的行動，不只是打破性別規範、更是挑戰社會秩序的激進行動。因此，這種以塞內卡福爾斯女性會議為開端的女性參政權運動，是所謂追求普遍人權、「女性」權利的女性主義運動；這與遵守性別規範的前提下追求女性地位提升，進而延伸到下層社會、非白人社會及社會全體的改革，也就是所謂**社會女性主義運動**，兩者間有明確的區別。

論 點

1. 從黑人女性的視角出發——白人女性運動者的種族歧視

面對上述這種白人視角的解釋，胡克斯（bell hooks）和泰伯格潘（Rosalyn Terborg-Penn）提出異議。對於得同時抵抗種族和性別歧視的黑人女性來說，白人女性訴求廢止奴隸制，只是為了守護自身良心，但並未抹去視黑人為劣等人種的歧視意識。不只如此，白人女性追求的權利，也徹底只是為了白人女性自己；被普遍化的不是女性權利，而是讓她們感到不滿的白

▷1 社會女性主義（social feminism）
在美國女性史領域，不受性別規範所限、擺脫壓抑女性的性別歧視、以恢復女性權利為目標的思想，稱為女性主義（feminism）；相對於此，利用性別規範所規定的女性特質，謀求女性地位與生活提升，這樣的社會改革思想被稱為社會女性主義。有兩種思想相互對立的運動產生，但也有將兩種思想融合在同一場活動的情況出現，這點必須理解。

人男性性別歧視，也就是白人女性的被歧視意識與社會觀。這樣主張的理由，可舉出以下幾項：①奴隸制廢止後，**憲法修正案第十五條**規定禁止「種族」歧視，保證黑人男性參政權，結果白人女性運動者對於把「種族」放得比「性別」更優先這點大多感到憤慨；②應該被保障參政權的南部黑人男性，因為投票稅、資格審查、暴力等手段而無法行使權利，她們都漠不關心；③為了擴大獲取女性參政權運動，她們寧可和支持種族隔離的南部白人女性攜手，卻拒絕跟黑人女性運動者合作。

2. 從白人女性的視角出發——女性參政權運動的多元性與變遷

另一方面，關於白人女性運動者的研究，則強調並非鐵板一塊的女性參政權運動的歷史變遷。杜布瓦（Ellen Carol DuBois）就指出，以廢奴運動為基礎，在美國北部萌生的女性參政權運動，雖然得到了認可參政權是平等人權的黑人與男性的協助，但又因憲法第十五條修正案而分裂，從而變成兩種相互對立的運動，並誕生出全國性組織。克拉迪多（Aileen S. Kraditor）等人則指出，在十九世紀末，一方面兩個白人運動者組織為了推動女性參政權運動而合體，另一方面迎合南部白人的**種族隔離政策**與西北部白人勞工的**排外主義**而逐漸擴大。之後，由少數白人女性開始、追求男女平權的參政權運動，也在和主張透過適合「真正女性」的角色來涉足、改良社會的各類社會女性主義協調的過程中逐漸喪失激進性，從而使女性參政權變成並非訴求男女平權，而是讓女性得以盡社會責任義務。路易絲・紐曼（Louise Michele Newman）和史奈德（Allison L. Sneider）等人更進一步指出，白人女性的參政權運動在伴隨美國西進與擴大、加入聯邦的多樣居民對參政權的議論中，變成了以一種只允許「夠資格成為公民的女性」參政的特權運動，進而歧視那些「不懂英語」、被認為文明化程度較低的原住民、非白人、移民。

3. 從全球化的視角出發

近年來，開始有人談論美國西進及涉足太平洋，是一連串「白人定居者殖民主義」的成果；有關參政權、公民權的女性活動及言論，也不只限於種族和階級，而是被放在超越國家架構的全球視角來研究。美國女性和本國的殖民地主義、帝國主義，乃至於國內外的異種族、異文化女性之間有何關連，當今的研究者紛紛嘗試以這樣的女性視角來建構全球史。

▷2 **憲法修正案第十五條（1870年通過）**
這項條文的第一節是：「合眾國公民的投票權，不得因種族、膚色或曾被強迫服勞役而被合眾國或任何一州加以剝奪和限制。」白人和黑人女性參政權運動者雖然積極爭取，希望能加上「性別」字樣，但終究未能實現。

▷3 **種族隔離政策**
奴隸制廢止後，南部制定了州法和市政規章，在公共設施對黑人與白人進行隔離。

▷4 **排外主義**
一種排斥外國人與外國商品的思想。在美國北部與西部急遽工業化的十九世紀末到二十世紀初，從東歐、南歐、亞洲前來的移民工人數量激增，對此深感威脅的資深白人勞工便發動了排斥移民運動。

歷史學的考察重點

①「性別」或「種族」的意義是什麼？
②白人女性和黑人女性，對歧視各有怎樣的感受？
③女性如何面對性別規範？
④白人女性與黑人女性為何不能團結一致，推進運動？

12 性傾向

林田敏子

【關連項目：古羅馬的家庭與婚姻、男女分離領域、女性主義與性別】

史　實

＊　傅柯
參照 I-25 注5。

　　將性傾向（sexuality）概念視為近代對身體愛欲歡愉所建構的「權力與知識的戰略」，**傅柯**認為它並不是自然客觀的實體，而是一種經驗式概念、也就是語言所建構出的歷史產物。十九世紀後期被文字化的「同性戀」（Homosexuality）概念，也可看成是在「性傾向的近代」所建構出的歷史產物。當然，近代以前的歐洲也存在著同性間的性關係，這種情況遠比現在還稀鬆平常。直至中古初期，基督教在討論有關性欲的「罪」時，並未把行為者的性別看成問題；同性戀並未被看成是獨立的，更別說是異性戀的對立面，它被當成一種脫序行為，被包含在違反自然的各種性行為當中。對同性性關係較寬容的中古初期，同性戀文學大放異彩，但到中古後期就沒那麼寬容了；同性戀與異端畫上等號，在歐洲廣大地區是等同死刑的大罪。近世以降，在不牴觸統治的價值規範下，對待同性戀多半較為寬大，但也還是有激烈迫害同性戀的時代與地區。

▷1　**性學**（sexology）
十九世紀後期，由克拉夫特－埃賓（Richard Freiherr von Krafft-Ebing）與艾利斯（Henry Havelock Ellis）以性變態為對象，對於性錯亂的研究。包含了精神分析學、心理學、病理學等面向，對本質論的性傾向形成影響很大。

▷2　LGBT
表示女同性戀者（Lesbian）、男同性戀者（Gay）、雙性戀者（Bisexual）、跨性別者（Transgender）的略語，通常被用來統稱性少數派。後面還可以加上T（變性者，Transsexual）、I（雙性者，Intersexual）、A（無性戀，Asexual，做為支持同性戀的直同志意義則是Allies）等字母。

＊　社會建構論
▷參照 III-16 注3。

　　十九世紀下半葉，「同性戀」做為一種語言，產生了分節化，其背景與**性學**[1]這門學問的形成有密切關連。同性戀不只是嚴罰的對象，也被看成治療對象加以病理化。被可視化、做為懲罰與醫療對象的同性戀者，在成為性少數之際，也獲得了自我認同。二十世紀中葉正式展開的性解放運動，包括生殖與性歡愉的分離，以及性別系統中的多元性樣貌摸索，種種精神一直延續至今日的LGBT[2]運動。

論　點

1. 本質論 VS 社會建構論

　　性傾向是受基因、本能、荷爾蒙等因素影響的先天產物，是非社會性且不可變更的；抱持這種看法的本質論，跟認為性傾向是由社會及歷史所建構的**社會建構論**屢屢對立。相對於社會建構論關注對性的認同，本質論則把性的傾向視為問題，也有研究專門指出兩者在論點上的分歧。事實上，與其說兩者存在對立（論爭），不如說是立基於傅柯的社會建構論分析性傾向的研究者，對以前透過本質論來掌握「性愛」的說法提出批判。但另一方面，也有說法認為過度強調性傾向的後天建構，最終可能導致否定同性戀的存在，因此要以性少數認同的存在為前提，來從事研究／運動。這種避談「主體」的喪失、去對抗社會歧視與壓迫的手法，被稱為「戰略的本質論」。

2. 近代以前的性傾向

哈普林（David Halperin）表示，古希臘的性行為是由具有性主體性的成年男性和從屬地位者之間所進行，因此這裡的重點並不是行為者的性別，而是性行為當中的主被動區別。相對於此，博斯威爾（John Boswell）則主張一般視為古希臘性愛意象的成年男性與少年結合，只是一種「被理想化的文化習慣」，因此我們不該太過誇飾現代與古代同性戀的差異。博斯威爾又說，相對於「近代以前並不存在性認同的同性戀」這種想法，從古代到中古歐洲，其實都存在著一群對同性性傾向抱持自覺的「同性戀族群（gay people）」。哈普林也認為，近代以前對性的主觀性，和近代的性傾向及性認同不應等同看待；但將近代與之前的世界加以嚴密區別，做為一種（違反傅柯意圖）知識領域的範圍減縮，其實也可讓我們「從傅柯論述的束縛中解放」。

3. 超越傅柯

塞奇威克（Eve Kosofsky Sedgwick）則認為，傅柯和哈普林都受限於進步史觀，所以致力於把性傾向去故事化；巴特勒（Judith Butler）則認為，性別觀當中被固定且強制化的異性戀，使得人們產生了性別是絕對事物的錯覺；因此我們必須對性別的建構性與性傾向的建構性提出質問。此外，瑞奇（Adrienne Cecile Rich）指出了性傾向研究當中的性別不均衡情形，她打破了性少數這個框架，提出「**女同志連續體**」[3]的概念，但對於她把女同志架構「無限」擴大，這點也有人抱持異議。不只如此，也有研究對於一直以來的性傾向研究方法都是歐洲中心主義這點提出批判。性傾向概念是否可能適用於非西方世界？從這個問題出發，高舉脫歐洲主義，透過對非西方世界的性文化與性規範研究，我們正在邁向「西方性傾向的相對化」。

[3] **女同志連續體**
（Lesbian Continuum）
瑞奇提倡的概念，指的是不限於性關係、女性之間的羈絆與聯繫。做為性傾向研究與女性主義研究的連接點，她的論述對女同志女性主義的形成產生很大的影響。

歷史學的考察重點

① 帶著上述提到的這些論點，去閱讀傅柯的《性史》。

② 在性傾向的歷史當中，有哪些是因國家、文化而相異或共通的部分？

③ 不只是性別，若加上年齡、階級、種族、宗教等切入點後，我們該如何描述性傾向的歷史？

13 愛爾蘭大饑荒

勝田俊輔

【關連項目：十四世紀危機、哥倫布大交換、資本主義論、移民史論、史達林與農業集體化・工業化、猶太人大屠殺】

史 實

　　愛爾蘭大饑荒（1845～1850年）是以馬鈴薯連續大歉收為導火線的事件。馬鈴薯是小農階級主食，它的生產指數從饑荒前的23.0驟減到饑荒時的5.4，導致小農陷於嚴重絕境。另一方面，政府為了應對大饑荒，也發動以提供小農購買力為目的的公共事業、無償供糧、將窮人收容到濟貧院等各種救濟政策。但結果，大饑荒不只造成了約一百萬人死亡，還讓超過一百萬人離開愛爾蘭、流散到世界各地。這場饑荒是十九世紀歐洲最大規模的災害。

論 點

1. 饑荒理論

　　日本的西洋史學界對饑荒的研究並不盛行。但在英語圈，饑荒研究有相當程度的積累，最古典的例子就是馬爾薩斯的《人口論》[△1]。馬爾薩斯主張，人口的增加率總是勝過糧食生產的增加率，雖然有諸如貧困階級晚婚等抑制人口的社會機制，但當這些機制無法發揮作用時，就會透過災難等形式，導致大規模人口減少。大饑荒被認為正是馬爾薩斯理論的典型例子。但是，馬爾薩斯理論沒有考量到人為救濟問題。當面臨饑荒、或是可能有饑荒危險時，國家或民間團體普遍都會進行某種救濟努力；因此總體來說，饑荒除了考量糧食匱乏，還得考量與人為救濟效果相減後的結果。

　　再說，所謂糧食的「匱乏」，其實也不是這麼單純的一件事。在這方面，近年最具價值的研究，是沈恩（Amartya Sen）的饑荒理論（1981年）。沈恩認為，饑荒不是國內糧食的絕對性欠缺，而是在前一階段裡，部分社會階級某種形式上已經失去了接觸糧食的途徑。這個理論轉用到愛爾蘭大饑荒上，就會呈現以下的狀況：當時就算馬鈴薯遭到毀滅性打擊，但包含穀物、酪農、畜牧產品在內，整體糧食量仍有養活所有人口的可能。儘管如此，政府過度信賴糧食市場的自我調節機制，沒有採取禁止進口和價格調整措施，最後導致市場雖然有糧食，價格卻貴得小農無法購買。故此，大饑荒比起天災，更該被視為人禍。不過，沈恩後來表示，由於大饑荒並不只是糧食分配問題、也有供給（絕對量）不足的問題，所以他的理論並沒有辦法用來解釋愛爾蘭大饑荒。

2. 天災論與人禍論

　　就像沈恩也認同的，愛爾蘭大饑荒和所有災害一樣，可以從天災與人禍兩個層面來討論。當

▷1 《人口論》
在法國大革命期間，充斥著人類與社會無限進步可能性的樂觀論；為了反駁這樣的論點，馬爾薩斯指出了在根本上制約人類社會的糧食與人口增加率差異。不過在第二版（1803年）中，馬爾薩斯也承認透過擴大教育來達成進步的可能性。參照 Ⅱ-25 注1。

時不清楚馬鈴薯的歉收原因，因此沒有直接的應變對策。對大部分人而言，在主要糧食幾乎毀滅殆盡的情況下，無可避免一定會出現受害者；在這種意義下，大饑荒是天災。但另一方面，大饑荒當下的政府，對上述糧食價格飆漲採取公共事業勉強雇用的方式，再加上部分地區的濟貧院設施也不夠完善，在在都招致災害的擴大。就這些失策來看，大饑荒也是人禍。

3. 大饑荒研究的擴張—— 歷史認識、微觀分析、宏觀分析

關於「人禍」的內容，在此有一個值得注意之處。近年來，愛爾蘭大饑荒引發了英語圈很大的關心，原因是有部分文獻將大饑荒解釋成政府刻意製造出來的人禍，甚至是足以和猶太人大屠殺相比的種族滅絕（genecide）行為。但這種說法並沒有足夠證據。既然如此，那為什麼會出現這種解釋呢？大饑荒時期的愛爾蘭，歸屬於英國的聯合王國，也就是說當時的「政府」，實際上是倫敦的英國政府。換言之，大饑荒＝種族滅絕說，其實是基於愛爾蘭反英民族主義史觀下的一個極端例子。

會採信這種毫無道理的大饑荒解釋的人，其實都不是歷史研究者。這種解釋傳播出去後，在1995年的大饑荒150週年前後，不只愛爾蘭，包括在大饑荒期間大量接受移民的美國與加拿大，都廣泛把它當成歷史認識的問題來研究；但這和大饑荒本身的學術研究，應該加以區別。

就算限定在學術研究層面，從天災／人禍論的觀點來進行大饑荒研究，也還是會面臨資料不足的死胡同。但愛爾蘭大饑荒的規模與影響之大，應該可以有更多面向的研究角度。近年來做為這方面的先驅，有馬克蘇比尼（Breandán Mac Suibhne）從微觀的地域社會層面，對大饑荒進行歷史人類學分析研究；還有反過來從宏觀視角，嘗試討論愛爾蘭大饑荒在英美外交關係中定位的希姆（David Sim）。以下的考察重點將提示在面對今後的大饑荒研究時，或許相當有力的論點。

歷史學的考察重點

① 未知原因導致糧食不足、死亡逼近之際，人們會做出怎樣的反應？另外，當同胞陷於飢餓時，人類能夠自我犧牲到什麼地步？

② 愛爾蘭大饑荒對十九世紀的北大西洋世界造成了怎樣的影響？

③ 大饑荒＝種族滅絕的解釋，是怎樣被創造出來的？

14 移民史論

中野耕太郎

【關連項目：「羅馬化」論爭、愛爾蘭大饑荒、民族主義／國族主義論（從南北美洲、西歐出發的方法）】

史 實

在近代工業資本主義興起的過程中，有無數人離開故鄉，為了謀求工作踏上遠赴異國城市的旅程。英國直到二次大戰為止，以愛爾蘭人為首，一共約兩百三十萬名歐洲人移入；戰後主要來自西印度群島、南亞、非洲等地，共有超過六百萬人的移民。移入美國的人口遷徙更加龐大，自1880年到1920年間，美國寫下了一段接受兩千三百萬名歐洲移民的歷史。1960年代以降，美國移民的出身地轉變為來自中南美洲、亞洲、西印度群島、非洲，現今有超過四千萬名外籍人士定居在這個國家。在法國，規模雖然比英美要小，但戰前有來自義大利、西班牙等國的移民，近年出身北非舊殖民地的移民則相當醒目。針對這種歷史性移民現象的研究，主要是透過護照與簽證來限制人民的移動，以及對移民和「國民」的區別，這和民族國家的誕生是並行的。法國史家諾伊爾（Gérard Noiriel）就表示，移民問題是「位在動搖世界的兩種『革命』之交會點。第一種革命當然是法國大革命，這類革命帶來了基於人民主權原則的……國民與外國人的對立……從而開啟了民族國家的時代。第二種革命是工業革命……伴隨大工廠的出現，人群的遷徙顯著加速」。所謂移民史，就是結合工業化（industrialisation）與民族化（nationalization）這近代史兩大主題的論點。

論 點

1. 移民社群與同化

針對移民的存在與民族國家關係首度進行學術分析的，是1910～1930年代的**芝加哥社會學派**。[1] 帕克（Robert Ezra Park）等人針對接觸、競爭、適應、同化等階段，來考察移居地外國人與本國國民的整合過程。他們注意到的是新舊兩個社群的解體。其中一個前提，是移民留在故鄉的村落與家族共同體隨著工業化與人口流失而瓦解；在這之後，移民在移居地形成以族裔（ethnic）為主的集團。這種新的共同體雖然能夠幫助移民「適應」異國城市，但隨著個別移民的同化（＝民族化），這個新共同體的功用也跟著告終，於是陸續消失。這種關於社群形成與解體的議論，對於戰後正式成為歷史研究的移民史有很大影響。

1950年代漢德林（Oscar Handlin）的先驅性成果，是在接受芝加哥學派影響同時，也強調所謂的跨國「疏離」經驗。他主張，移民歷經千辛萬苦所建構起來的族裔社群，並不是讓他們邁向同化過程中的臨時避難所；移

▷1 **芝加哥社會學派**（Chicago school of sociology）
1910～1930年代，在美國芝加哥大學社會系興盛一時的城市社會學流派。將城市現地調查與民族誌（ethnography）結合生態學觀點，所誕生出的獨創研究群。主要的研究者是茲納涅茨基（Florian Witold Znaniecki）、歐內斯特・伯吉斯（Ernest Burgess）和帕克等人。

民實則在其中不斷重複生產與主流文化對抗的集團意識。不過，漢德林也沒有否定各個移民的「適應」與社會包容意涵。就如他的主要著作標題《連根拔起》所示，說到底，原本在故國的集團隨著移居而解體後，移民就成了必須在新環境生存下去的嶄新存在。

相對於此，成為1970年代社會史研究一環的「新移民史」，基本上則不認同舊有社群生活與移居後形成的族裔集團之間處於斷絕。移民帶著故鄉信仰與習慣跨越國界，即使到了新天地，依然將之維持下去。漢德林史學與「新移民史」都深刻掌握了移民疏離與孤立的實態，但對不時可以看見的「前近代式」族裔文化，兩者在理解與共鳴上仍然有著一段隔閡。

2. 跨國史

「新移民史」對移民社群的重新評價，產生出一種暫且不談同化論、而是關注更加地區性的私領域與人際網絡的歷史研究風潮。1990年代以降，由加巴奇亞（Donna R. Gabaccia）等人所提倡、做為跨國史的移民史，開始挖掘各種移民的返鄉、再移民，乃至於再移居至他國等種種複雜經驗。這種方法重新審視了跨越國界的多樣性「人群遷徙」，並對一直以來的移民史研究如何「受國族式歷史敘述所支配」重新提出質問。在今日的美國移民史研究中，這種跨國（transnational）方法已經成為一種標準。但另一方面，移民並不只是在同鄉集團與親族網絡中生存，跨國史研究方法忽視了民族國家內部會行使權力來排擠移民的情況，這也讓跨國史方法遭受批判。

3. 移民的種族化、罪犯化

進入二十一世紀後的移民史研究，有不少研究者關注移民法與國界管理的歷史。比方說，魏梅（Mae M. Ngai）的一連串研究就批評，包含在美國移民政策的種族規定，以及近年的非法移民問題，都將拉丁美洲裔與亞裔移民及其後代稱為「外來公民（alien citizen）」，蓋上次等烙印。在這種情況下，包含西印度群島黑人移民在內的非歐系移民，都在歷史上被視為種族的他者，長期以來不被當成同化的對象。不只如此，近年來隨著入境管理漸趨嚴格，他們也屢屢成為犯罪取締目標。就像「犯罪移民」（Crimigration）這個造字的流行一樣，移民的「罪犯化」與當代的監獄國家（carceral state）問題形成密切關連，與樂觀的同化論及天真無邪的越境論不同，成為歷史學的嶄新論點。

歷史學的考察重點 ∷∷∷∷∷∷∷∷∷∷∷∷∷∷∷∷∷∷∷∷∷∷∷∷∷

①移民的社群形成和移居地的國民整合，兩者相容嗎？

②跨越國界的同鄉及親族網絡論，與國民形成的歷史之間有可能對話嗎？

③所謂「非合法」居民的移民，是在怎樣的情況下被產生出來的？

15 阿里葉論爭

岩下 誠

【關連項目：世界體系理論、英國工業革命、男女分離領域、性傾向、移民史論、女性主義與性別】

史 實

兒童時期是人生當中的一段特殊時期，大人必須從勞動、剝削與虐待中守護他們，保障他們的教育與發展。1959年聯合國第十四屆大會通過《兒童權利宣言》，把兒童視為保護對象，這點遂成為國際規範。這種現在我們耳熟能詳的「近代的兒童時期」是在何時、又是在怎樣的過程中誕生與普及呢？關於這方面的論爭，我們以兒童史先驅阿里葉（Philippe Ariès）的名號，稱之為「阿里葉論爭」。

論 點

1. 阿里葉說與兒童史研究的第一階段

中古歐洲並不存在「兒童時期（童年）」這種概念。孩童到了七歲，就被當成「小大人」對待，自然而然融入社會。可是十七世紀開始，做為道德化的對象，孩童開始從社會中被隔離出來。兒童時期成為必要的保護和教育時期，和成人時期明確區分，家庭和學校也成為保護兒童的特殊場所，被重新編組。描繪出這種兒童史的阿里葉《童年的世紀》（1960年）之所以有劃時代的意義，並不只在於他首次把兒童標舉成社會史研究的正式主題；其實是因為他把從現代價值判斷出發、當成理想進步來解讀的「近代兒童時期的誕生」，看成是一種對私領域的壓抑與不寬容的隔離，從而批評近代社會全方位施加的權力。於是，《童年的世紀》不只是對史學，也對第二波女性主義運動以及**教育史的修正主義**[1]產生了很大影響，更是將現代福利國家保護主義式權力視為問題的近代家族批判與近代教育批判等思想運動的重要知識泉源。

2. 阿里葉批判與兒童史研究的第二階段

可是1980年代以降，阿里葉提出的三個命題「中古不存在兒童時期」、「近世發現了兒童時期」、「近世以來，有兒童的家庭日趨封閉」，全都遭到了嚴厲的批判。在第一與第二個命題方面，沙哈爾（Shulamith Shahar）和奧姆（Nicolas Orme）做出實證，證明中古時期也有和成人時期區別的「兒童期」與「青少年期」概念。從六世紀到十八世紀，存在著複數的「兒童期」；當這個概念被提出來後，將「兒童期的發現」追溯至近世道德家思想的阿里葉命題，自然就禁不起考驗了。至於第三個命題，以波洛克（Linda Pollock）為首、基於一手史料的實證研究，則確認了親子關係中是存在情感的。**劍橋小組**[2]的人口動態史研究則實證了西北歐自近世以來就有核心家族的存在，從而

▷1 **教育史的修正主義**
始於1950年代美國、於1970年代興盛的一種教育史潮流。這種史觀對「學校教育推進了美國民主主義理想的發展、矯正了社會不平等」的進步主義、自由主義式史觀提出批判，把學校教育理解成資本主義統治階級（新馬克思主義）或專業集團（新韋伯主義）進行社會地位再生產的機制。就這點而言，它們是針對自由主義教育史觀、從左派提出的修正主義，和否定猶太人大屠殺之類從右派提出的歷史修正主義，屬於不同的潮流。

▷2 **劍橋小組**
全名為劍橋大學人口與社會結構歷史研究小組（Cambridge Group for the History of Population and Social Structure），1964年由雷格里（E. A. Wrigley）與拉斯萊特（Peter Laslett）組織的歷史人口學研究計畫。他們透過稱為「家庭重組」（family reconstitution）的手法，證明了在工業化以前的西北歐，核心家族已經是主要的家族型態。

否定了「核心家族是近代產物」這樣的推論。總體來說，這些研究透過分析孩童的處境，否定了阿里葉主張的「中古與近代的斷絕」，轉而強調其連續面。

3. 脫阿里葉說與兒童史研究的第三階段

就這樣，由阿里葉的問題意識開始、對「近代兒童時期起源」的探尋到了1990年代陷入了觸礁狀態。可是現今的兒童史研究，又從兩個面向開拓新的研究。第一是不將視角聚焦在兒童時期的「起源」，而是轉移到觀念的「普及」上。在上個世紀之交的西歐，隨著強制就學與限制童工的全面擴展，兒童時期的概念遂全面普及至勞工階級的子女身上。對這種普及的重視，讓我們得以超越阿里葉兒童史研究路線的中產階級白人男性中心史觀。更關鍵的是，童工的減少與就學的普及，可以用經濟成長與**第二次工業革命**[3]導致童工價值降低、以及對應的家族因應方式來說明；這種家庭經濟史的研究成果，可做為架起人口動態史與心態史之間的橋梁。

第二，在西歐，近代兒童時期的普及，和使之成為可能的經濟成長，是表裡一體的過程，但其中也清楚呈現出對非核心地區兒童時期加以剝奪的現象。坎寧安（Hugh Cunningham）就表示，當西歐本地童工減少、就學普及的幾乎同時期，以品行不端的流浪少年及孤兒為首，西歐有大量的兒童移民被當成廉價勞動力，半強制地運往殖民地。另一方面在歐洲，為了向工業化核心地區輸出農林漁牧產品，童工也有存續甚至增加的傾向。這些事實顯示了，「近代兒童時期」的普及與剝奪，不應只從西歐中產階級家族親子關係與心態發展來理解，必須從近代世界體系帶來的結構不平等問題來理解才對。

不只如此，最近的兒童史研究也一腳跨進了政治史領域。據檢討二戰後兒童救濟運動的查赫拉（Tara Zahra）所言，透過救濟活動創造出的「兒童最佳利益」這種普遍理念，其實內含為了重建家族與國民而揀選孩童、期待將他們納入既有秩序的視角。這種排除與包納機制，在冷戰正式浮上檯面的1950年代以降，也以「兒童權利」的普世權利之姿被承繼下來。與歐洲現代政治史的結合，為兒童史研究開拓了一片嶄新疆域。

▷3 **第二次工業革命**
指十九世紀後期到二十世紀初期展開的新技術與新產業。其主要的變化是，在動力能源方面石油和電力取代了煤炭，工業上則由重化工業取代輕工業。重化工業不只讓生產設備巨大化、形成大企業壟斷，也讓新原料與市場的必要性日益高漲，從而與同時代的帝國主義和世界分割現象密切關連。

歷史學的考察重點

① 試比較兒童史的發展與女性史、性別史的發展。

② 阿里葉的論點是從何時開始、又是遭到何種觀點的批判？試彙整之。

③ 為什麼上個世紀之交會被看成兒童史的嶄新分水嶺？試整理之。

④ 試著調查近現代非核心地區的童工狀況。

16 波拿巴主義（第二帝國）

野村啟介

【關連項目：法國大革命、階級論（仕紳論、中產階級論）、第三共和與改革】

▷1　七月王朝

波旁王朝被打倒後，其分支奧爾良家族的路易腓力（1773～1850年）擔任國王，進而成立的君主制。又稱「布爾喬亞君主制」，以部分大布爾喬亞的寡頭統治為其特徵。參照 IV-20 注3。

＊　一八四八年革命

參照 IV-17 注1。

▷2　路易拿破崙·波拿巴

1808～1873年。第一帝國瓦解後流亡瑞士，趁著七月革命的機會積極展開政治活動。在七月王朝時兩度發動政變未遂，被投入監獄，1846年逃獄後流亡到英國。

▷3　維也納體系

在拿破崙沒落後，在商討歐洲國際秩序的維也納會議上成立的國際體系。從大國主義立場出發，重視英、奧、普、俄、法的發言權，致力於大國間的勢力均衡。隨著各地民族主義發展而產生動搖，最後在一八四八年革命後瓦解。

＊　普法戰爭

參照 IV-20 注1。

▷4　路易皇太子

1856～1879年。拿破崙三世與歐仁妮皇后的獨生子，是唯一的直系皇位繼承人。父皇死後成為波拿巴家族家主，稱「拿破崙四世」；繼承亡父遺志夢想復興帝制，卻在做為英軍一員，派駐南非時遭到祖魯族襲擊喪命。

史　實

十九世紀的法國，接二連三迎來了革命的時代。首先是1830年爆發七月革命、成立了**七月王朝**[1]。可是在1840年代末，這個政權被批為寡頭統治，民眾發起要求擴大參政權的改革運動（又稱宴會運動，Campagne des banquets）。這項運動引發了二月革命（**一八四八年革命**[＊]），打倒君主制，建立第二共和。趁機返回法國的**路易拿破崙·波拿巴**於同年十一月以普選方式舉行的總統大選中大獲全勝，成為首任總統，並在1851年12月2日發動政變獨攬大權。第二年十二月，他在國民的擁戴下成為皇帝（拿破崙三世），建立第二帝國（1852～1870年）。

在第二帝國統治下，法國對內透過鋪設鐵路網與整飭信用制度等政策，推動工業化，經濟也隨之繁榮；但到了1860年代，工人運動高漲、自由主義派與共和派也逐漸涉足議會。對外，帝國則致力打破**維也納體系**[3]，積極涉足亞洲及太平洋地區，建立國際威信。可是，帝國在出兵墨西哥等外交政策上陸續踢到鐵板，最後在1870年9月和鄰國普魯士的**普法戰爭**[＊]中敗北，帝制土崩瓦解。

此外，「自由帝國」時期的自由派（參照下述），到了第三共和初期仍於政界維持勢力，在梯也爾與麥克馬洪兩位總統任職期間（1871～1879年）發動各式各樣的改革，並與共和派展開政治鬥爭。在這過程中，隨著**路易皇太子**[4]的早逝，以及波拿巴家族的爭鬥，波拿巴派漸漸衰弱；到了十九世紀末，他們已經失去做為一個政治黨派的存在意義。

話說，法語中的「波拿巴主義（bonapartisme）」，原意是指波拿巴支持派與波拿巴統治下的政治體制，屬於比較中立且微妙的涵義。這個詞在政治史研究上，被挪來指涉做為波拿巴體制基礎的思想體制；另一方面，分析該體制的獨特性與歷史定位的理論，也可以用這個詞（或者英語的「Bonapartism」）來稱呼。

論　點

1. 馬克思主義史學的波拿巴主義論

由於第二帝國是打倒君主制後成立共和制、之後卻又復辟的帝國制，因此這種跟歷史進步觀明顯背道而馳的事實該如何解釋，就成了燃眉之急。最早處理這個問題的是同時代的馬克思，以及後繼的恩格斯等**馬克思主義者**[＊]。

在討論從封建制到近代資本制這種歷史發展階段當中的國家型態時，

馬克思主義史學是用貴族階級與資本家（布爾喬亞）的權力關係加以解釋，也就是立基於所謂的階級史觀。十九世紀中葉，資本家階級的力量還不大，因此第二帝國可看成是在兩階級的均衡下建立，也就是不具特定階級基礎的「例外國家」。這樣的思考方式，是為了替帝國瓦解後不久崛起的巴黎公社賦予歷史意義、得以正當化；馬克思主義史家將這個革命性的巴黎公社看成是史上首次建立的工人政權，並在歷史解釋上將它視為俄國社會主義革命的先驅。

＊　馬克思主義
參照 V-24 注2。

2. 「貴族論」與多面貌的帝國形象　在法國本國，馬克思主義史學幾乎不怎麼被人接受。研究者主要關注近代化問題，因此帝國時期的經濟發展獲得重視，人們積極定位帝國時期帶來的歷史進展。在這種情況下，帝國時期被解釋成工業化和國民經濟確立的重要分水嶺，也出現不少說法把第二帝國看成是布爾喬亞國家。此外，相對於七月王朝以金融資本（Haute Banque）統治為特徵，第二帝國的工業資本優越性則被研究者強調。

相較於這種看法，杜德斯克（Andre-Jean Tudesq）等人注意到，不只是布爾喬亞（資產家），在統治階級當中，軍功世襲的佩劍貴族依然具有強烈存在感，因此他們重視由兩種社會階級統稱而成的「**貴族**」（la noblesse）觀念。按照這種觀點，第二帝國其實可以稱為「貴族國家」。在這種貴族論的系譜中，貴族會和發展階段論結合，被視為從世襲貴族統治往布爾喬亞統治轉移的過渡期間出現的一種統治階級來看待。只是，這種統稱的貴族概念雖然一開始相當有魅力，但就像柴田三千雄等人所見，當它以跨時代的方式被套用在其他國家及地區，並強調概念上的跨歷史性時，它做為歷史分析概念的有效性就會受到質疑。這是今後不得不面對的課題。

＊　貴族
參照 III-19 注1。

另一方面，對大多數研究者而言，他們常強烈感覺到，第二帝國很難用一種「單一統整的體制」來加以把握；因此，一般都以1860年1月的《英法通商條約》為界，將前半期劃分為「權威帝國」，後半期則理解成「自由帝國」。在政治（思想）史領域，包括雷蒙（René Rémond）的右翼史研究，都紛紛以中長期跨度來觀察做為「政治潮流」的波拿巴主義。透過這種方法，拿破崙三世的政治改革與自由派（或者說奧爾良主義）勢力的關係開始被矚目；致力於議會制的後者崛起受到重視，而1870年憲法下的帝國制也特別被稱為「議會帝國」。

歷史學的考察重點

① 拿破崙三世的統治體制為何會受研究者矚目？

② 試思考馬克思主義史學的波拿巴主義論之所以會退燒，其背景怎樣的事件有關？

③ 在對近代法國史的理解上，試考察貴族論的意義與極限。

17 義大利統一運動

濱口忠大

【關連項目：法國大革命、民族主義／國族主義論（從南北美洲、西歐出發的方法）、「德意志特殊道路」、法西斯論】

史 實

Risorgimento是義語「再興」的意思。文藝復興結束後，義大利半島長期處在西班牙與奧地利統治下，一片支離破碎，但法國大革命讓當地開始有了獨立或統一的契機。只是在**維也納體系**[*]下，祕密結社活動並沒有什麼成果。以馬志尼為首的民主派雖然組成了「青年義大利黨」，公開呼籲建立統一的共和國，但他們的起義也屢屢被鎮壓。

轉機在**一八四八年革命**[◁1]失敗後到來。半島西北維持獨立的薩丁尼亞王國，穩健自由派的貴族加富爾就任首相，整合議會內部各勢力，將王國帶向近代化。之後他們更進一步和法國同盟，於1859年對奧地利開戰，成功合併了義大利半島北部。另一方面，青年義大利黨出身的加里波底則率領義勇軍征服義大利南部。想不到加里波底動作如此之快的加富爾，為了阻止義勇軍，他拜託國王伊曼紐二世出馬。兩者間的緊張關係最後由加里波底做出決斷，他將占領的土地獻給國王，1861年成立了「義大利王國」。然而，由於統一是由北部主導，結果加速了南部的貧困，造成了深刻的社會問題。

論 點

1. 克羅齊的自由主義史觀

關於義大利統一運動的歷史記述，統一之初是以讚美「建國之父」的「聖人傳記」方式在論述。在這之後建立起最初重要分水嶺的，是主導二十世紀前期義大利思想界的克羅齊（Benedetto Croce）。克羅齊的《十九世紀歐洲史》將義大利統一運動放到整個十九世紀歐洲自由主義運動的發展中去考察。他認為，義大利從外國統治中獲得獨立自由、並且達成國家統一，過程中混合了傳統與創新、政治家的睿智慎重，以及革命家與義勇軍的熱情豪氣；這種了不起的組合，他稱為「自由主義與民族主義運動的傑作」（相對於此，德意志統一則是「政治權術與軍事力的傑作」）。

克羅齊也對統一以來義大利領導者尊重自由主義議會制的態度，給予很高的評價。在這種背景下，他把法西斯主義看成義大利史的「插曲」、「脫序」，擁護義大利統一運動成果的意圖相當明顯。

2. 葛蘭西的「被動革命」論

二次大戰敗戰後，對義大利統一運動的批判性考察獲得了進展，起始是共產黨創黨時期的領導者、遭法西斯政權下獄過世的葛蘭西（Antonio Gramsci）《獄中札記》的出

----

* 維也納體系
參照 IV-16 注3。

▷1 一八四八年革命
以巴黎二月革命為開端，在歐洲多處同時爆發的革命。在義大利，以維也納三月革命為契機，米蘭和威尼斯紛紛爆發了獨立起義，翌年二月馬志尼建立了羅馬共和國，但在各外國軍隊鎮壓下，一切又恢復原狀。

版。葛蘭西試圖分析義大利統一運動當中，布爾喬亞轉變過程的不完全性；他認為，若將問題與法國大革命期間的雅各賓派相互比較，就可以明瞭。與雅各賓派不同，統一運動民主派的中小布爾喬亞，並沒有在綱領中力陳土地改革，與平民組成同盟的念頭。結果，他們無法和由穩健自由主義派布爾喬亞與貴族組成的強力同盟對抗，不得不接受在對方的**霸權**下形成新國家。從這樣的認知出發，葛蘭西將義大利統一運動評為「被動的革命」。

葛蘭西的啟發並不只限於歷史。他指出，在自己這個時代的穩健保守自由主義運動，不就是法西斯運動嗎？法西斯是二十世紀特有的被動革命，它並沒有自義大利統一運動以降的歷史中逸出；故此，應該把它看成一種連續性事物來加以解釋。

3. 「修正主義」帶來的視角轉換

就這樣，二戰後的義大利統一運動史研究，就變成以克羅齊為祖師的自由主義、與以葛蘭西為祖師的**馬克思主義**[*]兩派史觀的論戰為主軸。德拉・佩魯塔（Franco Della Peruta）承繼葛蘭西的議論，分析民主派沒能確立大眾運動基礎的理由。自由主義陣營的羅密歐（Rosario Romeo）則從經濟觀點批評葛蘭西所說的南部土地改革，認為這反而妨礙了農業的商業化，也拖累了北義大利的工業化。

1980年代後半，「修正主義者」開啟了轉捩點。他們批評，自由主義及馬克思主義史觀都是目的論式的論述。修正主義研究從政治文化史的觀點出發，援引文化人類學與語言學的成果；比起意識形態，他們更重視語言分析。「自由」、「再生」、「Risorgimento」；即使這些詞彙賦予的意義各自相異，漸進派和民主派還是都訴諸同樣的詞彙。從這裡我們可以發現，兩派所抱持的概念與感情有著共通性，甚至可擴大至對民族的某種一貫描述，以及單一的思考模式。

修正主義者也重新評價了民主派的活動。使用圖像對大眾的啟發（特別是加里波底英雄形象的塑造）、以及對女性參與的研究，都顯現出了與葛蘭西說法迥異、義大利統一運動的大眾運動面向。另外，關於一直以來總被加以否定的民主派起義，里厄爾（Lucy Riall）則強調馬志尼在倫敦以新聞工作者身分積極活動、匯集輿論共鳴，導致英國政府並未干涉義大利統一戰爭；這是統一成功的重要背景。像這樣與民族運動的外交史不同，而是重視跨國性質的方法，也值得一書。

▷2　**霸權**（hegemony）亦即指導權。列寧把它當成與「政治指導」涵義相近的方式來使用，但葛蘭西則從更廣義的角度，納入了「文化、道德、意識形態的指導」等涵義在其中。因為這個用語被葛蘭西大量使用，所以普及到一般認知之中。

*　**馬克思主義**
參照 [V-24] 注2。

歷史學的考察重點

① 試著從各式各樣的觀點，來考察義大利的「國家統一」為何會成立。
② 試將義大利的「國民形成」過程之特質，與他國比較。
③ 現在的我們可以把克羅齊和葛蘭西的議論當成一種歷史現象，從事怎樣的考察？

18 農奴解放

森永貴子

【關連項目：韃靼枷鎖、資本主義論、東歐的邊境化與落後性、社會主義、俄國革命與蘇聯的成立、史達林與農業集體化、工業化】

史　實

　　十六世紀末期左右，俄羅斯出現了農奴制。面對戰爭等災禍導致的離散與人口減少，地主為了確保勞動力，便將農民束縛在領地上；當買賣、贈與土地時，也會連農奴一起買賣贈送。這種附帶農奴的土地買賣，是只有貴族地主才能做的事。自彼得大帝（1682～1725年在位）開始，俄羅斯雖不斷歐化（＝近代化），但在**克里米亞戰爭**（1853～1856年）一役敗給了^{◁1}鄂圖曼帝國與英法聯軍，讓俄羅斯人強烈意識到自己的「落後性」。從軍事、科學技術、工商業、教育等方面的改革輿論與政府危機感出發，**亞歷山大二世**（1855～1881年）斷然推行「大改革」。以此為開端，亞歷山大二^{◁2}世不顧貴族保守階級的反彈，於1861年2月發布了《農奴解放令》，在人格上無償解放農奴。可是農奴仍須負擔四十九年的貸款，才能從地主那裡將^{◁3}土地買回。另一方面，受到將**農村社區（公社）**理想化、夢想發動農民革命的「走入民間運動（v narod movement）」驅使下，走進農村的（**俄國）**^{◁4}**民粹派**們不被農民信任，使得運動最終失敗。結果，絕望的激進派「人民意志」黨員暗殺了亞歷山大二世，「大改革」也宣告停止。俄羅斯社運人士[*]在這起事件後接受了**馬克思主義**，開始轉向社會主義。

論　點

1. 同時代人對廢除農奴制的評價

　　對於帝制時期的農奴解放，可分為「肯定」與「否定」兩種極端評價。靠攏沙俄政府及其意向的學者對此抱持肯定。在政府官僚當中，有像主導改革的薩馬林（Yuri Samarin）這樣抱持自由派思想的地主存在，因此解放令的制定過程也反映了他們的部分主張。把農奴制看成奴隸制，並透過「解放」給予農奴公民權，此舉被認為具有人道與進步意義。另外一邊，自由派思想家與民粹派等社運人士則對農奴解放抱持否定的評價。他們認為，農奴解放讓眾多農奴為了買回土地而承受強制性貸款，還得承擔不當高額支付，結果讓成為「暫時性義務農民」的他們陷入貧窮，並導致共同體瓦解。不只如此，解放是為了從農民那裡確保稅收，基本上就是出於政府的財政目的，因此對農民的掠奪結構並沒有改變。

2. 工業資本主義論與革命的情勢論

　　隨著俄國革命與蘇聯的成立，在二次大戰後的美蘇冷戰結構下，農奴解放的歷史評價也受政治所影響。蘇聯在整理沙俄時代政府文件的同時，對農奴解放的研究也有所進

▷1　**克里米亞戰爭**

1852年，路易拿破崙（後來的拿破崙三世）將屬於鄂圖曼帝國領土的聖地耶路撒冷管理權從希臘正教徒手上奪走，賜予天主教徒，結果與正教徒庇護者俄國沙皇產生了對立，最後演變成俄國對鄂圖曼帝國、英法聯軍的戰爭。

▷2　**亞歷山大二世**

尼古拉一世（1825～1855年在位）於克里米亞戰爭中逝世，亞歷山大二世即位為沙皇。處理敗戰事宜後發動大改革，被譽為「解放沙皇」。但近年也有研究指出，他本身其實對改革很消極。

▷3　**農村社區（公社，Obshchina）**

起源於古羅斯時代的地緣與血緣集團，又稱為「米爾（mir）」的一種農村共同體。在農奴制時期，為了迴避沉重的家庭稅負擔，經常會隱藏家戶、或在社區內實施土地重分配等措施。這也強化了米爾的角色與聯繫功能。

▷4　**（俄國）民粹派（Narodnik）**

指以啟蒙農民為目的，於1870年代走入農村、展開活動的大學生與知識分子。有看法指出，大改革帶來的教育改革與大學創設，促成了嶄新知識階級的出現與民粹派的活動。

＊　**馬克思主義**
參照 V-24 注2。

展。這個時期關於農奴解放的原因與歷史意義，主要強調以下三點：①克里米亞敗戰論、②工業資本主義論、③革命情勢論。①主張，在克里米亞戰爭敗給了英法先進國家後，基於反省，才開始實施農奴解放。②解放後很多農民取得土地、並成為地主領地的工廠工人，也就是近代歐洲所謂的「進步」；根據這點，研究者主張解放是為了擺脫「落後性」，並朝向資本主義發展。③則採用社會主義見解，認為農奴解放從結果上來說，促成了農民貧困與普羅階級（無產階級）的誕生，從而為俄國革命做好準備。可是，蘇聯史家塞翁奇科夫斯基（P.A. Zaionchkovski）斥退了這些一面倒的見解，認為農奴解放的原因與意義都無法定於一尊，他對解放抱持慎重的角度。此外，歐美研究者則以美蘇冷戰時期向外流亡的蘇俄研究者說法為主，提倡上述②的近代化論。換句話說，農奴解放對俄羅斯的工業化與近代化產生了貢獻，而這跟俄國革命毫無關係。

3. 農村社區的重新評價與新視角

隨著蘇聯瓦解，從社會主義意識形態中解放，研究者也紛紛從新的視角來看待農奴解放史研究。貝洛澤斯卡婭（Marina Belozerskaya）以降的俄國史家多半支持塞翁奇科夫斯基的說法，展開重新審視。其中之一是對被視為俄國農業弊害的「**土地重分配制**」[◁5]重新評價。做為家庭稅與人頭稅的對應，十七至十八世紀推出的土地重分配制，讓更多勞動者（耕作者）透過成家並繳納稅金，而獲得農村社區重新分配更多的土地；這樣的習慣實有其合理的一面。沙俄政府的目標，是要創造出基於歐洲式私人所有權的獨立農民，但在土地重分配制的習慣下，沒辦法創出這種機能性制度。政府之所以不敢斷然進行徹底改革，是因為害怕農民頻頻動亂、以及帝國內高漲的社會對立。所以，做為農民「買回土地」的窗口，沙俄留下了農村社區＝公社（村社），放任它們自治，這是考慮農村實況而做出的處置──這是近年的其中一種見解。另外也有論點認為，從世界經濟的觀點來看，克里米亞戰爭後的近代化，導致1858～1859年的俄羅斯銀行危機，俄國為了償還擁有債權的普魯士，不得不推行農業合理化與農奴解放。

　　另一方面，有研究者認為斯托雷平內閣（1906～1911年）透過農業改革整頓農村土地，並破壞了農村社區，但也有意見認為，共同體的結構在蘇聯時代仍被繼承下來，而且沒有什麼變化。俄羅斯農村的頑強習慣與歐洲的土地所有制雖有差異，但仍一邊試圖進行社會調整，一邊致力於近代化。這些也是農奴解放的實際狀況。

▷5　**土地重分配制**
農村社區對國家與領主的稅賦負有繳納的連帶責任；在定期集會時，他們會把這些稅額分配給成員，並因應稅賦負擔，分配共同獲益的土地。只是，各自的稅賦負擔在家庭與成年男子間未必均等，因此共同體會因應負擔能力及勞動力進行調整。因為勞動力會隨年度而變化，所以每過數年就要進行一次土地重分配，這也是對小農的一種體恤。這項制度被認為是阻礙改革的弊害，因為共同體的土地不是個人財產，使得農業的經濟合理化難以推進。

歷史學的考察重點 ┄┄┄┄┄┄┄┄┄┄┄┄

① 俄國政治體制和國際情勢的變化，對於評價農奴解放造成怎樣的影響？

② 現在被列舉出來有關廢止農奴制的因素，包括了克里米亞戰爭、農民動亂、資本主義經濟發展與近代化等，這些因素在世界史上的意義為何？

③ 對於被視為比歐洲落後的沙俄，農村社區與土地重分配制被看成發展的障礙，但也有對此重新評價的見解。為什麼會這樣？

19 南北戰爭

田中菊代

【關連項目：英國革命、美國革命、十九世紀的性別與種族、進步主義與新政】

史　實

　　一般在討論南北戰爭的歷史意義時，通常都會舉出以下幾點：①以暴力方式廢止奴隸制、②北部主導的國家再整合、③急遽工業化下的經濟變遷、④新的種族歧視結構的出現。但是，戰爭本身不過是各種變化的要素之一罷了。更廣泛來說，將戰前時期（Antebellum，南北戰爭前）到重建時期都看成「南北戰爭的時代」，這樣的理解比較有效。

　　「南北戰爭的時代」是從「1848年美墨戰爭獲得的土地是否納入奴隸制」這一懸案開始的；之後，歷經**自由土地黨**成立、**堪薩斯—內布拉斯加法案**的通過、**共和黨**成立、**堪薩斯內戰**等事件，在1860年選出了共和黨的林肯總統。面對這種狀況，南部各州陸續脫離美國，在翌年2月組成南部邦聯；同年4月，南軍對聯邦的薩姆特堡要塞展開砲擊，戰爭於是爆發。和大部分人的預測相反，戰爭陷入全面化；到1865年締結終戰條約為止，已經造成了美國史上最大規模的戰死人數，將近62萬人。一開始北軍居於下風，但1863年林肯提出奴隸解放宣言後，國際關係出現變化，戰況開始傾向對北軍有利。伴隨著戰事推進，北軍占領地也實施廢止奴隸制。戰後通過了**憲法第十三條修正案**，接著又通過重建法、**憲法第十四條修正案**；透過這些法案，共和黨激進派推進黑人解放，一時間在南部亦可看見黑人涉足政治，這被稱為黑人重建（black reconstruction）。但是，這段將南部置於軍政、帶有懲罰傾向的激進派重建時期，引發了南部白人的反彈，不久便透過《吉姆‧克勞法》種族隔離制度的頒布，將黑人置於次級公民的地位。

論　點

1. 必然論VS不必要論——「為何」非得開戰不可？

　　面對造成莫大犧牲的南北戰爭，史家不得不進行政治討論。淪為戰地的南北邊界各州主張戰爭是不必要的，但相對於此，北部認為這是南部的叛逆（內戰），南部則舉出兩國戰爭的形象，雙方都主張南北戰爭是不可避免且必然的。自北部將南部加以對內殖民化、並達成全國統一的十九世紀末起，在宏觀架構下提出各式種原因論，重視國家統一的國族主義（民族主義）史觀、把焦點放在政治狀況的**布爾喬亞革命論**、強調經濟因素的**進步主義史觀**等，都是從北部角度出發，以其必然論受人注目。在經歷大蕭條的1930年代後，雖然出現修正主義的解釋，以及南部反北部情感所衍伸出的不必要論，但其範圍仍不脫原因論的領域。二戰後不久，**諧和學派**提出了「沒有

辦法還原至單一原因，應該要重視融合或調停的因素」這一見解，終於擴展到提出「南北戰爭的時代」這樣的整體說法；但基於原因論的「必然論VS不必要論」這樣的架構，仍然不曾改變。

2. 新史學的登場——從「為何」到「如何」

進入 1950 年代，隨著民權運動發展，種族與民族問題被重新質疑，黑人史也成為新的焦點。史坦普與艾金斯等人認為「黑人是皮膚黑的白人」，主張黑人與白人同樣平等，強調奴隸制度的嚴苛。可是自 1970 年代開始，重視黑人主體性，認為黑人「就是皮膚黑的黑人」這樣的主張也出現了。同一時間，關注「一般大眾」的新史學（new history）也開始興起。拘泥於原因論的研究被他們認為毫無成效，主張要透過多元的史料分析，研究貫串整個「南北戰爭的時代」複雜且多樣的各個面向。家族史、勞動史、社群史、城市史等社會史領域都有所進展；即使是政治史方面，也有研究者開始從種族、民族、女性、地域各問題多方交錯掌握。比方說，姑且不論選民的複雜社會文化網絡，這個時代不論男女老幼，從日常、地區到全國，都出現了為數眾多的「夥伴」組織。廢奴運動、禁酒運動、女性解放運動、甚至是排外主義（Nativism）等，這些由高舉人民自決的大眾攜手展開的運動，是十九世紀民主主義的泉源。

3. 政治文化史的方法——邁向「如何」之前

1980 年代以來，受法國史學與**多元文化主義**[*]風潮的影響，出現了杭特所謂的「新文化史」（政治文化史）。雖然新史學的初期研究者已經關注到遵守安息日等民族文化層次的問題，不過後期的福米薩諾（Ronald P. Formisano）等人則把基於參與式民主的政治參與（或國家整合）問題擴展到文化層次，認為政治參與概念，不是只適用於有社會公民權的人，也適用於沒有公民權的人。這種廣義公民參與的研究，包括了諸如留意十九世紀的「祝賀政治」，或是萊恩（Mary P. Ryan）等人所主張，對做為社會縮影的慶典空間與遊行的分析。參加公共慶典這件事，在透過共通體驗讓集體記憶具體化的同時，也讓公共圈與階級融合的「多層公共圈概念」之各種形象變得可視化，從而讓我們從文化層次來審視這個時代的複雜社會序列。

歷史學的考察重點

① 對於將個別研究成果整合起來的總體架構，我們能加以重新描述嗎？

② 在變遷的時期，人們是如何相互聯繫，又扮演了怎樣的歷史角色？

③ 黑人該怎樣獲得解放？女性的角色又該如何理解？

④「南北戰爭的時代」只能從美國國內的視角來考量嗎？

* 進步主義史觀
參照 III-29 注 3。

* 諧和學派（史學）
參照 V-10 注 1。

* 多元文化主義
參照 I-30 注 5 與 V-22 注 3。

20 第三共和與改革

長井 伸仁

【關連項目：法國大革命、波拿巴主義（第二帝國）、民族主義／國族主義論（從南北美洲、西歐出發的方法）、「德意志特殊道路」】

▷1 **普法戰爭**
普魯士和法國的戰爭（1870年7月～1871年1月）。勝利的普魯士成立了德意志帝國，同時併吞了法國的亞爾薩斯─洛林地區。

史 實

1870年，法國第三共和在**普法戰爭**[1]方興未艾之際成立，於1940年第二次世界大戰的序曲中，隨著法國投降德國而結束。

第三共和是立法機構比行政機構占優勢，因此內閣頻繁更替，小規模政變也絡繹不絕。儘管如此，它還是至今法國共和政體中存續最長者、達到七十年；在這段期間，政府保障了言論和集會自由、承認工會、實現了義務公費初等教育、結社自由、政教分離等政策。另一方面做為共和政體，它強調主權在民，實現了雖然僅限男性的普選，結合大眾社會的到來；在這種情況下，我們可以認定，第三共和鞏固了法國這個民族國家的性格。

論 點

1. 共和主義史觀及其亞種

在近代法國政治中，如何定位大革命，決定了每個人大致的立場。廣義的共和派對大革命基本上抱持肯定，並以繼承者自任。對第三共和的共和派而言，這個體制是大革命後歷經七十年終於實現的「最佳」體制。在當時發展起來的實證主義史學裡，也可以窺見這種共和主義史觀的影子。

儘管這種目的論史觀現在已經銷聲匿跡，但這種把法國近代史理解成「圍繞著體制的一連串鬥爭」、也就是「由法國大革命點燃的政治鬥爭，歷經幾度體制交替，最後終於成立第三共和」這樣的見解，後續也有不少史家採用。透過語言學分析為法國大革命研究打開新境界的傅勒，就形容第三共和是「大革命的水到渠成」。第三共和的樹立，被視為是大革命爆發後法國最大的分水嶺。

第三共和是否確實自認是法國大革命的繼承者，它的成立又造成了多大變化，這件事本身就有研究的必要。

2. 改革及其極限

第三共和也有壓迫的一面，這點顯而易見。這個政權有好幾次將軍隊的槍口指向訴求罷工的勞工，還把殖民統治當成國家的重要政策。關於這一面向，自二十世紀下半葉起，透過眾多研究的不斷積累，現在已成為第三共和歷史形象的一部分。

姑且不提這些，舊體制的統治階級在第三共和仍穩坐權力寶座，並長保影響力，1980年代以降發展起來的菁英（統治階級）研究指出了這點。扛起第三共和的共和派雖然歌頌「全新社會階級來到了政治世界」，但現實是，這樣的過程其實進行得相當緩慢。政體雖然出現了根本上的轉換，但

在民眾參與政治這層意義上，實現民主化仍然需要時間。

3. 民族化的方向　　對於第三共和鞏固法國做為民族國家這點，新的見解也相當有力。長期的主流見解是，國家透過學校教育等方式強化社會一體性，並推進文化統一。這種「由上而下」整合的結果，導致以方言為首的文化多樣性流失；這樣的批判屢見不鮮。但1990年代以降，隨著第三共和時期初等教育的詳細研究陸續發表，研究者指出，第一線的教師未必只是在體現國家立場，而是紮根於地方社會；而教科書當中的「官方歷史」，也只是以片斷而曖昧的知識形式傳授給兒童。另一方面，我們也得知在地域文化中生活的民眾為追求社會地位上升，相當熱心學習法語。這個民族國家法國，是透過中央與菁英、地方與民眾的整合而產生，並非單方面推動、創造出來的事物。

4. 新的法國近代史形象　　在進入二十一世紀後，這種對第三共和的持續理解修正，對於之前的君主制，也就是**波旁復辟**[2]（1814～1830年）、**七月王朝**[3]（1830～1848年）、第二帝國（1852～1870年）的研究也有很大進展，從而刷新了它們的歷史形象。波旁復辟與七月王朝雖是有限選舉，但它們推廣了議會制，也透過陳情書等方式某種程度上接收民意。至於第二帝國，也會積極運用慶典與象徵；就這方面來看，它明顯是第三共和文化政策的先驅。

　　十九世紀的法國史，是在複雜的潮流中展開；第三共和並不是它的分水嶺。

▷2　**波旁復辟**
拿破崙退位後，波旁家族重回王位成立的體制。做為立憲君主制，它們設立了議會，但卻日趨保守，最後於七月革命（1830年）倒台。

▷3　**七月王朝**
於七月革命後成立，由奧爾良家族的路易腓力擔任國王。某種程度上認同法國大革命的理念與成果。參照 IV-16 注1。

歷史學的考察重點　⋯⋯⋯⋯⋯⋯⋯⋯⋯⋯

① 對於大革命該怎樣評價？試著從這點出發，分析大革命後各體制的特徵。
② 即使實現了普選，成為議員的機會和可能性，也未必是對所有人同等開放。這樣的差異，會產生什麼情況？
③ 在歐洲，國語和通用語是怎樣的事物？試著以日本的例子來比較調查。

21 民族主義／國族主義論（從東歐出發的方法）　桐生裕子

【關連項目：東歐的邊境化與落後性、族裔（ethnos）論、志願結社、民族主義／國族主義論（從南北美洲、西歐出發的方法）、匈牙利革命與「布拉格之春」】

＊　維也納體系
參照 IV-16 注3。

▷1　民族之春（Spring of Nations）
受法國二月革命影響，在歐洲各地掀起了基於自由主義、民族主義，要求改革與國家統一的運動。參照 IV-17 注1。

＊　民族自決
參照 IV-23 注1。

＊　霍布斯邦
參照 IV-3 注2。

史　實

　　法國大革命與拿破崙戰爭後，民族主義（國族主義）不只在西歐，也在哈布斯堡帝國、鄂圖曼帝國、俄羅斯帝國等中東歐地區擴散。在**維也納體制**下的1829年，希臘從鄂圖曼帝國獨立；1830年，俄羅斯帝國的波蘭發動起義。1848年法國二月革命，大大衝擊了哈布斯堡與德意志各邦，引發了「**民族之春**」。在義大利與德意志形成統一國家的十九世紀後期，東歐各帝國的民族主義也日益高漲，各民族紛紛強化自治並追求獨立。經過一次大戰後，東歐各帝國瓦解，基於全新「**民族自決**」理念而建立的國家紛紛出現。然而，各個國家內部還是有複數的少數民族（national minority）存在。

論　點

1. 「原初主義」與「近代主義」

　　長久以來，民族（nation）一直被認為是自然且原始的羈絆集團，民族式的情感連結是普遍人性（「原始主義」）。可是，以1960年代赫羅赫（Miroslav Hroch）的研究為先驅，1980年代蓋爾納（Ernest Gellner）、**霍布斯邦**與班納迪克·安德森（Benedict Anderson）等人指出，民族是在工業化、資本主義化、近代國家形成等近代政治、經濟、社會過程中形塑出來的（「近代主義」）。「近代主義」對東歐的民族主義研究造成了很大的影響。一直以來，中東歐的民族主義崛起都被看成是在帝國統治下，既有各民族走向「覺醒」的過程，也就是以「原始主義」的方式來掌握。但是，抱持「近代主義」立場的研究者提出不同看法，把這個過程看成是一個全新民族形成的過程。同時他們也主張，民族認同是受媒體與志願結社普及、近代教育、政治制度引進等近代社會變化影響而創造出來，因此一方面呈現普及的過程，另一方面也強調民族的近代性。

2. 民族主義的類型論

　　民族主義屢屢被類型化。在這當中，科恩（Hans Kohn）於《民族主義的理念》（1944年）揭示了「西方民族主義」與「西方以外世界（東方）民族主義」的類型論；這種論述後來發展成「公民民族主義（civic nationalism）」與「族裔民族主義（ethno-nationalism）」兩種類型，影響甚大。對於這種二分法的類型論，近年來出現以下批判：①公民／族裔並不是單單分析上的區分，前者還包含了規範判斷，因此用在民族主義分析上並不妥當；②基於「近代主義」研

究的進展，證實東歐的民族主義也含有公民的要素，因此「西＝公民、東＝族裔」的民族主義二分法並不妥當，也阻礙了對東歐的歷史認識。

3. 近年的發展——對「近代主義」的批判　　「近代主義」雖然對東歐的民族與民族主義研究造成很大影響，但它也招致了以A.D.史密斯為首的許多研究者批判。第一種批判是針對「近代主義」強調民族近代性這點，主要有以下幾個方向：①民族的形成在中世乃至近世，亦即近代以前已經發展；②就算民族是在近代才形成，也不可能是毫無徵兆、突然誕生的，因此有必要檢討中古及近世國家的制度、構成國家制度的各身分集團與宗教集團、以及所造成的文化影響等等。第二種批判是針對「近代主義」把民族當成實體，認為民族認同是不證自明的觀念，從而推定民族已經完成這點。對此，布魯貝克（Rogers Brubaker）表示不應把民族當成實體看待，應該把它當成一種「實踐」，也就是人們在日常實踐中掌握世界的一種認知範疇來加以分析。查赫拉則表示，即使在公認民族主義高漲的時期，人民也「對民族漠不關心（national indifference）」。不只如此，更有主張認為，民族認同的建立並非如「近代主義」推斷，是近代化的必然過程。賈德森（Pieter M. Judson）則不拘泥於「對民族漠不關心」，認為民族主義並不是總維持同樣強度而固定不變，而是受狀況左右的「情境式民族主義（situational nationalism）」。他的主張超越了對「近代主義」的批判，敦促我們重新檢討「是否一直以來都高估了民族主義的影響」，並指出必須關注民族主義的機制與方法。

　　近現代的東歐把民族歸屬看成生死大事，這樣的情形是如何產生的？今後的民族主義研究有必要立足於以上的嶄新議論，對這點加以闡明。

歷史學的考察重點

　①在民族主義的擴張上，各帝國扮演怎樣的角色？
　②民族和身分集團等其他集團有怎樣的關係？
　③民族主義對各帝國的瓦解產生了怎樣的影響？
　④新國家的形成對民族主義產生了怎樣的影響？

22 民族主義／國族主義論（從南北美洲、西歐出發的方法）中野耕太郎

【關連項目：族裔（ethnos）論、啟蒙主義、美國革命、法國大革命、十九世紀的性別與種族、移民史論、義大利統一運動、民族主義／國族主義論（從東歐出發的方法）】

史 實

十八世紀下半葉，民族主義（國族主義）的浪潮來到南北美洲大陸的殖民地，以及歷經資產階級革命的英法，接著在整個十九世紀普及至歐洲各地。確實，在十九世紀初期，歐洲各國當中還有不少像哈布斯堡帝國或羅曼諾夫王朝這樣的前近代式多民族君主制國家存在，但這些國家在一次大戰結束後大半解體，殘存下來的王朝也全數「民族化」。**民族自決***與「國民的聯合」，遂成為二十世紀世界的標準政治架構。誠如班奈迪克・安德森所述：「所謂民族（國族／國民）的建構，是我們這個時代政治生活中最普遍正統的價值觀。」

論 點

1. 民族主義／國族主義的起源

構成民族（國民）的事物，明顯不是以面對面溝通為根據的「共同體」；支撐它的，通常是由大眾媒體與公立教育等為媒介、抽象的「共同意識」。在這層意義上，民族的建構其實是以家族和村落等第一級集團的衰退為背景，整體來說就是近代化過程的產物。故此，在「近代」之中尋求民族起源的議論相當有力，比方蓋爾那就表示，「民族主義，其根源是……具有特定種類的分類。」換言之，近代的工業化導致「社會流動性」增加，為了維持成果，「標準化訓練」（公立教育）便成為必要。另一方面，班奈迪克・安德森則認為商業化的方言媒體是民族意識的搖籃，更重視使民族意識成為可能的出版資本主義的出現。他們兩人雖然都把資本主義的興起與民族的誕生相結合，但蓋爾那的工業社會大致是十九世紀以降的現象，而安德森的方言出版則可回溯到十七、十八世紀，因此推定的民族形成時期略有不同。

相對於此，也有在前近代尋求民族起源的研究群。A.D.史密斯就是其中代表，他認為做為民族形成的前提，回溯古代神話與共享「歷史」的「族群」（ethnie）是很重要的。但是，這種從民族亙古不變來思考的視角，**霍布斯邦***稱為「**被發明的傳統**」[1]，跟民族主義目的論其實頗為相似。政治學者杜贊奇（Prasenjit Duara）表示，不管是怎樣的民族（國民／國族）運動，「民族（國民）的核心均被認為是不受時間影響的事物……但另一方面，這種歷史性的命運也是民族一體性與主權的成就。」這是我們不得不面對的問題。關於民族究竟該看成是新事物、還是古老的事物，仍然是一個有待細索的課題。

---

* **民族自決**
參照 [IV-23] 注1。

* **霍布斯邦**
參照 [IV-3] 注2。

▷1 **被發明的傳統**
（invention of tradition）
安德森曾說，「史家客觀的眼睛，看到民族是近代的現象，但民族主義者的主觀之眼，卻把它看成是舊有的存在。」事實是，大多數的民族國家在討論他們的正統性時，都是回溯至「民族的過去」尋求連續性。壯麗的王公貴族、各類儀式、自古流傳的民族衣裳、民族音樂等，都被當成民族一體性與永續性的表象而受到讚揚。可是，這些民族傳統真的是自古就有的嗎？霍布斯邦與蘭格（Terence Osborn Ranger）就表示，英國王室的加冕儀式與蘇格蘭的格子裙，事實上是十八、十九世紀新造出來的「文化遺產」。這樣的說法喚起了我們留意「被發明的傳統」背後所隱藏、民族主義者的政治意圖。

2. 族裔民族主義VS 公民民族主義

圍繞民族起源的論爭之所以複雜，是因為民族主義對各自固有的結構與相異的過去都抱持想像力。因此，早自1940年代科恩的研究以來，就有人依據民族主義的性格分類進行比較。其中特別重要的是，把民族國家分為「族裔（ethno）的產物」與「公民（civic）的產物」的二分法見解。前者的典型大概就是德意志，做為族裔的有機體，屢屢強調自身民族（或「血緣共同體」）的一體性。後者的代表則是透過「革命」產生的兩個共和國──法國與美國。特別是美國，這個國家完全無法找出古老的民族起源與神聖的「鄉土」，因此國民的整合不得不依據做為個人自由的啟蒙普世理想。這種族裔民族觀與公民民族觀的差異也可在國籍法看見，也就是德意志的屬人主義與美法的屬地主義（同化主義）之差異。可是即使在德意志，國家在處理民族內部平等化與引進立憲主義時，時常演變成重大政治課題；至於在美國，奴隸制固不用提，種族及民族也常被當成區別國民與他者，或是用來排序中下層國民位階的依據。

3. 二十世紀民族主義 的種族化

這種一直以來的二分法雖有其極限，但更重要的是，公民民族主義在近代轉移到現代的過程中，其性質產生了變化。簡單說，在二十世紀的民族國家，「身為公民這件事」已不單單只是形式上的成員資格（國籍），更包含了社會的各領域。在美國，移民與黑人的公民地位，也與收入條件和公共衛生等條件相結合；因此所謂的民族形成，已經變成了和社會政策相關的政治課題。但就像巴里巴爾（Étienne Balibar）所述，想追求公民（＝國民）實質上的同一性，但表面上看見的，都是理應被公民社會接納的個人，卻成為種族上的「他者」（＝假的本國人）。至此，以國民的純化為目標，這種隔離排斥少數的做法，漸漸強化了民族主義，也誕生出更多的他者。這就是現代公民民族主義當中埋藏的種族主義，至今仍然以「文化貧乏」與文化種族主義等形式，持續分裂著民族。

歷史學的考察重點

①「民族」為何會被人感覺是自古以來就存在的事物？

②民族主義的流行是普遍現象嗎？如果不是，那它是裂解世界、個別化的運動嗎？

③在全球化時代，民族主義已是昨日黃花嗎？還是仍然健在？

23 帝國論

篠原琢

【關連項目：複合國家／複合君主制／礁岩國家、民族主義／國族主義論（從東歐出發的方法）、民族主義／國族主義論（從南北美洲、西歐出發的方法）、帝國主義論、歐洲整合】

▷1　民族自決論
這種說法認為，「民族」（nation）做為具有文化、語言、歷史的集團，應該擁有政治上的主權，最後更應形成獨立國家。所謂的「民族」，雖然是以跨時代存在的固有社會集團為前提，但實際上民族自決這樣的思想與運動，是在十九世紀時才普及。

＊　凡爾賽體系
參照 V-5 注3。

＊　國際聯盟
參照 V-5 注2。

＊　總體戰
參照 V-12 注2。

史　實

　　從一次大戰到結束後不久，哈布斯堡王朝、俄羅斯帝國、鄂圖曼帝國等擁有悠久歷史的各帝國陸續瓦解。帝國的瓦解雖然透過**「民族自決」論**▷1被加以正當化，但現實是，在凡爾賽和會獲得承認的國家們，仍然還是宛如過去帝國縮小版的多民族國家。說到底，在中、東歐要劃出完全反映「民族分布」的國界線，是不可能的；但更根本的問題，是形成國家的「民族」規定本身。像捷克斯洛伐克、南斯拉夫這樣的國家，是在「單一的『捷克斯洛伐克民族』、『南斯拉夫民族』存在」這種政治假定下各自成立的。另一方面，由英法等殖民帝國主導的**凡爾賽體系**＊下，「民族自決」也不被當成普遍原則；在舊德國殖民地、舊鄂圖曼帝國領地的重編過程中，反而出現了**國際聯盟**＊的「託管制」這種新的殖民地統治制度。

　　帝國瓦解與之後的民族國家形成，與其說是民族自決權所致，不如說是**總體戰**＊的經驗所致。所謂的帝國，是繼承了不均質且廣大的統治空間，以君主專制和王朝的正統性為基礎，來統治這個空間。至於總體戰，則需要居民的動員、且要求國家與國民的一體感；各帝國若是無法因應這個課題，就必然會在總體戰下瓦解。

論　點

1. 是「各民族的牢獄」、還是「共存的架構」？

哈布斯堡家族、俄羅斯帝國、以及繼承俄國版圖的蘇聯，長久以來都被描繪成壓抑各民族的「牢獄」。對捷克斯洛伐克首任總統馬薩里克而言，一次大戰是「神權政治國家」（在神的意志下由王朝和貴族統治的國家）解體、成立「民主國家」的「世界革命」，也是「被壓抑的各民族努力邁向政治獨立」。但另一方面，回顧二十世紀眾多政治暴力的經驗，積極肯定哈布斯堡家族力圖維持各民族共存的統治體制的人，也不在少數。雅茲（Oszkár Jászi）在1920年代末看到了君主制國家的聯邦化與「帝國公民」意識的出現，可能導致君主制國家消失，從而批判帝國的前近代性格。雖然對帝國抱持相反的政治評價，但從二元角度掌握帝國與各民族關係這點，倒是殊途同歸。

　　相對於此，1980年代普及的新方法則是以社會史、文化史為中心，描繪出在哈布斯堡家族當中各國民社會的動態發展。亦即把一直以來當成「民族」來思考的問題，用十九世紀形成的「國民社會」角度來重新考量。根據這個觀點，帝國的滅亡不是因為近代化失敗，而是因為近代化成功，導

致各國民社會充分發展的結果。配合民族（國民／國族）與民族主義（國族主義）研究的進展，帝國內部「各國民社會」的形成與建構過程逐漸明朗化。只是在這裡，對於近代化當中各個「國民」（nation）的成立、以及之後對獨立建國的追求，研究者仍然把它當成一種「歷史當然的潮流」來加以看待。

蘇聯瓦解後，對「帝國」的關心高漲，圍繞帝國空間的研究也在質與量上有飛躍性的發展。在近年的俄羅斯／蘇聯史研究、哈布斯堡君主國史研究中，帝國被認為是多元的居民集團（教派、身分、階級、語言、文化、地域）與帝國統治菁英間反覆多方交涉、角力、抗爭的空間。這種研究強調，在這樣的空間下，民族建構與該國統治體系的近代化，是一種雙向的依存關係。馬丁就針對史達林時期的「**蘇聯本土化政策**^{▷2}」進行檢討，從而闡明蘇聯時期的民族建構、以及布爾什維克對帝國的重新定義與建構。

2. 從帝國到國民國家？

在威爾遜的「十四點和平原則」中，就現實面來說，並沒有高唱「民族自決」的原則。跟哈布斯堡家族有關的文字堪稱極度曖昧。即使如此，凡爾賽體系與「民族自決」之所以產生強固的連結，正是因為二十世紀是民族國家運動的時代。一次大戰帶來的帝國瓦解、二次大戰後的殖民地解放、二十世紀末的蘇聯瓦解乃至南斯拉夫戰爭；這一連串的漫長過程，被認為是一段由平等的各民族構成的國際社會實現史，而各帝國的歷史，也被敘述成必然走向衰退和滅亡。可是，若從全球化權力去考量帝國，我們就必須重新質問規範國民與民族國家的歷史形象本身；至於從帝國史研究當中窺見的帝國形象，也可以透過與二十一世紀的全球化權力對應的要素來加以觀察。山室信一透過「國民帝國」這個用語，將「在權力中心推行民族國家化、邊陲地區（殖民地）則以帝國統治的方式擴及」的帝國統治體制予以概念化；對於近代的各帝國，都可以應用這種以民族國家自任的體制。由此可見，近代歷史學的概念與敘述方法，都是使用為了配合民族國家各種制度而創造出來、用來闡述帝國的用語和文體，但明顯仍有不足之處。

▷2　蘇聯本土化政策（Korenizatsiia）
構成蘇聯的各民族，在發展各自民族性格的同時，也必須參與社會主義建設；基於這樣的思考，蘇聯公民必須具備明確的「民族歸屬」，視情況還要創造出民族文化的形貌，讓各自的人民學習。在蘇聯內部，民族文化被看成「形式上是民族、內容上是社會主義」。

歷史學的考察重點

① 二十世紀歐洲各帝國為何會瓦解？試確認「高中世界史」的記述，同時更進一步思考。

② 試從教科書與辭典中探索「帝國」的定義。這種定義對於「不是帝國」的國家（民族國家），又能適用到什麼程度？試著思考看看。

③ 做為十九世紀「民族國家」形成的例子，義大利和德國是其中代表；但這些國家也都具有帝國的性格與意志。這點也可適用於被認為是「典型民族國家」的法國。這該如何解釋？試思考之。

24 女性參政權

佐藤繭香

【關連項目：階級論（仕紳論、中產階級論）、男女分離領域、十九世紀的性別與種族、民族主義／國族主義論（從南北美洲、西歐出發的觀點）；女性主義與性別】

▷1 **國際婦女理事會**
（International Council of Women, ICW）
1888年以美國女性參政權運動者為中心設立的組織。主要關注和平、勞動環境改善、女子教育、監獄與醫院改革等各種課題。

▷2 **國際婦女選舉權同盟**
（International Woman Suffrage Alliance, IWSA）
在女性參政權方面特化、追求國際女性聯合的組織，由參加ICW的卡特夫人（Carrie Chapman Catt）於1902年設立。

史　實

　　從十九世紀中葉到二十世紀初期，歐美追求女權的運動盛極一時。在追求教育、工作機會均等，以及財產權等各種權利的女性運動中，發展成最大規模的，是針對女性是否該參與國家運作的女性參政權問題，這被稱為第一波女性主義運動。女性參政權最早被認可是在1893年的紐西蘭（但被選舉權未被認可），但大多數的歐美諸國得到進入二十世紀、乃至一次大戰前後才實現。

　　隨著社會、政治、文化的狀況不同，獲得女性參政權的過程也依國家而具備不同特徵；但另一方面，國際性的女性聯盟也在醞釀中。1888年，**國際婦女理事會（ICW）**[1]在美國華府召開。依循這項會議，1902年誕生了**國際婦女選舉權同盟（IWSA）**[2]。可是在此同時，從對戰爭的反省出發，女性聯盟把重點放在實現和平上，因此IWSA的活動要更加活躍，得等到一次大戰之後了。

論　點

1. 女性參政權的獲得，就是女性主義運動嗎？

女性參政權被解釋成第一波女性主義運動的目標。女性參政權運動被視為達成男女平權的中繼點、屬於女性主義運動的架構，運動主體是中產階級的白人女性。做為英國女性參政權運動思想基礎的彌爾《論婦女的從屬地位》（1869年）主張法律上的男女平等；正如女性史家河村貞枝所見，英國的（參政權）運動應視為女性主義運動來記述。美國的女性參政權運動在栗原涼子看來，也應該說成女性主義運動，但運動的實際內容更加複雜。在美國，運動隨著時代從州層次轉移到聯邦層次。全美婦女選舉權協會（NAWSA，1890年設立）由中產階級白人女性主導的傾向確實強烈，在成立初期對於跨種族的聯盟也抱持否定態度。可是在世紀之交，美國非裔女性的活動也很活躍；不只如此，泰伯格潘等人的研究指出，她們比起女性，更加重視種族權利。又，猶他準州在1870年曾一度實現女性參政權，但這和女性參政權運動完全無關，此外也有和運動無關、認可女性參政權的國家和地區。研究者指出，隨著各國狀況，女性參政權的實現與障礙因素，除了種族之外，還有階級、宗教、家父長制社會與女性涉入社會的程度，這些都是必須一一考察。

2. 第一次世界大戰對女性參政權實現的貢獻

在歐美各國，女性參政權的實現，大多是在一次大戰前後。1915年在丹麥和冰島、1917年在俄羅斯、1918年在加拿大、澳洲、德國、匈牙利、拉脫維亞、立陶宛、波蘭、英國（部分女性），都實現了女性參政權。換言之，我們有必要把戰爭和與之同等的國家危機這個因素合併考量。

河村貞枝雖對英國在一戰前女性參政權運動扮演的角色給予很高評價，但英國史家古萊斯（Nicoletta Gullace）認為，比起一戰前的運動成果，女性在民族主義驅策下對戰爭的協力，對參政權更有牽引作用。原本女性不能參戰，被視為不該獲得公民權的主因之一，但在這場前所未見的大戰中，女性透過在後方跟男性同樣犧牲奉獻，展現了自己身為公民的價值。女性參政權的問題，也是國家應該面對「身為公民的資格究竟是什麼」的問題。

3. 女性參政權獲得後，產生了什麼改變？

即使實現了女性參政權，歐美各國也沒有實現男女平權。戰後，對女性運動的反彈也活躍起來，在這當中德國對女性運動的批判尤甚，這股力量與民族至上主義、民族主義者所提倡的反猶主義相結合。面對這種傾向，女性主義者利用**國際聯盟**、ICW與IWSA等國際組織彼此聯繫，力求維持和平與擴大女權。就像1915年**國際婦女爭取自由與和平聯盟（WILPF）**[▷3]的成立，這時候女性所推動的國際和平運動之活躍，做為女性參政權運動的衍生流派之一，也是必須提及的。

迄今為止，女性運動的研究主流都是以國家為單位，但對女性參政權運動成果的重新檢討，包括反女性參政權運動的研究，乃至於近年來以漢娜姆（June Hannam）等人為代表，對超越國家架構的國際女性運動之研究，也都在持續推動。

＊　**國際聯盟**
參照 V-5 注2。

▷3　**國際婦女爭取自由與和平聯盟（Women's International League for Peace and Freedom, WILPF）**
1915年設立、追求永久和平的女性和平團體。第一任會長是珍‧亞當斯（Laura Jane Addams）。

歷史學的考察重點

① 在怎樣的歷史狀況下，女性參政權得以實現？試列舉複數國家或是美國的複數州（準州），並加以比較。

② 各國贊成或反對女性參政權的人，都是哪些階級、種族、社會地位，他們又各自抱持怎樣的意見？

③ 女性取得參政權後，各國對於女性社會地位的提升，以及男女角色分工的看法有什麼變化？

④ 一次大戰後，各國對女性運動產生了怎樣的反彈，這種反彈又是在怎樣的歷史狀況下登場的？

「德意志特殊道路」

25

西山曉義

【關連項目：三十年戰爭、啟蒙改革／啟蒙絕對主義、第一次世界大戰原因論、法西斯論、納粹主義、猶太人大屠殺】

史　實

在一次大戰中敗北的德國，從帝制轉移到共和制；可是這個共和政體成立不到十五年，就隨著希特勒率領的納粹黨掌權而瓦解。納粹破壞議會制民主主義，企圖建立基於種族主義及反共主義的「民族共同體」，對外則採取否定**凡爾賽體系***的侵略性外交政策，最後在1939年引發了二次大戰。不只如此，以猶太人滅絕政策（猶太人大屠殺）為首，他們還做了許多非人道的犯罪行為。

「特殊道路」（Sonderweg）論，是要探尋德國直至二十世紀前期為止的民主主義發展的脆弱，強調原因是德國並未發生近代**資產階級革命***，以至於未能與封建社會產生政治上的斷絕。在這種解釋下，包括民族國家形塑的「落後」、舊封建菁英的「殘存」、以普魯士為代表的軍國主義和啟蒙專制當中的威權主義等，這些特徵在英國、法國、甚至美國等「西歐」諸國所設立的近代「規範」下，均被視為是一種「脫序」（＝「特有」，說「特殊」或許更加正確）。

論　點

1. 德意志近現代史的連續性

1973年，西德史家韋勒（Hans-Ulrich Wehler）出版了堪稱「特殊道路」論綱領的《德意志帝國1871—1918年》。全書立基於1960年代有關一次大戰開啟德國該負何種責任的論爭，以及社會學的近代化討論，韋勒認為，十九世紀後期急遽工業化的德國仍維持著以**容克**[1]為首的傳統菁英統治，這讓二十世紀的一次大戰、議會制民主主義的短促瓦解、激進的法西斯主義納粹黨掌權，以及二次大戰的爆發成為可能。這裡要強調，在近代資本主義的發展過程中，德國的資產階級（布爾喬亞）與英法美等國不同，他們在向貴族階級奪取政治主導權的資產階級革命浪潮中受挫。以德意志帝國為例，我們可以看到**一八四八年革命***失敗後，俾斯麥在1871年對「落後的國民」發動「由上而下」的建設，結果急遽的社會經濟近代化對應至政治上的保守，這樣的結構矛盾益發激化。相對於一直以來的德國史研究都重視外交政策，這種看法反過來重視社會內部對立的利害關係，以及為了宣洩國內政治矛盾而發起的外交政策（比方說強化海軍艦隊），也就是反映了戰間期部分史家已經主張的「內政優越論」。

---

* **凡爾賽體系**
參照 V-5 注3。

* **資產階級革命**
參照 III-20 注1與 IV-1 注6。

▷1　**容克（Junker）**
指德國北部、特別是易北河以東普魯士王國的地主貴族。在國家推動近代化的過程中，他們仍然在軍隊與一般行政中占據重要地位。容克出身的俾斯麥主導德國統一後，在對抗民主化、擁護農業利益等方面，容克們也持續發揮政治影響力。

* **一八四八年革命**
參照 IV-17 注1。

2.「特殊道路」批判

韋勒的「特殊道路」論引起了各式各樣的批判。

一方面，德國的尼珀代（Thomas Nipperdey）批評，「特殊道路」論將十九世紀德國史和1933年（威瑪共和國瓦解）與1945年（德國敗北、猶太人大屠殺）之間營造出一種收斂的連續性，換言之僅將十九世紀歷史視為後面事件的序曲，是一種目的論；他認為，特別是帝制的後期（以皇帝之名可稱為「威廉時期」），應該將之視為一段富含矛盾的近代時期。另一方面，英國史家艾利（Geoff Eley）與布萊克伯恩（David Blackbourn）則針對「特殊道路」論當中，所謂英法對近代的「規範」這點提出批評。他們認為資產階級革命並不是一種政治上的斷絕，而是一種社會文化上的推廣；從更廣的定義來說，與其說德國資產階級「封建化」，還不如說是貴族「資產階級化」了；而英法等國與德國貴族的政治影響力落差，也沒有「特殊道路」論所稱的那麼大。只是，這些批判在針對「近代＝進步、傳統＝保守」的看法上，都和「特殊道路」論一致；關於這一點，德國史家普克特（Detlev Peukert）則主張威瑪共和國和納粹主義引發的問題並非只是欠缺近代性，反而應該從近代化本身蘊含的問題去探討。

3. 後「特殊道路」的德國史？

針對「特殊道路」的諸多論爭，產生了許多研究，特別是與德國資產階級（中產階級）的對稱比較研究。比方說德意志帝國與法國第三共和的軍國主義比較史研究，比起相異點，研究者更強調共通點；在民主制為前提的選舉實施方面，比較研究也促成了「特殊道路」論的相對化。近年來，十九世紀後期開始的國際交流受到矚目，從「內」與「外」交互作用來掌握德國史的「全球史」方法也相當盛行。但另一方面，「為什麼納粹主義（猶太人大屠殺）只在德國出現」這個問題，對如今身為歐洲民主國家一員的德國來說，仍是個重要的自我理解歷史問題。此外，從「特殊道路」論視角出發並撰寫的教科書與概論，也還是不在少數。

歷史學的考察重點

①試比較「特殊道路」論與日本戰後史學的發展。

②德國以外國家的「特殊道路」與「例外論」，是怎樣的情況？

③「資產階級的封建化」與「貴族的資產階級化」，評價的基準究竟是什麼？

26 社會主義

福元健之

【關連項目：資本主義論、民族主義／國族主義論（從南北美洲、西歐出發的方法）、帝國主義論、俄國革命與蘇聯的成立、匈牙利革命與「布拉格之春」】

* 一八四八年革命
參照 IV-17 注1。

▷1 國際
社會主義者的國際組織。第一國際讓工人的國際聯盟得以落地生根。第二國際則把一天八小時工時與五一勞動節等當成國際勞動運動訴求推廣。

* 普法戰爭
參照 IV-20 注1。

* 馬克思主義
參照 V-24 注2。

▷2 德國社會民主黨（SPD）
前身是德國社會主義工人黨（1875～1890年）。這個黨雖高舉馬克思主義革命，但也設定了漸進式的日常行動規則。所謂修正主義論爭，是伯恩斯坦等人認為黨的原則應基於議會制，進行改良主義的修正，但結果支持革命的考茨基與盧森堡等主流派獲得了勝利。

▷3 費邊社（Fabian Society）
1884年成立的漸進派社會主義團體。以衛布夫婦為首的知識分子從屬於這個協會，為英國工黨（1900年～）提供理論上的支持。費邊社主張透過議會制推行土地與資本公有化，以及對產業設下法律管制。參照 IV-2 注2。

▷4 工團主義（syndicalism）
該運動和理念主張不透過議會與政黨代理，而是經由工人自身的鬥爭來達成改革；基於這樣的邏輯，

史 實

隨著工業革命與殖民地統治而全球化的市場，以近世之前不可能的規模和速度累積財富，同時也帶來了貧富差異。在這種歷史背景下，社會主義以「邁向沒有貧富階級差距的平等世界」理念與運動之姿誕生了。社會主義者的核心主張是生產手段（生產工具）公有化；不只經濟結構，他們也討論政治體制的變革。

社會主義這個用語本身，一般認為是從七月革命（1830年）前後，受聖西門與歐文等人影響而開始使用。歷史性的轉機出現在**一八四八年革命***時期。馬克思與恩格斯在《共產黨宣言》（1848年）中批判歐文等人是烏托邦社會主義者。在這之後，馬克思在《資本論》（第一卷德語初版，1867年）彙整了自己的經濟理論。可是，之後成立的第一**國際**[▷1]（正式名稱是「國際工人協會」，1864～1876年）中，肯定革命後應由無產階級專政的馬克思等人、與否定這點的巴枯寧率領的安那其（無政府主義者）持續對立，最後隨著**普法戰爭***後巴黎公社的敗北而瓦解。即使在**馬克思主義***占多數派的第二國際（正式名稱是「社會主義國際」，1889～1914年），做為組織核心的**德國社會民主黨**[▷2]也爆發了修正主義論爭（1896～1903年）。另一方面，英國的**費邊社**[▷3]與法國的**工團主義**[▷4]，也走出了自己的路線。在俄羅斯帝國，自**民粹派***運動一脈相傳的社會革命黨（通稱**艾斯艾爾***），奉行馬克思主義的**俄羅斯社會民主工黨**[▷5]，立陶宛、波蘭和俄羅斯猶太工人總聯盟（通稱崩得〔bund〕）等組織爭相角力。這些社會主義政黨一方面進入議會，在大眾化方面取得成功，一方面卻也深深嵌入了民族國家體制中。在一次大戰之際，即便是社會主義運動理應最發達的德國，許多社會主義者都紛紛轉而為各自的民族主義參戰；最後，在列寧領導下樹立政權的蘇俄，暫且保住了社會主義革命的火苗。

論 點

1. 二十一世紀的社會主義研究

若是縱觀史學史，歷經**去史達林化***（1956年）與「布拉格之春」（1968年）後，研究者對社會主義的關注，已從馬克思主義轉移到烏托邦社會主義、民粹派運動、工團主義等非馬克思主義的潮流。討論「後資本主義的未來」這種目的論仍舊關注社會主義，但隨著東歐革命（1989年）與蘇聯解體（1991年），這樣的目的論消失，研究也跟著衰退。然而，社會主義所追求的平等，仍是二十一

世紀人類的課題。就像沒有目的論的二十一世紀人類為了實現平等而不斷試誤，十九世紀的社會主義者在扮成先知的同時，其實同樣受所處時代與社會所制約。特拉維索（Enzo Traverso）就表示，馬克思主義者在「文明的進步與從中脫離」這種二元對立世界觀上，和自由主義者是共通的。此外，將馬克思主義在全世界的接納及影響過程重新建構起來的**霍布斯邦**，也提供了重新探究社會主義歷史的有效方式。

2. 社會主義者與東方主義　　對於鄂圖曼帝國與俄羅斯帝國，多數社會主義者都認為比起西歐的「文明國家」，他們是落後甚至「野蠻」的。故此，他們對於第二次摩洛哥事件的當事者——德法，就猶豫是否提出抗議；但同樣在1911年爆發、義大利與鄂圖曼針對的黎波里（今利比亞）展開的戰爭，他們則迅速且強力反對。即使從第二國際的組織結構來看，在歐洲與北美之外的國家，只有日本、阿根廷和南非被認可有派遣代表的權利。就像這樣，當時以西歐為基準認知架構的社會主義內部，隱約潛藏著**東方主義**的影子。當1908年哈布斯堡吞併舊鄂圖曼帝國的波士尼亞與赫塞哥維納時，奧地利和塞爾維亞的社會主義者之間產生了激烈的意見對立；就像這樣，東方主義其實也是社會主義內部的問題。

3. 社會主義與團結主義——從相互關係中思考　　在十九世紀的歐洲，同樣高舉「階級平等」這個目的，除了把階級鬥爭尖銳化的社會主義，另外也有以階級協調為理念的團結主義（solidarism）。如同德雷福斯（Michel Dreyfus）的論述，社會主義與團結主義的緊張關係，在法國互助會運動當中具有重大意義。源自手工業工匠互助組織等淵源的互助會（benefit society），在第二帝國期間協助帝國並拓展勢力。這段和國家權力與天主教會妥協，將女性包含其中的互助會運動歷史，跟造成政治與社會衝擊的社會主義不同，它展現了其他理念與運動的契機。從這裡出發，社會主義者是如何看待外部勢力（不限於團結主義）、又如何受其影響？這樣的問題自然就會浮現。社會主義並非自立發展的事物，而是要在相互關係中加以掌握，這樣的視角非常重要。

他們提倡總罷工、由工會來管理產業。法國的全國性工會組織 —— 總工會（CGT，1895年～）就是採用這種理念。

* **（俄國）民粹派**
參照 IV-18 注4。

* **艾斯艾爾**
參照 V-6 注2。

▷5 **俄羅斯社會民主工黨（RSDLP）**
1808年成立的政黨。1903年，該黨分裂成主張由職業革命家組成先鋒黨、一舉引領社會主義革命的布爾什維克派（「多數派」），以及主張應該和緩組織群眾，並隨著俄國的近代化、齊備社會主義革命各項條件的孟什維克派（「少數派」）。列寧為前者的代表。參照 V-6 注1。

* **去史達林化**
參照 V-16 注1。

* **霍布斯邦**
參照 IV-3 注2。

* **東方主義**
參照 V-23 。

歷史學的考察重點

① 社會主義者是透過怎樣的邏輯，來主張革命或改良？

② 社會主義者如何討論猶太人問題與民族問題？

③ 社會主義者對亞洲和非洲，展現了怎樣的認識？

④ 社會主義者和國家、宗教以及其他社會運動間，有著怎樣的相互關係？

V 西洋現代史的論點

凡爾登陣亡將士紀念墓園

倫敦郊區的購物中心
（Richard Baker/Crobis Historical/Getty Images）

大眾動員的時代——伴隨先進國家總體戰造成的大量死亡，以及牽動先進國家經濟的大眾消費

• 簡介 •

　　二十世紀被稱為「極端的年代」。它一方面是發生了兩次世界大戰與越戰等眾多「戰爭的世紀」，但另一方面在冷戰時期，先進各國也享受了「長久的和平」。在經濟大蕭條下，很多國家和地區墜入經濟深淵，但在這之後，人類也實現了前所未見的經濟成長。支配廣大領土的帝國消失蹤影，地球被主權國家徹底籠罩，但另一方面，富有地區與貧窮地區的分布情形並沒有出現太大改變。我們經歷了以猶太人大屠殺為代表的激烈種族主義，但另一方面，致力撤廢種族及性別歧視的潮流也形成了。自由主義、社會主義、極權主義、民族主義等各式思想和意識型態爭相競逐，成為國家與社會組成的基本原理，但到了二十世紀末，以新自由主義為內涵的自由主義式民主主義，已被看成是實質上唯一的全球典範。

　　這種種「極端」的動向為什麼會產生出來、彼此又有怎樣的關連？在怎樣的點上，可以看出它與直至近代的歷史之間的連續與斷絕？在這部現代篇中，我們選定了與這些問題密切關連的論點；每一個都是理解複雜多面向的現代史關鍵。（小野澤透）

1

帝國主義論

山口育人

【關連項目：世界體系理論、階級論（仕紳論、中產階級論）、帝國論、殖民地與現代／西方、第一次世界大戰原因論、東方主義與後殖民主義】

▷1　**瓜分非洲（Scramble for Africa）**
1880年代開始，英法等歐洲列強正式展開殖民地擴張，分割非洲大陸；到了二十世紀初期，除了衣索比亞和賴比瑞亞，非洲已被列強各國瓜分殆盡。

▷2　**南非戰爭（布爾戰爭，Boer War）**
英國意圖征服由荷蘭裔殖民者後代——布爾人（阿非利堪人，Afrikaner）所建立、世界首屈一指的鑽石與黃金產地，川斯瓦共和國與奧倫治自由邦。南非戰爭即為爭奪該國所有權而爆發的戰爭（1899～1902年）。1910年，英國將兩地併入已成為英國領地的開普殖民地，並成立白人自治領——南非聯邦（Union of South Africa）。

▷3　**「正式帝國」（formal empire）與「非正式帝國」（informal empire）**
「正式帝國」指的是殖民地等在法律上從屬宗主國的領地，「非正式帝國」則是名義上雖為獨立國家，但在經濟等層面受到外國控制、實質主權遭制約的領地或國家。

▷4　**「核心」與「邊陲」**
「核心」（Core）是指具備世界規模影響力、負責運作管理帝國體系的母國；「邊陲」（Periphery）則是指與帝國「核心」相連的周邊殖民地，以及被視為勢力範圍的從屬領域與國家。

史 實

十九世紀中葉的英國，在印度發生大叛亂（印度民族起義，1857年）後改由政府直接統治殖民地，但英國沒有向其他地方繼續發動領土擴張，而是擴大經濟影響力。從投資南美洲開始，英國強迫中國、波斯（伊朗）、鄂圖曼等國接受不平等條約，力圖擴大經濟勢力（在中國還發動了兩次戰爭）。另一方面，對於加拿大與澳洲等白人殖民地，英國則承認擴大當地自治。相對於此，在1870年以降的所謂帝國主義時代，英國和其他列強反覆爭奪殖民地與確保勢力範圍，進一步瓜分世界。在這個時期，包括1875年收購蘇伊士運河公司、將埃及「實質上」納為保護國（1882年）、**瓜分非洲**[▷1]與象徵告終的**南非戰爭（布爾戰爭）**[▷2]、阿富汗與緬甸納為保護國（1880年代）、東南亞與太平洋的擴大殖民等，都是清楚可見的發展。

論 點

1.「自由貿易帝國主義」論　1953年，加拉格爾（John Gallagher）與羅賓森（Ronald Robinson）發表論文〈自由貿易的帝國主義〉，大大改變了以往對帝國擴張的理解。他們主張，發起泛世界規模的經濟侵略，對英國來說相當重要；包括不平等條約、砲艦外交、對維持貿易所需的海上交通路線戰略要點合併等等，全都應該當成帝國擴張的一環。接著，他們不只關注**「正式帝國」**，也關注英國對中國與南美等**「非正式帝國」**[▷3]的投入，從而指出整個十九世紀，英國的帝國建設工程一直都很活躍且持續。因此，原先認為本世紀中葉對擴大殖民抱持消極態度的自由貿易體制「小英國主義」、與下半葉以降的帝國擴張時期這種二分法理解，也被迫修正。

此外，加拉格爾／羅賓森也很重視考量國家整體戰略必要性及經濟利益的政策負責人想法（「官方心態，official mind」）。當英國將目標從「非正式帝國」納入「正式帝國」時，通常是當局判斷各地局勢與國際關係很可能對英國造成戰略與經濟打擊之際。比方說，當做為聯繫印度與澳洲的海上通道、具戰略重要性的埃及與南非局勢不穩時，英國就將埃及納為保護國、發動南非戰爭，從而擴大帝國。因此加拉格爾／羅賓森認為，比起做為**「核心」**的英國母國，**「邊陲」**[▷4]的局勢更應該被視為決定帝國政策的主因。這和過去霍布森（John Atkinson Hobson）在帝國主義論經典《帝國主義》（1902年）認為當時列強競逐殖民地是為了尋求過剩資本輸出地、也就

是特定經濟目的，兩者有很大的理解差異。

2.「仕紳資本主義」論　將帝國擴張的動機歸因於特定社會集團、並予以再解釋的，是凱恩與霍普金斯的「仕紳資本主義」論。他們指出，包括持有大土地的貴族、仕紳階級（gentry）以及商業金融資本家，這個「仕紳資本家菁英階級」的利益，反映在帝國擴張上。該階級對國家機構擁有影響力，確保關鍵貨幣英鎊以及「倫敦城」做為國際金融中心的投資優勢地位，就變成了帝國的基準政策。另一方面，研究者也以「核心」母國的立場來解釋埃及納入保護國與南非戰爭。比起「官方心態」，凱恩／霍普金斯更重視金融利益的影響力；在這點上，也有人說他們是重振了霍布森的議論。另一方面，在指出透過「倫敦城」的金融力量，對**白人自治領**[◁5]、中國、鄂圖曼帝國、南美洲產生經濟影響力的重要性上，凱恩他們則和加拉格爾／羅賓森的論點有共通之處。

3. 全球史與霸權國家論　受到工業化的西洋各國與世界各地關係日益加深的影響，十九世紀的世界出現了資本、糧食、資源、工業製品的單一市場，也就是某種程度的全球化。就在十九世紀世界史的整體展開中，全球史關注歐美帝國膨脹所扮演的角色。不只如此，對於一邊以國際經濟聯繫與開放性為主軸謀求資本主義擴張，一邊進行海外膨脹的英國，不少論點認為應將它視為提供「國際公共財」、設定國際政經關係基本架構與規則的**霸權國家**[*]。立基於這樣的指摘，關注英國在地緣政治學、經濟、文化上的世界性影響力與網絡，這樣的研究方法可說是一種對「非正式帝國」論的重新評價。

▷5　**白人自治領**
以加拿大（1848年）為開端，對於澳洲（1850年代）各殖民地、紐西蘭（1852年）等白人定居殖民地，英國承認他們的責任政府，並委讓自治權。在1907年的帝國會議，這些重新被確認自治權的白人殖民地稱為「自治領（dominion）」。之後歷經一次大戰，各自治領落實了獨立的外交政策以及國際機構的代表權。在1931年的西敏憲章中，加拿大、澳洲、紐西蘭、南非聯邦、紐芬蘭、愛爾蘭自由邦等六個自治領獲得法律規定「享有地位上的平等……不論在國內或對外問題上，皆不從屬（於英國）」。

*　**霸權**
參照 IV-17 注2。

歷史學的考察重點

① 以「非正式帝國」的角度來看，十九世紀英國的海外進出行動，可以怎樣重新審視？

② 做為「瓜分非洲」的重要因素，「自由貿易帝國主義」與「仕紳資本主義論」在解釋上有哪些差異？

③ 英國「正式帝國」與「非正式帝國」的擴張，對十九世紀世界史有怎樣的影響？

2 殖民地與現代／西方

堀內隆行

【關連項目：世界體系理論、社會的規律化、帝國主義論、殖民地與環境、東方主義與後殖民主義】

史 實

　　十九世紀末，英、法再加上德國與美國崛起，各國競相擴大殖民，瓜分世界。在南亞和東南亞的大陸區，英國確立對印度的統治後將手伸向緬甸，法國則領有越南、柬埔寨和寮國。在東南亞的島嶼區，英國和荷蘭的統治範圍日益擴大，美國也將菲律賓納入殖民。在非洲，英、法加上德、意、比等國相繼踏足內陸。至於太平洋地區，則被英、法、德、美所分割。

　　另一方面，東亞的中國雖保持獨立，但被英、法、德、俄等國分別劃定了勢力範圍。在這樣的情勢下，日本繼1895年吞併臺灣後，1910年又合併了韓國。鄂圖曼帝國與卡札爾王朝治下的伊朗，也成為列強對立的場域。不只如此，南美各國在經濟上從屬於英國，而在中美洲及加勒比海地區，美國的影響力則日益增加。亞非殖民地的政治獨立要到二次大戰後才實現。

論 點

1. 初期的研究與依賴理論

　　殖民史研究，最早是從各殖民地的母國（如果是英國領的話，那就是英國）開始的。這些研究把殖民化看成是從「未開化」狀態邁向現代化（殖民現代化論）。相對於此，號召殖民地獨立的民族主義者則斷定，殖民化就是掠奪當地財富的過程。但接受西方教育的民族主義者，獨立後也向歐美學習，致力於本國的現代化。殖民母國與殖民地民族主義者雖然對立，但對於源自西方的現代「優越性」這點，倒是意見一致。

　　這樣的見解在1960年代到1970年代間，被提出**依賴理論**的經濟學者及社會學者發揚光大。他們認為殖民地的貧困並不是偶然或運氣不好，而是現代／西方的結構問題。依賴理論一方面以拉丁美洲和非洲的歷史為案例論述，但另一方面也遭到批判，說這種理論沒辦法適用於亞洲。

2. 後現代與後殖民主義的影響

　　在這之後，讓殖民史研究產生改變的，是從負面眼光重新看待現代的後現代主義，以及批判殖民主義的**後殖民主義**思想。比方說法國哲學家**傅柯**就認為，現代化不是個人自由的擴展，而是司法、教育、醫療等方面監視與規訓的擴大；這樣的影響也擴及到殖民史研究。此外，印度的民眾史研究——**從屬者研究**（從屬者為「庶民、底層階級」之意）在1980年代末受到後殖民主義理論家批判後，也有了新的進展。

▷1　**依賴理論**
（Dependency theory）
這種政經立場認為，殖民地的廉價勞動力與第一級產品，是以歐洲為中心的近代資本主義發展必要條件，因此殖民地的經濟依賴是必然且固定的。代表性論者包括在智利等地活躍的安德烈・岡德・法蘭克（Andre Gunder Frank）、以及埃及的薩米爾・阿明（Samir Amin）等人。華勒斯坦的世界體系理論，也被定位為依賴理論的一支。

＊　**後殖民主義**
參照 V-23 。

＊　**傅柯**
參照 I-25 注5。

▷2　**從屬者研究**
（Subaltern Studies）
後殖民主義者史碧華克（Gayatri Chakravorty Spivak）指出訴說壓抑人們故事的從屬者研究在記述上的問題點，對理論與歷史研究雙方都產生了影響。

關於傅柯的說法，也可以從朝鮮史的例子中看出。1990年代後半以降，韓國歷史學界的**殖民現代性**[3]論盛極一時。殖民現代性著眼在日本統治時期＝現代的朝鮮半島，包括時間、衛生、效率觀念的貫徹，以及做為團體組織一員的民眾規律化。這裡要留意的是，不只是統治當局，朝鮮人知識分子也渴求規律化。殖民現代性是為了克服「統治者支配／被統治者抵抗」這種二元對立結構而提出的論述。

3. 批判與殖民地責任論

從依賴理論到後現代、後殖民主義的研究，在討論殖民化時，都是去批判現代／西方本身。但另一方面，最近對以上這種切入視角，也出現了批判的聲浪。從屬者研究就被指責，過度受到後殖民理論者介入，使它變得太抽象且難以理解。殖民現代性雖然呈現了當地菁英階級的共犯關係，但也被批判說在這種理論下，反而掩蓋了殖民政府與統治者的嚴苛殘酷。

這樣的批判和近年以舊殖民母國為中心、肯定過往殖民統治的歷史修正主義興起有關。有研究者認為，在對抗歷史修正主義上，後現代與後殖民主義的理論力量都不足，必須要直接討論殖民時代的嚴苛與殘酷才行。這類研究者將關心寄予到**殖民地責任論**[4]。他們放大日本和德國的戰爭責任，也同步指責日德以外殖民母國的殖民地統治。

▷3 **殖民現代性（colonial modernity）**
殖民現代化，是把殖民化當成「從未開化狀態到現代化」，抱持肯定的態度。但另一方面，殖民現代性，雖然和殖民化在關於現代化的思考上有共通處，但也強調監視與規訓的擴大這種否定面向。

▷4 **殖民地責任論**
日本與德國的戰爭責任論雖是始於裁決戰爭罪的東京審判與紐倫堡大審，但殖民地責任論的追究面向則從道歉與國家賠償等等，一路擴及到對個人的補償。

東南亞的殖民地化（國名為獨立後名稱）

歷史學的考察重點

① 試以南非為例子，來討論依賴理論如何影響了歷史理解。

② 還有哪些對於殖民現代性的具體研究？

③ 面對批判後現代、後殖民主義理論的聲浪，這些理論本身值得擁護嗎？

3 殖民地與環境

水野祥子

【關連項目：哥倫布大交換、大分流、帝國主義論、殖民地與現代／西方、東方主義與後殖民主義】

＊ 彭慕蘭
參照 [IV-5]。

▷1 保育
關於保育（conservation）有許多議論。之所以如此，是因為一般在殖民地內部，做為自然資源管理的主體是殖民政府，而他們是為了持續利用資源，才會去限制當地居民接觸、利用自然資源。

史　實

　　近代歐洲各帝國的發展歷史，與全球環境的變化密切相關。歐洲各國為了追求食品與原料，紛紛開發殖民地。就像**彭慕蘭**所主張的，十八世紀的英格蘭之所以能脫離生態環境制約、產生重大分流，就是因為持有美洲殖民地。但另一方面，殖民地自然遭到大幅改變，到了十九世紀，人們已經認識到恣意開發資源導致的不良影響。就這樣，在十九世紀下半葉，歐洲殖民地為了持續且有效率地利用自然資源，便發展出近代科學的**保育**制度。比方說，英屬印度在1864年設立了森林局，開始由政府進行森林管理。這種森林政策屢屢對居民習以為常的森林利用方式設下限制，從而引起當地社會的抵抗。在戰間期的非洲東南部，當局開始提倡野生動物保護與土壤保育，但關於資源與土地利用的衝突也浮現出來。這些殖民地在獨立後，多數情況仍是由政府持續並強化資源管理，但在自然利用與保育議題上，政府、地方居民、NGO、國際援助機構之間的議論仍持續不斷。

論　點

1. 自然與殖民地主義　　1980～1990年代，亞非環境史家多半認為殖民時期是自然環境變化（惡化）的分水嶺，從而把自然資源的管理、利用的主體與方法的變遷，放在殖民政府與當地社會這種二元架構中分析。比方說，古哈（Ramachandra Guha）就主張承仰印度當局意旨的森林局進行商業化林務運作，導致印度的森林在殖民時期被急遽破壞。此外，森林局以「科學管理」為藉口，限制當地居民的森林利用，結果讓居民捨棄了資源保育的習慣，反而採用縱火燒林等手段來抵抗當局的森林政策。大衛・安德森（David Anderson）則表示，東非殖民政府在1930年代引進土壤保育政策，強力介入居民的土地利用，由此產生的抵抗導致了二戰後的民族主義發展。就像這樣，把自然當成資源、由殖民政府管轄，結果就是和當地社會產生隔閡，這樣的看法日益顯著。

2. 環境主義的起源　　另一方面，1990年代後半以降，有研究開始將歐洲殖民地萌生的資源保育思想與制度視為今日環境主義（Environmentalism）的起源。格羅夫（Richard Grove）就說，歐洲的植物學者雖然把模里西斯、聖海倫娜、西印度群島等熱帶島嶼看成是「樂園」，但到十八世紀紛紛開始指出森林破壞、土壤侵蝕、水源枯竭與氣候惡化之間的關係，並批判殖民地的恣意開發。他們透過跨歐洲、印度、澳

洲、非洲的廣大網絡交換資訊，形成一種保護水、土壤、植被、野生動植物等自然資源的思想。十九世紀中葉，東印度公司的醫務官（多半也是植物學者）等人呼籲為了木材持續產出與水源保持，應該在印度造林，這與森林政策的開始有關。巴頓（Gregory Barton）等人就主張，在印度確立的森林保育制度，於十九至二十世紀的轉換期擴散到非洲、澳洲、加拿大、西印度群島、東南亞等大英帝國各地，甚至也影響到美國。他們認為，在歐洲殖民地形成的資源保育思想與制度，向廣大人群普及，也讓今日的環境主義開始萌芽；對十九世紀末在西歐與北美展開的環境保護運動，更扮演了重要角色。

3. 在這之後的發展　就像貝納特（William Beinart）與休斯（Lotte Hughes）在《環境與帝國》中指出的，殖民政策究竟該看成對自然資源的剝削、還是該看成保育的開始，這種一分為二、且在兩者間無建設性議論的研究，其實是大問題。近年來，開始有人摸索同時包含雙方見解的歷史形象，並提出嶄新視角的研究。其中之一是批判古哈等人主張「殖民化以前的社會是與自然調和的共同體」這種見解，從多角化的方向重新檢討並研究殖民時期帶來的衝擊。第二是不以殖民政府與當地社會的二元對立架構來看事情，而是關目各自內部的多樣性與變化，以及兩者複雜且動態的交互作用。比方說西瓦拉馬克里曼（K. Sivaramakrishnan）就指出，印度的森林政策在印度各地未必一致施行。即使是引進統一的制度，但為了適應當地生態環境、應付居民抵抗、與稅務局的政策對立等各種狀況，不得不調整實際的管理方式。

另一方面，針對烏干達的土壤保育政策，與其他東非地區進行比較研究的卡斯威爾（Grace Carswell）表示，隨著土壤保育相關人士——**殖民地科學家**、行政官、當地首長、農民——的關係性，政策的內容與結果也會出現很大的差異。不只如此，**後殖民**時期對資源開發、保育政策的延續／非延續的研究，在思考今日國際保育議題、國家管理與當地居民利用權的矛盾等課題上，也是相當重要的。

▷2　**殖民地科學家**
（colonial scientists）
主要指隸屬殖民地的森林局、農務局等需要專業科學知識部門的歐洲人科學家／官僚，以及殖民地開發的科學顧問、參與其間的研究教育機構專家等等。

*　**後殖民**
參照 V-23 。

歷史學的考察重點

① 試思考自然與殖民主義、民族主義等政治上的關連。
②「殖民政府／當地社會」、「剝削／保育」，這樣的二元分析架構是有效的嗎？
③ 管理自然與利用自然的主體，他們之間是怎樣的關係？
④ 我們有可能建構出一種歷史形象，來涵納有關殖民政策的對立見解嗎？

4　第一次世界大戰原因論

小野塚知二

【關連項目：「德意志特殊道路」、帝國主義論、殖民地與現代／西方、威爾遜與美國的國際主義、第二次世界大戰原因論】

史　實

1914年6月28日，奧匈帝國的皇儲**斐迪南大公**[1]與妻子蘇菲，在前往該國併吞的波士尼亞訪問之際，在首都塞拉耶佛遭到一名出生在波士尼亞的塞爾維亞裔（以塞爾維亞為母語的）居民暗殺。換言之，塞拉耶佛事件最早是奧匈帝國內部的問題。奧地利認為這起事件有塞爾維亞王國參與，因此對塞爾維亞施壓，並於7月28日發出宣戰布告。為了抗議此事，俄國在7月30日發布總動員令，8月1日德國對俄國，3日法國對德國，各自發出宣戰布告。接著在4日，英國以德國侵害比利時中立為藉口，對德國發出宣戰布告，於是歐洲的主要國家，以德奧與英法俄（協約國）對決的形式，進入了戰爭狀態。日本也以英日同盟為藉口，很快在8月23日對德國宣戰，開始進攻中國與南洋群島。義大利雖是三國同盟的一員，但並沒有接受德奧的邀請參戰；雙面外交後的結果，他們反而在1915年5月加入協約國陣營參戰。美國則在1917年加入協約國陣營。就這樣，這場將世界捲入其中、人類史上最初的大型戰爭，讓開戰前串連世界、循環且圓融的「第一次全球經濟（first global economic system）」與**多邊結算機制**[2]完全遭到破壞。

論　點

1. 德國責任論

在一次大戰終戰處理的巴黎和會（1919年）上，主要基調是敗戰國德國和同盟國引起了這場大戰。在這之後，協約國（及其盟友）陣營的通說一直都是德國責任論。德國史家費歇爾（Fritz Fischer）在《邁向強國之路》（原書出版於1961年）中也認為，德國的「世界政策」與一次大戰中德國的戰爭目的（1914年「九月綱領」）有密切關聯。德國期望奧地利與塞爾維亞爆發戰爭，給予支援，接著更以自己的軍事優勢為背景，積極投入與俄法兩國的戰爭，因此德國的領袖該為開戰負起責任。這些論述主張，明明他國沒有開戰的原因，德國卻做了這種毫無意義的事，因此無論如何都必須負起戰爭責任。

2. 日本的通說及其改訂版

在日本，主要流傳的說法是「帝國主義列強的對外擴張政策加劇了衝突，結果導致大戰」，但像是法紹達事件或摩洛哥事件等衝突，都能透過外交折衝解決，因此這些衝突並不會直接導致開戰。此外，所謂**3B政策與3C政策**[3]的對抗、三國同盟與三國協約的對抗、泛鄂圖曼主義與泛斯拉夫主義的對抗，都被當成原因列入中學教科書，但不論哪一個都能被反駁。吉岡昭彥對多邊結算機制與國

際金融的潛在矛盾做了精緻分析，認為德國的金融脆弱性，是讓他們「放手一搏」的主因；這種分析將經濟史視角納入通說，但大戰要如何化解德國的金融脆弱性，這點仍然不明。

3. 歐美的研究狀況

在歐洲，隨著二次大戰後的德法和解與歐洲整合，境內爆發戰爭的可能性極小化，因此開戰原因（why）已經不構成確切主題，研究重點遂轉移到戰爭經驗、記憶、呈現方式等方面。此外，關注各國在外交、軍事上的作為與不作為等連鎖複合關係，描述如何（how）導致開戰的研究（克里斯多福・克拉克〔Christopher Clark〕等人）成為主流。另一方面，也有許多研究關注廣大民眾傾向開戰的社會氛圍（喬爾〔James Joll〕、貝克〔Jean Jacques Becker〕與克魯姆艾希〔Gerd Krumeich〕等人）。結果，一次大戰的開戰原因不只沒有被釐清，反而更加複雜化。

4. 各國共通的民眾原因——「繁榮中的苦難」

開戰前的四分之一世紀被稱為「第一次全球經濟時期」，在貿易、金融、人、資訊、技術移動等方面，全世界都密切相連，共享著前所未見的「繁榮」。然而，國際分工的深化，對每一個國家都必然帶來弱勢行業、地區的衰退「苦難」。因此，如何解釋這種「繁榮中的苦難」，就成了重要問題。社會主義試圖從資本主義的矛盾中尋找原因、自由貿易主義者則不認為有必要處理這種苦難；相對於此，最容易給出解答的是民族主義（國族主義）。本國理應享受的利益卻被他國侵害了，這種被害者意識加上對那些暗地串通他國的背叛者的猜忌，這樣的複合心理，是當時民族主義的特徵。這種被害者意識與猜忌在政治家和媒體煽動下日益擴大，結果導致民眾產生強烈意識，面對他國的經濟、文化威脅「要悍然自衛、對抗」。這樣的民眾心理與依附於民粹主義的政治及鼓吹民族主義的媒體相互作用，到了1910年左右已經在各國民眾內心形塑出明確敵人。隨著這種情緒被點燃，一次大戰於焉開始。雖然「如何（how）」導致開戰的研究已經非常多了，然而與塞拉耶佛事件無直接相關的英國與日本，「為何（why）」他們要一起參戰，這點還是有待釐清。上述的被害者意識民眾心理與「自衛」論，應可成為釐清的關鍵。

與3C的三角形，在地緣政治學上也風馬牛不相及，因此不會形成對抗。不只如此，對於巴格達鐵路鋪設所需資本，德國並無法自力籌備，還是得期待英法的資本參與，因此在這點上，把3B對3C的模式當成戰爭原因來考量並不適當。

歷史學的考察重點

① 試著以批判的眼光，重新檢討高中所學的通說。
② 比較看看一次大戰前與現在各國的民族主義有什麼不同。

5 威爾遜與美國的國際主義　三牧聖子

【關連項目：主權／主權國家／主權國家體制、殖民地與現代／西方、第一次世界大戰原因論、第二次世界大戰原因論、東方主義與後殖民主義】

史　實

歐洲爆發一次大戰後，威爾遜總統遵循美國建國以來的**孤立主義**傳統，宣布中立。而之後從中立轉為參戰，契機是德國發動無限制潛艇作戰。1915年2月，德國宣布不分敵對國或中立國，只要是向英國運送物資的船舶，就會用潛艇加以擊沉。同年5月，英國商船露西塔尼亞號遭擊沉，許多美國人因此犧牲。1917年4月，威爾遜以「為了民主主義的世界安全」為由，宣布對德參戰。威爾遜在參戰國情咨文中，也屢次提及「航海自由的原則受德國威脅」這件事。

1918年1月，威爾遜發表了關於戰後國際秩序的十四點原則。在這當中，威爾遜認為基於和平原則，應當廢止祕密外交，提倡航海自由、消除通商壁壘、限制軍備、平等對待殖民地人民、成立**國際聯盟**等主張。其中威爾遜特別重視國際聯盟，將之視為新國際秩序的基礎。國際聯盟將會取代大國勢力均衡、權力政治式的國際秩序，原則是「對加盟國一國的侵略，即被視為對聯盟全體的侵略」，以此建構一種集團安全保障體制。

可是，納入聯盟規章的**《凡爾賽條約》**並沒有獲得美國國會（聯邦議會）批准，因此美國未能加入聯盟。批准失敗的主因，是因為共和黨議員要求修正會讓美國無限制參與國際聯盟的規章，而威爾遜不願意妥協。聯盟在1930年代的國際危機當中沒能有效發揮功能。基於反省，二戰後美國國會對於繼承威爾遜國際主義形式創立的聯合國，以壓倒性多數表示支持。

論　點

1. 國際主義只有一種嗎？——各式各樣的世界參與

反對加盟國聯的共和黨議員，未必就是打算讓美國與世界孤立。做為國聯的替代方案，他們試圖摸索和歐洲各國定下明確且具體界定美國防衛義務協約的可行方式。1920年代，美國共和黨政府為了穩定亞洲太平洋地區國際秩序，召開了**華盛頓會議**；1928年，他們也主導締結了**《巴黎非戰公約》**。長久以來被視為「孤立主義」、遭到否定評價的共和黨外交政策，也因此被認為是追求另一種形式的「國際主義」外交。

另一方面，有部分批評意見也認為，威爾遜的國際主義並不徹底。威爾遜雖然高舉**民族自決**，但在巴黎和會上跟歐洲帝國主義列強達成妥協，只讓歐洲的一部分國家獨立。故此，威爾遜的外交政策被高舉反帝國主義、期望美國領導弱小國家的議員強烈批判，後續研究也不斷對此提出批

評。

2. 民主與和平是不可分的嗎？

威爾遜的國際主義，在後世產生出各式評價。對於這個意圖杜絕戰爭、建構和平國際政治體制的威爾遜國際主義，肯定評價認為它是充滿先見之明、「高瞻遠矚的現實主義」；但另一方面，否定評價則認為它把各國間的權力鬥爭看得太過簡單。

評價最兩極的，是威爾遜把民主與和平連結在一起。威爾遜把民主主義看成最完善的政治體制，相信民主國家的增加，與促進和平密切相關。可是，威爾遜的這種信念展現，最後卻淪為民主國家對拉丁美洲諸國的武力介入。民主體制與國際和平密不可分，這樣的前提正確嗎？就算是正確的，以武力促使他國民主化，是被允許的嗎，又是可能達成的嗎？直到今日，各式各樣的議論仍持續不輟。

3. 無法被克服的單邊主義

威爾遜的國際主義，並無法克服單邊主義。雖然世界必須透過聯盟來管理，但反過來透過聯盟管制美國的主權和行動，卻是不行的；對威爾遜而言，這是當然的前提。

對自身主權的固執，在這之後也成為美國外交的特徵。美國雖然對於創立聯合國有很大貢獻，但每當聯合國的決議對美國不利時，他們還是會使用否決權，因此一直有許多糾葛。美國的多邊主義，也被質疑是為了迴避單邊主義招致的批判，而提出的一種「偽裝的多邊主義」。

問題進行議論。之後締結了主力艦比例為英美5、日本3、法義1.67的海軍裁軍條約，尊重中國主權、保持領土完整、門戶開放的九國公約，維持太平洋地區現狀、發生紛爭之際應舉行共同會議的美英日法四國條約等條約，為亞太地區建構了一套嶄新的國際秩序架構。但是，相對於透過華盛頓會議、建構起一套新國際秩序的「新秩序」說，也有人認為會議打出的各原則僅止於口號，以美英日為核心角色的勢力範圍外交並沒有變化，也就是所謂的「舊秩序」說。

▷5 《巴黎非戰公約》
（*Pact of Paris*）
由美國國務卿與法國外交部長共同發起，因此又稱為《凱洛格─白里安公約》。1928年8月，除了美法之外，英國、德國、義大利、日本等當時的十五個主要國家都簽署了這項公約，強調放棄以戰爭做為國策手段，追求和平解決紛爭。在二次大戰前夕，當時超過九成的國家都已簽署或批准了這項公約。

＊ 民族自決
參照 IV-23 注1。

歷史學的考察重點 ::::::::::::::::::::::::::::::::::::

① 威爾遜的國際主義外交，和傳統的孤立主義是完全斷絕的嗎？它的極限又在哪裡？

② 反對國際聯盟的人們，也在摸索各式各樣的國際參與。他們對國際主義抱持著怎樣深刻的理解？

③ 威爾遜對民主與和平的思考，是否妥當？

6 俄國革命與蘇聯的成立

寺山恭輔

【關連項目：民族主義／國族主義論（從東歐出發的方法）、社會主義、史達林與農業集體化‧工業化、「短暫的二十世紀」】

史 實

一次大戰的俄國人民因總體戰而疲弊不堪，開戰之初舉國一致的氛圍，一下子就消失了。1917年3月，民眾與士兵爆發不滿，沙皇尼古拉二世宣告退位，羅曼諾夫王朝三百年的歷史也畫下終止符（俄國舊曆稱為「二月革命」）。約十年前日俄戰爭之際興起的各政黨（君主主義者、立憲主義者、社會主義等）組成臨時政府，掌握了權力；但另一方面，占人口八成的農民、工人、士兵代表蘇維埃（soviet，會議、議會之意）也組織化，形成和臨時政府對峙的「雙重權力」狀態。列寧率領的**布爾什維克**▷1宣示要讓權力移交給蘇維埃，在11月展開武裝起義奪權（在俄國稱為「十月革命」）。布爾什維克一方面宣布脫離大戰、土地國有化，另一方面因為自己未能在選舉中占多數，便於1918年1月解散制憲會議。接著在3月，他們和德國等交戰國單獨簽訂《布列斯特—立陶夫斯克條約》宣布停戰，並和反對締約的**艾斯艾爾**▷2左派取消聯盟，建立一黨體制（1918年起稱俄國共產黨）。1918年中，布爾什維克政府和反對派爆發內戰，反對俄國單方面議和的英法美日等協約國也為了顛覆布爾什維克政府，展開干涉戰爭。

農民奪取地主耕地、擴大重分配的土地革命持續進行，但毫無農村基礎的布爾什維克卻下令強制徵收穀物；另一方面，他們也將鐵路、銀行、大企業國有化，甚至禁止商業行為。這種無視資本主義市場機制的激進政策，被稱為「戰時共產主義」。布爾什維克在1920年左右大致贏得內戰與干涉戰爭，但強制徵收穀物的措施導致全國農民叛亂頻仍。為此，布爾什維克在1921年春天引進實物稅、同意剩餘生產可自由販賣、認可中小企業自由生產與商業活動，此即「新經濟政策」，通稱NEP。1921年大饑荒襲擊俄國，但在外國支援下度過難關，農業生產也順利復原。在這之後日本從西伯利亞撤退，俄國則合併了緩衝國「遠東共和國」，取得相當於俄羅斯帝國的領土。1922年底，蘇維埃社會主義共和國聯邦（蘇聯）正式成立。

論 點

1. 對二月革命、十月革命的看法　蘇聯的正統史學認為，會出現社會主義體制的十月革命，是包含二月革命在內的歷史必然發展。相對於這種看法，另外有認為自十九世紀大改革以來君主制發展相當順暢、因此二月革命並非必要的保皇派史觀，還有認為十月革命為之後史達林獨裁體制鋪路、是一場由陰謀家策劃的政變，在美國蔚為主流的自由派

▷1 布爾什維克
俄國共產黨的前身，意為「多數派」。十九世紀下半葉，資本主義在俄國逐漸發展、工人也日益增加；以他們為基礎，信奉馬克思主義的俄國社會民主工黨於1898年私下組黨。二十世紀初，該黨分裂成將黨員侷限於職業革命家的布爾什維克，以及致力成為大眾政黨的孟什維克（少數派）。參照 IV-26 注5。

▷2 艾斯艾爾（Eser）
社會主義革命黨的簡稱。黨員基礎是俄國國內占壓倒性多數的農民。他們將落後俄國的農村共同體傳統與西歐的社會主義思想結合，認為應該在不經過資本主義的情況下，創造出社會主義社會。該組織繼承了十九世紀下半葉廣傳的民粹派思想。參照 IV-18 注3與注5。

史觀（亦即把蘇聯統治體制看成極權主義的「極權主義」史觀）。在這些歷史研究中，可看見從俄國流亡的保皇派、以及自由派知識分子的影響。另一方面，西方陣營則出現了認為布爾什維克的行動是對應時勢的產物，因而擁護十月革命的英國史家**卡爾**[3]與多伊徹（Isaac Deutscher）。卡爾的《蘇維埃史》被西方陣營批為太過偏袒蘇聯；波蘭共產黨出身的多伊徹撰寫的史達林與托洛斯基等革命家傳記，則反過來被**馬克思主義**[*]者批判，說他太偏袒自由主義，但內容基於實證，因此學術評價很高。

2. 列寧的領導力、修正主義　按照馬克思主義的解釋，在農民占大多數的俄國，發動社會主義革命為時尚早；因此，若沒有無視於這種解釋、主導武裝起義的列寧強人式領導，就不會有十月革命。這樣的看法不只蘇聯，就連自由派史觀、卡爾、多伊徹的著作也這麼認為。另一方面，在各派領導階層之外，關注工人、士兵、農民、少數民族等各種團體，這種由下而上的社會史研究取向，在1970年代以降的美國蔚為風行。這些稱為修正主義的研究，雖然積極擷取蘇聯的歷史學紮實研究成果，不過也描繪在領導者以外、一般大眾積極推動革命的圖像；針對這點，他們對自由派史觀下臨時政府主導的歷史發展面貌，提出了質疑。

3. 民族問題與國際的影響　從民族問題與國際關係考察俄國革命，也是可行的途徑。以俄國革命為契機，芬蘭、波蘭、**波羅的海三國**[4]得以從多民族國家俄羅斯當中獨立，但期盼獨立的其他周邊地區則陸續遭到合併。當時亞非存在著眾多殖民地，布爾什維克高舉的民族解放這一口號，對他們產生了很大的影響。蘇聯以世界革命為職志，於1919年3月成立了共產國際（comintern，又稱第三國際）；在它的影響下，1922年設立的中國共產黨直到現在仍堅持一黨體制、行使強大的政治影響力。這就是明顯的例子。

▷3　**卡爾（E. H. Carr）**
1892～1982年。在英國外交部任職期間曾撰寫過杜斯妥也夫斯基、巴枯寧等人的傳記；1936年從外交部退職，撰寫了以自己親身參與的《凡爾賽合約》締結以降國際關係為主題的《危機二十年》（1939年），這本書對日後的國際關係理論產生了很大影響。戰後專注於蘇聯史研究，撰寫了《蘇維埃史》十四卷（1950～1978年）。著作《何謂歷史》（1961年）則充滿了對歷史學的深刻洞察。

＊　**馬克思主義**
參照 V-24 注2。

▷4　**波羅的海三國**
波羅的海沿岸的愛沙尼亞、拉脫維亞、立陶宛三國。1939年的《德蘇互不侵犯條約》祕密協定後被蘇聯合併，蘇聯解體後再度獨立。

歷史學的考察重點

① 關於二月革命、十月革命的原因，有怎樣的看法存在？
② 戰時共產主義與新經濟政策的差異為何？
③ 俄國革命的思想對世界各地，產生了怎樣的影響？

史達林與農業集體化・工業化　　寺山恭輔

【關連項目：愛爾蘭大饑荒、社會主義、俄國革命與蘇聯的成立、經濟大蕭條、「短暫的二十世紀」】

史　實

俄國共產黨標榜自身是工人政黨，在人口占壓倒性多數的農村並沒有基礎，因此透過新經濟政策（NEP）向農民讓步，才得以維繫權力。主導新經濟政策的列寧逝世（1924年1月）後，訴諸民族主義感情、高唱「**一國社會主義**」[1]的**總書記**[2]史達林與布哈林等人在黨內鬥爭勝出。1920年代中期，蘇聯的工商業及農業順利回復到大戰前的水準，這是新經濟政策的成果；但面對已達極限的老舊工業設備，若想整飭社會主義體制的基礎，就必須進一步工業投資。然而，在歐洲列強干涉戰爭以來，蘇聯被敵國包圍、無從仰賴外資，要從哪裡找到工業化資金來源，成了大問題。俄國經濟必須靠出口第一級產品來支撐；二十一世紀的俄國有石油和天然氣，但當時只有穀物和木材。在放棄強制徵收穀物的情況下，國家只能以農業稅和徵收價格來介入農業，至於農民該負擔到什麼程度，領導階層也有意見分歧。這場論爭最後由主張抑制農業稅、調高徵收價格，對農民採取和緩態度的右派史達林和布哈林等人擊敗了主張對農民嚴苛的左派。

可是，儘管給予農民自由能恢復農業生產，但1920年代中期的穀物徵收量並未如當局預想那般增加。這是因為能促使農民提供穀物的工業製品並不存在，結果讓國家反而向農民讓步、調升穀物徵收價格，導致工業化落後，也無法提供製品，使得當局陷入困境。穀物徵收量在1927年遽減，當局認為這是新經濟政策下的富農階級刻意不上繳、企圖逼使徵收價格上調、從而促成資本主義復活。於是自1928年起，蘇俄實施了類似戰時資本主義的穀物徵收、消滅富農政策（處死或流放），並將農民強制集中到集體農場。主導這項政策的史達林改變了自身立場，切割掉主張對農民穩健的右派，採用左派政策，集結部下樹立起獨裁權力。不只如此，史達林在1929年實施了第一次五年計畫，實施大規模工業化。自世界經濟中孤立的蘇聯並未受到美國經濟大恐慌影響，於是持續增長，蛻變成僅次於美國的工業國家。

論　點

1. 新經濟政策可能繼續下去嗎？——農民與農村研究　蘇聯正統史學高度肯定史達林的農業集體化、工業化政策。然而，在西方陣營則有研究者對新經濟政策時代、以及主導該政策的列寧與布哈林抱持肯定評價，從而將他們與在1920年代末期這個轉捩點放棄新經

▷1　**一國社會主義**（Socialism in one country）當時大部分的黨員都是依據古典馬克思主義理論，認為沒有西歐先進國家的革命、以及內部黨員對俄國的支援，俄國革命要持續下去會很困難。但是到了1923年，對歐洲革命的期待急速消滅，因此「在沒有歐洲的支援下，單靠蘇聯一國也可以執行社會主義政策」這樣的主張遂應運而生。

▷2　**（俄國〔蘇聯〕共產黨中央委員會）總書記**直到蘇聯解體為止，都是指最高領導人（赫魯雪夫時代是第一書記）。由來自全國代表參加的黨大會選出中央委員會，再從中央委員會選出政治局；政治局是黨的最高領導部門，負責日常重要決策。除了政治局以外，中央委員會還設有負責人事與組織問題、以及準備政治局審議事項的組織──書記處與組織局。這些組織雖然可以兼任，但1922年4月首次就任書記處首長──書記長這個職位的史達林，也身兼政治局委員。政治局並未設置局長這個職位。

濟政策、開啟獨裁體制的史達林加以區別。這類研究採用了反對正統史學的蘇聯史家著作，但對於同樣批判新經濟政策的極權主義論者而言，這種區別並不存在。如果沒有穀物調度危機，右派穩健的農業政策會持續下去、以不訴諸戰時共產主義的方式達成效果嗎？隨著這樣的問題被提出，也陸續有研究關注不照黨意運作的農村實際面貌，以及黨和農民之間的關係。

2. 國際狀況——對左轉的支持

也有研究者從國際局勢切入，來分析蘇聯為何放棄新經濟政策。隨著新經濟政策的引進，蘇聯的國際關係慢慢改善，但因為他們企圖透過共產國際與各外國的共產勢力攜手合作，所以和英國、中華民國等國關係惡化，1927年**戰爭威脅**[▷3]的傳聞更甚囂塵上。這種傳聞傳到了蘇聯農民的耳中，促使他們私藏穀物預備戰爭，使得穀物調度日益困難。

內戰與干涉戰爭，讓戰爭意識在許多黨員心中深植。對他們而言，過度關照農民、放任富農盈利的新經濟政策，是「革命的倒退」，也是一種背叛。為了國防工業化的推進，必須放棄新經濟政策；有研究者認為這些黨員的主張與不滿，被史達林巧妙地揀取出來，導致日後政策方針向左轉，因此由下而上對史達林的支持是存在的。

3. 其他問題

在新經濟政策時期，民眾享受較自由的社會生活，國內少數民族也透過民族語言，發展教育等各種文化（蘇聯版的優惠性差別待遇政策〔affirmative action〕）；雖然是一黨獨裁體制，但識字率及教育水準都有所提升；因為這種種現象，所以有研究者將之和1930年代以降的史達林時代相比，從而給予新經濟政策時期較高的評價。另一方面，史達林暴力且殘酷的農業政策在1932～1933年引發了造成數百萬犧牲的大饑荒，工人生活水準也極端低落，但他強力推動工業化，最後將德蘇戰爭導向勝利，這是值得肯定的；這種議論在近年的俄國被廣泛接納，俄國人民也把史達林重新評價成「最偉大的人物」。這種現象和普丁政府進行的重構歷史敘事有關。

▷3 （1927年的）戰爭威脅（The 1927 Soviet War Scare）
1920年曾攻擊過蘇維埃俄國的波蘭畢蘇斯基，於1926年透過政變掌權；由於蘇聯涉入英國國內政治，導致英國與蘇聯斷交；至於中華民國，1927年4月蔣介石對中國共產黨員展開攻擊（清黨），北京的張作霖則襲擊蘇聯大使館。蘇聯周邊的國際環境日益惡化，導致國民紛紛擔心西方對蘇聯展開攻擊。

歷史學的考察重點

① 在農民占多數的農業國家推動工業化，該採用怎樣的手段？
② 在農業政策上，右派與左派有怎樣的差異？
③ 史達林的政策屢屢被稱為「由上而下的革命」，為何會這樣？

8　經濟大蕭條

小野澤透

【關連項目：史達林與農業集體化‧工業化、混合經濟與福利國家、進步主義與新政、納粹主義、新自由主義】

史　實

1929年10月紐約股市股價暴跌，引發美國經濟恐慌，到了1931年發展成席捲整個資本主義世界的經濟大蕭條。雖然因國家而異，但商品價格與工資下跌、生產縮小、失業擴大、對金融體系失去信心等經濟惡性循環，都以世界規模在進行。主要國家中得以豁免的，只有在國際孤立下追求一國社會主義的蘇聯。

透過國際協調阻止恐慌擴大的各種嘗試都無效，因此各國都轉而維護本國的經濟利益。原本就採取高關稅政策的美國近一步拉高關稅率，十九世紀以來標榜自由貿易的英國也在1932年的渥太華會議中設立帝國內部的特惠關稅制度。英國在1931年、美國在1933年各自脫離金本位制，導致國際**金本位制**[▷1]崩潰。多國限制資本流動和貿易，人、物、資金的國際流動大幅縮減，世界貿易也分裂為好幾個貨幣圈與經濟區。

經濟大蕭條對許多國家都造成了重大影響。經濟自由放任主義式微，國家介入經濟的傾向日益強烈。美國的新政、德國的納粹主義、蘇聯的一國社會主義都是如此。雖然針對國民是否擁有政經自由與民主主義這點，各國方針不同，但以國家做為巨大經濟主體、主導國民經濟運作的傾向，則是一致的。經濟大蕭條為二十世紀中葉的「大政府」時代提供了養分。

論　點

1. 經濟學上的論爭與歷史學

經濟學在分析大蕭條的原因時，重視需求縮減（過少消費）的阿恩特（Heinz Wolfgang Arndt）等**凱因斯主義者**[*]，與重視貨幣供給量縮減的**傅利曼**[*]等貨幣主義者，兩派的見解對立。至於歷史學方面，雖然立足於經濟學上的對立，但也認為關於大蕭條的發生與擴大等原因及影響，應該要多方面考察。在這方面做出貢獻的，是秉持凱因斯主義、對大蕭條從發生到克服的過程展開歷史考察的特明（Peter Temin）。特明認為大蕭條之所以會擴大且持續，是因為內含通貨緊縮性質的金本位制架構所致。故此，當美國的新政與德國的納粹經濟政策引進不同於以往的擴張主義經濟政策時，人們的期待就會產生變化，並得以脫離大蕭條。

2. 霸權轉移論的視角

對於蕭條擴大與持續的原因，也有人著眼在世界經濟的結構變遷來分析。金德柏格（Charles P. Kindleberger）認為，為了世界的穩定，在大蕭條時必須有具備「伸出最後

▷1　金本位制

以黃金為法定本位幣、採取固定匯率制的貨幣制度。英國在拿破崙戰爭後將之法制化，自1870年代起擴大到歐洲，到了十九世紀末已擴大到南北美洲、以及包含日本在內的東亞（中國除外）。和黃金兌換的英鎊是關鍵貨幣，也是英國占經濟優勢、以倫敦城為中心的多邊結算機制之基礎。國際金本位制隨著一次大戰而停止，在戰後雖然部分復甦，但經濟大蕭條後徹底崩解。

＊　凱因斯主義

參照 Ｖ-9 注2。

＊　傅利曼

參照 Ｖ-21 注3。

▷2　國際貨幣基金（IMF）與世界銀行（IBRD）

兩者都是在1944年布列敦森林會議時設立的國際金融機構。IMF是為了兼顧自由匯兌與通貨穩定，進行短期融資的機構，IBRD（全名為國際復興暨開發銀行）則負責戰後復興開發的長期融資任務。IMF的

援手」能力與意志的「霸權國家」出現；他從這種「霸權穩定論」的立場出發，來對大蕭條的機制進行分析。十九世紀的霸權國家英國慢慢失去了經濟競爭力，霸權實力日益低落。另一方面，經濟上逐漸凌駕英國、透過一戰從債務國轉為債權國的美國，雖然具備了成為新霸權國家的能力，但並沒有擔負這種重責大任的意志。因此美國雖然提供了戰後歐洲經濟的資金需求，從而維繫歐洲的政治與經濟穩定，但高關稅政策也導致世界經濟的持續不均；在1928～1929年，隨著國內股票市場景氣，海外的資金開始撤回國內。當大蕭條開始後，美國不只沒有對海外更難償還債務的借款者伸出援手，還加緊回收債權。根據霸權穩定論的說法，欠缺霸權國家自覺的美國，其行動正是導致蕭條擴大與長期化的主因。

3. 給戰後世界的教訓

隨著二次大戰帶來的巨大戰時需求，各國終於從大蕭條中脫離。以英美為首的同盟國，從戰爭期間就開始交涉並建立新的國際經濟制度。在1944年的布列敦森林會議，各國同意設立**國際貨幣基金（IMF）與世界銀行（IBRD）**[◁2]，1947年又達成協議設立「**關稅暨貿易總協定（GATT）**」[◁3]。這些通稱**布列敦森林制度**[◁4]、做為戰後國際經濟的制度架構，目標都是要迴避大蕭條時期的經濟分裂，並致力於建立「自由開放世界」。不過在此同時，它也是一個承認各國自律經濟運作、致力於完全就業與增進國民經濟福祉的「大政府」包含其中的架構。這種兼顧國際與國內穩定的妥協架構，被國際政治學者瑞吉（John Gerard Ruggie）稱為「鑲嵌式自由主義（embedded liberalism）」。在這個架構有效存在的戰後四分之一世紀間，世界經濟高度成長，但整體經濟貿易與國際資本流動所占比例，比一戰前的水準要低。這方面的流動占比上升、以及侵蝕各國經濟自律性的全球化加速現象，得要等到世界經濟成長遲緩、「大政府」解體的1980年代以後了。

援資對象在二戰後初期以先進國家為主，但在1970年代後則以開發中國家為主。1980年代以降，IMF和IBRD強迫難以償債的各國進行緊縮性「結構調整」，主導了新自由主義經濟體系的擴大。

▷3 **關稅暨貿易總協定（GATT）**
1947年簽署、以貿易自由化為目標的架構協定。原來是定位為比起貿易自由化、更具全面性權限的國際貿易組織（ITO）的一部分，但因為美國議會反對，ITO無法實現，於是GATT遂成為推進戰後貿易自由化的基本架構。GATT進行了八次多邊貿易談判，在廢除進口限制及降低工業製品的關稅等方面有相當進展。1995年發展成世界貿易組織（WTO）後解散。

▷4 **布列敦森林制度（Bretton Woods system）**
二戰後以美元為關鍵貨幣的國際貨幣制度。由於各國貨幣緊盯與黃金掛鉤的美元（固定匯率制），因此也被稱為黃金—美元雙本位制。在美國經濟地位相對低落、美元也貶值的1960年代，為了維持通貨穩定，在各先進國家協調下，訂出用來補足美國黃金儲備的特別提款權（SDR）等措施，該體系得以維繫一時。但1971年美國尼克森政府宣布美元停兌黃金，於是制度徹底瓦解。1973年國際貨幣制度轉為浮動匯率制。

歷史學的考察重點

① 關於經濟大蕭條的原因，你有怎樣的看法？

② 經濟大蕭條對各國政治與國家的樣貌產生了怎樣的影響？

③ 經濟大蕭條的教訓，在二戰後的國際制度當中，以怎樣的形式反映出來？

9 混合經濟與福利國家

坂出健

【關連項目：資本主義論、軍事財政國家論、俄國革命與蘇聯的成立、史達林與農業集體化‧工業化、經濟大蕭條、進步主義與新政、納粹主義、第二次世界大戰原因論、新自由主義】

史 實

　　俄國革命與經濟大蕭條，讓人民對共產主義（計畫經濟）體制產生期待，並加深對資本主義（市場機制）體制的不信任感。眼見1930年代大蕭條、對市場機制機制不全深感危機的情況下，先進資本主義各國紛紛推動稱為「混合經濟」（Mixed economy），亦即由政府透過財政金融手段介入經濟。這樣的經濟政策，包括了德國以軍事為重點的「納粹經濟」、美國以公共事業為重點的「新政經濟」；在英國實施的政策，則是日後發展為「福利國家」（Welfare State）的基礎。

論 點

1. 混合經濟——福利國家或戰爭國家

　　融合了市場經濟與計畫經濟的混合經濟，以經濟史的意義來說，是指原本由資本家繳納稅金給國家的這一階段，透過所得重分配機制，轉變成由勞工繳納稅金給國家。在十九、二十世紀之交，英美法德等先進資本主義各國的經濟，從自由競爭轉變成以壟斷為原則的形式。另外，國家也擴大經濟介入，從兩次大戰到冷戰時期，有的是增加軍事費用等國家安全預算，有的則是增加福利年金等社會保障預算。前者可說是「軍事財政國家」論的現代版——戰爭國家（艾格頓，David Edgerton），後者則可歸納成**福利國家**（艾斯平—安德森〔Gøsta Esping-Andersen〕等人）。經濟史家在討論「歐美各國的國家介入形式，是否會因時期不同，而有分別發展成戰爭國家與福利國家的傾向」時，一方面會綜合分析各國的軍事戰略環境，以及勞工要求資本家及政府提升薪資或社會給付的類型，一方面也持續展開論爭。

2. 從古典經濟學派到凱因斯主義經濟學

　　自亞當斯密與李嘉圖以來的古典經濟學者都認為，透過供給需求機制，價格會自由波動，讓勞動市場及貨幣市場均衡，因此政府不需要介入經濟。在發生經濟大蕭條的資本主義危機後，經濟學者對這種前定和諧的信念產生動搖，從而認為有必要提出新的經濟政策與理念。在這種狀況下，總體經濟學的開拓者凱因斯，在《就業、利息與貨幣的一般理論》中關注總需求的切換對總產出的短期效果，認為必須由國家介入公共事業等經濟，來解決這個問題。另一方面在美國，在管理學領域發現「近代股份有限公司的所有與經營權分離」現象而著稱的法學家柏利（Adolf Augustus Berle Jr.）、以及經濟學家敏斯（Gardiner Coit Means）等國民計畫派，則主張自由競爭式資本主義正轉移

▷1　**福利國家**
艾斯平—安德森認為，福利國家可以從三個觀點來測定：第一，個人或家族不論勞動市場化的有無，在社會上是否都能維持一定生活水準？（參加支援指標）第二，因應職業別和社會階級別的不同，給付落差到達什麼程度？（平等化指標）第三，家族支援是否充足？（家族支援指標）從這裡又可分出三個類型：自由主義政府（英美等盎格魯撒克遜國家）、社會民主主義政府（瑞典、丹麥等北歐各國）、保守主義政府（德法等歐陸國家）。

到由少數產業領導者管理的制度式資本主義,「為了去除伴隨壟斷現象而來的所得分配不均,必須建立能創造出有效需求的經濟運作模式」。這樣的主張和**凱因斯主義**^{▷2}為了克服大蕭條而提出的積極財政支出政策不謀而合。

3. 第二次世界大戰原因論爭與「戰爭國家」、「福利國家」　1930年代以降政府對經濟的干預,在各國具有怎樣的特徵?其中最常被提出來的,是「納粹主義」與「羅斯福新政」的對比。另一方面,艾斯平—安德森則將政府強力主導所得重分配的福利國家(或稱福利政府)分成三個類型:1.重視市場的自由主義政府(英美等盎格魯撒克遜國家)、2.重視政府與工會的社會民主主義政府(斯堪地納維亞各國)、3.重視天主教等宗教團體與家族的保守主義政府(歐陸各國)。這種將英美與德國等歐陸國家進行類型比較的視角,和第二次世界大戰原因論爭遙相呼應。「正統派命題」(霍費爾〔Walther Hofer〕等人)就認為,希特勒在發動戰爭前,很早就已開始計劃建構一種東方帝國。相對於此,**泰勒**[*]則在《第二次世界大戰的起源》中主張希特勒並未深思熟慮,而是投機主義者。

話說回來,「侵略性強悍的戰爭國家德國」與「和平且弱小的福利國家英國」的對比形象是正確的嗎?艾格頓明確否定了這種對比。他在《戰爭國家英國——反衰退與非福利的現代史》實證批判了戰間期英國縮減軍備的「神話」;他主張英國並不是和平主義,而是因應需求行使軍力、支持自由開放國際秩序的自由派軍國主義,現代英國史也應該改寫成「戰爭國家」史才對。

此外,艾斯平—安德森將1970年代的停滯性通膨(stagflation)看成「資本盯緊黃金時代」的告終,以及福利國家面臨的危機。如此這般,我們應該超越類型論,不再執著於「福利國家」、「戰爭國家」的區分與論述,而是實際究明各國的狀況。

▷2　凱因斯主義
以英國經濟學者凱因斯的《就業、利息與貨幣的一般理論》為先聲的總體經濟理論。提出「為了脫離大蕭條,必須由政府創造有效需求」這種基本認識,倡導積極財政政策與緩和金融政策的必要性。在這之後,雖然並不見得按照凱因斯的理論,不過一方面維持政治上的自由主義,一方面透過「大政府」積極調整總體經濟的指標性經濟政策,都會被形容成「凱因斯式」的作風。為了應對大蕭條而實施的各項政策,最後建構出「大政府」的典型例子,就是美國新政。

* 　泰勒
參照 V-14 注4。

歷史學的考察重點

① 請分別敘述福利國家的三個類型。
② 古典學派經濟學與凱因斯主義經濟學,在市場觀上有怎樣的差異?
③ 福利國家為何會陷入危機?

10 進步主義與新政

中野耕太郎

【關連項目：民族主義／國族主義論（從南北美洲、西歐出發的方法）、經濟大蕭條、混合經濟與福利國家】

史 實

美國的二十世紀上半葉，經常被稱為「改革的時代」。這種歷史性的社會改良，興盛期大概有兩波頂點：從二十世紀初到一戰間興起的「進步主義」（Progressivism），與1930年代大恐慌時期出現的「新政」（The New Deal）。前者與十九世紀美國農業社會急遽工業化、都市化的時期相符。對成為新社會問題的壟斷企業設下規範、都市公共衛生改善、以及包含女性參政權的政治民主化等，都是他們廣泛追求的目標。

另一方面，後者的新政則是以斷然脫離1929年經濟大蕭條為目標，更中央集權式的政策群；包括國家對工會的保護與失業救濟、以老人年金為主的社會保障等政策，都被確實推動。二次大戰以降，雖然重點轉移到**凱因斯主義**[*]式的積極財政政策上，但直到1970年代中葉為止，它都為美國奠定了福利國家的基礎。

既然如此，那這兩座名為「改革」的高峰有怎樣的關係？形成改革政治的歷史脈絡，應該視為同一源流嗎？它們的思想系譜又是如何？歷史學者長久以來，一直在議論這兩項「改革」的連續與非連續性。在此集中討論的，是應該如何看待「進步主義」的歷史性格。畢竟，這股名為進步主義的思潮，其中也包含了以禁酒令為代表的道德規範，因此歷史評價的涵蓋範圍也很廣泛。

論 點

1. 地位革命論

對進步主義的歷史研究，在1950年代隨著**諧和史學**[◁1]的發展有了很大進展。在這當中霍夫斯塔特（Richard Hofstadter），特別著眼在「進步主義者」中有很多地方仕紳子弟這點，認為他們正面對急速工業化、大眾化下喪失社會地位的不安。換言之，中產階級年輕人提倡的「改革」，其實是對二十世紀新時代的保守反動，在心情上「也是承繼自農村的福音主義與新教傳統」。故此，在這個運動中普遍存在著對舊式個人主義的拘泥，以及道德主義主張。另一方面，對霍夫斯塔特而言，新政是更實用主義、接近「經濟實驗作業」的政策群，因此在兩個「改革」之間有著巨大的斷層。

2. 組織史學的解釋

相對於此，1960年代維伯（Robert Huddleston Wiebe）等稱為**組織史學**[◁2]的研究群，則認為主要的「進步主義者」是新興企業家與專業工匠等「新中產階級」，反而是一群

---

* 凱因斯主義
參照 V-9 注2。

▷1 諧和史學（consensus school）
這個學派不從階級與階層間持續的對立與紛爭來理解美國史，而是關注跨越經濟利益與時代、共享的保守價值規範或政治文化，並加以敘述。知名人物有霍夫斯塔德、布爾斯廷（Daniel Joseph Boorstin）等。

▷2 組織史學
（organizational synthesis）
重視近代大企業與行政機構全國化、官僚化的美國史敘述方式。特別關注接受高等教育的專門工匠與技術官僚等新式菁英，以及他們基於技術與科學的思考模式。代表人物有錢德勒（Alfred DuPont Chandler Jr.）、維伯等。

更加適應都市化、工業化的存在。據維伯所言，進步主義不是對二十世紀巨大組織與官僚主義的保守反動，反而是在新秩序形成之際的主要角色。這種重視進步主義現代面的評價，強化了它與包含新政在內的後續「改革」連續說。

這種組織史學的解釋，對1970年代末霍利（Ellis Hawley）與1990年代豐茲（Olivier Zunz）的1920年代論也有強烈影響。他們認為以進步主義為胚胎、以科學技術方式解決問題，經過一次大戰的總體戰增幅，1920年代萌生了由專家和技術官僚主導的政治經濟體制。這種解釋和霍夫斯塔特主張「進步主義的性格（ethos）在一戰的國家動員及戰後的政治保守浪潮下已消失殆盡」的看法有顯著差異；反之，做為新政國家的先行者，戰間期可視為進步主義「改革」的遺產。

3. 全球化的思想轉移　　1980年代後半，美國的進步主義研究出現新趨勢，那就是研究十九二十世紀之交、西歐諸國「社會性政治」的蓬勃交流現象。比方說，克洛彭柏格（James Kloppenburg）就注意到大西洋兩岸實用主義哲學的發展，指出美國和西歐的知識分子形成了一種環大西洋的「言論社群」。羅傑斯（Daniel T. Rodgers）則注意到進步主義左派與英國工黨知識分子的人脈關係，認為美國的社會改良也是「北大西洋世界整體政治與思想運動的一環」。從實踐全球化歷史敘述的羅傑斯等人立場來看，諧和史學與組織史學的論爭，其實都陷入「民族國家界線的分析牢籠中」，因此都該批判。但是這種全球化視角的前提，是廣義的社會民主主義傳播與接納，在這層意義上，他們與強調「進步主義和新政連續性」的議論，在調性上比較吻合。

歷史學的考察重點

① 歷史中的「進步」與「保守」是什麼意思？

② 擔任改革政治推手的是些怎樣的人？他們來自什麼階級、過著怎樣的職業生活，又抱持怎樣的世界觀？

③ 在歷史中，亙久不變的價值與習慣，是什麼意思？反過來說，若是在某個時期出現了根本上的斷絕，又是什麼意思？

11 法西斯論

石田憲

【關連項目：義大利統一運動、民族主義／國族主義論（從南北美洲、西歐出發的方法）、第一次世界大戰原因論、混合經濟與福利國家、納粹主義】

史 實

宣布參加一次大戰後，義大利的輿論一分為二。原屬社會黨的墨索里尼轉為積極參戰論，在戰後主導了以退伍軍人為中心的法西斯運動。這種嶄新的政治手法和未來主義等顛覆既有傳統的藝術運動攜手合作，後來也推動近代主義建築家的都市計畫，成為法西斯現代化論的肇始。後面會提到的菲利斯（Renzo De Felice）就指出，這樣的法西斯是由「正在崛起的某種中間階級」所支持的。1922年，成功奪取政權的法西斯黨，成為對抗社會主義與自由主義的第三主軸，雖然它以義大利特殊的本土發展脈絡來自我規範，但也可看見法西斯國際等國際脈絡的意識行動。雖然它在否定反猶主義等方面和德國的納粹主義明顯不同，但1920年代後半，隨著獨裁體制的確立，義大利也明顯朝擴張主義發展。另一方面，雖然它試圖透過社會參與和公共事業來廣納周邊，但暴力鎮壓與動員為主的體制性緊縮仍持續進行。

1930年代，法西斯為了顛覆後進帝國主義國家的劣勢地位，開始投入軍事，並力圖將極權主義體制化。接著，趁1935～1936年的**衣索比亞戰爭**[◁1]、1936年介入**西班牙內戰**[◁2]的機會，它與納粹德國的合作日益深化，並在反共主義、種族主義的趨向下，邁上日德義三國同盟之路。隨著納粹德國在經濟、軍事上的日益優越，法西斯義大利雖與奧、匈等國加強合作，但已經失去了思想上的領導性。原本強調革命性格的法西斯，便與西班牙的佛朗哥體制這種權威主義建立合作關係；包括國內君主制的並存，法西斯越來越難標榜自身的純正意識形態。結果，原本應該以「戰士之國」為目標的義大利，在參加二次大戰後卻連遭敗績，1943年法西斯體制發生內亂，墨索里尼被宮廷派逮捕、幽禁。後來墨索里尼雖被希特勒派遣的特殊部隊解放、以德國傀儡之姿在北義大利建立薩羅共和國，但他在1945年被處死，法西斯的時代也宣告終結。

論 點

1. 從古典解釋到修正主義解釋　諾爾特的《法西斯的時代》著眼於法西斯的運動層面，試著將它與歐洲各國同時代的政治現象進行橫向比較。菲利斯的《法西斯論》雖是對包含諾爾特在內、一直以來的法西斯論進行整理，但他並不滿足於以**馬克思主義**[*]為代表的「反法西斯」視角來掌握法西斯，而是把它當成跨國架構的歷史現象來加以討論。可是，

▷1　（第二次）衣索比亞戰爭
為了一雪十九世紀末歐美勢力在非洲的首次敗北之恥（也就是第一次衣索比亞戰爭），墨索里尼在保守派支持下發動了一場法西斯對衣索比亞的侵略戰爭。可是，這讓他們受到國際聯盟的首次制裁，也讓義大利更被國際孤立。

▷2　西班牙內戰
1936年7月開始的西班牙內戰，呈現出「民主主義對法西斯主義」的樣貌，也招致了國際干涉。義大利在衣索比亞事件的制裁解除不到一周內就開始支援叛軍陣營，這讓國內的矛盾與不滿更加激化。

*　馬克思主義
參照 V-24 注2。

這兩位德義的代表性保守史家，也受到極權主義論影響，傾向強調納粹與法西斯的「穩健」面向。而他們在比較兩者的同時，也注重討論歷史固有性，更嚴厲批判兩者政治上的壓抑性，因此被當成修正主義者而為人所知。

2. 透過實證分析進行克服的嘗試　　「要定義法西斯，首先最重要的就是書寫法西斯的歷史。」正如塔斯卡（Angelo Tasca）所述，脫離狹隘的論爭之際，研究者必須深化更加實證的歷史研究。從日語文獻來概觀，比方說魏柏曼（Wolfgang Wippermann）《被議論的過去》中所介紹的德國納粹研究，儘管只是列舉個別事件，但還是闡明了當時的多元實況。至於義大利，相對於菲利斯浩瀚的墨索里尼傳那種向獨裁論傾斜的立場，博比奧（Norberto Bobbio）的《義大利意識形態》則試圖把法西斯放在相對位置，將它視為是一種二十世紀的政治思想，來還原其面貌。北原敦的《義大利現代史研究》則將法西斯的二十年與抵抗運動相比，進行多邊分析。

3. 包含日本在內的比較性探索　　迄今為止的歐美法西斯論，對於歐洲以外的「法西斯」，總是會打上一個大大的引號，但是將日本加入這種比較當中，是可能的嗎？丸山真男《現代政治的思想與行動》收錄了有關法西斯論的各種論考，並嘗試與日德比較、建立起普遍的法西斯論，這點直到今日仍帶給研究者重要的啟發。在這之後，像山口定《法西斯》這樣關注非歐美地區的案例，在思想、運動、體制等形式上加以類型化的研究也出現了，但政治學與歷史學的跨領域研究仍相當匱乏。石田憲《日德義三國同盟的起源》則關注以往不曾論及的日義比較。朝向個別化、專門化邁進的實證研究，該如何填補普遍性說明與特殊性論述間的鴻溝，仍需持續努力。

歷史學的考察重點

① 在歷史比較方面具有時間縱軸、地區橫軸延伸性的法西斯論，可以怎樣討論？
② 強調歷史的特殊性或固有性，為何經常與「正當化分析對象」有關？
③ 架起歷史學與政治學的橋樑，代表了怎樣的意義，而我們又該如何讓這種探究成為可能？

12 納粹主義

藤原辰史

【關連項目：民族主義／國族主義論（從東歐出發的方法）、經濟大蕭條、混合經濟與福利國家、法西斯論、猶太人大屠殺】

▷1　納粹主義（Nazism）國家社會主義（Nationalsozialismus）的簡稱，也就是納粹分子（國家社會主義者）的主義。為了和國際主義對抗，它主張透過種族主義達成國民一體化，並在這個架構下促進人群平等。

史 實

1920年2月，在戰後一片混亂中，一個標榜反猶太主義、反共產主義、反凡爾賽體系、前身為「德意志工黨」的政黨，改名為國家社會主義德國工人黨，納粹黨就此誕生。一開始，這個政黨不過是以在德國實施國家社會主義（**納粹主義**^{◁1}）為目標，一個極小的政黨罷了。但是，隨著1920年代後期的經濟蕭條與1929年的經濟大蕭條，在人們對政府的不滿高漲中，納粹黨的得票數急遽成長，到了1933年1月，黨魁希特勒被任命為總理。基於民主程序獲得政權的希特勒，在這之後鎮壓其他政黨，制定了全權委任法，創造出納粹黨主導的獨裁國家。納粹國家為應對失業問題，除了推進冬季救濟事業等福利政策外，也力圖創造就業。特別是1935年3月的重整軍備宣言以降，他們讓軍需產業活躍起來，從而確保了就業；當他們獲得政權的時候有六百萬人失業，但之後這個數字幾乎減到了零。

1936年9月開始，納粹以建構準戰時體制為目標，引進第二次四年計畫，將從重工業到農業，全都至於政府主導的經濟運作下。他們積極引進新技術，致力於普及廉價且大量生產型的收音機和汽車；但是，就像圖茲明白指出的，納粹的經濟政策是一種臨陣磨槍的產物，它的弱點只能靠著反猶太主義、宣傳，以及邁入戰爭後對占領地資源與勞動力的掠奪來填補，換言之就是一種走鋼索式的經營。

1939年9月，德國投入第二次世界大戰；隨著初戰的勝利，他們開始議論包含國內的歐洲全境開發計畫。這時候，他們致力的目標是一種都市和農村融合的開發構想、以及歐洲圈內的廣域經濟圈構想，也就是和英美型殖民地主義相異的秩序。但是，隨著他們敗象日益濃厚，對一直以來支撐著德國國內經濟的中東歐剝削也日趨激烈，許多經濟計畫也隨之挫折。又，上述的構想跟種族遷徙與選別是成套的，而這套種族主義也與猶太人大屠殺有著密切相連。

論 點

1. 納粹是一種現代化　　戰後，隨著納粹的惡行公諸於世，研究者多半將納粹視為反近代西歐理念、一種野蠻的「棕色黑死病」（The Brown Plague）。為了反駁這種將納粹與現代化一刀兩斷的立場，德國史家達倫多夫（Ralf Dahrendorf）在1965年的著作中提出，納粹在操作保守的政治議題時「無意間帶來了現代化」，而這種現代化又形成了西

德民主主義的基礎。不只如此，美國史家舍恩伯姆（David Schoenbaum）在1966年的著作中也說，納粹領袖給予社會上昇的機會、致力於農業集約化、並實施合理的創造就業計畫，在社會的各個領域都實施了「有意識的」現代化，因此可以稱之為「希特勒的社會革命」。舍恩伯姆更形容，希特勒是「在近代德國史的潮流正中央游泳」。這和「日本與德國戰後，或稱戰時『**總體戰**』體制所帶來的變化延伸」主張，也就是所謂的「總體戰體制論」有著密切關連。

2. 納粹稱不上是現代化

對上述現代化論的批判聲浪陸續湧現。馬茲拉特（Horst Matzerath）與伏克曼（Heinrich Volkmann）等史家就認為，舍恩伯姆等人所謂的「現代化」定義相當曖昧，而不管從社會流動性、工資收入、法律安全性等領域來看，納粹都沒有達成現代化。魏柏曼就說，「稱納粹這種犯罪體制為『現代化』，或用日常德語當中的積極概念來形容，這種做法實在令人疑慮。」對於將納粹與正向事物相互連結，他們大加排斥。

3. 納粹是現代的病灶

針對以上論爭，既是**韋伯**研究者、同時也留下關於威瑪共和國與納粹主義思辨研究的歷史學者佩克特（Detlev Peukert），在《民族同胞與社會的異端分子》中做了這樣的陳述：「在某個社會中，若是正常且現代的事物與法西斯式的野蠻密切結合，則理所當然會呈現現代本身的病灶與扭曲問題。」換言之，他認為僅從納粹主義蘊含的現代性去理解納粹的現代化論並不足夠，必須以批判現代的脈絡來重新理解納粹才行。在圍繞著納粹的論爭中，雖然有史家質疑「這種野蠻行為能否拿來比較」，但諸如佩克特把野蠻行為看成是萌芽於現代理性主義的論點，以及像圖茲這樣把它看成一種狂亂現象、用來支持種族主義與經濟政策杜撰合理性的論點，這樣的質疑也串起了這兩種論點。

▷2　**總體戰**（total war）
特別指一次大戰與二次大戰的戰爭概念。不只戰場的士兵，後方社會、特別是女性與老人也要支持全面戰爭，因此他們也是戰爭的受害者。這種現象就稱為總體戰。

▷3　**韋伯**（Max Weber）
1864〜1920年。主要著作有《經濟與社會》、《新教倫理與資本主義精神》等。論證近代社會理性主義基礎的產生，為社會科學方法論奠定基礎，對後世的人文社會學者留下深遠影響。參照 I-23 注3。

歷史學的考察重點

① 試著整理一下，上述議論跟自己對納粹的觀念有什麼不同。

② 在一個國家和社會中，「被現代化的事物」與「沒有被現代化的事物」是如何結合的？

③ 義大利與日本等後進資本主義國家的現代化，和德國的現代化有什麼不同？

④ 納粹主義與戰後的經濟復興間有著怎樣的關連？納粹如何成就了西德的「經濟奇蹟」？

13 猶太人大屠殺

藤原辰史

【關連項目：迫害社會的形成、獵巫、愛爾蘭大饑荒、民族主義／國族主義（從東歐出發的方法）、法西斯論、納粹主義】

▷1　紐倫堡法

1935年9月15日制定的《守護德意志人血與名譽之法律》和《帝國市民法》的總稱。這些法律成為剝奪猶太裔德意志人公民權、迫害猶太人的法源依據。

▷2　T-4行動
（Aktion T4）

柏林蒂爾加滕街（Tiergarten）4號的縮寫。納粹以該處為總部，執行「治療與院內護理慈善基金」名義下的安樂死計畫，因此得名。送到這裡的「遺傳疾病患者」資料會經由鑑定委員會分析、決定生死。

▷3　辛提／羅姆人（Sinti and Roma）

在歐洲被蔑稱為「吉普賽」、過著遷徙生活的人群總稱。辛提是指十五世紀定居在德意志地區的羅姆尼人，羅姆則是指在東歐過著奴隸生活的人們。

史　實

納粹德國一方面宣稱德意志人平等，另一方面卻抱持「『劣等民族』應該從基本人權保護對象中加以排除」的想法，更靠著宣傳這股想法獲得政權；1935年，他們透過一連串的**紐倫堡法**，將這樣的歧視法制化。此後，納粹德國在1939年夏天實施了將具有顯著遺傳疾病的身體殘疾或心理、精神疾病患者加以安樂死的政策（**T-4行動**）；從這時起，他們以優生學為唯一理由而非後天罪行，對特定人群施以集團性滅絕。1939年9月入侵波蘭後，在東方占領區對猶太人與**辛提／羅姆人**的殺戮行為，即是一例。

1942年1月20日召開的萬湖會議中，僅次於親衛隊全國領袖希姆萊的親衛隊上級集團領袖萊茵哈特・海德里希等人決議，要「殺掉一千一百萬名歐洲猶太人」。自1940年6月法國投降後，納粹德國就開始檢討將猶太人強制移居到法屬馬達加斯加島，但因為難以實行而放棄。之後，他們在歐洲各地槍決、燒死猶太人。不只如此，他們還把從各地被逐出的猶太人塞進列車，運到海烏姆諾、特雷布林卡、索比堡、奧許維茲等集中營，在那裡將為數龐大的猶太人與辛提／羅姆人一起殺害。這種大量殺害的手法在歷史上前所未有，殘酷至極。剛抵達的猶太人當中還能勞動的人被奪走貴重物品後，就淪為隨時可拋棄的苦力；剩下的人則被脫去衣服、剪掉頭髮、直接趕進毒氣室，過了幾十分鐘後再將屍體丟進焚化爐燒毀，燒完的骨灰直接撒在附近的林地與農地。為什麼會出現這樣的野蠻行為？包括世界各地的歷史家、被害者及其遺族、以及想利用或追悼這段悲劇的政治家與理論家，對他們而言，這都是一個確實且持續的問題。

論　點

1. **「意料之外」說（結構派）VS「希特勒的謀劃」說（謀劃派）**

納粹是如何鞏固並邁向大屠殺之路？這個問題不分歷史學界內外，更是自己與大屠殺之間的距離問題。在西德，人們普遍有種「這是納粹集團的罪行，跟自己無關」的氛圍。而在歷史學界內部，關於大屠殺也有許多辯論。其中一種說法是，大屠殺並非有計畫的產物，而是無意中的結果。這種說法和把納粹德國當成以希特勒為首的鐵板一塊、也就是所謂的「謀劃派」迥異，「結構派」史家（比如說沃爾夫岡・蒙森〔Wolfgang J Mommsen〕、布羅薩特〔Martin Brozart〕等人）紛紛予以接受。相較於謀劃派重視希特勒等領導人的謀劃及實踐過程，結構派則重視納粹黨內部的多

頭性，強調意志決定主體的並立及領導者之間的權力鬥爭，及其對納粹政策造成的重大影響。比方說，德國史家阿萊（Götz Aly）就認為大屠殺是將居住波羅的海地區及俄羅斯的在外德意志人（又稱民族德意志人）移回波蘭的過程中出現的問題，是一種和反猶主義無關的「權宜之計」。

結構派的這種說法，遭到謀劃派的猛烈批判。比方說，柏林（Philippe Burrin）在《希特勒與猶太人》中，就強調希特勒在取得政權前，就一直在構思如何滅絕猶太人，而那些將自己的想法套用至希特勒反猶主義的人們，其實是自我認同的空虛。

2. 普通的德國人，正是大屠殺的推手（戈德哈根）　　將謀劃派的議論更進一步尖銳化、和結構派議論正面對立的，是美國史家戈德哈根（Daniel Jonah Goldhagen）在1996年出版的《希特勒的自願死刑執行者》。他強調，大屠殺早在希特勒謀劃前，「普通的德國人（ordinary Germans）」就已經在歷史與現實中憎恨猶太人了，因此他們對大屠殺都是自發性予以協助。「不是被挑撥也不是被煽動，而是自發性參與這樣的野蠻行為」；戈德哈根舉1938年11月的「**水晶之夜**」[4]等早期迫害事件為例，藉由闡述「不見得是熱心納粹分子的**警察營**[5]，明明可以拒絕任務、卻仍積極參與令人厭惡的殺戮」等事實，用龐大的史料來說明「普通的德國人造就了大屠殺」一事。戈德哈根在描寫殘虐的實際狀態之餘，也指出這些參與民族滅絕的人，其實都是愛著孩子與配偶、不時會調情、閒暇時會去旅行、熱愛運動的普通人。

▷4　**水晶之夜**
德語為 Kristallnacht，指突擊隊人員對全國各地猶太人住宅與猶太會所發動襲擊的事件。

▷5　**警察營**
德語為 Polizeibataillon，與納粹大屠殺密切相關的治安警察組織之一。在東部戰線後撤時，也被捲入戰鬥之中。

歷史學的考察重點

① 如果你在希特勒政府下過日子，會對納粹暴力有怎樣的感覺、又會採取怎樣的行動？

② 一個體制的意志決定過程，和民眾的生活、思想、運動之間有怎樣的關連？

③ 納粹對猶太人的迫害，與對其他人類集團的迫害有何差異？

④ 亞洲太平洋戰爭時期日本兵的殘虐，與德國的情況有怎樣的差異，又有怎樣的類似點？

14 第二次世界大戰原因論

山澄亨

【關連項目：第一次世界大戰原因論、威爾遜與美國的國際主義、經濟大蕭條、混合經濟與福利國家、法西斯論、納粹主義、「短暫的二十世紀」】

史實

1933年，在經濟大蕭條下的德國，希特勒率領的納粹黨獲得了政權；之後他們重整軍備，否定了**凡爾賽體系**。另一方面在亞洲，1931年日本掀起了九一八事變，動搖了**華盛頓體系**。此外，在義大利侵略衣索比亞、西班牙內戰、中日戰爭等軍事活動頻仍的狀況下，日德義形成了**軸心國**。面對軸心國的崛起，蘇聯採取**人民陣線**戰術，力圖集結反軸心國，但英法兩政府以慕尼黑會議為代表，還是採取綏靖態度。然而，1939年德國簽訂《**德蘇互不侵犯條約**》後，便對波蘭發動攻擊；為了支援波蘭，英法對德宣戰，第二次世界大戰於焉爆發。德國和蘇聯共同壓制波蘭後，在1940年迫使法國投降。接下來，德國一方面持續攻擊英國，另一方面於1941年再度入侵蘇聯，擴張對東方的統治。面對這種狀況，美國不斷強化對英支援，但與此並行，日美間的對立也益發嚴峻。1941年日本攻擊珍珠港，對美宣戰，德國也基於和日本的同盟對美宣戰，戰事於是擴展為全世界規模。

論點

1. 德國外交的連續性

凡爾賽條約締結之後，因為要求德國賠償巨額款項與奉行民族自決原則，結果導致讓戰爭出現再度爆發的可能；有一派研究潮流提出這樣的理解，企圖將二次大戰爆發的原因，歸咎於納粹體制之外的因素。在這當中所謂的「德國外交連續論」認為，涉足東南歐、乃至於稱霸全歐洲這種第二帝國以來的德意志傳統，是兩次大戰共通的目的；為了實現這個目的，所以德國才會向英國開戰。另一方面，立足於**馬克思主義**的各研究則將兩次大戰概括解釋為「帝國主義間的抗爭」。

和以上強調德國外交連續性的潮流不同，另一種研究潮流則強調希特勒與納粹體制的重要性。大戰爆發是否是希特勒一開始就有的計畫，在1960年代以降引發了所謂的**泰勒論爭**；不過這場論戰的參加者有個共通的視角，那就是把希特勒的言行定位為戰爭的核心原因。另外也有一種研究不把希特勒個人視為主導角色；納粹體制下的全體德國社會、軍方與官僚組織，才是將德國導向戰爭的主因。

2. 國際秩序的不穩定化

和以上這些把德國行動看成大戰主因的研究相對照，還有一種研究潮流關注1930年代軸心國急遽強化軍事力，所帶來的國際秩序不穩定化。這些研究把民主主義各國

對於增強軍備的遲疑，看成軸心國崛起的原因之一，從而指出民主主義與和平主義的脆弱性。在一連串軍事行動中形成的軸心國，實際狀態絕非穩固或團結，但他們的反民主、反共產主義意識形態影響力，在經濟大蕭條催化下擴散到世界各地。與之對抗、由蘇聯主導的人民陣線雖然聚集了一定支持，但民主主義陣營對共產主義的不信任仍根深蒂固。這些研究指出，在這種清晰可見、因意識形態所造成的國際社會分裂下，讓以協調為手段的秩序維持變得益發困難。

可在此同時，當時的國際社會未必就只受意識形態所制約。除了意識形態外，**國際聯盟**的隱憂、經濟大蕭條下的經濟關係、各國國內政治狀況與領導者性格等多樣問題，都可以列舉為國際秩序的不穩定化因素。此外，也有研究開始重新審視被視為引發大戰主因、備受批判的**綏靖政策**，認為反軸心陣營最終能夠勝利的遠因，就是綏靖政策拖延了戰事的爆發。

3. 從不列顛和平（Pax Britannica）到美利堅和平（Pax Americana）

不只如此，英國衰退、霸權轉移到美國這點，也成為受注目的大戰原因之一。事實上，在世界各地零星的小型軍事行動演變成世界大戰的過程中，美國扮演了相當重要的角色。相對於德國把對美戰爭定位為「為了打贏英國的一種戰術」，美國則以阻止由軸心國主導形塑的國際秩序為目標。故此，美國從參戰前就制定了租借法案，大規模援助英國與蘇聯，最後自己也投入與德國和日本的全面戰爭。日美對立的背景也不是日美兩國間的問題，而是美國對持續發動軍事行動的軸心國整體抱持反感所致。對美國而言，二戰的爆發與世界規模的秩序重整，是密切相關的。若從這樣的視角來看，肇因於十九世紀下半葉起持續的英德等歐洲大國間對立，於二戰結束後轉為被歐洲視為邊陲的美國與蘇聯對峙，成為全球國際問題的焦點，這個時代的到來絕非偶然。

▷* **馬克思主義**
參照 IV-24 注2。

▷4 **泰勒論爭**
在《第二次世界大戰的起源》（1961年）一書中，泰勒（A. J. P. Taylor）認為希特勒當初並沒有戰爭計畫，而是視情況臨機對應，結果走到了戰爭這一步。另一方面，崔佛一羅珀對泰勒的說法提出異議，在《希特勒的作戰指令書》（1964年）中，他主張第二次世界大戰完全是基於希特勒的計畫在執行。

* **國際聯盟**
參照 V-5 注2。

▷5 **綏靖政策**（Appeasement）
一種接受軸心國要求以避戰的政策。最廣為人知的綏靖政策代表是慕尼黑會議（1938年），當時希特勒要求割讓捷克斯洛伐克的蘇台德地區給德國，而英國和法國為了迴避對德戰爭，遂加以接受。

歷史學的考察重點

① 第一次世界大戰與第二次世界大戰，能夠彙整在一起比較嗎？
② 你覺得希特勒扮演了怎樣的角色？
③ 1930年代的國際秩序不穩定化，是可以阻止的嗎？
④ 美國參戰代表了什麼意義？

15 冷戰的起源

小野澤透

【關連項目：第二次世界大戰原因論、越戰及其影響、緩和政策、冷戰的終結】

▷1　**杜魯門主義**
1947年3月12日，美國總統杜魯門在美國聯邦議會發表的演說內容。杜魯門提出一種極端善惡二元論的世界觀，要求聯邦議會打破平時不參與東半球政治的美國外交傳統，對土耳其和希臘提供援助。在這之後，美國對蘇聯展開的「圍堵」政策獲得了國民廣泛支持，形成一種「冷戰共識」。另一方面，這種善惡二元論也成了反共主義煽動者的白色恐怖運動（以主導此運動的參院議員為名，稱為「麥卡錫主義」）之基礎。

▷2　**馬歇爾計畫**
正式名稱是歐洲復興計畫（ERP）。美國自1948年至1951年，提供了當時破天荒的127億美元援助，讓西歐的經濟復興步上軌道。美國在提出ERP時，雖然說不會拒絕援助蘇聯與東歐諸國，但正如美國的盤算，蘇聯與東歐諸國都拒絕了這個計畫，因此ERP其實最終確定了歐洲的東西分裂。

▷3　**北大西洋公約組織（NATO）**
以1948年締結《布魯塞爾條約》的英、法、荷、比、盧等國為基礎，後續於1949年4月再加上美、加、義等國，一共12個國家簽署《北大西洋公約》，組成了北約。北約是冷戰期間西方陣營最重要的跨國同盟，加盟國於冷戰末期擴大到16國。冷戰後依然存續，在擴大活動的同時也將舊東方陣營各國納入同

史　實

　　二次大戰後，美蘇兩個超級大國取代疲敝的歐洲各國，獲得了國際政治的領導地位。美蘇雖在大戰期間並肩作戰，但在大戰末期到戰後初期，包括1.蘇聯在大戰末期占領的中東歐地區成立衛星國，2.美國擺出一副打算長期實質壟斷核武的姿態，3.英美法蘇等國在分割德國的占領政策以及賠償方針上意見南轅北轍，4.蘇聯將勢力伸向土耳其與伊朗，兩國在這些事項上產生明顯對立。1947年，美國政府發表**杜魯門宣言**[▷1]，明確表態對抗蘇聯，並透過**馬歇爾計畫**[▷2]切割德國西部以西的西歐和東歐，展開美國援助下的經濟復興；同時，美國也組成**北大西洋公約組織（NATO）**[▷3]，建構西歐的軍事防衛體系。相對於此，蘇聯一方面設立**共產情報局**[▷4]，強化對世界各國共產黨的支配，一方面組成**經濟互助委員會**[▷5]和**華沙公約組織（WTO）**[*]，制度化對東歐的統治。結果，歐洲分裂成政治經濟體制相異的東西兩大陣營。

　　冷戰，不只是美蘇在歐洲的地緣政治學對立，也是整個世界在政治、經濟、生活形式上的意識形態對立，更是東西兩陣營之間競爭與共存的動態國際秩序。儘管如此，東西分裂的歐洲、特別是德國，毫無疑問仍是冷戰國際秩序的最大焦點。因此，當1989至1990年歐洲與德國的分裂化解，冷戰也就隨之迎向終結。

論　點

1. 冷戰的起源——政治論爭的時代

　　試圖從歷史掌握冷戰，這樣的嘗試早在1950年代就已經出現。接近美國政治主流派的史家們主張，是蘇聯的擴張與侵略政策引發冷戰，美國為首的西方陣營不過是防禦性對應罷了。這種把美國設定為善、蘇聯設定為惡的冷戰兩極解釋稱為「正統派」，不只在美國，也廣被西方陣營各國的政治主流派當成基本見解。1950年代末，則開始出現另一種被稱為「修正派」的見解，試圖從美方的行動中找出冷戰原因。「修正派」的論點相當多元，但都認為美國的行動具攻擊性與壓迫性，背後可看出這個「帝國」在政治、經濟方面的擴張必要性。在1960至1970年代，隨著反越戰運動與質疑既有體制的聲浪日益高漲，對「修正派」的支持也益發擴大。

2. 實證分析與架構的掌握——「後修正派」

　　在「正統派」與「修正派」激烈對立的1960至1970年代，冷戰時期外交文件尚未解密，因此兩派間的對立除了是歷史研究的見解差異，也強烈反映了

政治立場的差異。1980年代起，隨著美國等國正式公開冷戰時期外交文件，冷戰史終於能夠從事實證歷史研究。實證的冷戰史研究認為，冷戰的起源不應歸咎於美蘇任何一方，而是認知到彼此是相互威脅的主體，為了維護自身安全而採取行動；在這種狀況下，兩者不斷堆疊彼此行動，從而形成一種堪稱「安全保障兩難」的架構。此外根據實證研究，美國在內的西方各陣營政策負責人關心的，不只是和蘇聯在內的東方陣營對立，更關心西方陣營內部的各種政經關係；隨著這樣的視角被提出，西方陣營內部的「同盟內外交」也成了冷戰史的重要研究對象，而不再只是研究東西對立。

　　1980年代以降的冷戰史研究經常被稱為「後修正派」，但他們的共通之處只有基於一手史料的實證方法論，至於立場和結論則各自不同。比方說，「正統派」與「修正派」的基本立場差異，在「後修正派」時代依然存續。然而，不管基於什麼立場，這些研究都是以實證分析為依據，從而呈現更明確的歷史面貌。

3. 冷戰結束後的視角

蘇聯瓦解後，隨著舊蘇聯及東歐各國的一手史料開放，冷戰史研究的範圍也更加寬廣。不過，大體上基於東方陣營一手史料的研究，都會注意到蘇聯的對外政策其實更關注自身的國家利益與安全保障，而非共產主義意識形態。不只如此，特別是美國，逐漸形塑出一種西方陣營取得最終勝利的「冷戰勝利史觀」。結果，包括被視為「後修正派」旗手的蓋迪斯在內，都紛紛正當化冷戰時期美國的對外政策、往「正統派」的立場趨近。另一方面，活用主要國家以外的一手史料研究，則闡明了冷戰的複雜與多面性。冷戰史研究並不是朝著單一方向收斂，而是持續摸索新的可能性。

盟，到了2018年已經有29個成員國。

▷4　**共產情報局**
（Cominform）
正式名稱是「共產黨和工人黨情報局」。是共產國際（第三國際，1919～1943年）的後繼團體，目的是讓蘇聯共產黨對世界各地的共產主義政黨進行指導與統御。1956年蘇聯領導人赫魯雪夫對史達林提出批判，之後該組織解散。

▷5　**經濟互助委員會**
（Comecon）
1949年設立的東方陣營經濟互援組織，COMECON是西方對它的通稱。當初是由蘇聯和東歐五國設立，後來蒙古、古巴、越南等國也加入。雖然致力於國際分工，但內部成員分裂成強化對蘇合作路線與自主路線，使得分工體制未能建立，只是個鬆散的經濟合作組織。1991年解散。

＊　**華沙公約組織**
參照 V-16 注2。

歷史學的考察重點 ∷∷∷∷∷∷∷∷∷∷∷∷∷∷∷∷∷∷∷∷∷∷∷∷∷∷∷

① 直到1970年代為止的冷戰史研究與論爭，具有怎樣的背景與特徵？

②「後修正派」時代的冷戰史研究，具有怎樣的特徵？

③ 冷戰的終結，對冷戰史研究產生了怎樣的影響？

16 匈牙利革命與「布拉格之春」

吉岡潤

【關連項目：民族主義／國族主義論（從東歐出發的方法）、社會主義、俄國革命與蘇聯的成立、史達林與農業集體化·工業化、冷戰的起源、冷戰的終結】

▷1 去史達林化

在蘇聯共產黨第20屆大會上，第一書記赫魯雪夫對史達林個人以及史達林思想、統治手段、政策整體（史達林主義）做出的批判。這場批判暴露了史達林推動個人崇拜、在肅清中殺害了許多無辜之人、在德蘇戰爭中錯誤的指導，造成重大損害等狀況，對蘇聯內外的共產主義者造成了重大的衝擊。

▷2 華沙公約組織

以蘇聯為實質盟主、由蘇聯與東歐社會主義各國組成的跨國軍事同盟。為了對抗西德加入北大西洋公約組織，於1955年創設。對外雖有對抗北約的功能，但就像1968年對捷克斯洛伐克的軍事介入，實際上也有控制東歐各國的架構功能。1991年解散。

▷3 工人自主管理

由工人階層自主管理與經營企業，重視在經濟領域中實踐民主關鍵的社會主義思想。由於在國家掌控的企業經營下，工人依然是被管理的一方，因此該思想從工人自主管理的立場出發，對蘇聯型社會主義展開批判。

史 實

1956年2月，蘇聯領導人赫魯雪夫發動**去史達林化**[1]，餘波擴散至史達林主義下封閉的東歐社會主義各國，眾人紛紛批判共產政權下祕密警察的越權行為、鎮壓言論、過度重工業導向的經濟政策、以及強制性農業集體化等政策。在波蘭，6月發生工人暴動，10月成功替換了統一工人黨（共產黨）的領導班底。同月在匈牙利，受波蘭政變影響的示威行動逐漸失控。集人民改革期望於一身、就任匈牙利總理的勞動人民黨（共產黨）納吉·伊姆雷解散了祕密警察機構，宣布放棄一黨專制、脫離**華沙公約組織**[2]、並企圖讓匈牙利中立化，結果引發蘇軍軍事介入鎮壓市民。納吉被捕，並於1958年遭處死。暴動被鎮壓後，以蘇聯為後盾的卡達爾·亞諾什就任改名為社會主義工人黨的共產黨第一書記，掌握了實權。

至於捷克斯洛伐克，進入1960年代後也不斷號召去史達林化。1968年1月就任共產黨第一書記的杜布切克鼓吹言論自由，更進一步主張矯正共產黨權力集中、並引進包含市場機制在內的經濟改革。這種自由化、民主化的動向受到市民歡迎，稱為「布拉格之春」。蘇聯擔心周邊各國受影響，於是在8月進軍布拉格。華沙公約軍隊鎮壓了捷克全境，杜布切克於第二年4月失勢。繼任第一書記的胡薩克打出「正常化」口號，繼續堅持保守路線。

論 點

1. 社會主義體制下的匈牙利革命與布拉格之春

這兩起事件，是兩國共黨和蘇聯關係、共產黨內部動向、知識分子動向、走上街頭的市民等複數因素在內，相互複合影響所引發的事件。因此，著重分析哪個因素，就會讓歷史跟著產生相異的形象。有研究者從「史達林主義已經脫離了社會主義原本的姿態」這種立場出發，提出名為「社會主義改革論」的論點。不管是要求**工人自主管理**[3]的匈牙利、還是高喊「帶有人性面孔的社會主義」口號的捷克斯洛伐克，都是企圖將社會主義矯正回「原本」應有方向的嘗試。

布拉格之春被蘇聯的華約軍隊擊碎，社會主義改革論受到沉重打擊。知識分子將力道從社會主義改革轉移到黨國體制下窒息市民社會的再生，從人權與政治自由觀點出發，展開反體制運動。1980年代波蘭的「**團結工聯**」[4]運動，可說是這種路線的延伸。但也有人指出，蘇聯後續推出的改革開放政策，思想淵源實則來自布拉格之春；因此對布拉格之春的軍事介入

究竟是讓社會主義改革就此斷絕、還是延續下來，也成了論點之一。

2. 冷戰架構下的匈牙利革命與布拉格之春

透過軍事力量與意識形態來控制「友邦」，是美蘇共通的冷戰結構特徵。上述兩起事件都是在挑戰這個結構。在東歐各國內部，很多時候共產政權被看成是蘇聯強加於人民身上的機制，因此對政權發動抗議，其實隱含著反蘇聯的可能。和招致軍事介入的匈牙利對照，波蘭同樣是替換成改革派領導班底，但因為新領導班底堅持共產黨執政、以及應允和蘇聯維持友好關係，才免於軍事介入。對統率冷戰東方陣營的蘇聯而言，必須展現出不可逾越的界線。然而，這種軍事介入行動，比起社會主義改革，更以國家利害為優先，因此也助長了中蘇對立及**新左派**登場等國際共產主義運動的分裂，從而使得蘇聯權威掃地。

此外，面對蘇聯的軍事行動，西方陣營如何對應也是個重要的論點。在這兩起事件中，美國雖然批判蘇聯，但並沒有具體支援這些反蘇聯運動。美國實際上承認蘇聯支配東歐，對於蘇聯提出的**布里茲涅夫主義**[5]也予以默認。之後美蘇主導雙方東西陣營緩和政策與國際關係的穩定，讓歐洲的分裂漸成定局，也讓東歐持續處於封閉狀態。

3. 體制轉換後歷史敘事中的匈牙利革命與布拉格之春

東歐各國共產政權瓦解的1989年，也是歷史形象的轉捩點。在卡達爾政府下被斷定為「反革命」的匈牙利革命，隨著體制轉換，評價也完全反轉，被改稱為「1956年革命」。此外，無論是匈牙利革命或布拉格之春，比起社會主義改革，研究者在詮釋上都更強調與1989年追求民主與政治公民自由的面向。另一方面，從1968年的共時性觀點出發，在擺脫冷戰框架的視角下，也開始有研究者企圖重新定位布拉格之春。體制轉換後，考察社會主義時期的研究立場與關注焦點多樣紛仍，這也讓論點1所敘述的社會主義改革論在歷史敘事中明顯變得稀薄化。

▷4　「團結工聯」
1980年9月在波蘭誕生的獨立自治工會。以共產政權的大原則來說，因為共產黨政理所當然是工人優先，所以自然不允許有對抗性工會的存在。在1980年經濟危機引發的罷工浪潮中，工人陣營和波蘭共產政府交涉，讓他們承認了獨立自治工會。這件事堪稱是打破共產黨一黨體制的劃時代大事。

＊　新左派
參照 V-17 注4。

▷5　布里茲涅夫主義
（Brezhnev Doctrine）
蘇聯為了正當化軍事介入捷克斯洛伐克一事而提出的邏輯。當時的蘇共總書記布里茲涅夫認為，一國的社會主義危機，就是社會主義全體的危機，因此全體利益比一國主權更為優先。又稱為「有限主權論」。

歷史學的考察重點

① 在東歐社會主義體制瓦解的現在，討論社會主義改革的嘗試還有意義嗎？

② 蘇聯的軍事介入是可以避免的嗎？

③ 市民是為了要求什麼而走上街頭發聲？

17

越戰及其影響

水本義彥

【關連項目：殖民地與現代／西方、冷戰的起源、緩和政策、冷戰的終結】

史 實

　　第一次印度支那戰爭[1]後，舊法屬印度支那變成了兩個敵對的越南（北越與南越）。在東西冷戰的持續緊張局勢下，美國歷代政府為了對抗隸屬蘇聯與中國共產陣營的北越，不斷支援南越的國防和經濟發展。自1960年代初期起，在南越內部接受北越支援的**民族解放陣線**[2]展開的反政府力量日趨激烈。憂心南越赤化的詹森政府於1965年上半年開始轟炸北越，並派遣地面戰鬥部隊前往南越，名為越戰的第二次印度支那戰爭於焉展開。

　　詹森雖然派遣了超過50萬名的士兵意圖求勝，但戰況陷入膠著，美國國內陸續爆發大規模的**反越戰運動**[3]。1969年尼克森就任總統，開始推動「越南化」政策，也就是增強南越軍隊比重、並將駐紮美軍按階段撤退，但同時對鄰國柬埔寨、寮國擴大空襲，展開侵略作戰。相對於此，北越得到中蘇支援，斷然對南越全境發動春節攻勢（1968年）及春季攻勢（1972年）。1973年1月，北越與美國締結了規定停戰與美軍全面撤退的巴黎和平協定，不久後美軍撤出南越，但戰爭仍然繼續，北越控制的區域也日益擴大。在美軍撤退三年後的1975年4月，南越政府土崩瓦解，第二年誕生了越南社會主義共和國。

論 點

1. 批判性的解釋

　　關於越戰的歷史論爭，戰爭結束後不久便在美國國內熱烈展開。首先形成多數派的，是把美國對南越的軍事介入看成一場「悲劇性錯誤」的批判解釋。他們認為對美國來說，介入無關國家存亡的南越毫無必要，越戰是可以迴避的。儘管在南越，從民族解放陣線的武裝起義中，也包括了追求民族解放與獨立的民族主義，但甘迺迪、詹森、尼克森等歷代政府都把第三世界的民族解放運動與革命誤解成受蘇聯、中國控制的國際共產主義運動之一環，從而以武力圍堵。不只如此，面對以游擊戰為中心的南越非正規作戰，在戰略上以轟炸為主要作戰方式的美軍也有重大缺陷；他們批評，無法掌握越南民心的美國，說到底就是在打一場「沒有勝算的戰爭」。

　　受**馬克思主義**影響的「**新左派**」[4]史家，對這種批判解釋也有啟迪作用。對新左派史家而言，越戰是一場意圖支配第三世界市場與資源、將資本主義體制擴大到全世界的重要事件，它是美國帝國主義政策的必然，也暴露出這種意圖的極限。意圖攫取全球經濟霸權的美國，把第三世界的民族解

▷1　**第一次印度支那戰爭**
二次大戰後，意圖繼續統治殖民地的法國與追求獨立的法屬印度支那當地勢力爆發的戰爭。1946年12月，戰鬥變得白熱化，到1954年7月的日內瓦協定才邁向停戰。

▷2　**民族解放陣線**
以打倒美帝主義與吳廷琰親美傀儡政權、統一南北越為目標，於1960年12月在南越設立的組織。通稱越共，和北越聯手對美軍發動武力抗爭。

▷3　**反越戰運動**
1965年開始轟炸北越以來，美國國內對詹森政府越南政策的抗議運動就日益高漲。一開始是以學生組織的討論會和靜坐抗議為主，但隨著戰爭的長期化，展開民權運動與女性解放運動的黑人、女性組織與宗教、工人團體，再加上尼克森時期的越南退伍軍人，形成了大規模的反戰運動。

＊　**馬克思主義**
參照 Ⅴ-24 注2。

▷4　**新左派**
1950到1960年代，歐美各

放革命看成反資本主義、親共產主義的運動並試圖壓制，其中最明顯的例子就是越戰。

2. 越南修正主義

相對於上述的批判解釋，自1970年代末起，前軍方高層、新聞工作者和部分史家提出了截然相反的解釋。根據這種修正主義解釋，越戰不單純是南越內部的民族解放鬥爭，而是北越在中蘇支援下對南越展開的侵略戰爭。此外，南越政府一旦瓦解，共產主義便有擴張到東南亞全境的危險，因此對美國而言，化為東西冷戰焦點的南越，在戰略上極為重要。也正因此，越南戰爭是美國阻止共產主義擴張、向同盟國宣示自身守護西方自由民主主義堅定決心的必要戰役，是一場「崇高」的大義之戰。儘管如此，國內反戰運動與媒體的批判、還有擔心與中蘇爆發全面戰爭的詹森政府文職高官，不斷過度干涉軍事作戰的立案與執行，才使得美國在越南失去勝機。修正主義者如此批判。

3. 越戰的教訓

越戰後，美國流傳著「不要再重蹈越南覆轍」這樣的教訓，但這句教訓其實有兩層意義：第一是，為了不再重複越南的愚行，在對他國發動軍事介入時應當謹慎，但另一種想法則反過來認為，美國在為了正當目的而介入時，完全不該猶豫，應該採用最有效率的軍事戰略追求勝利才對。即使在冷戰後的現今，當美國在討論諸如2003年 **伊拉克戰爭**[5]等軍事介入的是非之際，有關越戰教訓的論爭依然會重新熱絡起來。

國興盛的新興左翼思想運動。批判共產主義與社會（民主）主義等既存的思想組織，關心種族平等、女性解放、環境保育、裁軍（反核）、反戰、民族解放等廣泛議題。由致力社會改革的學生、公民與知識分子發動激烈辯論與直接行動。參照 III-29 注4。

▷5 **伊拉克戰爭**
2003年3月，美國主導的志願聯軍對伊拉克發動軍事介入，推翻海珊政府的戰爭。

歷史學的考察重點

① 詹森與尼克森兩位總統的個性，對越戰產生了怎樣的影響？

② 越戰與全球冷戰有怎樣的關係？

③ 有關對越戰的評價與從中獲得的教訓，迄今為止產生了怎樣的論爭？

18 緩和政策

青野利彦

【關連項目：冷戰的起源、越戰及其影響、冷戰的終結】

史　實

冷戰期間美蘇或東西的「緩和政策」（Détente，又稱低盪）、也就是緩和緊張關係，契機是蘇聯領導人史達林的逝世（1953年）。1955年，日內瓦舉行戰後第一次東西四國（美英法蘇）領袖高峰會談。接下來從1950年代後半到1960年代末，在**臺海危機**（第一次：1954年、第二次：1958年）和**柏林危機**[▷2]（1958～1961年）、**古巴飛彈危機**[▷3]（1962年）、越戰的膠著化（1965～1973年）等國際危機的背景下，緩和政策油然而生。不過很多人聽到「緩和政策」時，首先想到的應是美蘇締結戰略武器裁減條約、以及歐洲在柏林問題上獲得暫定解決，也就是1970年代前期東西陣營間的緊張緩和。

論　點

1. 美蘇兩大超級強國的緩和政策

關於美蘇的緩和政策，不管是時期的區分，還是緩和政策的成立與瓦解關鍵，都存在著不同見解。對美蘇緩和政策首次進行涵蓋性檢討的史蒂文生（Richard W. Stevenson），認為緩和政策可區分為四個時期：緊張緩和氛圍尚在醞釀中的①1955年與②1959年（兩者都屬艾森豪時期）、③達成**部分禁止核試驗條約**（PTBT）[▷4]等具體共識的1963～1964年（甘迺迪、詹森時期）、以及④追求在更廣泛爭議點上達成共識的1972～1975年（尼克森、福特時期）。在這樣的認知基礎上，史蒂文生認為緩和政策的成立關鍵包括：①核戰的威脅、②對於對手在軍力上相對龐大的認知、③政治領導人的影響力、④美蘇特殊利益的一致；至於緩和政策瓦解的關鍵，則包括：①對緩和政策與國家利益相關認知的變化、②政治領導人的影響力、③無法取得緩和政策的共通標準等等。

另一方面霍夫曼（Stanley Hoffmann）則認為，相對於甘迺迪與尼克森政府有一套對蘇緩和政策的戰略架構，詹森政府時期的緩和政策則是個別推行複數政策、結果產生出了「實質的緩和政策」。霍夫曼又說，相對於甘迺迪政府把核問題和美蘇難以達成共識的其他爭議點擱置不談、從而追求緩和政策，尼克森政府則是創造出複數爭議點間的連鎖（linkage），藉此推行緩和政策。相較於他的說法，特拉頓伯格（Marc Trachtenberg）則認為甘迺迪政府才是透過連結爭議點，來締結PTBT。

2. 歐洲的緩和政策

相對於這種以美蘇為中心的緩和政策討論，也有許多研究指出美國的西歐各國盟友，也都在追求獨自的緩和政策。

1950年代意圖推進緩和政策的是英國。1953年提倡東西高峰會議的邱吉爾首相，一方面雖是希望透過對蘇交涉來降低開戰可能性，但同時也希望透過扮演美蘇間的仲介者、讓英國得以誇示「大國」地位。1958～1963年間，麥米倫首相也在柏林危機、古巴危機、禁止核試驗條約交涉之際扮演起美蘇的仲介角色。在1960年代中期，法國的戴高樂總統也追求獨自的緩和政策。戴高樂認為不能把防衛西歐的任務交給跟蘇聯摸索緩和政策的美國，因此意圖創造出一套讓冷戰終結、以東西歐全體為對象的安全保障體制。

英法的這種動向，很難說是不是構成了各個時期緩和政策的直接原因。但的確有研究者認為，當美蘇在締結PTBT陷入僵局時是麥米倫不斷說服甘迺迪繼續交涉，以及戴高樂外交是1970年代美德緩和政策的模範。這種說法重視西歐各國於兩強緩和政策所扮演的間接影響角色。

在西歐各國當中，對緩和政策直接做出貢獻的，是1970年代的西德。布蘭特總理的「**東進政策**」▷5，在「暫時性」承認德國分裂的情況下，謀求與東方的關係改善，並朝向長期的再統一邁進；這種西德外交的成果，締結了德蘇莫斯科條約以及維持柏林現狀的四國（美英法蘇）協定，更為**歐洲安全與合作會議（CSCE）**＊開拓了道路。1975年閉幕的CSCE，在承認二戰後歐洲分裂的現狀下，也通過了包含人權原則，以及人、思想、資訊自由流通相關規定的《赫爾辛基協議》。

只是，各界對東進政策與CSCE的評價相當分歧。有很多史家認為，CSCE後日益發展的東西歐經濟、人文交流擴展，以及東歐的民主化，對於德國的重新統一與歐洲冷戰終結都是相當重要的關鍵；但也有人批評，東進政策與赫爾辛基協議對壓抑的東方政治體制採取容忍態度，其實是一種對東歐各國自由人權的侵害。

氣層、水底、宇宙空間進行核試驗的條約。1963年8月，擁有核武的美英蘇三國締結了這項條約，同時也允許其他各國加入。這項條約的主要目的是減少核試驗產生的放射性汙染，並抑制核武的軍備競爭，但同時也有透過禁止核試驗來防止其他擁核國家興起的意圖。

▷5 **東進政策**
（Ostpolitik）
1960年代後半到1970年代前半在西德實施，與蘇聯、東歐諸國間的緊張緩和政策。社會民主黨的布蘭特在1966年成立的大聯合政府擔任外交部長，並在1969年成立的社會民主黨政府以總理身分推行這項方針。在「暫時性」承認德國分裂現狀下，致力於達成德國重新統一的東進政策，將一直以來認為「直到再統一之前都不可能緩和」的方針做了大幅變更。

＊ **歐洲安全與合作會議**
參照 V-20 注3。

歷史學的考察重點

① 「緩和政策」這個用語，可以如何加以定義？

② 美蘇在各自的緩和政策中追求什麼，共通點與相異點又是什麼？

③ 兩大超級強國與西歐各國，他們的緩和政策有怎樣的差異？

④ 美蘇緩和政策與歐洲緩和政策，對之後的冷戰展開產生了怎樣的影響？

19 歐洲整合

能勢和宏

【關連項目：主權／主權國家／主權國家體制、民族主義／國族主義論（從南北美洲、西歐出發的方法）、帝國論、冷戰的起源、緩和政策、冷戰的終結、新自由主義】

史　實

　　二戰結束後，歐洲各國開始建構前所未見的國際合作體制。1950年代，法國、西德、義大利、比利時、荷蘭、盧森堡六國共同創立了**歐洲煤鋼共同體**（ESEC）^{◁1}、**歐洲經濟共同體**（EEC）^{◁2}及歐洲原子能共同體（EURATOM）。這些共同體後來發展成歐洲共同體（EC），又演變成今日的**歐盟**（EU）^{◁3}。在過程中，歐洲各國以單一貨幣**歐元**^{◁4}為代表，實現了各式政策、制度、法律的統一。換言之，歐洲各國放棄了自由決定政策的權利，而是依循共同體制定的規則；這種現在仍持續進行中的行動，就稱為「歐洲整合」。

論　點

1. 為了和平的歐洲整合

　　當初的歐洲整合，可透過當事人的回憶錄與新聞工作者、國際政治學者的同時代分析來說明，不過1970年代各國開始公開戰後一手史料後，歷史學者也開始著手進行分析。1977年，德國史家利普恩斯（Walter Lipgens）發表《歐洲整合政策的開端（1945～1950）》，是第一部正式研究歐洲整合的歷史著作。利普恩斯分析經歷兩次大戰的歐洲領袖思想，指出二戰後的歐洲普遍存在著克服**主權國家體制**^{◁5}的目標。戰後歐洲人為了限制各國的恣意舉動，開始認為創立「歐洲共和國」或「歐洲聯邦」的聯合體，是讓戰爭悲劇不再重演的必要手段，同時也是防止美國和蘇聯支配歐洲的唯一手段。利普恩斯說，這種追求和平的思想，就是歐洲整合的源頭。就像從2012年EU獲頒諾貝爾和平獎這件事中可窺見的，利普恩斯所呈現的歐洲整合樣貌，至今仍不失其影響力。

2.「民族國家的救贖」

　　當1980年代交涉共同體設立的一手史料公開後，史家們也開始活用這些史料發表研究。其中的代表性例子，是英國史家米爾沃德的《民族國家歐洲的救贖》。米爾沃德分析ECSC與EEC設立的外交交涉檔案，認為這些共同體並不像利普恩斯所說的、是誕生自領袖們的政治理念，而是基於歐洲各國經濟利益所設計出來的產物。換言之，歐洲整合不是要克服主權國家體制，而是反過來，以國家的重建與強化為目標。就像這樣，歐洲整合不只是特定領袖的思想，更是政策和制度的具體交涉，這種理解已成為現今歐洲整合史研究的基本立場。故此，米爾沃德的著作在這個領域是最重要的典範，也是最常被提及的重量級研究。

▷1　**歐洲煤鋼共同體**（ESEC）
1952年成立，旨在促進煤礦、鋼鐵業的投資與加盟國間的貿易自由化。在此架構下，法國與西德成功和解，並建構了與今日EU密切相關的各種制度，因此被視為是歐洲整合的原點。

▷2　**歐洲經濟共同體**（EEC）
1958年成立，在各產業領域（扣除ECSC與EURATOM處理的煤炭、鋼鐵、核能）致力實現人、物、貨幣自由流動，並在農業等特定領域實施共通政策。活動範圍相當多元，直到EU成立前，該組織都負責歐洲整合。

▷3　**歐盟**（EU）
1993年，掌管今日歐洲整合的組織。不只是經濟層面的整合，更推動加盟國間警察、刑事司法與外交、安全保障等方面的合作，在各領域都有很大的影響。

▷4　**歐元**
2002年開始流通，到2019年有25國使用的通貨。西歐各國從1970年代起便為了抑制匯率變動而合作，1999將匯率固定，從而實現單一貨幣的引進。

▷5　**主權國家體制**
不管在國內或國外，都最大限度尊重各個國家權利的體制，也是構成今日國際關係的基礎。在這種體

3. 二十一世紀的歐洲整合史

在這種背景下，歐洲整合史研究就以「歐洲整合是否稱得上是削弱主權國家體制」論點為主軸發展。可是近年來不局限於這個問題設定，陸續出現了從多方面來理解歐洲整合的研究。這些研究大致可分成以下幾類：1. 不從政府間交涉的結果來看歐洲整合，而是強調以**歐盟執委會**[6]為中心的共同體組織，以及歐洲領袖間、非官方聯繫（跨國網絡）扮演的角色；2. 不聚焦在歐洲整合全體，而是將目光放在特定的共通政策（農業、貨幣、移民、貿易、外交政策等）上；3. 不把歐洲整合看成是歐洲內部自發的事件，而是將它與冷戰、去殖民化、**全球化**[7]等世界規模的趨勢加以連結。今日的整合史家從各個角度去分析歐洲整合的歷史，描繪出多元的整合史形象，從而強烈認為歐洲整合與主權國家體制的關係並不能一概而論。只是也有人批判，近年研究趨於零碎化，從而忽略了從長期意義來看待歐洲整合的視角。

從這樣的觀點出發，近幾年出現不少研究納入長期視角，將從ECSC演變到EU的整合史形象相對化。在這當中，舒特（Johan Schot）和斯克蘭頓（Phil Scraton）等科學技術史家編纂的《創造歐洲》，是一部劃時代的論文集。在這部論文集中，談論了約150年的長時間跨度下，從跨越國境的歐洲規模道路與鐵路網建設，到飲食文化與消費行為的均質化，逐步形塑出歐洲整合基礎的過程。就像這樣，二十一世紀的歐洲整合史出現了社會史研究的嶄新面向。

制下，一個國家基本上不被允許干涉他國內政。（參照 III-12 ）

▷6 **歐盟執委會**
構成EU的機構之一，從加盟國政府獨立出來，是「EU的政府、內閣」，亦即EU的行政中心。從加盟國選出的委員各自職掌相關政策，統領約三萬名工作人員（「EU官僚」），負責提出法案與執行政策。

▷7 **全球化**
（Globalization）
隨著人、物、金錢、資訊的跨國流通擴張，全世界也更加相互依賴，趨向一體化。這種傾向本身雖然有著悠久的歷史，但在二十世紀下半葉開始，隨著交通方式的高速化與資訊通信技術的發展，有不斷加速的趨勢。

歷史學的考察重點

① 試思考「歐洲整合」的「整合」這個詞代表的意義。
② 從ECSC到EU的組織演變，對歐洲整合帶來了怎樣的變化？試著從當時的新聞報導與條約內容來分析思考。
③ 想想看歐洲整合這樣的嘗試，為何能在歐洲發展起來。

20 冷戰的終結

森聰

【關連項目：冷戰的起源、越戰及其影響、緩和政策、歐洲整合】

史 實

1995年3月，**戈巴契夫**[1]就任蘇聯共產黨總書記，展開了稱作「新思維」、摸索與西方陣營協調的外交路線。美國的雷根總統一開始雖然稱蘇聯為「邪惡帝國」，但在連任後與戈巴契夫反覆進行高峰會談，並逐步改善對蘇關係。繼任的老布希總統在1989年12月2、3日於地中海的馬爾他島與戈巴契夫展開了美蘇高峰會。兩位領袖在聯合記者會上共同表示「世界已經跨越了冷戰時代，邁入下一個時代」，實質上宣告了冷戰的終結。1989年東歐各國爆發革命、1990年10月德國重新統一，美蘇對立也加以收斂；1991年7月華沙公約組織解散，同年12月蘇聯瓦解。那麼，在冷戰終結的過程中，決定性的重要因素是什麼？戈巴契夫的**「新思維」外交**[2]扮演了關鍵角色，這點沒有太大爭議，但讓它誕生的關鍵、以及讓它的推進成為可能的關鍵，又是什麼呢？關於這個問題有各式各樣的見解。

論 點

1. 美國的對蘇外交　有種看法認為，雷根第一任期的強硬對蘇政策，促使蘇聯放棄對決路線。按照這種看法，1980年代雷根政府以強化核戰與戰略防禦計畫（SDI，俗稱「星戰計畫」）為主，擺出軍備競賽的架勢，才得以促使蘇聯放棄對抗。另一方面也有人認為，雷根第一任期的對蘇強硬態勢，對戈巴契夫幾乎沒有影響，反而是第二任期與布希政府的協調外交態度，才是促使美蘇關係改善的關鍵。按照這種看法，戈巴契夫在東歐各國遭逢革命時不採取武力介入，布希政府也加以節制美國干預東歐的行動；在兩德邁向統一的外交進展過程中，美國也注重讓蘇聯安心的政策，這種側面支援東方陣營內在改革的方式，對於冷戰能和平終結至關重要。這樣的見解在雷根與布希政府等美國政府相關高層的解釋中經常可以見到。

2. 圍繞蘇聯的各種關鍵　另外有種見解認為，蘇聯的「新思維」外交，並不是對應美國而生、或因此而推進的事物，而是起因於蘇聯自身周邊的各項事件。首先，一直以來沒能好好著手改革、陷入經濟危機的蘇聯，為了脫離這樣的困境，開始追求和西方協調的路線。其次，蘇聯因為介入阿富汗等事務，陷入所謂的「過剩擴張」，由此產生的戰爭負擔與既有的軍事支出，一同壓迫著蘇聯財政，因此蘇聯領導班底被迫轉換成協調路線。不只如此，也有以戈巴契夫的「歐洲共同家園」等理

▷1　**戈巴契夫**（Mikhail Gorbachyov）

1931年～2022年。出身斯塔夫羅波爾地區，1952年加入蘇聯共產黨。1980年成為政治局常委，1985年擔任總書記。他一方面推動促進資訊透明、言論自由的「開放政策」，另一方面也推動包括多人競選制在內的政治體制改革「重建政策」。1990年成為蘇聯第一任總統，並獲頒諾貝爾和平獎。1991年12月辭去總統職務。

▷2　**「新思維」外交**（new political thinking）

一種和西方協調的對外政策路線。和美國一起大幅管制軍備與裁軍、尋求擴大和西方諸國的經濟關係等，意圖改善對外關係發展。透過和西方領袖舉辦外交高峰會培養信賴，但在蘇聯國內也出現反彈聲浪。

想主義概念為象徵，重視意識形態或對外觀念重大轉換的解釋存在。特別是戈巴契夫等人，雖然也想建構出「令蘇聯社會主義滿意的新國際秩序」的可能，但他們也受到歐洲社會民主主義者的影響，從而決定由蘇聯內部先改變。若站在這種見解來看，蘇聯面對經濟、財政的危機之際，具備嶄新對外態度的戈巴契夫登場了；他對內推動政經改革，對外則轉而追求「新思維」。除此之外也有研究者認為，國際和平運動的科學家們以蘇聯領導班底的輪替為契機獲得重用，最終改變了對核試驗與彈道飛彈迎擊系統、傳統戰力削減等蘇聯領導班底的思考模式。

3. 圍繞歐洲的國際環境

有種說法則指出，由於1980年代後期歐洲各國關係相對穩定，蘇聯和東方陣營感覺不到西方的強烈威脅，因此才有餘地展開各種改革。也有人認為1975年召開**歐洲安全與合作會議（CSCE）**[3]，會中達成共識的《赫爾辛基協議》將東西歐洲各國都納入人權規範，這對東歐的民主化與德國重新統一等冷戰的終結過程產生了不小的影響。更有人說，當東歐各國同時發生「東歐革命」時，當局沒有用高壓方式鎮壓和平抗議運動，而是以對話方式解決問題，這也是讓冷戰邁向終結、無法忽視的關鍵。

▷3　**歐洲安全與合作會議（CSCE）**
東西三十五國為了緩和緊張局勢，在歐洲安全與合作會議（CSCE）上展開跨國外交，1975年在赫爾辛基召開的高峰會議上通過最終協議。《赫爾辛基協議》就「包括承認既存國界在內，就國家的行動原則與信賴建立進行處置」、「經濟、科學技術、環境層面的合作」、「人道、文化交流」等三個層面，將彼此的認知事項加以明文化。

歷史學的考察重點

① 美蘇冷戰為何不是在1970年代、不是在1990年代，而是在1980年代末終結？

② 戈巴契夫的「新思維」是對舊蘇聯對外干涉路線進行的轉換；他為什麼能夠壓制住蘇聯內部的反彈，讓美蘇關係產生質變？

③ 雷根與布希政府為何會和長期對立的蘇聯領導人戈巴契夫共同追求協調路線？

21 新自由主義

小野澤 透

【關連項目：資本主義論、經濟大蕭條、混合經濟與福利國家、歐洲整合】

史　實

二戰後的四分之一世紀裡，不只先進國家，許多發展中國家都急速擴張生產與經濟成長；不只如此，財富也都擁有相對平等的分配，大部分人都體驗到了生活水準的提升。出現這種狀況的原因雖然很多，但在運作國民經濟與國民福利上扮演重要角色的「大政府」，重要性是無庸置疑的。

可是 1960 年代後期以降，西方先進國家的經濟成長開始趨緩。到了 1970 年代前期，隨著**布列敦森林制度**的瓦解、**石油輸出國家組織（OPEC）**[1]主導的石油價格大幅上升等因素，西方先進國家的高度成長劃上句點，許多國家陷入通膨與蕭條並行的停滯性通膨（stagflation）。各國在致力從經濟停滯中脫困的同時，因應活躍起來的國際資本流動，一方面縮減財政與金融，另一方面也開始緩和經濟限制。在這樣的過程中，「大政府」開始解體。英國的柴契爾政府與美國的雷根政府都認為「大政府」是阻礙市場正常運作、造成經濟停滯的原因，因此積極推動解體。

在市場經濟擴張的情況下實現經濟成長、同時保障個人自由，這種思想稱作新自由主義（neoliberalism）。新自由主義的具體政策清單包括了抑制通膨政策、放緩限制、縮減社會福利、累進稅率的平坦化、剝奪工會權利、公營機構民營化等，至於其組合與實施程度則依各國而不同。1980 年代，新自由主義政策被社會黨的法國、以及高福利的北歐諸國在內等先進各國廣泛實施；到了 1990 年代，先進各國的幾乎所有主要政黨，都把新自由主義當成政策基礎。不只如此，**國際貨幣基金與世界銀行**也在「結構調整」的名義下，對難以償債的國家進行援助或減輕債務，以此強制他們放棄「大政府」；以此為重要契機，新自由主義思潮也擴大到發展中國家。

論　點

1. 新自由主義的本質　做為思想的新自由主義，是在 1930 年代後期為對抗社會主義與極權主義（法西斯與納粹主義），在摸索新型態的自由主義中慢慢形成的；戰後，以**海耶克**[2]為首成立了蒙帕萊學會（Mont Pelerine Society），這種摸索遂形成了一種運動。在新自由主義當中，包含了海耶克等奧地利自由主義思想家、**傅利曼**[3]等芝加哥學派經濟學者、以及德國的秩序社會主義者（Ordoliberalism），各種流派不一而足；故此，隨著我們關注的流派不同，對新自由主義本質的理解也會產生變化。從大分類來看，大致可分成關注 1980 年代以降化為政策、傅利曼

＊　**布列敦森林制度**
參照 Ⅴ-8 注4。

▷1　**石油輸出國家組織（OPEC）**
為了從支配國際石油產業的石油公司手中奪取生產及價格決定權，1960 年由沙烏地阿拉伯和委內瑞拉等五個石油主要輸出國組成的國際組織。1970 年代，他們靠著對石油供需關係的逼迫，首次成功大幅提升了石油價格；但自組織設立以來，產油國之間就常有利害調整的問題，再加上近年來非加盟國的石油產量也與日俱增，因此該組織未能掌握住全世界的生產與價格決定權。2019 年共有 16 個加盟國。

＊　**國際貨幣基金與世界銀行**
參照 Ⅴ-8 注2。

▷2　**海耶克（Friedrich Hayek）**
1899～1992 年。生於奧地利，在維也納大學鑽研學問，活躍於英、美、德的經濟學者兼思想家。海耶克的思想著名之處在於，不只是社會主義，包括福利國家體制都被他總括為「集體主義」，認為是對個人自由的威脅，大加批

等人的自由市場至上主義經濟學，以及關注把所有與契約相關的私法領域從政治民主主義中切離這一理想的海耶克等德、奧思想兩派見解。

另一方面，埃及的沙達特政府與智利的皮諾契特政府，在先進國家廣泛採納新自由主義之前的1970年代前期，就已經自發搶先採用新自由主義政策了。不只這些例子，在新自由主義固定下來的過程中，內發性的動作與以「結構調整」為代表的外發性動作相互交錯；隨著對這些關係的見解不同，對新自由主義擴大到全世界的理解方式也會有所改變。不只如此，壓抑國民自由卻執行新自由主義經濟政策的皮諾契特政府，被海耶克等許多新自由主義者高度稱許之餘，也讓人不禁想問「新自由主義究竟該怎麼在自由主義思想傳統中定位」的本質性問題。另一方面，在新自由主義下，世界經濟確實擴大了，但同時也帶來各國貧富差距擴大、金融危機頻仍等問題，因此也產生了廣泛的議論。

2. 新自由主義與國家

過去都把新自由主義當成是將經濟「制高點」的掌控權由國家轉移到市場的政策，但就今日來看，這種單純見解其實並不完善。包括傅利曼這樣的自由市場至上主義者在內，大多數的新自由主義者其實都致力於建構一個有能力維持市場秩序的強力政府。事實上，排除工會等影響力的新自由主義國家，大致上都形成了「強力政府」。故此，今日的研究焦點，是新自由主義體制下國家扮演的角色。比方說，新自由主義國家會維持貨幣的健全性、保護私法領域、並讓國際經濟制度滲透到自己的領域中。不只如此，它們也會為競爭原理定下規範，並將這種規範內化到社會與各個國民身上。對新自由主義國家的考察，和對今日**全球化**樣貌的考察，是直接相關的。

判。他也以蒙貝勒蘭學會會長的身分牽引著新自由主義運動。著有《到奴役之路》、《市場、知識、自由——自由主義的經濟思想》等作品。1974年獲頒諾貝爾經濟學獎。

▷3 **傅利曼**（Milton Friedman）

1912～2006年。美國人，新自由主義大宗、芝加哥學派的代表性經濟學者。認為通貨量的變動是經濟變動的主要關鍵，提倡貨幣主義（monetarism），批判凱因斯主義。身為雷根政府的政策智囊而活躍，對美國的新自由主義經濟政策影響深遠。著有《資本主義與自由》、《選擇的自由》（與夫人羅絲合著）等作品。1976年獲頒諾貝爾經濟學獎。

* **全球化**
參照 V-19 注7。

歷史學的考察重點 ::::::::::::::::::::::

① 新自由主義指的是怎樣的思想與政策？

② 新自由主義之所以能在全世界擴張，跟怎樣的關鍵背景有關？

③ 引進新自由主義後，國家樣貌產生了怎樣的變化？

22 女性主義與性別

兼子步

【關連項目：男女的領域分離、十九世紀的性別與種族、女性參政權、越戰及其影響、新自由主義】

史 實

「女性主義」這個語彙，雖然因使用者不同而有各式各樣的含義，但在用來指涉「致力矯正基於性別差異對女性不平等對待與壓抑的思想與運動」這點上，則是共通的。這個詞從 1880 年代的法國開始使用，1890 年代普及於英國等歐洲各國，到了二十世紀初期美國也廣泛使用。

在歐美成為社會政治運動的女性主義，雖然在十九世紀就可窺見萌芽，但要形成大規模運動加以組織化、並達成法律修正等成果，則要到工業化有所進展、十九二十世紀之交的轉換期。當時在各國都出現了女性組織團體，主要是矯正法律上的不平等（第一波女性主義）。雖然是由中產階級女性主導的運動，但在英國與工人運動、在德國與社會主義運動的關係都很深刻。英美等國蓬勃發展爭取女性參政權的組織運動，一戰時女性的戰爭協助則也加速促進了參政權。

1960 年代後半到 1970 年代，女性主義運動再次興起（第二波女性主義）。第二波不只侷限在要求法律上的相同權利（自由派女性主義），更大加批判職場、教育、媒體、性與生殖、藝術與知識、國際政治環境問題等社會整體結構當中男尊女卑的「家父長制（父權制）」，並要求矯正（基進女性主義）。不是基於生物學、而是被社會建構出來的性別差異，這樣的「性別」概念也成為理論武器而普及。此外，這時的女性主義也與民權運動、反越戰運動、學生運動、**同性戀解放運動**[△1]、環境保護運動等同時代社會運動攜手合作，相互影響。

第二波女性主義運動改善了歐美各國女性在職場與教育上的不平等，在大學引進了女性學、性別研究，並糾正了媒體等處的歧視表現，帶來了各種變化。近年來也有論者主張，女性主義運動的使命已經告終（後女性主義）。然而性別歧視如今仍然殘留在歐美社會，因此以大眾文化和社群平台為舞台，近年的 **MeToo 運動**[△2]也被很多人認為是新一波的女性主義運動。

論 點

1. 屬於誰的女性主義

被稱為女性解放運動的第二波女性主義運動，雖然在英美等國特別強調女性個人平等自由與自律、以及從家父長制中解放，但也有人批評「只把這些思想看成是女性主義，是一種英美中心論」。論者指出，德法等國的女性運動是以男女差異為前提，極力強調母親的社會意義，藉此要求國家給予權利和保護。這樣的

▷1　**同性戀解放運動**
（Gay liberation）
透過直接抗議行動，力圖讓強制異性戀主義的社會結構產生變革的同性戀者運動。1969 年紐約男同志酒吧「石牆酒吧」被警察臨檢，結果引發抗議暴動；以此事件為契機，同志解放運動開始盛行。1980 年代末，運動參與者們開始使用 LGBT（女同志、男同志、雙性戀、跨性別的首字母縮寫，也有在此之外、加入非常規傾向的酷兒（queer），成為 LGBTQ 的用法）這個總括了性少數的語彙；此後的運動主流，逐漸轉變成同性婚姻與入伍等給予性少數同等權利與機會保障的運動。

▷2　**MeToo 運動**
透過社群平台共享、舉發遭到性騷擾與性侵犯的經驗，從美國展開的運動。「MeToo（我也是）」這個語彙是 2006 年由黑人女性社運者塔拉納・伯克（Tarana Burke）開始使用。2017 年以一名大牌電影製作人遭舉發性侵案件為契機，該詞彙成為社群平台標籤，在全世界廣泛傳播。

思想可稱為「母性女性主義」或「家庭女性主義」。二十世紀初，在英美可見到這樣的思維，直到第二波女性主義期間，它在法國等地仍有一定影響力。但也有人反駁，這種思想對歷史過程當中家父長制社會誕生出的男女差異形貌不加以批判，因此並不能稱為女性主義。

2. 為了誰的女性主義

1960年代以降興起的**多元文化主義**[3]把女性主義運動史當成了批判對象。在批判性的檢驗中，第一波女性主義運動家與思想家的主張，屢屢和白人至上主義、殖民地主義、**優生學**[4]等思想積極合作。在美國身為第二波領袖的白人中產階級女性，雖然大多訴求「所有女性」的解放，但她們對「女性權利」的理解，主要與白人中產階級女性的利害相關，並逕自視同為全體女性，但這種做法並不見得能反映非白人、工人階級及第三世界女性的固有狀況，有時甚至背道而馳，因此也引發批判。另一方面，包括美國黑人女性主義這種全面批判種族主義社會結構的思想與運動，也開始獲得矚目。立基於這樣的議論，近年來越來越多人將種族與階級造就的不平等與其他社會範疇和性別加以結合，從而產生的固有歧視與邊緣化，用「交叉性（intersectionality）」這個概念來加以表現。除此之外，哲學家弗雷澤批判，第二波女性主義運動的主流邏輯，其實也造就了伴隨**後工業化**[5]而來的新自由主義全球化資本主義的興盛，這樣的說法也引發議論。

3. 女性主義對歷史學產生的衝擊

第二波女性主義運動誕生了女性學與性別學，也讓女性史研究在歷史學活躍起來，並產生許多成果。隨後，對於性別差異的分工與權力關係建構過程本身提出批判檢討的性別史，以及將迄今都被假定為全「人類」的男性歷史經驗用性別史觀點加以分析的男性史也登場了。但也有批評指出，女性史與性別史至今在歷史學界仍處於邊陲地位。

▷3 **多元文化主義**（Multiculturalism）
對於把特定人種民族集團的文化當成國民全體文化前提的思考方式加以批判，主張社會各文化對等存在的思想。在美國，多元文化主義大力批判以白人為中心的美國歷史文化認識，並主張尊重非白人集團的文化與歷史經驗。參照 I-30 注5。

▷4 **優生學**（Eugenics）
主要是透過管制生殖、遺傳結構重組，來達成國民和特定人種等人口集團整體品質改良的思想。二十世紀上半葉在歐美被當成先進的「學問」而流行，從而在各國間促成身心障礙人士的強制絕育政策。

▷5 **後工業化**（Post-Industrial）
也稱為去工業化。從以工業為中心的經濟與社會轉移到以知識、資訊、服務為中心的經濟與社會。同時也意味著工廠外移與自動化所導致的製造業縮小雇用現象。

歷史學的考察重點

① 女性主義運動為之後的社會帶來了怎樣的變化？
② 讓女性主義運動盛行的歷史狀態是什麼？
③ 贊成與反對女性主義運動的人們，各自是些什麼人？
④ 現在的女性主義和過去的運動有怎樣的共通點與相異點？

23 東方主義與後殖民主義

杉本淑彥

【關連項目：歐洲與鄂圖曼帝國、帝國主義論、殖民地與現代／西方、威爾遜與美國的國際主義】

史　實

十八到十九世紀，隨著鄂圖曼、卡札爾、蒙兀兒王朝走向衰退，西方列強在西亞及南亞地區的影響力日益擴大。一次大戰後，這些地區除了成立土耳其共和國的安那托利亞以外，都被納入英法正式與非正式的帝國統治下。

二次大戰後，西亞、南亞和西方殖民統治下的其他地區一起邁向了政治獨立。可是，這些經歷過正式、非正式帝國統治的地區大多沒能脫離經濟從屬地位。即使在文化方面，以舊殖民母國為主的西方世界影響仍舊殘存著。

論　點

1. 薩伊德《東方主義》

東方主義（Orientalism）這個詞最早被使用的時間，英語是1769年、法語則是1799年；不管哪一個，都是指**東方**語言的研究。時序邁入十九世紀中葉，西歐各國開始流行以東方為題材的繪畫與文學，甚至是東方風格的衣著與建築。法國的《十九世紀百科大辭典》（1866年版）就依循這種狀況，將東方主義定義為「有關東方語言、科學、風俗、歷史的知識」，以及「對東方風俗的模仿」。就像這樣，原本的「東方主義」和繪畫與文學上的浪漫主義（romanticism）或寫實主義（realism）等一樣，只是用來表現流派的用語罷了。

大幅轉換這種使用方式的，是薩伊德（Edward Said）的《東方主義》（1978年）。薩伊德從十八世紀後期探討到1970年代，將西方（Occident）對中東伊斯蘭世界（Orient）的歧視目光稱為「東方主義」，並大加批判。薩伊德是出生在巴勒斯坦的阿拉伯人，1948年**第一次中東戰爭**後逃難到開羅，之後前往美國留學，成為一位比較文學的研究者。

薩伊德說，「東方主義的本質，是在優越的西方與低劣的東方之間設下區別。」薩伊德雖然主要侷限在文學作品、思想與語言學分析，但他的思考架構在人文科學其他領域也廣獲支持，分析對象更從中東伊斯蘭世界向外廣及到繪畫、電影等各方面的批評上。日本在這之後用片假名標記orientalism一詞時，指的就是這種批評理論（東方主義批評或是東方主義論）。

此外在日本，這種批評理論其實也適用於從明治到現今日本對亞洲投射的目光。批判者認為，從西方來看，日本也是「東方」，但日本也跟西方

▷1　**東方（Orient）**
廣義來說，雖是以中東、近東、印度、東南亞、中國為主，包含日本在內的東方世界，但就十八至十九世紀西歐的狹義而言，主要則是指中東與近東的伊斯蘭世界。

▷2　**第一次中東戰爭**
又稱巴勒斯坦戰爭。阿拉伯人與猶太人圍繞著英國託管地巴勒斯坦主權發生的衝突。阿拉伯陣營敗北，超過70萬人（巴勒斯坦人）成為難民。

一樣用歧視的眼光觀看東方其他地區。這種目光就被稱為「日本的東方主義」。

2. 往後殖民主義發展

1980年代以降，承繼薩伊德的東方主義論，殖民研究出現了一股新潮流；這是一種比起殖民主義（colonialism）更著眼於文化壓抑（比方說殖民母國對語言的強制等）的研究。這種研究潮流具有強烈的「脫殖民主義」觀點，所以便冠上拉丁語的「post」（後）。在此同時，這種研究也把獨立後仍持續與殖民統治起源之間的從屬關係、亦即所謂「殖民性（colonial）」現象納入分析，所以也稱為「後殖民主義」或「後殖民研究」。

3. 對東方主義論的批判

雖然開拓了新的研究路徑，但對薩伊德的批判從來沒少過。歷史研究者麥肯齊（John M. MacKenzie）就強調，西方的繪畫、建築、音樂等各種藝術是透過來自東方的刺激才得以活絡，因此並不只有西方與東方的優劣二元對立，而是存在著多樣的東方主義。不只如此，在該怎樣克服歧視性目光這點上，麥肯齊接著表示：「今日批評東方主義的人們，很容易犯下強制劃一的問題。當這些人創造出一種過去鐵板一塊的二元對立面貌時，他們實則是對未來更有共鳴，從而過度貶低了自身與異文化之間的關係。但實際上，東方主義並不只是輕蔑與侮辱，也常常被使用在讚賞與敬畏上，是一種具有無窮多樣性的概念。」

對於東方主義論或許會被運用在討論未來議題上，薩伊德也有這樣的自覺：「……日後應該會有某種取代東方主義的其他選項存在。本書並不只是單純要**反對**什麼，而是積極要**主張**什麼、並提供一種建設性的議論。」

歷史學的考察重點

① 即使在今日，我們還是可以察覺到對他者（比方說來自舊殖民地的移民）的歧視。為了消除這種歧視，揪出對東方的歧視眼光並加以批判，是最重要的嗎？還是說，去參照從這種目光中脫身的那些人，也同樣重要？

② 今日的歷史研究，跨越到文學研究等其他人文領域的狀況屢見不鮮。包括文藝、電影、音樂、戲劇、舞蹈，以及繪畫、雕刻、建築等藝術也都被當成史料加以使用。試從東方主義觀點來考察這些身邊隨處可見的作品。

「短暫的二十世紀」

24

小野澤透

【關連項目：啟蒙改革／啟蒙絕對主義、法國大革命、英國工業革命、社會主義、俄國革命與蘇聯的成立、史達林與農業集體化‧工業化、經濟大蕭條、混合經濟與福利國家、第二次世界大戰原因論、冷戰的終結、新自由主義】

史 實

  史家**霍布斯邦**[*]在描述開始自工業革命與法國大革命、結束於一次大戰的「漫長十九世紀」三部曲後，又接著寫下了開始自一次大戰與俄國革命、結束於蘇聯瓦解，所謂「短暫的二十世紀」的年代史《極端的年代》。「短暫的二十世紀」是由「大災難的時代」（1914～1945年）、「黃金時代」（1945～1973年）、「天崩地裂的時代」（1973～1991年）所構成。

論 點

1. 「舊左派」的歷史？

  霍布斯邦的**近現代史四部曲**^{◁1}，將政治、經濟、文化等廣泛的歷史事件賦予因果關係，彙整入單一歷史敘述中，是一套難以望其項背的史書，也獲得了很高的評價。但另一方面，關於《極端的年代》，也有人批判這本書給予共產主義（以及社會主義）過高的評價。確實，霍布斯邦曾參加過共產黨，也不諱言自己的左翼立場，而他對蘇聯抱持善意也是無庸置疑的。他強調首次轉移社會主義實驗並加以實踐的蘇聯歷史重要性，也強調蘇聯領導人讓後進國家俄國急速工業化的同時也摸索社會主義化，從而解釋施政過程中造成的眾多犧牲。這是依循**卡爾**[*]以來親蘇分析的視角。但另一方面，霍布斯邦的分析和經濟決定論也相距甚遠；當他在說明經濟現象時，往往與生產同等、甚至更重視消費因素，這和立基於古典**馬克思主義**^{◁2}的歷史分析有明顯區別。不只如此，霍布斯邦毫不留情的指責，以蘇聯為首的「實存社會主義」在明顯喪失了「建立一個更好的社會」的理想時，其存在意義也就跟著喪失了。逕自把《極端的年代》當成親共或馬克思主義史論，其實只是膚淺閱讀過後所做出的批判罷了。

2. 失落的啟蒙主義

  依霍布斯邦的史觀，為人類帶來創造無限財富可能的工業資本主義，與法國大革命解放做為政治理念的啟蒙主義，共同激盪出了近現代史。對霍布斯邦而言，啟蒙主義是「將自由的人們從恐怖與物資的匱乏中解放出來、創造出攜手營造良善社會與生活世界的希望」（《帝國的年代》）。做為政治理念的啟蒙主義，是工業資本主義推手的布爾喬亞所信奉的自由主義起點，在其左翼生成了民主主義；當工業資本主義創造出新社會階級——工人的同時，民主主義的更左翼則產生了社會主義。霍布斯邦對如此發展起來的啟蒙主義給予**整體**的支持。因此，他雖然擁護做為啟蒙主義最前鋒的社會主義，但也批判蘇聯共

---

* 霍布斯邦
參照 IV-3 注2。

▷1 近現代史四部曲
霍布斯邦的《革命的年代》、《資本的年代》、《帝國的年代》、《極端的年代》。

* 卡爾
參照 V-6 注3。

▷2 馬克思主義
以馬克思和恩格斯為起點，對資本主義進行批判的經濟理論與社會思想。雖然在其內部因對立而有各式各樣的立場與見解出現，但共通的基本視角是：以生產方式與和生產關係為基礎的經濟結構（「下層結構」或「基礎」），規定了包含法律、政治、思想等各種社會制度（「上層結構」）；伴隨生產的發展，在這之間產生出的矛盾會推動歷史演進，也就是唯物史觀（歷史唯物論）。

產黨透過共產國際意圖排除其他左派勢力的純化路線態度。與之對照，他則對廣泛集結了共產主義者到自由主義者的反法西斯**人民陣線**[*]，以及二戰期間的同盟國抱持相當高的評價。同時，他也對做為啟蒙主義末裔的混合經濟體制與社會主義體制競逐繁榮，結果在相對經濟平等的狀態下，達成人類史上前所未見的繁盛大加讚賞，稱之為「黃金時代」。換言之，霍布斯邦其實是在「廣義的啟蒙主義帶來人類進步」這樣的評價主軸上，進行歷史記述。

＊人民陣線
參照 V-14 注2。

基於這樣的評價主軸，霍布斯邦在「天崩地裂的時代」中看出了人類歷史的黯淡化。在這個時代，追求效率與利益最大化的資本主義，將混合經濟體制逼入死角，西方先進國家紛紛採行新自由主義。社會主義體制無法和資本主義競爭，反而依賴資本主義世界，最後土崩瓦解。於是，從啟蒙主義的抑制中解放的資本主義，不斷加深人類的貧富落差。不只如此，資本主義還持續破壞家族和地區等資本主義原本賴以立足的社會。霍布斯邦對資本主義將來的這種悲觀，遭到以福山為代表、擁護新自由主義的論者批判。另一方面，雖然批判霍布斯邦的親蘇觀點，但本身同樣站在左派立場的史家朱特則和霍布斯邦一樣，號召被新自由主義破壞的社會重建工程，以及對集團利益關心的復活。

3. 個別論點與整體論點　霍布斯邦對民族主義、法西斯主義與納粹主義、新自由主義等分析，以今日的水準來看，其實相當簡樸。但這些個別問題可透過新的研究來補足，因此並無損於霍布斯邦研究的價值。

但另一方面，也有一種更根本的批判指出，霍布斯邦的歷史敘述其實是歐美中心主義。這種批判雖然有其正當性，但不陷入歐美中心主義的近現代史書寫嘗試，其實也才剛開始起步。霍布斯邦的四部曲雖然有各種極限，但仍是最具涵蓋性的近現代史分析著作；在進步這個理想似乎已被忘卻的現在，正是值得一讀的歷史書。

歷史學的考察重點

① 近現代的政治、思想、經濟、文化有著怎樣的關連，我們又該如何將這些因素串連起來加以記述？

② 在不以歐美世界為中心的情況下，我們能怎樣敘述近現代史？

後記

　　相較於中古日本的莊園經營、近世倫敦貧民的生存戰術、近代德國的中等教育等在一般歷史學每天被慎重論述的「狹窄」架構，有很多人覺得世界史、全球史、大歷史這些大膽的「廣角」架構更有趣、更有用、更津津有味，也更閃耀奪目。面對這種趨勢，從事「狹窄」研究的歷史學者，很少人能為自己申辯，就市場整體反應而言也不是很有利。可是，當我們閱讀英國評論家卻斯特頓（Gilbert Keith Chesterton）在1905年寫下的這段文字時，又做何感想？

> ……探險的不斷擴大讓世界變小了。電報和汽船讓世界縮小了。望遠鏡讓世界變小，只有顯微鏡讓世界變大。不久後，世界大概會一分為二，成為望遠鏡派和顯微鏡派角力的場域吧！前者住在小的世界，研究大的事物；後者則住在大的世界，研究小的事物。（卻斯特頓《異教徒》，別宮貞德譯，春秋社，1975年，38頁）

　　如果驟然讓「狹窄」領域的研究者（顯微鏡派）得勢，那必然會招致「廣角」架構的研究者（望遠鏡派）反彈；論點於是產生，議論也於焉開始，而旁觀者（一般讀者）也被迫要做出自主判斷，甚至還會出現和顯微鏡派與望遠鏡派相異、提倡第三種立場的人也說不定。

　　但在複數層次上，西洋史學是具有多元意義的（也就是說很容易引發論爭）。如果從上述的「廣角」或「狹窄」來看，西洋史學其實是兼具兩者的學問。在它的內部有著從古代到現代、因應各式各樣的地區單位，從政治、經濟、文化、思想、社會，存在著枝節縱橫的無數分支領域，所以稱得上「廣角」；但若從是否具備日本史、東洋史、西亞史、南亞史、非洲史，以及做為世界史的現代史等外部重複領域這層意義來看，它又可以說是「狹窄」的。若是將視角挪動一下，從「遠」或「近」來談，對我們這些生在日本的人來說，西洋史是十分遙遠的對象；但另一方面，在受到來自西方的權力（暴力）、文物、制度、思想充分影響這點上，它又是距離我們很近的對象。若更進一步，從「獨特」與「普遍」的角度來說，西洋史學對西方這個獨特的時間和空間，以純粹西方的歷史學方法——基於史料批判的實證——為基礎進行分析，這一點相當具有獨特性；但另一方面，它在動員經濟學、法學、文學、氣候學、人口學、自然科學、哲學、社會學、人類學、心理學、考古學、政治學、美學等各種學派的智識，窮究人類存在這點上，又具備了普遍性。不只如此，像這樣某種意義來說堪稱「分量適中」、具有論爭性和多義性的西洋史學，本身也是極度跨學科的領域。即使只是隨手拾起本書的幾個論點來閱讀，也可以清楚感受到古代史與近代史、中古史與近世史、前近代史與現代史的相互呼應，更可以理解到相距甚遠地區的歷史間出乎意料的結合與衝突。

　　彙整了這種西洋史學的主要論點，本書要面對的是喜歡地理歷史與公民科目的高中生，在大學通識課程中接受人文社會科學與歷史學教育的學生，在包含研究所的專門課程中主修或副修歷史學、真正有心鑽研它的專業歷史研究者（不論「狹窄」或「廣角」），在高中或大學從事歷史教育的人，乃至

於關心西方的過去與現在的一般大眾。這是一本向這些層次廣泛的讀者許下承諾，讓他們能夠因應各自生涯境遇、不斷反芻回顧的一本書。就像在「序言」中也寫到的，我們期望建構的，是一種重層而立體的歷史形象。它並不是只塗抹著單一色彩，而是刷上了多種顏色；甚或是在一種顏色的背後，可以看到另一種顏色，以這種要素來加以建構的歷史形象。在這當中雖有大學才學得到的高深歷史，但就一般而言，也是培育懷疑態度與寬容視野的健全「有用」教養。

歷史學當中的論爭，是以悠閒的步調（充其量是以幾年為單位）不斷推移。不確實咀嚼通說，就不能建構出異說；即使要闡述異說，也需要齊備對應的史料根據，而檢驗異說更要花費相當時間。就像本書中屢屢呈現的，這些幾乎都是橫跨百年的論爭。不論哪一場論爭，都是在經過一陣子後壓縮時間重新回顧，然後就其本質再次浮現熾烈的交流，並產生出讓各自議論具壓倒性的說服力。透過這些緩慢生成的各種議論，其強韌正是歷史學堅強與深刻之所在。這和追求即效性、即興性（雖然這本身也有意義）的新聞報導與時事評論是不同的。

《論點・西洋史學》的架構，在建立上相當順暢。我們很快定下了具體形式，集結了五位一起奮鬥、值得信賴的編者，精選了各項目與案例，然後將各項目的撰寫託付給最合適的研究者。執筆者數高達123人，不管是跨世代的結構還是專業領域的多元性，都體現了當今日本西洋史學界的深厚層次。執筆的每一位都相當理解我們的意旨，寫出了再三閱讀、仍讓人深感興味的了不起項目。即使在根據編輯會議的結果回饋、進行改稿的作業上，他們也都相當熱心予以協助。不管哪一個項目，都是長年與研究趨勢堅忍奮鬥下的產物。當俯瞰整本書的目次後，或許會有人感到憤慨，覺得「就這些東西，居然需要長篇論戰？就這些枝微末節、跟我們相距甚遠的過去事物，需要持續進行這種『這也不是、那也不是』的研究？歷史學者都是一些吃飽沒事幹的無聊人嗎？」然而，我認為史家即便是無聊人，那也無所謂。做為成果的歷史敘述，只要讓應該讀的人覺得不無聊，那就好了（雖然有點困難啦）。開頭講到的卻斯特頓，在其他段落中將「無聊人」與低俗、散文式的「為無聊而無聊之人」相比，將「無聊人」評價為高尚且具詩意的人物：

> 我們確實會覺得，把草葉的數目、樹葉的數目全部數盡，是件很麻煩的事；然而，這不是因為我們太大膽、太開朗，而是因為我們缺少大膽與開朗的緣故。無聊人會帶著大膽與開朗的心情，把草葉看成軍隊的隊列般，帶著了不起的心情來欣賞。（同上，28頁）

只有身為「無聊人」的史家，會對誰都不特別感到疑問的東西抱持疑問、對誰都不在意的事情感到在意，從而把跟通說完全相異、無聊又不著邊際的解釋，發展成具充分根據的論點。只是，對於這樣的主張，當然也會產生出異說。

一個人或幾個人，或許就能夠描繪出「世界史」、「西洋史」和「日本史」，但絕對不可能撰寫出《論點・西洋史學》。事實上，我們這些編者比讀者還早，就被這本集結知識精華、從古代到現代的139個論點有趣之處深深擄獲，歷經過無數次眼界大開，以及無數次的啟蒙。因此，對於這本書，我們編者們相當有自信，不管何種類型的讀者，都可以引薦給他們閱讀。故此，還請各位務必長久將之置於左右，不斷參照。

最後，請讓我記下本書的成書過程。2017年7月底，密涅瓦書房的岡崎麻優子小姐傳來信件後，我們迅速見面，討論企劃一本「淺顯易懂」的西洋史學教科書。這時候，我趁著這個機會反過來提案。

當我在之前任職的學校——川村學園女子大學的西洋史研習中，看到熱烈討論十七世紀危機論、就本質進行議論的學生身影時，一個念頭在我心中悄悄地醞釀，那就是做出一本我自己也想閱讀、也想持續使用、想傳達到更多人手中，只由「論點」構成的西洋史書籍。岡崎小姐對此很感興趣，在社內會議也大力推動。包含之後的統籌工作在內，如果沒有岡崎小姐，這個企劃就無法實現。在這個心願開花結果之際，我要由衷向她表達謝意。

2020年2月

編者代表　金澤周作

日文參考文獻

第1章

1-1 　Ｍ・Ｉ・フィンリー『オデュッセウスの世界』（下田立行訳，岩波書店，1994年。原著は1954年）。
　　　藤縄謙三『ホメロスの世界』（新潮社，1996年。原著は1965年）。
　　　周藤芳幸『古代ギリシア——地中海への展開』（京都大学学術出版会，2006年）。

1-2 　周藤芳幸『ギリシアの考古学』（同成社，1997年）。
　　　桜井万里子編『ギリシア史』（山川出版社，2005年）。
　　　周藤芳幸『古代ギリシア——地中海への展開』（京都大学学術出版会，2006年）。
　　　ロビン・オズボン『ギリシアの古代——歴史はどのように創られるか？』（佐藤昇訳，刀水書房，2011年。原著は2004年）。

1-3 　藤縄謙三『歴史学の起源——ギリシア人と歴史』（力富書房，1983年）。
　　　桜井万里子『ヘロドトスとトゥキュディデス——歴史学の始まり』（山川出版社，2006年）。
　　　大戸千之『歴史と事実——ポストモダンの歴史学批判をこえて』（京都大学 術出版会，2012年）。

1-4 　マーティン・バナール『黒いアテナー——古典文明のアフロ・アジア的ルーツⅡ』（上・下）（金井和子訳，藤原書店, 2004-05年。原著は1991年）。
　　　マーティン・バナール『ブラック・アテナ』（片岡幸彦監訳, 新評論, 2007年。原著は1987年）。
　　　桜井万里子「古代ギリシアの遺産の継承について」『メトロポリタン史学』6号，2010年。
　　　マーティン・バナール『「黒いアテナ」批判に答える』（上・下）（金井和子訳, 藤原書店，2012年。原著は2001年）。

1-5 　師尾晶子「デロス同盟と碑文研究」『歴史評論』667号，2005年。
　　　桜井万里子、本村凌二『世界の歴史5——ギリシアとローマ』（中央公論新社，2010年。原著は1997年）。
　　　ロビン・オズボン『ギリシ アの古代——歴史はどのように創られるか?』（佐藤昇訳，刀水書房，2011年。原著は2004年）。
　　　橋場弦『民主主義の源流——古代アテネの実験』（講談社, 2016年。原著は1997年）。

1-6 　ポール・カートリッジ「古代ギリシア人——自己と他者の肖像」（橋場弦訳, 白水社，2001年。原著は1993年）。
　　　川瀬豊子「古代オリエント世界」永田雄三編『西アジア史Ⅱ——イラン・トルコ』（山川出版社，2002年）。
　　　阿部拓児『ペルシア帝国と小アジア——ヘレニズム以前の社会と文化』（京都大学学術出版会，2015年）。

1-7 　松平千秋、久保正彰、岡道男編『ギリシア悲劇全集別巻』（岩波書店，1993年）。
　　　中村純「舞台の上の民主政」『世界歴史4——地中海世界と古代文明』（岩波書店，1998年）。
　　　久保田忠利、中務哲郎編『ギリシア喜劇全集別巻ギリシア喜劇案内』（岩波書店，2008年）。
　　　桜井万里子『古代ギリシアの女たち』（中公文庫，2010年）。

1-8 　ピエール・ブリアン『アレクサンドロス大王』（田村孝訳，白水社，2003年。原著は1974年）。
　　　森谷公俊『アレクサンドロスの征服と神話』（講談社，2007年）。
　　　澤田典子『アレクサンドロス大王——に生き続ける「偉大なる王」』（山川出版社，2009年）。

ヒュー・ボーデン『アレクサンドロス大王』（佐藤昇訳，刀水書房，2019年。原著は2014年）。

1-9 　F・W・ウォールバンク『ヘレニズム世界』（小河陽訳，教文館，1988年。原著は1981年）。

橋場弦編「ギリシアの「衰退」とは何か」『西洋史学』234号，2009年。

フランソワ・シャムー『ヘレニズム文明』（桐村泰次訳，論創社，2011年。原著は1981年）。

南川高志編『B.C. 220年――帝国と世界史の誕生』（山川出版社，2018年）。

1-10 合阪學『ギリシア・ポリスの国家理念――その歴史的発展に関する研究』（創文社，1986年）。

藤井崇「古典の復興と人文主義のリアリティ――ヘレニズムの歴史家ポリュビオスの近世西ヨーロッパにおける受容」南川高志編『知と学びのヨーロッパ史――人文学・人文主義の歴史的展開』（ミネルヴァ書房，2007年）。

岸本廣大「「エトノス」に基づくアカイア連邦の公職制度と統合政策――古代ギリシアの共同体を捉える新たな視角」『史林』96巻2号，2013年。

岸本廣大『重層的な古代ギリシアの共同体に関する研究――コイノン・エトノスポリス』（京都大学博士学位請求論文，2015年）。

1-11 W・W・ターン『ヘレニズム文明』（角田有智子、中井義明訳，思索社，1987年。原著は1952年）。

大戸千之『ヘレニズムとオリエント――歴史のなかの文化変容』（ミネルヴァ書房，1993年）。

周藤芳幸『ナイル世界のヘレニズム――エジプトとギリシアの遭遇』（名古屋大学出版会，2014年）。

石田真衣「〈研究動向〉ヘレニズム期エジプトにおける嘆願書研究のいま」「歴史学研究』965号，2017年。

1-12 吉村忠典『古代ローマ帝国の研究』（岩波書店，2003年）。

安井萌『共和政ローマの寡頭政治体制』（ミネルヴァ書房，2005年）。

ロナルド・サイム『ローマ革命』（逸見喜一郎ほか訳，岩波書店，2013年。原著は1939年）。

丸亀裕司『公職選挙にみるローマ帝政の成立』（山川出版社，2017年）。

1-13 J・P・V・D・ボールスドン『ローマ帝国――ある帝国主義の歴史』（吉村忠典訳，平凡社，1972年。原著は1970年）。

クリストファー・ケリー『ローマ帝国』（藤井崇訳，岩波書店，2010年。原著は2006年）。

新保良明『古代ローマの帝国官僚と行政』（ミネルヴァ書房，2016年）。

メアリー・ビアード『SPQR――ローマ帝国史II』（宮﨑真紀訳，亜紀書房，2018年。原著は2015年）。

1-14 クリストファー・ケリー『ローマ帝国』（藤井崇訳，岩波書店，2010年。原著は2006年）。

南川高志『海のかなたのローマ帝国――古代ローマとブリテン島』増補新版（岩波書店，2015年。原著は2003年）。

南川高志編『B.C. 220年――帝国と世界史の誕生』（山川出版社，2018年）。

1-15 田中美穂「研究動向「島のケルト」再考」「史学雑誌』111編10号，2002年。疋田隆康「書評：Carr, G. & Stoddart, S. (eds.), Celts from Antiquity, Cambridge, 2002」『西洋古代史研究』3号,2003年。

鶴岡真弓『ケルト――再生の思想』（ちくま新書，2017年）。

1-16 藤縄謙三編『ギリシア文化の遺産』（南窓社，1993年）。

ファーガス・ミラー「紀元66年、132年のユダヤ人反乱とローマ帝国」（桑山由文訳）『西洋史学』198号，2000年。

桑山由文「元首政期ローマ帝国とギリシア知識人」京都女子大学史学会『史窓』65号，2008年。

クリスファー・ケリー『ローマ帝国』（藤井崇訳，岩波書店，2010年。原著は2006年）。

1-17 ピーター・ブラウン『古代末期の形成』（足立広明訳，慶應義塾大学出版会,2006年。原著は1978

　　　　年）。

　　　　南川高志『ローマ皇帝とその時代』（創文社，1995年）。

　　　　井上文則『軍人皇帝のローマ』（講談社，2015年）。

1-18　本村凌二『帝国を魅せる剣闘士——血と汗のローマ社会史』（山川出版社，2011年）。

　　　　阿部衛「剣闘士興行における auctoramentum——ラリヌム決議を中心に」『西洋古典学研究』63
　　　　　　巻，2015年。

　　　　増永理考「ローマ元首政期小アジアにおける見世物と都市——アフロディシアスの事例を中心と
　　　　　　して」『史林』98号，2015年。

1-19　保坂高殿『ローマ帝政初期のユダヤ・キリスト教迫害』（教文館，2003年）。

　　　　A・H・M・ジョーンズ『ヨーロッパの改宗——コンスタンティヌス《大帝》の生涯』（戸田聡訳，
　　　　　　教文館，2008年。原著は1948年）。

　　　　ピーター・ブラウン『貧者を愛する者』（戸田聡訳，慶應義塾大学出版会，2012年。原著は2002
　　　　　　年）。

　　　　ロドニー・スターク『キリスト教とローマ帝国』（穐田信子訳，新教出版社，2014年。原著は
　　　　　　1996年）。

1-20　弓削達「ドミナートゥスの成立」『岩波講座世界歴史3——古代3』（岩波書店，1970年）。

　　　　坂口明「二世紀および三世紀初頭のコロヌスの法的・社会的地位」『史学雑誌』86編4号，1977年。

　　　　大清水裕『ディオクレティアヌス時代のローマ帝国』（山川出版社，2012年）。

1-21　米田利浩「ローマ帝国の変容と没落」山本茂ほか編『西洋の歴史〔古代・中世編〕』（ミネルヴ
　　　　　　ァ書房，1988年）。

　　　　南川高志編「ローマ帝国の「衰亡」とは何か」『西洋史学』234号，2009年。

　　　　ブライアン・ウォード＝パーキンズ『ローマ帝国の崩壊——文明が終わるということ』（南雲泰
　　　　　　輔訳，白水社，2014年。原著は2005年）。

1-22　船田享二『ローマ法』第1巻（岩波書店，1968年）。

　　　　カール・クレッシェル『ゲルマン法の虚像と実像』（石川武監訳，創文社，1989年。原著の論文は
　　　　　　1968～86年）。

　　　　谷口貴都「「ローマ卑俗法」の概念について」『高岡法学』1巻，1990年。

　　　　ピーター・スタイン『ローマ法とヨーロッパ』（関良徳・藤本幸二訳，ミネルヴァ書房，2003年。
　　　　　　原著は1999年〔英語版〕）。

1-23　ケヴィン・グリーン『ローマ経済の考古学』（本村凌二監修，池口守、井上秀太郎訳，平凡社，
　　　　　　1999年。原著は1986年）。

　　　　M・ロストフツェフ『ローマ帝国社会経済史』（坂口明訳，東洋経済新報社，2001年。原著は
　　　　　　1926年）。

　　　　池口守「ポルトゥスおよびオスティアの倉庫と港湾都市の盛衰」坂口明、豊田浩志編『古代ロー
　　　　　　マの港町——オスティア・アンティカ研究の最前線』（勉誠出版，2017年）。

1-24　M・I・フィンレイ編『西洋古代の奴隷制』（古代奴隷制研究会訳，東京大学出版会，1970年。原
　　　　　　著は1960年）。

　　　　本村凌二『薄闇のローマ世界一嬰児遺棄と奴隷制』（東京大学出版会，1993年）。

　　　　小林雅夫『古代ローマのヒューマニズム』（原書房，2010年）。

　　　　ロバート・クナップ『古代ローマの庶民たち——歴史からこぼれ落ちた人々の生活』（西村昌洋
　　　　　　監訳，増永理考、山下孝輔訳，白水社，2015年。原著は2011年）。

1-25　弓削達『素顔のローマ人』（河出書房新社，1975年）。

　　　　樋脇博敏「ローマの家族」『岩波講座世界歴史4』（岩波書店，1998年）。

本村凌二『愛欲のローマ史』（講談社，2014年。原著は1999年）。

樋脇博敏『古代ローマの生活』（角川書店，2015年）。

1-26　ヴァルター・ブルケルト『ホモ・ネカーンス』（前野佳彦訳，法政大学出版局，2008年。原著は
　　　　1972年）。

ロバート・C・T・パーカー「古代ギリシアの供儀——大問題」（佐藤昇訳）『クリオ』25号，
　　　　2011年。

高畠純夫、齋藤貴弘、竹内一博『図説古代ギリシアの暮らし』（河出書房新社，2018年）。

1-27　サルヴァトーレ・セッティス『ラオコーン——名声と様式』（芳賀京子、日向太郎訳，三元社，
　　　　2006年。原著は1999年）。

長田年弘「「記憶」と「敬虔」の径庭アクロポリス奉納文化におけるパルテノンフリーズ」『西
　　　　洋美術研究』17号，2013年。

芳賀京子ほか『西洋美術の歴史1　古代——ギリシアとローマ，美の曙光』（中央公論新社，
　　　　2017年）。

バルバラ・グラツィオージ『オリュンポスの神々の歴史』（西村賀子ほか訳 白水社，2017年。原
　　　　著は2013年）。

1-28　キース・ホプキンズ『神々にあふれる世界』（小堀馨子、中西恭子、本村凌二訳，岩波書店，
　　　　2003年。原著は1999年）。

本村凌二『多神教と一神教』岩波新書，2005年。

小堀馨子「古代ローマ社会におけるローマ人の宗教意識序説——古代ローマ宗教の研究史概観」
　　　　市川裕、松村一男、渡辺和子編『宗教史とは何か』下巻（リトン社，2009年）。

小堀馨子『共和政期ローマにおけるローマ人の宗教についての一考察——religio概念を手がかり
　　　　として』（東京大学博士学位請求論文，2013年）。

1-29　G・E・R・ロイド『後期ギリシア科学』（山野耕治ほか訳，法政大学出版局，2000年。原著は
　　　　1973年）。

ロイ・ポーター『人体を戦場にして』（目羅公和訳，法政大学出版局，2003年。原著は2002年）。

スーザン・マターン『ガレノス——西洋医学を支配したローマ帝国の医師』（澤井直訳，白水社，
　　　　2017年。原著は2013年）。

1-30　南雲泰輔「英米学界における「古代末期」研究の展開」『西洋古代史研究』9巻，2009年。

ベルトラン・ランソン『古代末期——ローマ世界の変容』（大清水裕・瀧本みわ訳，白水社，
　　　　2013年。原著は1997年）。

ジリアン・クラーク『古代末期のローマ帝国——多文化の織りなす世界』（足立広明訳，白水社，
　　　　2015年。原著は2011年）。

南雲泰輔「西洋古代史の時代区分と「古代末期」概念の新展開」『思想』1149号，2020年。

1-31　井上浩一『ビザンツ帝国』（岩波書店，1982年）。

ゲオルグ・オストロゴルスキー『ビザンツ帝国史』（和田廣訳，恒文社，2001年。原著は1963
　　　　年）。

根津由喜夫『ビザンツの国家と社会』（山川出版社，2008年）。

中谷功治『テマ反乱とビザンツ帝国』（大阪大学出版会，2016年）。

1-32　渡辺金一『コンスタンティノープル千年——革命劇場』（岩波新書，1985年）。

中谷功治「ストゥディオスのテオドロスと「姦通論争」（759-811年）」『西洋史学』186号，1997年。

井上浩一『ビザンツ文明の継承と変容』（京都大学学術出版会，2009年）。

ハンス＝ゲオルグ・ベック『ビザンツ世界論』（戸田聡訳，知泉書館，2014年。原著は1978年）。

第II章

2-1　山田欣吾『教会から国家へ――古相のヨーロッパ』（創文社，1992年）。

　　　『岩波講座　世界歴史7ヨーロッパの誕生』（岩波書店，1998年）。

　　　佐藤彰一『中世世界とは何か』（岩波書店，2008年）。

2-2　上智大学中世思想研究所編訳『中世思想原典集成6　カロリング・ルネサンス』（平凡社，1992年）。

　　　甚野尚志、益田朋幸編『ヨーロッパ文化の再生と革新』（知泉書館，2016年）。

　　　越宏一編『ヨーロッパ中世美術論集5　中世美術の諸相』（竹林舎，2018年）。

2-3　アンリ・ピレンヌ『ヨーロッパ世界の誕生――マホメットとシャルルマーニュ』（佐々木克巳、中村宏訳，創文社，1960年，新版1986年）。

　　　丹下栄『中世初期の所領経済と市場』（創文社，2002年）。

　　　森本芳樹『西欧中世初期農村史の革新――最近のヨーロッパ学界から』（木鐸社，2007年）。

2-4　リン・ホワイト・Jr.『中世の技術と社会変動』（内田星美訳，思索社，1985年。原著は1962年）。

　　　ロベール・フォシェ『ヨーロッパ中世社会と農民』（渡辺節夫訳，杉山書店，1987年。原著は1984年）。

　　　ヴェルナーレーゼナー『農民のヨーロッパ』（藤田幸一郎訳，平凡社，1995年。原著は1993年）。

　　　堀越宏一『中世ヨーロッパの農村世界』（山川出版社，1997年）。

2-5　ハンス・プラーニッツ『中世都市成立論――商人ギルドと都市宣誓共同体』（鯖田豊之訳，未来社，1959／1995年）。

　　　マックス・ヴェーバー『都市の類型学』（世良晃志郎訳，創文社，1969年）。

　　　エーディト・エネン『ヨーロッパの中世都市』（佐々木克巳訳，岩波書店，1987年）。

　　　アドリアーン・フルヒュルスト『中世都市の形成――北西ヨーロッパ』（森本芳樹ほか訳，岩波書店，2001年）。

　　　アンリピレンヌ『中世都市――社会経済史的試論』（佐々木克巳訳，講談社学術文庫，2018年）。

2-6　W・デイヴィス『オックスフォードブリテン諸島の歴史3　ヴァイキングからノルマン人へ』（鶴島博和監訳，慶應義塾大学出版会，2015年）。

　　　小澤実、長縄宣博編『北西ユーラシアの歴史空間――前近代ロシアと周辺世界』（北海道大学出版会，2016年）。

　　　小澤実、中丸禎子、高橋美乃梨編『アイスランド・グリーンランド・北極を知るための65章』（明石書店，2016年）。

2-7　朝治啓三、渡辺節夫、加藤玄編著『中世英仏関係史1066-1500――ノルマン征服から百年戦争終結まで』（創元社，2012年）。

　　　鶴島博和『バイユーの綴織を読む――中世のイングランドと環海峡世界』（山川出版社，2014年）。

2-8　下野義朗『西欧中世社会成立期の研究』（創文社，1992年）。

　　　轟木広太郎『戦うことと裁くこと――中世フランスの紛争・権力・真理』（昭和堂，2011年）。

2-9　O・ヒンツェ『封建制の本質と拡大』（阿部謹也訳，未来社，1966年）。

　　　F・L・ガンスホーフ『封建制度』（森岡敬一郎訳，慶應通信，1968年）。

　　　M・ブロック『封建社会』（堀米庸三監訳，岩波書店，1995年）。

　　　江川温「ソシアビリテと支配の構造　スーザン・レナルズの中世社会論」二宮宏之編『結びあうかたち――ソシアビリテ論の射程』（山川出版社，1995年）。

2-10　野口洋二『グレゴリウス改革の研究』（創文社，1978年）。

　　　G・バラクロウ『中世教皇史』（藤崎衛訳，八坂書房，2012年）。

関口武彦『教皇改革の研究』（南窓社，2013年）。

B・シンメルペニッヒ『ローマ教皇庁の歴史——古代からルネサンスまで』（甚野尚志、成川岳大、小林亜沙美訳，刀水書房，2017年）。

2-11　ルイス・J・レッカイ『シトー会修道院』（朝倉文市・函館トラピスチヌ訳，平凡社，1989年）。

灯台の聖母トラピスト大修道院編訳『シトー修道会初期文書集』（灯台の聖母トラピスト大修道院，1989年）。

杉崎泰一郎『修道院の歴史』（創元社，2015年）。

佐藤彰一『贖罪のヨーロッパ——中世修道院の祈りと書物』（中公新書，2016年）。

2-12　D・グタス『ギリシア思想とアラビア文化——初期アッバース朝の翻訳運動』（山本啓二訳，勁草書房，2002年）。

G・コンスタブル『12世紀宗教改革——修道制の刷新と西洋中世社会』（高山博監訳，慶應義塾大学出版会，2014年）。

Ch・ハスキンズ『12世紀のルネサンス——ヨーロッパの目覚め』（別宮貞徳、朝倉文市訳，講談社学術文庫，2017年）。

松本涼他「古典再読—ハスキンズ『十二世紀ルネサンス』を読み直す」『西洋中世研究』10号，2018年。

Ch・バーネット「十二世紀ルネサンス」（阿部晃平、小澤実訳）『史苑』80巻1号，2020年。

2-13　櫻井康人「宗教運動と想像界〈1〉十字軍運動」佐藤彰一、池上俊一、高山博編『西洋中世史研究入門　増補改訂版』（名古屋大学出版会，2005年）。

八塚春児『十字軍という聖戦——キリスト教世界解放のための戦い』（NHKブックス，2008年）。

櫻井康人『図説十字軍　ふくろうの本／世界の歴史』（河出書房新社，2019年）。

2-14　C・サンチェス・アルボルノス『スペインとイスラム——あるヨーロッパ中世』（北田よ志子訳，八千代出版，1988年）。

D・W・ローマックス『レコンキスタ——中世スペインの国土回復運動』（林邦夫訳，刀水書房，1996年）。

関哲行、立石博高、中塚次郎編『世界歴史体系　スペイン史（1）　古代～近世』（山川出版社，2008年）。

R・W・サザーン『ヨーロッパとイスラーム世界』（鈴木利章訳，ちくま学芸文庫, 2020年）。

2-15　ジョセフ・ストレイヤー『近代国家の起源』（岩波書店，1975年）。

ノーマン・コーン『魔女狩りの社会史——ヨーロッパの内なる悪霊』（山本通訳，岩波書店，1999年）。

小田内隆『異端者たちのヨーロッパ』（NHK出版，2010年）。

チャールズ・H・ハスキンズ『12世紀のルネサンス——ヨーロッパの目覚め』（別宮貞徳、朝倉文市訳，講談社学術文庫，2018年）。

2-16　ジャック・ル＝ゴフ『煉獄の誕生』（渡辺香根夫、内田洋訳，法政大学出版局，1988年）。

R・W・サザーン『西欧中世の社会と教会——教会史から中世を読む』（上條敏子訳，八坂書房，2007年）。

特集「托鉢修道会の信仰世界」『西洋中世研究』9号，2017年。

2-17　ロバート・バートレット『中世の神判——火審・水審・決闘』（竜嵜喜助訳，尚学社，1993年）。

高橋清徳「《中世都市 versus 神判》論とそのパラメータ——バートレット＝カネヘム論争へのノート」『千葉大学法学論集』11巻1号，1996年。

轟木広太郎『戦うことと裁くこと——中世フランスの紛争・権力・真理』（昭和堂，2011年）。

2-18　ジャック・ル＝ゴフ『もうひとつの中世のために——西洋における時間，労働，そして文化』（加

納修訳，白水社，2006年）。

池上俊一『儀礼と象徴の中世』（岩波書店，2008年）。

ジャン・クロード・シュミット『中世歴史人類学試論——身体・祭儀・夢幻・時間』（渡邊昌美訳，刀水書房，2008年）。

2-19　カルロ・チポラ『読み書きの社会史——文盲から文明へ』（佐田玄治訳，御茶の水書房，1983年）。

大黒俊二『声と文字』（岩波書店，2010年）。

2-20　佐藤彰一『歴史書を読む——『歴史十書』のテクスト科学』（山川出版社，2004年）。

ジャック・ル=ゴフ『歴史と記憶〔新装版〕』（立川孝一訳，法政大学出版局，2011年）。

三佐川亮宏『ドイツ——その起源と前史』（創文社，2016年）。

2-21　ジョセフ・ストレイヤー『近代国家の起源』（鷲見誠一訳，岩波新書，1975年）。

佐藤猛『百年戦争期フランス国制史研究——王権・諸侯国・高等法院』（北海道大学出版会，2012年）。

上田耕造『ブルボン公とフランス国王——中世後期フランスにおける諸侯と王権』（晃洋書房，2014年）。

2-22　斎藤泰「原スイスの永久同盟文書——1291年同盟文書と1315年更新文書」『西洋史研究新輯』12号，1983年。

U・イム・ホーフ『スイスの歴史』（森田安一監訳，刀水書房，1997年）。

森田安一『物語スイスの歴史』（中公新書，2000年）。

2-23　栗生沢猛夫『タタールのくびき——ロシア史におけるモンゴル支配の研究』（東京大学出版会，2007年）。

濱本真美『共生のイスラーム——ロシアの正教徒とムスリム』（山川出版社，2011年）。

杉山正明『モンゴル帝国と長いその後』（講談社学術文庫，2016年）。

2-24　高橋理『ハンザ「同盟」の歴史——中世ヨーロッパの都市と商業』（創元社，2013年）。

斯波照雄・玉木俊明編『北海・バルト海の商業世界』（悠書館，2015年）。

フィリップ・ドランジェ『ハンザ　12－17世紀』（高橋理監訳，奥村優子、小澤実、小野寺利行、柏倉知秀、高橋陽子、谷澤毅訳，みすず書房，2016年）。

2-25　Ph・ヴォルフ『近代ヨーロッパ経済のあけぼの——中世の秋から近代の春へ』（山瀬善一、尾崎正明監訳，晃洋書房，1993年）。

M・モラ，Ph・ヴォルフ「ヨーロッパ中世末期の民衆運動——青い爪，ジャック，そしてチオンピ」（瀬原義生訳，ミネルヴァ書房，1996年）。

近江吉明『黒死病の時代のジャクリー』（未来社，2001年）。

2-26　高山一彦編訳『ジャンヌ・ダルク処刑裁判』（白水社，2002年）。

ミシェル・ヴィノック「ジャンヌ・ダルク」（渡辺和行訳）ピエール・ノラ編『記憶の場——フランス国民意識の文化＝社会史』（第3巻）（谷川稔監訳，岩波書店，2003年）。

高山一彦『ジャンヌ・ダルク——歴史を生き続ける「聖女」』（岩波新書，2005年）。

コレット・ボーヌ『幻想のジャンヌ・ダルク——中世の想像力と社会』（阿河雄二郎ほか訳，昭和堂，2014年）。

2-27　ツヴェタン・トドロフ『個の礼讃——ルネサンス期フランドルの肖像画』（岡田温司、大塚直子訳，白水社，2002年）。

マルク・ボーネ『中世末期ネーデルラントの都市社会——近代市民性の史的探究』（ブルゴーニュ公国史研究会訳，八朔社，2013年）。

特集「ブルゴーニュ公国と宮廷——社会文化史をめぐる位相」『西洋中世研究』8号，2016年。

ヨハン・ホイジンガ『中世の秋』（上・下）（堀越孝一訳，中公文庫，2018年）。

2-28　ピーター・バーク『新版イタリア・ルネサンスの文化と社会』（森田義之、柴野均訳，岩波書店，2000年）。

ヤーコプ・ブルクハルト『イタリア・ルネサンスの文化』（Ⅰ・Ⅱ）（柴田治三郎訳，中公クラシックス，2002年）。

野口昌夫編『ルネサンスの演出家　ヴァザーリ』（白水社，2011年）。

特集「中世とルネサンス——継続／断絶」『西洋中世研究』6号，2014年。

第Ⅲ章

3-1　アンドレ・グンダー・フランク『リオリエント——アジア時代のグローバル・エコノミー』（山下範久訳，藤原書店，2000年）。

Ⅰ・ウォーラーステイン『近代世界システム』（全4巻）（川北稔訳，名古屋大学出版会，2013年）。

川北稔『世界システム論講義——ヨーロッパと近代世界』（筑摩書房，2016年）。

3-2　前川貞次郎「法王設定境界線問題に関する考察」『史林』28巻4号，29巻1号，1943～44年。

高瀬弘一郎「大航海時代イベリア両国の世界二等分割征服論と日本」『思想』568号，1971年。

合田昌史『マゼラン——世界分割を体現した航海者』（京都大学学術出版会，2006年）。

3-3　増田義郎『ビジュアル版世界の歴史13巻　大航海時代』（講談社，1984年）。

角山栄『茶の世界史』（中公文庫，2007年）。

アルフレッド・クロスビー『ヨーロッパ帝国主義の謎』（佐々木昭夫訳，ちく ま学芸文庫，2017年）。

3-4　増田義郎『略奪の海カリブ』（岩波新書，1989年）。

小特集「グローバル・ヒストリー」「思想」937号，2002年。

J・H・エリオット『歴史ができるまで』（立石博高、竹下和亮訳，岩波書店，2017年）。

3-5　イマニュエル・ウォーラーステイン『近代世界システム　1600－1750』（川北稔訳，名古屋大学出版会，1993年）。

J・ド＝フリース、A・ファン＝デァ＝ワウデ『最初の近代経済』（大西吉之、杉浦未樹訳，名古屋大学出版会，2009年）。

K・ポメランツ『大分岐』（川北稔監訳，名古屋大学出版会，2015年）。

3-6　荒井政治、竹岡敬温編『概説西洋経済史』（有斐閣選書，1997年）。

羽田正『興亡の世界史15——東インド会社とアジアの海』（講談社，2007年）。

福井憲彦『興亡の世界史13——近代ヨーロッパの覇権』（講談社，2008年）。

3-7　カール・ポラニー『〔新訳〕大転換——市場社会の形成と崩壊』（野口建彦、栖原学訳，東洋経済新報社，2009年）。

K・ポメランツ『大分岐——中国，ヨーロッパ，そして近代世界経済の形成』（川北稔監訳，名古屋大学出版会，2015年）。

ユルゲン・コッカ『資本主義の歴史——起源・拡大・現在』（山井敏章訳，人文書院，2018年）。

3-8　P・F・シュガーほか『東欧のナショナリズム』（東欧史研究会訳，刀水書房，1981年）。

W・レーゼナー『ヨーロッパの農民』（藤田幸一郎訳，平凡社，1995年）。

Ⅰ・ウォーラーステイン『近代世界システムⅠ』（川北稔訳，名古屋大学出版会，2013年）。

3-9　鈴木董『オスマン帝国』（講談社現代新書，1992年）。

新井政美『オスマンvs.ヨーロッパ』（講談社選書メチエ，2002年）。

河野淳『ハプスブルクとオスマン帝国』（講談社選書メチエ，2010年）。

3-10　ピーター・バーク『知識の社会史——知と情報はいかにして商品化したか』（井山弘幸、城戸淳訳，新曜社，2004年）。

ピーター・バーク『ルネサンス』（ヨーロッパ史入門）（亀長洋子訳，岩波書店，2005年）。

H・ボーツ、F・ヴァケ『学問の共和国』（池端次郎、田村滋男訳，知泉書館，2015年）。

3-11　エルンスト・H・カントロヴィッチ『王の二つの身体——中世政治神学研究』（小林公夫訳，平凡社，1992年）。

ユルゲン・ハーバーマス『公共性の構造転換——市民社会の一カテゴリーについての探究　第二版』（細谷貞雄、山田正行訳，未来社，1994年）。

ジョン・A・ポーコック『マキャベリアン・モーメント——フィレンツェの政治思想と大西洋圏の共和主義の伝統』（田中秀夫、奥田敬、森岡邦泰訳，名古屋大学出版会，2008年）。

クエンティン・スキナー『近代政治思想の基礎——ルネッサンス宗教改革の時代』（門間都喜郎訳，春風社，2009年）。

3-12　吉岡昭彦，成瀬治編『近代国家形成の諸問題』（木鐸社，1979年）。

ベンノ・テシィケ『近代国家体系の形成——ウェストファリアの神話』（君塚直隆訳，桜井書店，2008年）。

近藤和彦『近世ヨーロッパ』（世界史リブレット，山川出版社，2018年）。

3-13　P・ブリックレ『ドイツの臣民——平民，共同体，国家　1300〜1800年』（服部 良久訳，ミネルヴァ書房，1990年）。

R・W・スクリブナー、C・スコット・ディクソン『ヨーロッパ史入門　ドイツ宗教改革』（森田安一訳，岩波書店，2009年）。

A・プロスペリ『トレント公会議——その歴史への手引き』（大西克典訳，知泉書館，2017年）。

3-14　中村賢二郎『宗教改革と国家』（ミネルヴァ書房，1976年）。

塚本栄美子「16世紀後半ブランデンブルク選定侯領における「信仰統一化」——教会巡察を中心に」『西洋史学』171号，1993年。

リヒャルト・ファン・デュルメン「近世の文化と日常生活3　宗教，魔術，啓蒙主義——16世紀から18世紀まで」（佐藤正樹訳，鳥影社，1998年）。

永田諒一『ドイツ近世の社会と教会——宗教改革と信仰派対立の時代』（ミネルヴァ書房，2000年）。

踊共二「宗派化論——ヨーロッパ近世史のキーコンセプト」『武蔵大学人文学会雑誌』42巻3・4号，2011年。

蝶野立彦『十六世紀ドイツにおける宗教紛争と言論統制——神学者たちの言論活動と皇帝・諸侯都市』（彩流社，2014年）。

3-15　G・エストライヒ「ヨーロッパ絶対主義の構造に関する諸問題」F・ハルトゥングほか『伝統社会と近代国家』（成瀬治編訳，岩波書店，1982年）。

G・エストライヒ『近代国家の覚醒』（阪口修平、千葉徳夫、山内進訳，創文社，1993年）。

3-16　アントニー・D・スミス『ネイションとエスニシティー——歴史社会学的考察』（巣山靖司、高城和義訳，名古屋大学出版会，1999年）。

マウリツィオ・ヴィローリ『パトリオティズムとナショナリズム——自由を守る祖国愛』（佐藤瑠威、佐藤真喜子訳，日本経済評論社，2007年）。

パトリック・J・ギアリー『ネイションという神話——ヨーロッパ諸国家の中世的起源』（鈴木道也、小川知幸、長谷川宜之訳，白水社，2008年）。

3-17　『岩波講座世界歴史第16巻　主権国家と啓蒙』（岩波書店，1999年）。

古谷大輔、近藤和彦編『礫岩のようなヨーロッパ』（山川出版社，2016年）。

近藤和彦『近世ヨーロッパ』（世界史リブレット，山川出版社，2018年）。

3-18　M・シュトライス編『17・18世紀の国家思想家たち』（佐々木有司、柳原正治訳，木鐸社，1995年）。

　　　P・H・ウィルソン『神聖ローマ帝国　1495－1806』（山本文彦訳，岩波書店，2005年）。

　　　明石欽司『ウェストファリア条約　その神話と実像』（慶應義塾大学出版会，2009年）。

3-19　トクヴィル『旧体制と大革命』（小山勉訳，ちくま学芸文庫，1998年）。

　　　ウィリアム・ドイル『アンシャン・レジーム』（福井憲彦訳，岩波書店，2004年）。

　　　二宮宏之『フランス　アン　シアン・レジーム論』（岩波書店，2007年）。

3-20　H・トレヴァ＝ローパー他『十七世紀危機論争』（今井宏編訳，創文社歴史学叢書，1975年）。

　　　ブライアン・フェイガン『歴史を変えた気候大変動』（東郷えりか、桃井緑美子訳，河出文庫，2009年）。

　　　小山哲「17世紀危機論争と日本の「西洋史学」」『西洋史学』260号，2015年。

3-21　ジョフリー・パーカー『長篠合戦の世界史——ヨーロッパ軍事革命の衝撃 1500－1800年』（大久保桂子訳，同文舘出版，1995年）。

　　　マイケル・ハワード『ヨーロッパ史における戦争』（奥村房夫、奥村大作訳，中公文庫，2010年）。

3-22

　　　鈴木直志『ヨーロッパの傭兵』（山川出版社，2003年）。

　　　C・ヴェロニカ・ウェッジウッド『ドイツ三十年戦争』（瀬原義生訳，刀水書房，2003年。原著は1938年）。

　　　ピーター・H・ウィルスン『神聖ローマ帝国　1495－1806』（山本文彦訳，岩波書店，2005年）。

　　　近藤和彦『近世ヨーロッパ』（山川出版社，2018年）。

3-23　R・C・リチャードソン『イギリス革命論争史』（今井宏訳，刀水書房，1979年）。

　　　岩井淳、指昭博編『イギリス史の新潮流』（彩流社，2000年）。

　　　『思想』964号（2004年）および「思想」1063号〔アイルランド問題〕2012年。

　　　J・ウァーモルド編『オックスフォード・ブリテン諸島の歴史　7』（西川杉子監訳，慶應義塾大学出版会，2015年）。

3-24　アレクサンドル・コイレ『閉じた世界から無限宇宙へ』（横山雅彦訳，みすず書房，1973年）。

　　　佐々木力『科学革命の歴史構造』（講談社学術文庫，1995年）。

　　　ローレンス・M・プリンチーペ『科学革命』（菅谷暁、山田俊弘訳，丸善出版，2014年）。

3-25　上山安敏、牟田和男編『魔女狩りと悪魔学』（人文書院，1993年）。

　　　黒川正剛『図説魔女狩り』（河出書房新社，2011年）。

　　　W・ベーリンガー『魔女と魔女狩り』（長谷川直子訳，刀水書房，2014年）。

3-26　弓削尚子『啓蒙の世紀と文明観』（山川出版社，2004年）。

　　　ドリンダ・ウートラム『啓蒙』（田中秀夫監訳，法政大学出版局，2017年）。

　　　ゼバスティアン・コンラート「グローバル・ヒストリーのなかの啓蒙」（上・下）（浅田進史訳）『思想』1132・1134号，2018年。

3-27　M・J・ブラディック『イギリスにおける租税国家の成立』（酒井重喜訳，ミネルヴァ書房，2000年）。

　　　ジョン・ブリュア『財政＝軍事国家の衝撃——戦争・カネ・イギリス国家1688－1783』（大久保桂子訳，名古屋大学出版会，2003年）。

　　　坂本優一郎『投資社会の勃興——財政金融革命の波及とイギリス』（名古屋大学出版会，2015年）。

3-28　F・ハルトゥング、R・フィーアハウスほか『伝統社会と近代国家』（成瀬治 編訳，岩波書店，1982年）。

　　　ウルリヒ・イムホーフ『啓蒙のヨーロッパ』（成瀬治訳，平凡社，1998年）。

　　　『岩波講座　世界歴史16　主権国家と啓蒙　16－18世紀』（岩波書店，1999年）。

　　　ドリンダ・ウートラム『啓蒙』（田中秀夫監訳，逸見修二、吉岡亮訳，法政大学出版局，2017年）。

3-29　有賀貞「アメリカにおけるアメリカ革命史研究の展開」『アメリカ革命』（東京大学出版会，1988年）。

　　　ゴードン・S・ウッド『アメリカ独立革命』（中野勝郎訳，岩波書店，2016年）。

　　　イリジャ・H・グールド『アメリカ帝国の胎動――ヨーロッパ国際秩序とアメリカ独立』（森丈夫監訳，彩流社，2016年）。

第Ⅳ章

4-1　谷川稔『十字架と三色旗』（山川出版社，1997年）。

　　　山崎耕一、松浦義弘編『フランス革命史の現在』（山川出版社，2013年）。

　　　山崎耕一『フランス革命』（刀水書房，2018年）。

4-2　アーノルド・トインビー『英国産業革命史』（塚谷晃弘、永田正臣訳，邦光書房，1965年）。

　　　T・S・アシュトン『産業革命』（中川敬一郎訳，岩波書店，1973年）。

　　　W・W・ロストウ『経済成長の諸段階――一つの非共産主義宣言』（木村健康、久保まち子、村上泰亮訳，ダイヤモンド社，1974年）。

　　　R・C・アレン『世界史のなかの産業革命――資源・人的資本・グローバル経済』（眞嶋史叙、中野忠、安元稔、湯沢威訳，名古屋大学出版会，2017年）。

4-3　松村高夫「イギリス産業革命期の生活水準――ハートウェル・ホブズボーム論争を中心として」『三田学会雑誌』63巻2号，1970年。

　　　T・S・アシュトン『イギリス産業革命と労働者の状態』（杉山忠平、松村高夫 訳，未来社，1972年）。

　　　原剛『19世紀末英国における労働者階級の生活状態』（勁草書房，1988年）。

　　　A・ディグビー、C・ファインスティーン編『社会史と経済史――英国史の軌跡と新方位』（松村高夫、長谷川淳一、井哲彦、上田美枝子訳，北海道大学出版会，2007年）。

4-4　エリック・ウィリアムズ『資本主義と奴隷制――ニグロ史とイギリス経済史』（中山毅訳，理論社，1968年）。

　　　小林和夫「イギリスの大西洋奴隷貿易とインド産綿織物――トマス・ラムリー商会の事例を中心に」『社会経済史学』77巻3号，2011年。

　　　デイヴィッド・エルティス、デイヴィッド・リチャードソン『環大西洋奴隷貿易歴史地図』（増井志津代訳，東洋書林，2012年）。

4-5　K・ポメランツ『大分岐――中国・ヨーロッパ，そして近代世界経済の形成』（川北稔監訳，名古屋大学出版会，2015年）。

　　　村上衛「「大分岐」を超えて――K・ポメランツの議論をめぐって」『歴史学研究』949号，2016年。

　　　岸本美緒「グローバル・ヒストリー論と「カリフォルニア学派」」『思想』1127号，2018年。

4-6　ピーター・バーク『ヨーロッパの民衆文化』（中村賢二郎、谷泰訳，人文書院，1988年）。

　　　喜安朗『夢と反乱のフォブール――1848年パリの民衆運動』（山川出版社，1994年）。

　　　ジェームス・C・スコット『モーラル・エコノミー――東南アジアの農民叛乱と生存維持』（高橋彰訳，勁草書房，1999年）。

柴田三千雄『近代世界と民衆運動』（岩波書店，2001年，初版は1983年）。

近藤和彦『民のモラル——ホーガースと18世紀イギリス』（ちくま学芸文庫，2014年）。

4-7　P・J・コーフィールド「イギリス・ジェントルマンの論争多き歴史」（松塚俊三、坂巻清訳）『思想』873号，1997年。

デヴィッド・キャナダイン『イギリスの階級社会』（平田雅博、吉田正広訳，日本経済評論社，2008年）。

G・ステッドマン・ジョーンズ『階級という言語』（長谷川貴彦訳，刀水書房，2010年）。

4-8　岩間俊彦「イギリスのミドルクラスモデル」イギリス都市・農村共同体研究会他編『イギリス都市史研究』（日本経済評論社，2004年）。

シュテファン=ルートヴィヒ・ホフマン『市民結社と民主主義　1750－1914』（山本秀行訳，岩波書店，2009年）。

4-9　道重一郎「イギリス中産層の形成と消費文化」関口尚志、梅津順一、道重一郎編『中産層文化と近代——ダニエル・デフォーの世界から』（日本経済評論社，1999年）。

コリン・マシュー編『オックスフォード　ブリテン諸島の歴史9　19世紀　1815年－1901年』（鶴島博和監修，君塚直隆監訳，慶應義塾大学出版会，2009年）。

草光俊雄「消費社会の成立と政治文化」草光俊雄・眞嶋史叙監修『欲望と消費の系譜』（NTT出版，2014年）。

4-10　トマス・ラカー『セックスの発明——性差の観念史と解剖学のアポリア』（高井宏子、細谷等訳，工作舎，1998年）。

川本静子「清く正しく優しく——手引書の中の〈家庭の天使〉像」松村昌家ほか編『女王陛下の時代』（研究社，1996年）。

レオノーア・ダヴィドフ、キャサリン・ホール『家族の命運』（山口みどり、梅垣千尋、長谷川貴彦訳，名古屋大学出版会，2019年）。

4-11　有賀夏紀『アメリカ・フェミニズムの社会史』（勁草書房，1988年）。

ベス・ミルステイン・カバ、ジーン・ボーディン『われらアメリカの女たち』（宮城正枝、石田美栄訳，花伝社，1992年）。

エレン・キャロル・デュボイス、リン・デュメニル『女性の目からみたアメリカ史』（石井紀子ほか訳，明石書店，2009年）。

ベル・フックス『アメリカ黒人女性とフェミニズム』（大類久恵監訳，明石書店，2010年）。

4-12　ジョン・ボズウェル『キリスト教と同性愛——1〜14世紀西欧のゲイ・ピープル』（大越愛子、下田立行訳，国文社，1990年）。

デイヴィッド・ハルプリン『同性愛の百年間ギリシア的愛について』（石塚浩司訳，法政大学出版会，1995年）。

三成美保編『同性愛をめぐる歴史と法——尊厳としてのセクシュアリティ』（明石書店，2015年）。

4-13　勝田俊輔、高神信一編『アイルランド大飢饉——ジャガイモ・「ジェノサイド」・ジョンブル』（刀水書房，2016年）。

4-14　ジェラール・ノワリエル『フランスという坩堝——19世紀から20世紀の移民史』（大中一彌、川崎亜紀子、太田悠介訳，法政大学出版局，2015年）。

パニコス・パナイー『近現代イギリス移民の歴史——寛容と排除に揺れた200年の歩み』（浜井祐三子、溝上宏美訳，人文書院，2016年）。

貴堂嘉之『移民国家アメリカの歴史』（岩波新書，2018年）。

4-15　フィリップ・アリエス『〈子供〉の誕生——アンシャン・レジーム期の子供と家族生活』（杉山

　　　　光信、杉山恵美子訳，みすず書房，1980年）。

　　　マイケル・アンダーソン『家族の構造・機能・感情——家族史研究の新展開』（北本正章訳，海
　　　　鳴社，2000年）。

　　　ヒュー・カニンガム『概説子ども観の社会史——ヨーロッパとアメリカからみた教育・福祉国
　　　　家』（北本正章訳，新曜社，2013年）。

　　　タラ・ザーラ『失われた子どもたち——第二次世界大戦後のヨーロッパの家族再建』（三時真貴
　　　　子、北村陽監訳，みすず書房，2019年）。

4-16　柴田三千雄『近代世界と民衆運動』（世界歴史叢書）（岩波書店，1983年）。 野村啓介『フランス
　　　　第二帝制の構造』（九州大学出版会，2002年）。

　　　小田中直樹『19世紀フランス社会政治史』（山川出版社，2013年）。

　　　野村啓介『ナポレオン四代——二人のフランス皇帝と悲運の後継者たち』（中公新書，2019年）。

4-17　アントニオ・グラムシ『グラムシ選集1〜6』（山崎功監修，合同出版，1978年）。

　　　ベネデット・クローチェ『十九世紀ヨーロッパ史（増補版）』（坂井直芳訳，創文社，1982年）。

　　　北原敦『イタリア現代史研究』（岩波書店，2002年）。

4-18　菊池昌典『ロシア農奴解放の研究——ツァーリズムの危機とブルジョア的解放』（御茶の水書房，
　　　　1964年）。

　　　ペ・ア・ザイオンチコフスキー『ロシヤにおける農奴制の廃止』（増田冨壽、 鈴木健夫共訳，早
　　　　稲田大学出版部，1983年）。

　　　鈴木健夫『帝政ロシアの共同体と農民』（早稲田大学出版部，1990年）。

　　　竹中浩『近代ロシアへの転換——大改革時代の自由主義思想』（東京大学出版会，1999年）。

　　　鈴木健夫『近代ロシアと農村共同体』（早稲田大学出版部，2004年）。

4-19　山口房司『南北戦争研究』（啓文社，1985年）。

　　　長田豊臣『南北戦争と国家』（東京大学出版会，1992年）。

　　　リン・ハント編『文化の新しい歴史学』（岩波書店，1993年）。

　　　田中きく代『南北戦争期の政治文化と移民——エスニシティが語る政党再編成と救貧』（明石書
　　　　店，2000年）。

　　　岡山裕『アメリカ二大政党制の確立』（東京大学出版会，2005年）。

4-20　ピエール・ノラ編『記憶の場——フランス国民意識の文化＝社会史』（全3巻）（谷川稔監訳，岩
　　　　波書店，2002〜03年）。

　　　谷川稔『十字架と三色旗——近代フランスにおける政教分離』（岩波現代文庫，2015年）。

4-21　小沢弘明「東欧における地域とエトノス」歴史学研究会編『現代歴史学の成果と課題1980-2000
　　　　年　 Ⅱ 』（青木書店，2003年）。

　　　塩川伸明『民族とネイション』（岩波新書，2008年）。

　　　O・ジマー『ナショナリズム——1890－1940』（福井憲彦訳，岩波書店，2009年）。

　　　中澤達哉「国民国家論以後の国家史・社会史研究」歴史学研究会編『第4次現代歴史学の成果と
　　　　課題　第2巻』（績文堂出版，2017年）。

4-22　エリック・ホブズボーム、テレンス・レンジャー編『創られた伝統』（前川啓 治、梶原景昭ほか
　　　　訳，紀伊國屋書店，1992年）。

　　　エティエンヌ・バリバール、イマニュエル・ウォーラーステイン『人種・国民・階級揺らぐアイ
　　　　デンティティ』（若森章孝ほか訳，大村出版，1997年）。

　　　アントニー・D・スミス『ネイションとエスニシティ——歴史社会学的考察』（巣山靖司、高城
　　　　和義ほか訳，名古屋大学出版会，1999年）。

　　　アーネスト・ゲルナー『民族とナショナリズム』（加藤節監訳，岩波書店，2000年）。

古矢旬『アメリカニズム——普遍国家のナショナリズム』（東京大学出版会，2002年）。

ロジャース・ブルーベイカー『フランスとドイツの国籍とネーション——国籍形成の比較歴史社会学』（佐藤成基、佐々木てる監訳，明石書店，2005年）。

ベネディクト・アンダーソン『定本　想像の共同体——ナショナリズムの起源と流行』（白石さや・白石隆訳，書籍工房早山，2007年）。

大澤真幸、姜尚中編『ナショナリズム論入門』（有斐閣，2009年）。

4-23　山室信一「国民帝国論の射程」山本有造編著『帝国の研究』（名古屋大学出版会，2003年）。

テリー・マーチン『アファーマティヴ・アクションの帝国——ソ連の民族とナショナリズム，1923年−1939年』（半谷史郎監修，荒井幸康ほか訳，明石書店，2011年）。

マーク・マゾワー『暗黒の大陸——ヨーロッパの20世紀』（中田瑞穂、網谷龍介訳，未来社，2015年）。

4-24　河村貞枝『イギリス近代フェミニズム運動の女性像』（明石書店，2001年）。

井上洋子、古賀邦子ほか『ジェンダーの西洋史』（法律文化社，2012年）。

栗原涼子『アメリカのフェミニズム運動史——女性参政権から平等憲法修正条項へ』（彩流社，2018年）。

4-25　ハンス=ウルリヒ・ヴェーラー『ドイツ帝国1871−1918年』（大野英二・肥前栄一訳，未来社，1983年）。

ジェフ・イリー、デーヴィッド・ブラックボーン『ドイツ歴史叙述の神話』（望田幸男訳，晃洋書房，1983年）。

デートレフ・ポイカート『ワイマル共和国——古典的近代の危機』（小野清美ほか訳，名古屋大学出版会，1993年）。

トーマス・ニッパーダイ『ドイツ史を考える』（坂井榮八郎訳，山川出版社，2008年）。

ハインリヒ・アウグスト・ヴィンクラー『自由と統一への長い道〈1〉——ドイツ近現代史1789〜1933年』（後藤俊明ほか訳，昭和堂，2008年）。

ハインリヒ・アウグスト・ヴィンクラー『自由と統一への長い道〈2〉——ドイツ近現代史1933〜1990年』（後藤俊明ほか訳，昭和堂，2008年）。

4-26　エンツォ・トラヴェルソ『マルクス主義者とユダヤ問題——ある論争の歴史（1843−1943年）』（宇京頼三訳，人文書院，2000年）。

西川正雄『社会主義インターナショナルの群像　1914−1923』（岩波書店，2007年）。

ミシェル・ドレフュス『フランスの共済組合——今や接近可能な歴史』（深澤敦、小西洋平訳，晃洋書房，2017年）。

エリック・ホブズボーム『いかに世界を変革するか——マルクスとマルクス主義の200年』（水田洋監修，作品社,2017年）。

第Ⅴ章

5-1　川北稔、木畑洋一編『イギリスの歴史——帝国=コモンウェルスの歩み』（有斐閣，2000年）。

平田雅博『イギリス帝国と世界システム』（晃洋書房，2000年）。

木畑洋一『イギリス帝国と帝国主義——比較と関係の視座』（有志舎，2008年）。

秋田茂『イギリス帝国の歴史アジアから考える』（中公新書，2012年）。

5-2　R・グハほか『サバルタンの歴史——インド史の脱構築』（竹中千春訳，岩波書店，1998年）。

宮嶋博史ほか編『植民地近代の視座朝鮮と日本』（岩波書店，2004年）。

永原陽子編『「植民地責任」論——脱植民地化の比較史』（青木書店，2009年）。

5-3　D・アーノルド『環境と人間の歴史——自然，文化，ヨーロッパの世界的拡張』（飯島昇蔵、川

島耕司訳，新評論，1999年）。

柳澤悠「インドの環境問題の研究状況」長崎暢子編『現代南アジア1　地域研究への招待』（東京大学出版会，2002年）。

水野祥子「イギリス帝国の環境史」『歴史評論』799号，2016年。

5-4　ジェームズ・ジョル『第一次世界大戦の起源』（池田清訳，みすず書房，1997年）。

小野塚知二編『第一次世界大戦開戦原因の再検討——国際分業と民衆心理』（岩波書店，2014年）。

奈良岡聰智『対華二十一ヶ条要求とは何だったのか——第一次世界大戦と日中「対立の原点」』（名古屋大学出版会，2015年）。

クリストファー・クラーク『夢遊病者たち——第一次世界大戦はいかにして始まったか』（1・2）（小原淳訳，みすず書房，2017年）。

5-5　西崎文子『アメリカ外交とは何か』（岩波新書，2004年）。

最上敏樹『国連とアメリカ』（岩波新書，2005年）。

中野耕太郎『戦争のるつぼ——第一次世界大戦とアメリカニズム』（人文書院，2013年）。

5-6　アイザック・ドイッチャー『トロッキー』（伝三部作）（山西英一ほか訳，新潮社，1964年）。

E・H・カー『ロシア革命』（塩川伸明訳，岩波現代文庫，2000年）。

リチャード・パイプス『ロシア革命史』（西山克典訳，成文社，2000年）。

5-7　田中陽兒、倉持俊一、和田春樹『世界歴史体系ロシア史3——20世紀』（山川出版社，1997年）。

ロバート・サーヴィス『ロシア革命1900－1927』（中嶋毅訳，岩波書店，2005年）。

横手慎二『スターリン——非道の独裁者』（中公新書，2014年）。

5-8　ピーター・テミン『大恐慌の教訓』（猪木武徳ほか訳，東洋経済新報社，1994年）。

石見徹『世界経済史——覇権国と経済体制』（東洋経済新報社，1999年）。

チャールズ・P・キンドルバーガー『大不況下の世界——1929－1939　改定増補版』（石崎昭彦、木村一朗訳，東京大学出版会，2009年）。

ジョン・ジェラルド・ラギー『平和を勝ち取るアメリカはどのように戦後秩序を築いたか』（小野塚佳光，前田幸男訳，岩波書店，2009年）。

5-9　伊東光晴『ケインズ』（岩波新書，1962年）。

G・エスピン=アンデルセン『福祉資本主義の三つの世界——比較福祉国家の理論と動態』（岡沢憲芙、宮本太郎訳，ミネルヴァ書房，2001年）。

D・エジャトン『戦争国家イギリス——反衰退・非福祉の現代史』（坂出健監訳，名古屋大学出版会，2017年）。

5-10　R・ホーフスタッター『改革の時代——農民神話からニューディールへ』（清水知久ほか，みすず書房，1988年）。

オリヴィエ・ザンズ『アメリカの世紀——それはいかにして創られたか』（有賀貞、西崎文子共訳，刀水書房，2005年）。

エリック・フォーナー『アメリカ自由の物語——植民地時代から現代まで』（上・下）（横山良ほか訳，岩波書店，2008年）。

5-11　丸山眞男『現代政治の思想と行動』（未来社，1964年）。

エルンスト・ノルテ『ファシズムの時代』（上・下）（ドイツ現代史研究会訳，福村出版，1972年）。

R・デ=フェリーチェ『ファシズム論』（藤沢道郎、本川誠二訳，平凡社，1973年）。

山口定『ファシズム——その比較研究のために』（有斐閣選書，1979年）。

ノルベルト・ボッピオ『イタリア・イデオロギー』（馬場康雄、押場靖志訳，未来社，1993年）。

ホアン・リンス『全体主義体制と権威主義体制』（睦月規子ほか訳，法律文化社，1995年）。

北原敦『イタリア現代史研究』（岩波書店，2002年）。

ヴォルフガング・ヴィッパーマン『議論された過去——ナチズムに関する事実と論争』（林功三、柴田敬二訳，未来社，2005年）。

石田憲『日独伊三国同盟の起源——イタリア・日本から見た枢軸外交』（講談社選書メチエ，2013年）。

5-12　デイヴィッド・シェーンボウム『ヒットラーの社会革命——1933－39年のナチ・ドイツにおける階級とステイタス』（而立書房，1978年）。

デートレフ・ポート『ナチス・ドイツ——ある近代の社会史』（木村靖二、山本秀行訳，三元社，1997年）。

ヴォルフガング・ヴィッパーマン『議論された過去——ナチズムに関する事実と論争』（林功三、柴田敬二訳，未来社，2005年）。

アダム・トゥーズ『ナチス破壊の経済』（上・下）（山形浩生、森本正史訳，みすず書房，2019年）。

5-13　ラウル・ヒルバーグ『ヨーロッパ・ユダヤ人の絶滅』（上・下）（望田幸男、原田一美、井上茂子訳，柏書房，1997年）。

ダニエル・J・ゴールドハーゲン『普通のドイツ人とホロコースト』（望田幸男監訳，ミネルヴァ書房，2007年）。

5-14　E・H・カー『両大戦間における国際関係史』（衛藤瀋吉、斎藤孝訳，清水弘文堂，1968年）。

入江昭『太平洋戦争の起源』（篠原初枝訳，東京大学出版会，1987年）。

栗原優『第二次世界大戦の勃発——ヒトラーとドイツ帝国主義』（名古屋大学出版会，1994年）。

松川克彦『ヨーロッパ1939』（昭和堂，1997年）。

5-15　ヴォイチェフ・マストニー『冷戦とは何だったのか——戦後政治史とスターリン』（秋野豊、広瀬佳一訳，柏書房，2000年）。

ウォルター・ラフィーバー『アメリカvsロシア——冷戦時代とその遺産』（中嶋啓雄ほか訳，芦書房，2012年）。

ロバート・マクマン『冷戦史』（青野利彦訳，勁草書房，2018年）。

5-16　F・フェイト『スターリン以後の東欧』（熊田亨訳，岩波現代選書，1978年）。

ジョゼフ・ロスチャイルド『現代東欧史——多様性への回帰』（羽場久泥子、水谷驍訳，共同通信社，1999年）。

5-17　松岡完『ベトナム戦争——誤算と誤解の戦場』（中央公論新社，2001年）。

ガブリエル・コルコ『ベトナム戦争全史——歴史的戦争の解剖』（陸井三郎監訳，藤田和子、藤本博、古田元夫訳，社会思想社，2001年）。

油井大三郎『ベトナム戦争に抗した人々』（山川出版社，2017年）。

5-18　R・W・スチーブンソン『デタントの成立と変容』（滝田賢治訳，中央大学出版部，1989年）。

ティモシー・ガートン・アッシュ『ヨーロッパに架ける橋』（上・下）（杉浦茂樹訳，みすず書房，2009年）。

山本健「ヨーロッパ冷戦史——ドイツ問題とヨーロッパ・デタント」李鍾元、細谷雄一、田中孝彦編『日本の国際政治学4　歴史の中の国際政治』（有斐閣，2009年）。

5-19　遠藤乾編著『ヨーロッパ統合史』（名古屋大学出版会，2008年。増補版は2014年）。

遠藤乾、板橋拓己編著『複数のヨーロッパ』（北海道大学出版会，2011年）。　益田実、小川浩之編著『欧州統合史』（ミネルヴァ書房，2019年）。

5-20　ミハイル・ゴルバチョフ『ゴルバチョフ回想録』（上・下）（工藤精一郎、鈴木康雄訳，新潮社，

1996年）。

高橋進『歴史としてのドイツ統一』（岩波書店，1999年）。

ロバート・マクマン『冷戦史』（青野利彦監訳，平井和也訳，勁草書房，2018年）。

5-21　ダニエル・ヤーギン、ジョゼフ・スタニスロー『市場対国家——世界を作り変える歴史的攻防』（上・下）（山岡洋一訳，日本経済新聞社，1998年）。

アンドリュー・ギャンブル『自由経済と強い国家——サッチャリズムの政治学』（小笠原欣幸訳，みすず書房，1990年）。

ジョセフ・E・スティグリッツ『世界を不幸にしたグローバリズムの正体』（鈴木主税訳，徳間書店，2002年）。

デヴィッド・ハーヴェイ『新自由主義——その歴史的展開と現在』（渡辺治監 訳，作品社，2007年）。

C.ラヴァル『経済人間——ネオリベラリズムの根底』（菊地昌夫訳，新評論，2015年）。

5-22　荻野美穂『生殖の政治学——フェミニズムとバース・コントロール』（山川出版社，1994年）。

荻野美穂『女のからだ——フェミニズム以後』（岩波書店，2014年）。

ソニア・O・ローズ『ジェンダー史とは何か』（長谷川貴彦、兼子歩訳，法政大学出版局，2017年）。

5-23　エドワード・W・サイード『オリエンタリズム』（今沢紀子訳，平凡社，1986年）。

木下卓、笹田直人、外岡尚美編著『多文化主義で読む英米文学』（ミネルヴァ書房，1999年）。

ジョン・M・マッケンジー『大英帝国のオリエンタリズム——歴史・理論・諸芸術』（平田雅博訳，ミネルヴァ書房，2001年）。

5-24　フランシス・フクヤマ『歴史の終わり』（上・中・下）（渡部昇一訳，三笠書房，1992年）。

トニー・ジャット『荒廃する世界のなかで——これからの「社会民主主義」を語ろう』（森本醇訳，みすず，書房，2010年）。

羽田正『新しい世界史へ——地球市民のための構想』（岩波書店，2011年）。

木畑洋一，『二〇世紀の歴史』（岩波書店，2014年）。

歐文參考文獻

第1章

I-1　Ian Morris and Barry Powell (eds.), *A New Companion to Homer*, Leiden, 1996

　　　S. P. Morris and R. Laffineur (eds.), *EPOS: Reconsidering Greek Epic and Aegean Bronze Age Archaeology*, AEGARUM 28. Eupen, 2007.

I-2　Mogens H. Hansen and Thomas H. Nielsen (eds.), *An Inventory of Archaic and Classical Poleis*, Oxford, 2004.

　　　Anthony M. Snodgrass, *Archaic Greece: The Age of Experiment*, J. M. Dent. 1980.

　　　François de Polignac; translated by Janet Lloyd, *Cults, Territory, and the Origins of the Greek City-state*, University of Chicago Press, 1995.

I-3　John Marineola (ed.), *A Companion to Greek and Roman Historiography*, Oxford: Blackwell, 2007.

　　　Lin Foxhall, Hans-Joachim Gehrke and Nino Luraghi (eds.), *Intentional History Spinning Time in Ancient Greece*, Stuttgart: Steiner, 2010.

　　　Rosalind Thomas, *Polis Histories, Collective Memories and the Greek World*, Cambridge: Cambridge University Press, 2019.

I-4　Jacques Berlinerblau, *Heresy in the University: The Black Athena Controversy and the Responsibilities of American Intellectuals*, New Brunswick, N. J.: Rutgers University Press, 1999.

　　　Wim van Binsbergen (ed.), *Black Athena Comes of Age: Towards a Constructive Re-assessment*, Berlin: LIT Verlag, 2011.

　　　Mary R. Lefkowitz and Guy MacLean Rogers (eds.), *Black Athena Revisited*, Chapel Hill: University of North Carolina Press, 1996.

　　　Daniel Orrells, Gurminder K. Bhambra and Tessa Ronyon (eds.), *African Athena: New Agendas*, Oxford: Oxford University Press, 2011.

I-5　Polly Low (ed.), *The Athenian Empire*, Edinburgh, 2008.

　　　John Ma, Nikolaos Papazarkadas and Robert Parker (eds.), *Interpreting the Athenian Empire*, London, 2009.

　　　Peter J. Rhodes, *Ancient Democracy and Modern Ideology*, London, 2003.

　　　Peter J. Rhodes (ed.), *Athenian Democracy*, Edinburgh, 2004.

I-6　Edith Hall, *Inventing the Barbarian: Greek Self-Definition through Tragedy*, Oxford: Oxford University Press, 1989.

　　　Margaret C. Miller, *Athens and Persia in the Fifth Century BC: A Study in Cultural Receptivity*, Cambridge: Cambridge University Press, 1997.

I-7　Simon Goldhill and Robin Osborne (eds.), *Performance Culture and Athenian Democracy*, Cambridge: Cambridge University Press, 1999.

　　　Peter Wilson, *The Athenian Institution of the Khoregia: The Chorus, the City and the Stage*, Cambridge: Cambridge University Press, 2003.

　　　Eric Csapo, Hans Rupprecht Goette, J. Richard Green, and Peter Wilson (eds.), *Greek Theatre in the Fourth Century BC*, Berlin: De Gryter. 2014.

I-8　A. B. Bosworth, *Conquest and Empire: The Reign of Alexander the Great*, Cambridge, 1988.

I-9　A. Chaniotis, *Age of Conquests: The Greek World from Alexander to Hadrian*, Cambridge, Mass: Harvard University Press. 2018.

A. Erskine (ed.), *A Companion to the Hellenistic World*, Paperback ed. Oxford: Blackwell, 2005.

P. Thonemann, The Hellenistic Age, Oxford: Oxford University Press, 2016.

I-10   Morgen Herman Hansen and Thomas Heine Nielsen (eds.), *An Inventory of Archaic and Classical Poles*, Oxford, 2004.

Emily Mackil, *Creating a Common Polity. Religion, Economy, and Politics in the Making of the Greek Koinon*, Berkeley, 2013.

Hans Beck and Peter Funke (ed.), *Federalism in Greek Antiquity*, Cambridge, 2015.

I-11   J. G. Manning, *The Last Pharaohs: Egypt under the Ptolemies, 305-30 BC*, Princeton University Press, 2010.

I-12   F. Millar, Crowd in Rome in the Late Republic, Ann Arbor, 1998.

K. Galinsky, Augustan Culture: An Interpretive Introduction, Princeton, 1996.

M. Jehne, "From *Patronus* to *Pater*. The Changing Role of Patronage in the Period of Transition from Pompey to Augustus," M. Jehine and F. Pina Polo (eds.), *Foreign clientelae in the Roman Empire: A Reconsideration*, Stuttgart, 2015, pp. 297-319.

I-13   C. Ando, *Imperial Ideology and Provincial Loyalty in the Roman Empire*, Berkeley, 2000.

I-14   Martin Millett, *The Romanization of Britain: An Essay in Archaeological Interpretation*, Cambridge University Press, 1990.

Richard Hingley, Roman Officers and English Gentlemen: The Imperial Origins of Roman Archaeology, Routledge, 2000.

Martin Pitts and Miguel John Versluys (eds.), *Globalisation and the Roman World: World History, Connectivity and Material Culture*, Cambridge University Press, 2015.

I-15   G. Carr and S. Stoddart (eds.), *Celts from Antiquity*, Cambridge, 2002.

S. James, *The Atlantic Celts*, London, 1999.

I-16   S. E. Alcock, *Graecia Capta: the Landscapes of Roman Greece*, Cambridge, 1993.

F. G. B. Millar, *The Roman Near East, 31 BC-AD 337*, Cambridge Mass., 1993

S. Swain, *Hellenism and Empire: Language, Classicism, and Power in the Greek World*, AD 50-250, Oxford, 1996.

I-17   C. Benjamin, *Empires of Ancient Eurasia: The First Silk Roads Era, 100BCE-250CE*, Cambridge, 2018.

O. Hekster, G. de Kleijn and D. Slootjes (eds.), *Crises and the Roman Empire*, Leiden and Boston, 2007.

C. Witschel, *Krise-Rezession-Stagnation?: Der Westen des römischen Reiches im 3. Jahrhundert n. Chr.*, Frankfurt am Main, 1999.

I-18   Georges Ville, *La Gladiature en Occident*, École française de Rome, 1981.

Konstantin Nossov, *Gladiator: Rome's Bloody Spectacle*, Osprey, 2009.

I-19   Keith Hopkins, "Christian Number and its Implications," *Journal of Early Christian Studies* 6-2, 1998, pp. 185-226.

Alan Cameron, *The Last Pagans of Rome*, Oxford University Press, 2010.

I-20   C. Lepelley, *Les cités de l'Afrique romaine au Bas-Empire*, 2 tomes, Paris, 1979/1981.

J.- M. Carrié, "Le 'colonat du Bas-Empire': un mythe historiographique?," *Opus*, 1, 1982 pp. 351-371.

C. Grey, "Contextualizing *Colonatus*: The *Origo* of the Late Roman Empire," *The Journal of Roman Studies*, 97, 2007, pp. 155-175.

I-21   P. Garnsey and C. Humfress, "Immoderate Greatness and the Ruin of Rome," P. Garnsey and C. Humfress, *The Evolution of Late Antique World*, Cambridge, 2001, pp. 216-227.

C. Ando, "Decline, Fall, and Transformation," Journal of Late Antiquity 1. 1, 2008, pp. 31-60.

R. Flower, "The Place of Heresiology and Technical Literature in Narratives of Roman Decline." T.

Minamikawa (ed.), *Decline and Decline-Narratives in the Greek and Roman World: Proceedings of a Conference held at the University of Oxford in March 2017*, Kyoto, 2017, pp. 29-38.

I-22   C. Humfress, *Orthodoxy and the Courts in Late Antiquity*, Oxford, 2007.

D. Liebs, "Roman Law," Av. Cameron, B. Ward-Perkins and M. Whitby (eds.), *The Cambridge Ancient History, vol. 14. Late Antiquity: Empire and Successors, A.D. 425-600*, Cambridge, 2000, pp. 238-250.

B. W. Frier (ed.), *The Codex of Justinian*, 3 vols. Cambridge, 2016

I-23   M.I. Finley, *The Ancient Economy*, Cambridge, 1973.

W. Scheidel, I. Morris and R. Saller (eds.), *The Cambridge Economic History of the Greco-Roman World*, Cambridge, 2007.

A. K. Bowman and A. L. Wilson (eds.), *Quantifying the Roman Economy: Methods and Problems*, Oxford, 2009.

I-24   Keith Hopkins, *Conquerors and Slaves: Sociological Studies in Roman History*, Cambridge: Cambridge University Press, 1978.

Keith Bradley, *Slavery and Society at Rome*, Cambridge: Cambridge University Press, 1994.

Henrik Mouritsen, *The Freedman in the Roman World*, Cambridge: Cambridge University Press, 2011.

I-25   Jane Rowlandson and Ryosuke Takahashi, "Brother-Sister Marriage and Inheritance Strategies in Greco-Roman Egypt," *Journal of Roman Studies* 99, 2009, pp. 104-139. Beryl Rawson (ed.), *A Companion to Families in the Greek and Roman Worlds*, Chichester, 2011.

I-26   Marcel Detienne, Jean-Pierre Vernant, *La Cuisine du sacrifice en pays grec*, Gallimard, 1979.

Folkert T. Van Straten, *Hierà kalà: Images of Animal Sacrifice in Archaic and Classical Greece*, E. J. Brill, 1995.

Gunnel Ekroth and Jenny Wallensten (eds.), *Bones, Behaviour and Belief: The Zooarchaeological Evidence as a Source for Ritual Practice in Ancient Greece and Beyond*, Svenska institutet i Athen, 2013.

I-27   J. Burgess, *The Tradition of the Trojan War in Homer & the Epic Cycle*, Baltimore and London, 2001.

J. Boardman, "Herakles, Peisistratos and Sons," *Revue archéologique*, 1972, pp. 57-72.

I-28   M. Price Beard and J. S. North, *Religions of Rome*, Volume 1 & 2, Cambridge, 1998.

Jörg Rüpke (ed.), *A Companion to Roman Religion*, Blackwell, 2007.

R. Parker, *On Greek Religion*, Cornell University Press, 2011.

I-29   Liba Taub, *Science Writing in Greco-Roman Antiquity*, Cambridge University Press, 2017.

Owsei Temkin, *Galenism: Rise and Decline of a Medical Philosophy*, Cornell University Press, 1973.

I-30   Glen Warren Bowersock, Peter Brown and Oleg Grabar (eds.), *Late Antiquity: A Guide to the Postclassical World*, Cambridge MA & London, 1999.

Rita Lizzi Testa (ed.), *Late Antiquity in Contemporary Debate*, Cambridge, 2017.

Oliver Nicholson (ed.), *The Oxford Dictionary of Late Antiquity*, 2 vols., Oxford, 2018.

I-31   Warren Treadgold, *A History of the Byzantine State and Society*, Stanford, 1997.

I-32   Gilbert Dagron and Jean Birrell (tr.), Emperor and Priest: The Imperial Office in Byzantium, Cambridge University Press, 2003.

Shaun Tougher (ed.), *The Emperor in the Byzantine World: Papers from the Forty- Seventh Spring Symposium of Byzantine Studies*, Routledge. 2019.

第II章

II-1   Rees Davies, "The medieval State, the Tyranny of a concept?," *Journal of Historical Sociology* 16, 2003, pp. 280-300.

Susan Reynolds, "Responses. There were States in Medieval Europe: A Response to Rees Davies," *Journal of*

Historical Sociology, pp. 550-556.

Mayke de Jonh, *The Penitential State: Authority and Atonement in the Age of Louis the Pious, 814-840*, Cambridge, 2009.

II-2   Richard E. Sullivan (ed.), *The Gentle Voices of Teachers: Aspects of Learning in the Carolingian Age*, Columbus: Ohio State University Press, 1995.

Joanna Story (ed.), *Charlemagne: Empire and Society*, Manchester: Manchester University Press, 2005.

II-3   Peter Spufford, *Money and its Use in Medieval Europe*, Cambridge University Press, 1988.

Adriaan Verhulst, *The Carolingian Economy*, Cambridge University Press, 2002.

Rory Naismith, *Money and Power in Anglo-Saxon England: The Southern English Kingdoms, 757-865*, Cambridge University Press, 2012.

II-4   Elik Thoen and Tim Soens (eds.), *Struggling with the Environement: Land Use and Productivity* (*Rural Economy and Society in North-Western Europe, 500-2000*, Vol. 4), Brepols Publishers, Turnhout, 2015.

Grenville Astill and John Langdon (eds.), *Medieval Farming and Technology: The Impact of Agricultural Change in Northwest Europe*, Brill. Leiden/New York/Köln, 1997.

II-5   E. Guidoni, La ville européene. Formation et signification du quatrième au onzième siècle, Pierre Mardaga, 1981.

D. Nicholas, *The Growth of the Medieval City: From Late Antiquity to the Early Fourteenth Century*, Routledge, 1997.

II-6   J. Jesch, *The Viking Diaspora*, London: Routledge, 2015.

Ildar H. Garipzanov and P. Geary, P. Urbanczyk (eds.), *Franks, Northmen, and Slavs: Identities and State Formation in Early Medieval Europe*, Turnhout: Brepols, 2008. Michael H. Kater, *Das Ahnenerber der SS 1935-1945: Ein Beitrag Zur Kulturpolitik des Dritten Reiches*, München: R. Oldenbourg, 2006.

II-7   David Bates, *William the Conqueror*, New Haven: Yale University Press. 2016. Cristopher Harper-Bill, Elisabeth van Houts (eds.), *A Companion to the Anglo-Norman World*, Woodbridge: Boydell, 2002.

II-8   Georges Duby, *La société aux XIe et XIIe siècles dans la région mâconnaise*, Paris, 1953.

Jean-Pierre Poly et Éric Bournazel, *La mutation féodale, Xe-XIIe siècles*, Paris, 1980.

Dominique Barthélemy, *La mutation de l'an mil a-t-elle eu lieu?: servage et chevalerie dans la France des Xe et XIe siècles*, Paris, 1997.

II-9   Suzan Reynolds, *Fiefs and Vassals: The Medieval Evidence Reinterpreted*, Oxford, 1994.

Suzan Reynolds, *Kingdoms and Communities in Western Europe 900-1300*, Oxford, 1984.

II-10   S. Gouguenheim, La réforme grégorienne. De la lutte pour le sacré à la sécularisation du monde, Paris, 2010.

J. Laudage, Gregorianische Reform und Investiturstreit, Darmstadt, 1993.

I. S. Robinson, *The papacy 1073-1198. Continuity and Innovation*, Cambridge. 1990.

II-11   Constance Hoffman Berman, *The Cistercian Evolution: The Invention of a Religious Order in Twelfth-Century Europe*, Philadelphia, 2000.

Brian Patrick McGuire, "Charity and Unanimity: The Invention of the Cistercian Order. A Review Article," *Cîteaux* 51, 2000, pp. 285-297.

Emilia Jamroziak, *The Cistercian Order in Medieval Europe: 1090-1500*, London, 2013.

II-12   Anna Sapir Abulafia, Christians and Jews in the Twelfth-Century Renaissance, London: Routledge, 1995.

Robert L. Benson and Giles Constable (ed.), Renaissance and Renewal in the Twelfth Century, Cambridge, Mass: Harvard University Press, 1982.

Alex J. Novikoff, *The Twelfth Century Renaissance: A Reader*, Toronto: University of Toronto Press, 2016.

II-13   Carl Erdmann, *Die Enstehung des Kreuzzugsgedanken, Stuttgart*. 1935 (*The Origin of the Idea of Crusade,*

Marshall W. Baldwin and Walter GoffartEnglish (trans.), Princeton, 1977).

Jonathan Riley-Smith, *What were the Crusades?*, London, 1977, 4th ed., Basingstoke, 2009.

II-14   Roger Collins, *Caliphs and Kings: Spain, 796-1031*, Blackwell, 2012.

Bernard F. Reilly. *The Contest of Christian and Muslim Spain, 1031-1157*, Blackwell, 1992.

Peter Linehan, *Spain, 1157-1300: A Partible Inheritance*, Blackwell, 2008.

Teofilo F. Ruiz, *Spain's Centuries of Crisis: 1300-1474*, Blackwell, 2007.

II-15   R. I. Moore, *The Formation of a Persecuting Society: Authority and Deviance in Western Europe 950-1250*, Oxford, 1987.

M. Frasetto (ed.), *Heresy and the Persecuting Society in the Middle Ages: Essays on the Work of R.I. Moore*, Leiden, 2006.

A. Sennis (ed.), *Cathars in Question*, Woodbridge, 2016.

II-16   Colin Morris, *The Papal Monarchy: The Western Church from 1050 to 1250*, Oxford/New York: Clarendon Press, 1989.

D. L. d'Avray, *The Preaching of the Friars: Sermons Diffused from Paris before 1300*, Oxford/New York: Clarendon Press, 1985.

William H. Campbell, *The Landscape of Pastoral Care in 13th-Century England*, Cambridge: Cambridge University Press, 2018.

II-17   Raoul van Caenegem, "Methods of Proof in Western Medieval Law," *Legal History: A European Perspective*, London, 1991 (原著は1983), pp. 71-113.

Peter Brown, "Society and the Supernatural: A Medieval Change," *Society and the Holy in Late Antiquity*, Berkeley and Los Angeles, 1982 (原著は1975), pp. 302-332.

II-18   Philippe Buc, *The Dangers of Ritual*, Princeton, 2001.

II-19   B. Stock, *The Implications of Literacy: Written Language and Models of Interpretation in the Eleventh and Twelfth Centuries*, Princeton University Press, 1983.

M. T. Clanchy, *From Memory to Written Record: England 1066-1307*, Oxford, 1979 3rd ed., 2013.

II-20   Paul Bertrand, *Les écritures ordinaires. Sociologie d'un temps de révolution documentaire, entre royaume de France et Empire, 1250-1350*, Paris: Publications de la Sorbonne, 2015.

Nicole Bériou, Jean-Patrice Boudet, et Irène Rosier-Catach (eds.), *Le pouvoir des mots au Moyen Âge*, Turnhout: Brepols, 2014.

II-21   Jean-Philippe Genet, *La genèse de l'État moderne: culture et société politique en Angleterre*, Paris, 2003.

André Leguai, *Les ducs de Bourbon, le bourbonnais et le Royaume de France à la fin du Moyen Âge*, Yzeure, 2005.

Joseph Strayer, *On the Medieval Origins of the Modern State*, Princeton, 1970.

II-22   Roger Sablonier, *Gründungszeit ohne Eidgenossen. Politik und Gesellschaft in der Innerschweiz um 1300*, Baden, 2008.

II-23   Д. Г. Хрусталев, *Русь: от нашествия до «ига»* (30-40 гг. XIII в.). СПб., 2008.

Ю. В. Кривошеев, *Русь и Монголы исследование по истории северо-восточной Руси XII-XIV вв.* М., 2003.

D. Ostrowski, *Muscovy and the Mongols: Cross Cultural Influences on the Steppe Frontier, 1304-1589*, Cambridge University Press, 1998.

II-24   Emst Daenell, *Die Blütezeit der deutschen Hanse: Hansische Geschichte von der zweiten Hälfte des XIV. zum letzten Viertel des XV. Jahrhunderts*, 2 Bde. Berlin, 1905-1906.

Rolf Hammel-Kiesow, *Die Hanse*, 5., aktualisierte Aufgabe (C. H. Beck Wissen), München, 2014.

Donald J. Harreld (ed.), *A Companion to the Hanseatic League* (Brill's Companions to European History, Vol. 8), Leiden, 2015.

II-25 Philippe Contamine, *L'économie médiévale*, 3e éd., Paris, 2003.

Laurent Feller, *Paysans et seigneurs au moyen âge: VIIIe-XVe siècles*, 2e éd. Paris, 2017.

John Lovett Watts, *The Making of Polities: Europe, 1300-1500*, Cambridge, 2009.

II-26 Colette Beaune, *Jeanne d'Arc, vérités et légendes*, Paris, 2012,

Philippe Contamine, Olivier Bouzy et Xavier Hélary (éd.), *Jeanne d,Arc: histoire et dictionnaire*, Paris, 2012.

Gerd Krumeich, *Jeanne d'Arc en vérité, Paris*, 2012.

11-27 Peter Arnade, Martha Howell, and Anton van der Lem (eds.), *Rereading Huizinga. Autumn of the Middle Ages, a Century Later*, Amsterdam: Amsterdam University Press, 2019.

Élodie Lecuppre-Desjardin (ed.), *L'odeur du sang et des roses. Relire Johan Huizinga aujourd'hui*, Villeneuve-d'Ascq: Presses universitaires du Septentrion, 2019.

Edward Tabri, *Political Culture in the Early Northern Renaissance: The Court of Charles the Bold, Duke of Burgundy 1467-1477*, Lewiston and Lampeter: The Edwin Mellen Press, 2005.

II-28 John Stephens, *The Italian Renaissance: The Origins of Intellectual and Artistic Change before the Reformation*, Longman, 1990.

Paula Findlen (ed.), *The Italian Renaissance: The Essential Readings*, Blackwell, 2002.

Michael Wyatt (ed.), *The Cambridge Companion to the Italian Renaissance*, Cambridge University Press, 2014.

第Ⅲ章

III-1 Andre Gunder Frank, *ReOrienting the 19th Century: Global Economy in the Continuing Asian Age*, Boulder: Paradigm, 2014.

III-2 José Muñoz Pérez, "La 'frontera astromica' de Toesillas," *El Tratado de Tordesillas y su proyeccion*, II, Valladolid, 1973.

Juan Pérez de Tudela y Bueso, "Razon y Genesis del Tratado de Tordesillas," *Tratado de Tordesillas*, Madris, 1985.

Charles Ralph Boxer, *The Church Militant and Iberian Expansion, 1440-1770*, Baltimore, 1978.

III-3 Elinor Melville, *A Plague of Sheep. Environmental Consecuences of the Conquest of Mexico*, Cambridge University Press, 1994.

Charles H. Parker, *Global Interations in the Early Modern Age, 1400-1800*, Cambridge University Press, 2010.

Serge Gruzinski (translated by Jean Birrell), *What Time is It There? America and Islam at the Dawn of Modern Times*, Polity, 2010 (2008).

III-4 John H. Elliott, *Empires of the Atlantic World: Britain and Spain in America, 1492-1830*, Yale University Press, 2006,

Henry Kamen, *Empire: How Spain Became a World Power, 1492-1763*, Harper-Collins. 2003.

Serge Gruzinski, *Les quatre parties du monde: histoire d'une mondialisation*, La Martinière, 2004.

III-5 Herman de Jong and Jan Luiten van Zanden, "Debates on Industrialisation and Economic Growth in the Netherlands," *Tijdschrift voor Sociale en Economische Geschiedenis*, 2014, vol. 11, no. 2 (special issue: Economic History in the Netherlands 1914-2014. Trends and Debates), pp. 85-109.

III-6 Pierre Deyon, *Le mercantilisme*, Paris, Flammarion, 1969.

Philippe Haudrère et Gérard Le Bouëdec, *Les Compagnies des Indes, Rennes,* Editions Ouest-France, 2001.

III-7 Heinz Steinert, *Max Webers unwiderlegbare Fehlkonstruktionen: Die Protestantische Ethik und der Geist des*

Kapitalismus, Frankfurt am Main/New York, 2010.

Jerry Z. Muller, *Capitalism and the Jews*, Princeton and Oxford, 2010.

Julie L. Mell, *The Myth of the Medieval Jewish Moneylender*, Vol. I and II, 2017 and 2018.

III-8   Markus Cerman, *Villagers and Lords in Eastern Europe, 1300-1800*, Basingstoke/NY, 2012.

Larry Wolff, *Inventing Eastern Europe: The Map of Civilization on the Mind of the Enlightenment*, Stanford, 1994.

Maria Todorova, *Imaging the Balkans*, NY/Oxford, 1997.

III-9   Baki Tezcan, *The Second Ottoman Empire, Political and Social Transformation in the Early Modern World*, Cambridge University Press, 2010.

III-10 Hans Bots and Françoise Waquet (eds.), *Commercium Litterarium: La Communication dans la République des Lettres. Forms of Communications in the Republic of Letters, 1600-1750*, APA-Holland University Press: Amsterdam, 1994.

Charles G. Nauert, *Humanism and the Culture of Renaissance Europe*, Cambridge: Cambridge University Press, 2006.

Marc Fumaroli, *La République des Lettres*, Paris Édition Gallimard, 2015.

III-11 R. R. Palmer, *The Age of the Democratic Revolution: A Political History of Europe and America, 1760-1800*, Princeton University Press, Princeton-Oxford, 2014 (1959, 1964).

E. Opalinski, "Civic Humanism and Republican Citezenship in the Polish Renaissance," van M. Gelderen and Q. Skinner (eds), *Republicanism: A Shared European Heritage*, vol. 1. Cambridge University Press, 2002, pp. 147-166.

III-12 Stéphane Beaulac, *The Power of Language in the Making of International Law: The Word Sovereignty in Bodin and Vattel and the Myth of Westphalia*, Brill Leiden, 2004.

Robert von Friedeburg, *Luther's Legacy: The Thirty Years War and the Modern Notion of 'State' in the Empire, 1530s to 1790s*, Cambridge: Cambridge University Press, 2016.

Hendrik Spruyt, T*he Sovereign State and Its Competitors: An Analysis of Systems Change*, Princeton University Press: Princeton, 1996.

Charles Tilly, *Coercion, Capital and European States, A.D. 990-1992*, Wiley-Blackwell. 1993.

III-13 E. W. Zeeden, *Konfessionsbildung: Studien zur Reformation, Gegenreformation und katholischen Reform*, Stuttgart 1985.

Heinz Schilling, Konfessionalisierung im Reich. Religioser und gesellschaftlicher Wandel in Deutschland zwischen 1555 und 1620, in *Historische Zeitschrift* 246 (1988), S. 1-45.

S. Ehrenpreis and U. Lotz-Heumann, *Reformation und konfessionelles Zeitalter*, Darmstadt, 2002.

III-14 Benjamin J. Kaplan, *Divided by Faith: Religious Conflict and the Practice of Toleration in Early Modern Europe*, The Belknap Press of Harvard University Press, 2007.

Heinz Schilling, Die Konfessionalisierung im Reich: Religiöser und gesellschaftlicher Wandel in Deutschland zwischen 1555 und 1620, in *Historische Zeitschrift* Bd. 246 (1988), S. 1-45.

III-15 Gerhard Oestreich, Strukturprobleme des europäischen Absolutismus, in *Vierteljahrschrift für Sozial- und Wirtschaftsgeschichte* Bd. 55, 1969 （邦訳「ヨーロッパ絶対主義の構造に関する諸問題」）

Heinz Schilling, Sündenzucht und frühneuzeitliche Sozialdisziplinierung. Die calvinistische, presbyteriale Kirchenzucht in Emden vom 16. bis 19. Jahrhundert, in *Stände und Gesellschaft im Alten Reich*, hg. von G. Schmidt, Stuttgart, 1989.

Heinrich Richard Schmidt, Sozialdisziplinierung? Ein Plädoyer für das Ende des Etatismus in der Konfessionalisierungsforschung, in *Historische Zeitschrift*, Bd. 265, 1997.

Martin Dinges, Frühneuzeitliche Armeefürsorge als Sozialdisziplinierung? Probleme mit einem Konzept, in *Geschichte und Gesellschaft*, Bd. 17. 1991.

Karl Härter, Soziale Disziplinierung durch Strafe? Intentionen frühneuzeitlicher Policeyordnungen und staatliche Sanktionspraxis, in *Zeitschrift für historische Forschung*, Bd. 26, 1999.

III-16 A. W. Marx, *Faith in Nation: Exclusionary Origins of Nationalism*, Oxford. New York, 2003.

P. v. d. Berghe, "Race and Ethnicity: A Sociobiological Perspective," *Ethnic and Racial Studies*, 1-4, 1978, pp. 401-411.

III-17 Tonio Andrade and William Reger, *The Limits of Empire: European Imperial Formations in Early Modern World History*, London: Ashgate, 2012.

John H. Elliott, Spain, *Europe and the Wider World 1500-1800*, New Haven: Yale University Press, 2009.

Robert von Friedeburg and John Morrill (eds.), *Monarchy Transformed: Princes and their Elites in Early Modern Western Europe*, Cambridge: Cambridge University Press, 2017.

Helmut G. Koenigsberger, *Politicians and Virtuosi: Essays in Early Modern History*, London: A&C Black, 1986.

Victor Lieberman, *Strange Parallels: Volume 2, Mainland Mirrors: Europe, Japan, China, South Asia, and the Islands: Southeast Asia in Global Context, c.800-1830*, Cambridge: Cambridge University Press, 2009.

III-18 Barbara Stollberg-Rilinger, *Dus Heilige Römische Reich Deutscher Nation*, Beck C.H, 2018.

Joachim Whaley, *Germany and the Holy Roman Empire*, Volume 1/2, Oxford University Press, 2013.

Robert John Weston Evans and Peter Hamish Wilson (eds.), *The Holy Roman Empire, 1495-1806: A European Perspective*, Brill, 2012.

III-19 Pierre Goubert, *L'Ancien Régime*, 2 vol. Paris, Armand Colin, 1969-73.

III-20 "AHR Forum: The General Crisis of the Seventeenth Century Revisited," *American Historical Review*, vol 113, no. 4. Oct. 2008.

"The Crisis of the Seventeenth Century: Interdisciplinary Perspectives," *Journal of Interdisciplinary History*, vol. 30, no. 2, 2009.

Geoffrey Parker, *Global Crisis: War, Climate Change and Catastrophe in the Seventeenth Century*, Yale University Press, 2013.

III-21 Jeremy Black, *A Military Revolution?: Military Change and European Society, 1550-1800*, London: Palgrave, 1991.

Brian M. Downing, *The Military Revolution and Political Change: Origins of Democracy and Autocracy in Early Modern Europe*, Princeton: Princeton University Press, 1993.

Jan Glete, *War and the State in Early Modern Europe: Spain, the Dutch Republic and Sweden as Fiscal-Military States*, London: Routledge, 2002.

Clifford J. Rogers (ed.), *The Military Revolution Debate: Readings On The Military Transformation Of Early Modern Europe*, New York: Westview Press, 1995.

III-22 Johannes Burkhardt, *Der Krieg der Kriege. Eine neue Geschichte des Dreißigjährigen Krieges*, Regensburg, 2018.

Georg Schmidt, *Die Reiter der Apokalypse. Geschichte des Dreißigjährigen Krieges*, München, 2018.

Peter H. Wilson, *Europe's Tragedy. A New History of the Thirty Years War* (paperback edition), London, 2010.

III-23 Michael J. Braddick (ed.), *Oxford Handbook of the English Revolution*, Oxford: Oxford University Press, 2015.

Laura Lunger Knoppers (ed.), *The Oxford Handbook of Literature and the English Revolution*, Oxford: Oxford University Press, 2012.

III-24 Wilbur Applebaum (ed.), *Encyclopedia of the Scientific Revolution: From Copernicus to Newton*, New York:

Garland, 2000.

III-25 Charles Zika, *The Appearance of Witchcraft: Print and Visual Culture in Sixteenth Century Europe*, Routledge, 2007.

Walter Rummel, Rita Voltmer, *Hexen und Hexenverfolgung in der Frühen Neuzeit*, Darmstadt, 2008.

III-26 Barbara Stollberg-Rilinger, *Europa im Jahrhundert der Aufklärung*, Philipp Reclam, 2000.

Daniel Carey and Lynn Festa (eds.), *Postcolonial Enlightenment*, Oxford University Press, 2009,

III-27 John Brewer, *The Sinews of Power: War, Money and the English State, 1688-1783*, London: Unwin Hyman, 1989.

Steve Hindle, *The State and Social Change in Early Modern England, 1550-1640*, Basingstoke: Palgrave, 2000.

Aaron Graham, Corruption, Party, and Government in Britain, 1702-1713, Oxford: Oxford University Press, 2015.

III-28 H. M. Scott (ed.), *Enlightened Absolutism: Reform and Reformer in Later Eighteenth Century Europe*, Macmillan, 1990.

Helmut Reinalter (Hg.), *Lexikon zum Aufgeklärten Absolutismus in Europa*, Wien –Köln – Weimar, 2005.

Gabriel Paquette (ed.), *Enlightened Reform in Southern Europe and its Atlantic Colonies, c. 1750-1830*, London – New York 2009.

III-29 Bernard Bailyn, *The Ideological Origins of the American Revolution*, Cambridge, Mass: Belknap Press, 1967; 2017.

R. R. Palmer, *The Age of the Democratic Revolution: A Political History of Europe and America, 1760-1800*, Princeton: Princeton University Press, 1959, 1964; 2014.

Alan Taylor, *American Revolutions: A Continental History, 1750-1804*, New York: WW Norton, 2016.

第IV章

IV-1 Jean-Clément Martin, *La Révolution française, 1789-1799: une histoire socio-politique*, Belin, 2004.

Annie Jourdan, *Nouvelle histoire de la Révolution*, Flammarion, 2018.

IV-2 Arnold Toynbee, *Lectures on the Industrial Revolution in England*, London, 1884.

Nicholas Crafts, *British Economic Growth during the Industrial Revolution*, Oxford: Oxford University Press, 1985.

John Harold Clapham, *An Economic History of Modern Britain, Vol. 1: The Early Railway Age, 1820-1850*, Cambridge: Cambridge University Press, 1926.

IV-3 A. J. Taylor, *The Standard of Living in Britain in the Industrial Revolution, London: Methuen*, 1975.

M. W. Flinn, "English Workers' Living Standards during the Industrial Revolution: a Comment. Economic," *History Review*, 2nd ser., 37, 1984, pp. 88-92.

Nicholas Crafts, "Some Dimensions of the "Quality of Life" during the British Industrial Revolution," *Economic History Review*, 2nd ser., 50, 1997, pp. 617-639.

Charles Hilliard Feinstein, "Pessimism Perpetuated: Real Wages and the Standard of Living in Britain during and after the Industrial Revolution," *Journal of Economic History*, 58, 1998, pp. 625-658.

IV-4 Joseph E. Inikori, *Africans and the Industrial Revolution in England: A Study in International Trade and Economic Development*, Cambridge: Cambridge University Press, 2002.

Kazuo Kobayashi, *Indian Cotton Textiles in West Africa: African Agency, Consumer Demand and the Making of the Global Economy, 1750-1850*, Cham: Palgrave Macmillan, 2019.

Kenneth Morgan, *Slavery, Atlantic Trade and the British Economy, 1660-1800*, Cambridge: Cambridge University Press, 2000.

IV-5   R. Bin Wong, *China Transformed: Historical Change and the Limits of European Experience*, Ithaca and London: Cornel University Press, 1997.

        Kenneth Pomeranz, *The Great Divergence: China, Europe, and the Making of the Modern World Economy*, Princeton and Oxford: Princeton University Press, 2000.

IV-6   Fassin Didier, "Moral Economies Revisited," *Annales. Histoire, Sciences Sociales*, 2009/6 (64th Year), pp. 1237-1266. URL: https://www.cairn-int.info/article_p.php?ID_ARTICLE-E_ANNA_646_1237（最終閲覧2019年10月21日）

        Ilaria Favretto and Xabier Itçaina (eds.), *Protest, Popular Culture and Tradition in Modern and Contemporary Western Europe*, London: Palgrave Macmillan, 2017.

        Edward P. Thompson, "*The Moral Economy of the English Crowd in the Eighteenth Century*," *Past & Present* 50, 1971, pp. 76-136.

IV-7   Penelope J. Corfield (ed.), *Language, History and Class*, Oxford, 1991.

        Rebert John Morris, *Class and Class Consciousness in the Industrial Revolution 1780-1850*, Basingstoke, 1979.

IV-8   Peter Clark (ed.), *The Oxford Handbook of Cities in World History*, Oxford. 2013. Graeme Morton, Boudien de Vries and R. J. Morris (eds.), *Civil Society, Associations and Urban Place*s, Aldershot. 2006.

IV-9   Neil McKendrick, John Brewer and J. H. Plumb, *The Birth of a Consumer Society: The Commercialization of Eighteenth-Century England*, London: Europa, 1982.

        John Brewer and Roy Porter (eds.), *Consumption and the World of Goods*, London: Routledge, 1993.

        James Jeffreys, *Retail Trading in Britain 1850-1950*, Cambridge: Cambridge University Press, 1964.

IV-10   Amanda Vickery, "Golden Age to Separate Spheres? A Review of the Categories and Chronology of English Women's History," *The Historical Journal*, Vol. 36, No. 2 (Jun., 1993), pp. 383-414.

        Ann Summers, *Female Lives, Moral States: Women, Religion and Public Life in Britain, 1800-1930*, Threshold, 2000.

        Kathryn Gleadle and Sarah Richardson (eds.), *Women in British Politics, 1760-1860: The Power of the Petticoat*, New York: Palgrave, 2000.

        John Tosh, *A Man's Place: Masculinity and the Middle-Class Home in Victorian England*, New Haven: Yale University Press, 1999.

IV-11   Allison L. Sneider, *Suffragists in an Imperial Age: US. Expansion and the Woman Question, 1870-1929*, Oxford: Oxford University Press, 2008.

        Louise Michele Newman, *White Women's Rights: The Racial Origins of Feminism in the United States*, Oxford University Press, 1999.

IV-12   Urmi E. Willoughby and Merry E. Wiesner-Hanks, A Primer for Teaching Women, Gender, and Sexuality in World History, Duke University Press, 2018.

        Peter N. Stearns, *Sexuality in World History*, Routledge, 2017.

        Mark D. Chapman and Dominic Janes, *New Approaches in History and Theology to Same-Sex Love and Desire*, Springer International Publishing. 2018.

IV-13   David Sim, *A Union Forever: The Irish Question and U. S. Foreign Relations in the Victorian Age*, Cornell University Press, 2013.

        Breandán Mac Suibhne, *Subjects Lacking Words?: The Gray Zone of the Great Famine*, Quinnipiac University Press, 2017.

IV-14   Robert E. Park and Ernest W. Burgess, *Introduction to the Science of Sociology, University of Chicago Press*, 1921.

        Oscar Handlin, *The Uprooted: The Epic Story of the Great Migrations that Made the American People*, Little,

Brown, 1951.

Herbert Gutman, *Work, Culture, and Society in Industrializing America: Essays in American Working-Class and Social History*, Knopf, 1976

Donna R. Gabaccia, "Is Everywhere Nowhere? Nomads, Nations, and the Immigrant Paradigm of United States History," *The Journal of American History*, Vol. 86, No. 3 (Dec., 1999), pp. 1115-1134.

Mae M. Ngai, *Impossible Subjects: Illegal Aliens and the Making of Modern America*, Princeton: Princeton University Press, 2004.

IV-15　Colin Heywood, "Centuries of Childhood: An Anniversary － and an Epitaph?," *Journal of the History of Childhood and Youth*, 3 (3), 2010.

Kristoffel Lieten and Elise van Nederveen Meerkerk (eds.), *Child Labour's Global Past, 1650-2000*, Peter Lang, 2011.

Peter Stearns, *Childhood in World History*, Routledge: 3rd edition, 2016.

IV-16　Éric Anceau, *L'Empire libéral* (Vol. 2), Paris: Éditions SPM, 2017.

Alain Plessis, *De la fête impériale au mur des Fédérés, 1852-1871*, Paris: Éditions du Seuil, 1973.

Roger Price, *The French Second Empire: an Anatomy of Political Power*, Cambridge University Press, 2001.

IV-17　Lucy Riall, *Risorgimento: The History of Italy from Napoleon to Nation State*, Basingstoke: Palgrave Macmillan, 2009.

Alberto Mario Banti, *Il Risorgimento italiano*, Roma-Bari: Laterza, 2009.

IV-18　Петр Андреевич Зайончковский, Отмена крепостного права в России, Москва: Госполитиздат, 1954. （邦訳：ペー・アー・ザイオンチコフスキー著，増田冨壽、鈴木健夫共訳『ロシヤにおける農奴制の廃止』早稲田大学出版部，1983年）

Лариса Георгиевна Захарова, Александр II и отмена крепостного права в России, Москва: Росспэн, 2011.（ラリサ・ゲオルギエヴナ・ザハロヴァ『アレクサンドル2世とロシアにおける農奴制の廃止』モスクワ：ロスペン，2011年）

Игорь Анатольевич Христофоров. Судьба реформы: русское крестьянство в правительственной политике до и после отмены крепостного права (1830-1890-е гг.), Москва: Собрание, 2011.（イーゴリ・アナトリエヴィチ・フリストフォロフ『改革の運命──農奴制廃止前後の政策におけるロシア農民（1830年代－1890年代）』モスクワ：ソブラニエ，2011年）

David Moon, *The Abolition of Serfdom in Russia: 1762-1907*, Routledge, 2002.

IV-19　David H. Donald, *The Civil War and Reconstruction*, 2001 [1961].

Eric Foner, *Reconstruction: America's Unfinished Revolution, 1863-1877*, New York: Harper & Row, 1988.

Eric Foner, *Free Soil, Free Labor, Free Men: The Ideology of the Republican Party Before the Civil War*, New York: Oxford University Press, 1995 [1970].

IV-20　Marion Fontaine, Frédéric Monier. Christophe Prochasson (dir.), *Une contre-histoire de la Troisième République*, Paris, La Découverte, 2013.

IV-21　Rogers Brubaker, *Ethnicity without Groups*, Harvard University Press, 2004.

Tara Zahra, "Imagined Noncommunities: National Indifference as a Category of Analysis," *Slavic Review*, Vol. 69, No. 1 (Spring, 2010), pp. 93-119.

Pieter M. Judson, *The Habsburg Empire: A New History*, Harvard University Press, 2016.

IV-22　Prasenjit Duara, *Sovereignty and Authenticity: Manchuko and the East Asian Modern*, New York: Rowman & Littlefield Publishers, INC., 2003.

Hans Kohn, *The Idea of Nationalism: A Study in Its Origins and Background*, MacMillan, 1944.

IV-23　Stephan Berger and Alexei Miller, *Nationalizing Empires*, Central European University Press, 2015.

Pieter Judson, *Habsburg Empire: A New History*, Belknap Press, 2016.

Paul Miller and Claire Morelon, *EMBERS OF EMPIRE Continuity and Rupture in the Habsburg Successor States after 1918 (Austrian and Habsburg Studies)*, Berghahn Books, 2019.

IV-24   Julia Bush, *Women Against the Vote: Female Anti-Suffragism in Britain*, Oxford University Press, 2007.

Nicoletta F. Gullace, *"The Blood of Our Sons": Men, Women, and the Renegotiation of British Citizenship During the Great War*, Palgrave Macmillan, 2002.

Rosalyn Terborg-Penn, *African American Women in the Struggle for the Vote, 1850-1920*, Indiana University Press, 1998.

IV-25   Sven Oliver Müller and Cornelius Torp (eds.), Das deutsche Kaiserreich in der Kontroverse, Göttingen: Vandenhoeck & Ruprecht, 2009 （英 訳：*Imperial Germany Revisited: Continuing Debates and New Perspectives*, New York: Berghahn, 2012）.

IV-26   Leszek Kołakowski, translated by P. S. Falla, *Main Currents of Marxism: The Founders - the Golden Age - the Breakdown*, New York: W. W. Norton, 2005.

第Ⅴ章

V-1   Simon J. Potter, *British Imperial History: Theory and History*, London and New York, 2015.

Dane Kennedy. *The Imperial History Wars: Debating the British Empire*, London and New York, 2018.

V-2   William Beinart and Saul Dubow (eds.), *Segregation and Apartheid in Twentieth-Century South Africa*, London: Routledge, 1995.

V-3   Ramachandra Guha, *Environmentalism: A Global History*, New York: Longman, 2000.

William Beinart and Lotte Hughes, *Environment and Empire*, Oxford: Oxford University Press, 2007.

V-4   John Horne (ed.), *A Companion to World War I*, Wiley-Blackwell, 2012.

Manfried Rauchensteiner, *Der erste Weltkrieg und das Ende der Habsburgermonarchie*, Böhlau Verlang, 2013.

Max Hastings, *Catastrophe: Europe Goes to War 1914*, William Collins, 2014.

Adrian Gregory, *A War of Peoples, 1914-1919*, Oxford University Press, 2014.

V-5   Arthur S. Link, *The Higher Realism of Woodrow Wilson and Other Essays*, Nashville: Vanderbilt University Press, 1971.

Warren F. Kuehl and Lynne Dunn, *Keeping the Covenant: American Internationalists and the League of Nations, 1920-1939*, Kent: The Kent State Univetsity Press, 1997.

Lloyd E. Ambrosius, *Wilsonianism: Woodrow Wilson and His Legacy in American Foreign Relations*, New York: Palgrave Macmillan, 2002.

V-6   E. H. Carr, *A History of Soviet Russia*, vol. 1-14, Macmillan, 1950-1969.

V-7   R. W. Davies, *The Industrialization of Soviet Russia*, vol. 1-8, Macmillan, 1980-2018.

V-8   Barry Eichengreen, *Globalizing Capital: A History of the International Monetary System*, second edition, Princeton: Princeton University Press, 2008.

Michael Graff, A. G. Kenwood and A. L. Lougheed, *Growth of the International Economy, 1820-2015*, fifth edition, New York: Routledge, 2014.

V-9   Gøsta Esping-Andersen, *The Three Worlds of Welfare Capitalism*, Polity Press, 1990.

Alan John Percivale Taylor, *The Origins of the Second World War*, Hamish Hamilton, 1961.

V-10   Robert H. Wiebe, *The Search for Order: 1877-1920*, Hill and Wang, 1967.

Ellis Hawley, *The Great War and the Search for a Modern Order: A History of American People and Their Institutions, 1917-1933*, New York: St. Martin's Press, 1979.

James Kloppenberg, *Uncertain Victory: Social Democracy and Progressivism in European and American Thought, 1870-1920*, Oxford: Oxford University Press, 1986.

Daniel T. Rodgers, *Atlantic Crossings: Social Politics in a Progressive Age*, Harvard University Press, 1998.

V-11   Adrian Lyttelton, *The Seizure of Power: Fascism in Italy 1919-1929*, London: Weidenfeld & Nicolson, 1987.

Aristotle A. Kallis, *Fascist Ideology: Territory and Expansionism in Italy and Germany, 1922-1945*, London and New York: Routledge, 2000.

Ken Ishida, *Japan, Italy and the Road to the Tripartite Alliance*, London: Palgrave Macmillan, 2018.

V-12   Rald Dahrendorf, *Gesellschaft und Demokratie in Deutschland*, Deutscher Taschenbuch Verlag: München, 1971.

V-13   Robert Gerwarth, *Hitler's Hangman: The Life of Heydrich*, New Haven: Yale University Press, 2011.

V-14   Gordon Martel (ed.), *The Origins of the Second World War Reconsidered*, London: Routledge, 1999.

V-15   John Lewis Gaddis, *We Now Know: Rethinking Cold War History*, New York: Clarendon Press, 1997.

Melvyn P. Leffler, *A Preponderance of Power: National Security, the Truman Administration, and the Cold War*, Stanford: Stanford University Press, 1992.

Melvyn P. Leffler and David S. Painter (eds.), *Origins of the Cold War: An International History*, second edition. London: Routledge, 2005.

David S. Painter, *The Cold War: An International History*, London: Routledge, 1999.

Tony Smith, *America's Mission: The United States and the Worldwide Struggle for Democracy in the Twentieth Century*, Princeton: Princeton University Press, 1994.

V-16   Csaba Békés, Malcolm Byrne and János M. Rainer (eds.), *The 1956 Hungarian Revolution: A History in Documents*, Central European University Press, 2002.

Kevin McDermott and Matthew Stibbe (eds.), *Eastern Europe in 1968: Responses to the Prague Spring and Warsaw Pact Invasion*, Palgrave Macmillan, 2018.

V-17   Gary R. Hess, *Vietnam: Explaining America's Lost War, Second Edition*, Chichester: Wiley Blackwell, 2015.

Michael G. Kort, *The Vietnam War Reexamined*, New York: Cambridge University Press, 2018.

V-18   Marc Trachtenberg, *A Constructed Peace: The Making of the European Settlement 1945-1963*, Princeton: Princeton University Press, 1999.

Stanley Hoffmann, "Détente," in Joseph S. Nye, Jr. (ed.), The Making of America's Soviet Policy, New Haven: Yale University Press, 1984.

Brian White, Britain, *Détente and Changing East-West Relations*, London: Routledge, 1992.

V-19   Alan S. Milward, *The European Rescue of the Nation-State*, London: Routledge, 1992.

Wolfram Kaiser and Antonio Varsori (eds.), *European Union History: Themes and Debates*, London: Palgrave Macmillan, 2010.

Johan Schot and Philip Scranton (eds.), *Making Europe: Technology and Transformation, 1850-2000*, six volumes. London: Palgrave Macmillan, 2013-2019.

V-20   Melvyn P. Leffler and Odd Arne Westad (eds.), *The Cambridge History of the Cold War Volume III: Endings*, Cambridge: Cambridge University Press, 2010.

Mary Elise Sarotte, *1989: The Struggle to Create Post-Cold War Europe*, Princeton: Princeton University Press, 2011.

V-21   Pierre Dardot and Christian Laval, translated by Gregory Elliott, *The New Way of the World: On Neo-Liberal Society*, London: Verso, 2013.

Daniel Stedman Jones, *Masters of the Universe: Hayek, Friedman, and the Birth of Neoliberal Politics*, Princeton: Princeton University Press, 2012.

V-22   Sara M. Evans, *Tidal Wave: How Women Changed America at Century's End*, New York: Free Press, 2003.

Nancy Fraser, *Fortunes of Feminism: From State-Managed Capitalism to Neoliberal Crisis*, London: Verso, 2013.

V-23   Christina Klein, *Cold War Orientalism*, University of California Press, 2003.

V-24   Akira Iriye (ed.), *Global Interdependence: The World after 1945*, Cambridge: Belknap Press of Harvard University Press, 2014.

Odd Arne Westad, *The Cold War: A World History*, London: Penguin, 2018.

執筆者簡介 （所屬、專業、執筆順序，◎為監修者、＊為編者）

◎ 金澤周作 （參照封面折口監修者簡介欄）

＊ 藤井　崇 （參照封面折口編者簡介欄）

　　周藤芳幸 （名古屋大學研究所人文學研究科教授，希臘考古學，地中海文化交流史）

　　竹尾美里 （中京大學、愛知大學兼任講師，古代希臘史）

　　師尾晶子 （千葉商科大學商經學部教授，古代希臘史）

　　庄子大亮 （關西大學、神戶女學院大學等兼任講師，古代希臘史、神話繼承史）

　　佐藤　昇 （神戶大學研究所人文學研究科副教授，古代希臘史）

　　阿部拓兒 （京都府立大學文學部歷史學科副教授，古代希臘、東方史）

　　栗原麻子 （大阪大學研究所文學研究科教授，古代希臘史）

　　長谷川岳男 （東洋大學文學部教授，古代希臘羅馬史）

　　岸本廣大 （同志社大學文學部助教，古代希臘史）

　　石田真衣 （大阪大學研究所文學研究科助教，古代埃及史、希臘化史）

　　丸龜裕司 （駒澤大學兼任講師，古代羅馬史）

　　志內一興 （流通經濟大學經濟學部副教授，古代地中海世界史）

　　南川高志 （佛教大學歷史學部特任教授、京都大學榮譽教授，古代羅馬史）

　　疋田隆康 （京都女子大學兼任講師，西洋古代史）

　　桑山由文 （京都女子大學文學部教授，古代羅馬史）

　　井上文則 （早稻田大學文學學術院教授，古代羅馬史）

　　本村凌二 （東京大學榮譽教授，古代羅馬史）

　　大谷　哲 （東海大學文學部歷史學科講師，初期基督教史）

　　大清水裕 （滋賀大學教育學部教授，古代羅馬史）

　　西村昌洋 （龍谷大學兼任講師，古代羅馬史）

　　田中　創 （東京大學研究所總合文化研究科副教授，古代羅馬史）

　　池口　守 （久留米大學文學部教授，古代羅馬史）

　　福山佑子 （早稻田大學國際學術院講師，古代羅馬史）

　　高橋亮介 （東京都栗大學人文社會學部副教授，古代羅馬史）

　　山內曉子 （奈良大學、佛教大學兼任講師，古代希臘史）

　　福本　薰 （關西學院大學兼任講師，古代希臘美術）

　　小堀馨子 （帝京科學大學總合教育中心副教授，古代羅馬宗教史）

　　澤井　直 （順天堂大學醫學部助教，醫學史）

　　南雲泰輔 （山口大學人文學部副教授，後期羅馬、初期拜占庭帝國史）

　　井上浩一 （大阪市立大學榮譽教授，拜占庭帝國史）

　　中谷功治 （關西學院大學文學部教授，拜占庭帝國史）

＊青谷秀紀　（參照封面折口編者簡介欄）

加納　修　（名古屋大學研究所人文學研究科教授，中古初期史）

多田　哲　（中京大學教養教育研究院教授，法蘭克王國史）

山田雅彥　（京都女子大學文學部教授，北法中古史）

丹下　榮　（下關市立大學榮譽教授，西歐中古史）

河原　溫　（放送大學教養學部教授，尼德蘭中古史、都市史）

小澤　實　（立教大學文學部教授，西洋中古史、北歐史、史學史）

中村敦子　（愛知學院大學文學部歷史學科副教授，英國中古史）

轟木廣太郎　（鹿特丹清心女子大學文學部現代社會學科副教授，法國中古史）

江川　溫　（大阪大學榮譽教授，西歐中古史）

藤崎　衛　（東京大學研究所總合文化研究科副教授，中古教會史）

大貫俊夫　（東京都立大學人文社會學部副教授，中古修會史、德意志中古史）

櫻井康人　（東北學院大學文學部歷史學科教授，十字軍、十字軍國家史）

阿部俊大　（同志社大學文學部教授，西班牙中古史）

圖師宣忠　（近畿大學文藝學部文化、歷史學科副教授，法國中古史）

赤江雄一　（慶應義塾大學文學部教授，英國中古史、中古宗教史）

服部良久　（京都大學榮譽教授，德意志中古史）

大黑俊二　（大阪市立大學榮譽教授，義大利中古史）

鈴木道也　（東洋大學文學部教授，法國中古史）

上田耕造　（明星大學教育學部副教授，法國中近世史）

田中俊之　（金澤大學歷史語言文化學系教授，德意志、瑞士中古史）

宮野　裕　（岐阜聖德學員大學教育學部教授，俄羅斯中近世史）

小野寺利行　（明治大學兼任講師，漢薩史）

加藤　玄　（日本女子大學文學部史學科教授，法國中古史、英法關係史）

德橋　曜　（富山大學人類發達科學部教授，義大利中近世史）

＊古谷大輔　（參照封面折口編者簡介欄）

島田龍登　（東京大學研究所人文社會系研究科副教授，海域亞洲史、全球史）

合田昌史　（京都大學研究所人類、環境學研究科教授，葡萄牙中近世史）

安村直己　（青山學院大學文學部史學科教授，拉丁美洲史、西班牙帝國史）

大西吉之　（聖心女子大學現代教養學部教授，荷蘭近世史）

大峰真理　（千葉大學研究所人文科學研究院教授，近世法國國際商業史）

佐佐木博光　（大阪府立大學研究所人類社會體系科學研究科副教授，德意志史）

秋山晉吾　（一橋大學研究所社會學研究科教授，東歐近世、現代史）

黛秋　津　（東京大學研究所總合文化研究科教授，近世、近代巴爾幹史，黑海地域史）

小山　哲　（京都大學研究所文學研究科教授，波蘭近世史）

中澤達哉　　（早稻田大學文學學術院教授，東歐近世、近代史）

塚本榮美子　（佛教大學歷史學部副教授，德意志近世史）

高津秀之　　（東京經濟大學全學共通教育中心副教授，德意志近世史）

鈴木直志　　（中央大學文學部教授，德意志近世史）

皆川　卓　　（山梨大學總合研究部教育學域教授，近世神聖羅馬帝國史）

林田伸一　　（成城大學文藝學部教授，法國近世史）

齊藤惠太　　（京都教育大學教育學部副教授，德意志近世史）

後藤春美　　（東洋大學文學部史學科副教授，英國近世史）

坂本邦暢　　（明治大學文學部專任講師，近世哲學史、科學史）

小林繁子　　（新潟大學教育學部副教授，德意志近世史）

弓削尚子　　（早稻田大學法學學術院教授，德意志史、性別史）

山本浩司　　（東京大學研究所經濟學研究科副教授，英國近世史、經濟史）

岩崎周一　　（京都產業大學外國語學部副教授，近世哈布斯堡史）

鼈淵秀一　　（明治大學文學部專任講師，初期美國史）

* 坂本優一郎　（參照封面折口編者簡介欄）

山中　聰　　（東京理科大學理學部第一部副教授，法國近代史）

小林和夫　　（早稻田大學政治經濟學術院副教授，全球經濟史、非洲經濟史）

村上　衛　　（京都大學人文科學研究所副教授，中國近代史）

山根徹也　　（橫濱市立大學國際教養學部教授，德意志近現代史）

岩間俊彥　　（東京都立大學經濟經營學部教授，英國近代社會經濟史）

真保晶子　　（芝浦工業大學體系理工學部體系學科教授，英國近代史）

山口　綠　　（大東文化大學社會學部教授，英國性別史、女性史）

安武留美　　（甲南大學文學部教授，美國女性史）

林田敏子　　（奈良女子大學生活環境學部教授，英國近現代史）

勝田俊輔　　（東京大學研究所人文社會系研究科教授，歐洲近世、近代史）

中野耕太郎　（東京大學研究所總合文化研究科教授，美國現代史）

岩下　誠　　（青山學院大學教育人類科學部副教授，英國教育史、愛爾蘭教育史）

野村啟介　　（東北大學研究所國際文化研究科教授，法國近代史）

濱口忠大　　（甲南高校、中學教師，義大利近現代史）

森永貴子　　（立命館大學文學部教授，俄羅斯近代史）

田中菊代　　（關西學院大學榮譽教授，美國史）

長井伸仁　　（東京大學研究所人文社會系研究科副教授，法國近現代史）

桐生裕子　　（神戶女學院大學文學部副教授，中東歐近現代史）

篠原　琢　　（東京外國語大學研究所總合國際學研究院教授，中歐近代史）

佐藤繭香　　（麗澤大學外國語學部副教授，英國近現代史、女性參政權運動史）

西山曉義　　（共立女子大學國際學部教授，德意志近現代史）

福元健之　　（福岡大學人文學部歷史學科講師，波蘭近現代史）

＊小野澤透　　（參照封面折口編者簡介欄）

山口育人　　（奈良大學文學部教授，英國現代史）

堀內隆行　　（金澤大學歷史語言文化學系副教授，南非史、大英帝國史）

水野祥子　　（駒澤大學經濟學部教授，英國近現代史）

小野塚知二　（東京大學研究所經濟學研究科教授，近現代西洋社會經濟史）

三牧聖子　　（高崎經濟大學經濟學部副教授，美國外交史、國際關係思想史）

寺山恭輔　　（東北大學東北亞研究中心教授，蘇聯史）

坂出　健　　（京都大學公共政策研究院副教授，世界經濟史、國際安全保障）

石田　憲　　（千葉大學研究所社會科學研究院教授，國際政治史）

藤原辰史　　（京都大學人文社會科學研究所副教授，食的思想史、德意志現代史）

山澄　亨　　（椙山女學園大學現代管理學部教授，美國外交史）

吉岡　潤　　（津田塾大學學藝學部教授，波蘭現代史）

水本義彥　　（獨協大學外國語學部副教授，國際政治史）

青野利彥　　（一橋大學研究所法學研究科教授，美國政治外交史、冷戰史）

能勢和宏　　（帝京大學文學部史學科講師，法國近現代史）

森　　聰　　（法政大學法學部教授，現代美國外交）

兼子　步　　（明治大學政治經濟學部專任講師，美國社會史）

杉本淑彥　　（京都大學榮譽教授，法國近現代史）

論點・西洋史學：一本掌握！橫跨世界五大洲的歷
史學關鍵課題 / 藤井崇，青谷秀紀，古谷大輔，坂
本優一郎，小野澤透等編著；鄭天恩譯 . -- 初版 . --
新北市：臺灣商務印書館股份有限公司, 2023.07
　面；　公分
譯自：論点 . 西洋史
ISBN 978-957-05-3508-2(平裝)

1.CST: 西洋史

740.1　　　　　　　　　　　　112008225

歷史・世界史

論點・西洋史學
一本掌握！橫跨世界五大洲的歷史學關鍵課題
論点・西洋史学

作　　　者—金澤周作（監修），藤井崇、青谷秀紀、古谷大輔、坂本優一郎、小野澤透等（編著）
譯　　　者—鄭天恩
發 行 人—王春申
審書顧問—陳建守
總 編 輯—張曉蕊
責任編輯—洪偉傑
版　　　權—翁靜如
封面設計—萬勝安
版型設計—菩薩蠻

營　　　業—王建棠
資訊行銷—劉艾琳、謝宜華
出版發行—臺灣商務印書館股份有限公司
231023 新北市新店區民權路 108-3 號 5 樓（同門市地址）
電話：（02）8667-3712　傳真：（02）8667-3709
讀者服務專線：0800056196
郵撥：0000165-1
E-mail：ecptw@cptw.com.tw
網路書店網址：www.cptw.com.tw
Facebook：facebook.com.tw/ecptw

局版北市業字第 993 號
初　　　版：2023 年 07 月
印 刷 廠：鴻霖印刷傳媒股份有限公司
定　　　價：新台幣 760 元
法律顧問—何一芃律師事務所